GS칼텍스

생산기술직 온라인 필기시험

시대에듀

2025 최신판 시대에듀 GS칼텍스 생산기술직 온라인 필기시험 최신기출유형 + 모의고사 2회

Always **with you**

사람의 인연은 길에서 우연하게 만나거나 함께 살아가는 것만을 의미하지는 않습니다.
책을 펴내는 출판사와 그 책을 읽는 독자의 만남도 소중한 인연입니다.
시대에듀는 항상 독자의 마음을 헤아리기 위해 노력하고 있습니다. 늘 독자와 함께하겠습니다.

머리말 PREFACE

1967년 국내 최초의 민간정유회사로 출범한 GS칼텍스는 '사람과 사람 사이의 소통을 위한 따뜻한 에너지, 현재와 미래를 연결하는 새로운 에너지를 만들겠다.'는 신념을 바탕으로 국가 경제 성장의 밑거름이 되고, 대한민국을 에너지 강국으로 만들기 위해 끝없는 도전을 하고 있다.

GS칼텍스는 채용절차에서 지원자들이 업무에 필요한 역량을 갖추고 있는지 평가하기 위해 온라인 필기시험을 실시하여 맞춤인재를 선발하고 있다.

GS칼텍스 생산기술직 채용 온라인 필기시험은 직무적성검사와 한국사 및 인성검사(GSC Way 부합도 검사)로 구성되어 있다. 직무적성검사의 경우 연역적 사고, 도식추리, 기계이해로 이루어져 있으며, 한국사의 경우 기초적인 지식을 필요로 하는 문제로 구성되어 있다.

이에 시대에듀에서는 GS칼텍스 생산기술직에 입사하고자 하는 수험생들에게 좋은 길잡이가 되어주고자 다음과 같은 특징을 가진 도서를 출간하게 되었다.

도서의 특징

❶ GS칼텍스 생산기술직 필기시험의 2024년 기출복원문제를 수록하여 최근 출제경향을 한눈에 파악할 수 있도록 하였다.

❷ 직무적성검사와 한국사의 핵심이론 및 적중예상문제를 통해 보다 체계적으로 공부할 수 있도록 하였다.

❸ 최종점검 모의고사와 도서 동형 온라인 실전연습 서비스를 통해 실전과 같이 시험에 대비할 수 있도록 하였다.

❹ GS칼텍스 인재상과의 적합 여부를 판별할 수 있는 인성검사(GSC Way 부합도 검사)를 수록하였다.

❺ 합격의 최종 관문인 면접을 수록하여 GS칼텍스 생산기술직 입사 준비에 별도의 도서가 필요하지 않게 하였다.

끝으로 GS칼텍스 생산기술직 입사를 준비하는 여러분 모두가 합격의 영광을 얻기를 진심으로 기원한다.

SDC(Sidae Data Center) 씀

GS칼텍스 이야기 INTRODUCE

◇ 비전

Value No.1 Energy & Chemical Partner

**GS칼텍스는 업계 최고의 경쟁력을 기반으로
가장 존경받는 에너지 · 화학기업이 될 것이다.**

'Value No.1'에 내재되어 있는 '업계 최고의 경쟁력, 가장 존경받는 기업'은 GS칼텍스가 나아갈 방향이자 우리의 기본 신념이다. 에너지 · 화학 분야에서 업계 최고의 경쟁력을 바탕으로 세계 최고 수준의 가치를 구현함은 물론 고객, 투자자, 지역사회, 국가 그리고 조직 구성원 모두와 함께 지속해서 성장해 나가는 동반자가 될 것이다.

◇ 핵심가치

도전하고 혁신하는	믿을 수 있는	환경을 생각하는
Progressive	Reliable	Environment Friendly

브랜드 슬로건

I am your energy

◇ 사업부문

GS칼텍스는 지난 반세기 동안 국가 기간산업인 정유, 윤활유 및 석유화학 사업에 과감하게 투자하며 질적, 양적으로 괄목할 만한 성장을 이루었다. 그 결과 국내 시장에 안정적으로 에너지를 공급하는 한편 생산된 제품의 70% 이상을 해외 50개국에 수출하여, 기름 한 방울 나지 않는 대한민국을 석유제품 수출 국가로 주도하며 국가 경제 성장에 기여하고 있다. 여기서 멈추지 않고 에너지업계의 급격한 변화 속에서 발 빠르게 대응하고 성장하기 위해 올레핀 사업 진출을 새로 추진하며 정유는 물론 석유화학 분야에서 세계적인 기업으로 도약하기 위해 노력하고 있다.

정유

하루 80만 배럴의 석유를 처리할 수 있는 정제시설과 등 · 경유 탈황시설 등 최첨단 자동화 생산설비에서 고품질의 석유제품을 생산한다.

방향족

연간 280만 톤에 이르는 세계적 규모의 방향족 생산능력과 경쟁력을 갖추고 있다.

베이스오일

최첨단 공법으로 친환경 고품질 베이스오일을 생산하며, 아시아 전역을 넘어 전 세계로 뻗어나가는 글로벌 오일 기업으로 나아간다.

윤활유

국내 윤활유 완제품 시장의 선두업체로서 우수한 제품력과 기술력을 인정받고 있으며, 해외 윤활유 시장에 본격 진출하여 더욱 성장해나갈 것이다.

폴리머

독보적 기술력을 인정받은 우수한 품질의 폴리에틸렌/폴리프로필렌과 복합수지를 공급한다.

올레핀

석유화학 분야에서 세계적 기업으로 도약하기 위한 MFC 프로젝트를 성공적으로 완공하여, 연간 75만 톤의 고품질 에틸렌을 생산하고 있다.

신입사원 채용 안내 INFORMATION

◇ 모집시기

수시채용 실시

◇ 지원방법

GS칼텍스 채용 홈페이지(recruit.gscaltex.com)를 통한 온라인 지원

◇ 채용절차

지원서 작성	채용 홈페이지에서 채용 공고를 확인한 후, 입사지원서를 작성한다.
테스트 전형	❶ **GSC Way 부합도 검사** GS칼텍스에서 가장 중요하게 생각하고 있는 조직가치를 지원자가 어느 정도 보유하고 있으며, 얼마나 부합하는지 측정하는 일종의 객관식 인성검사이다. ❷ **직무적성검사** 개인의 직무역량을 판단하는 몇 가지 항목을 측정함으로써 실제 업무에 필요한 역량을 어느 정도 갖추었는지 평가하는 검사이다. ※ 검사항목 : 연역적 사고, 도식추리, 기계이해 ❸ **한국사** 한국사에 대한 기본 소양이 어느 정도인지 평가하는 시험으로 일반 상식 수준의 난이도로 출제된다.
AI면접	1차 면접에 참석할 지원자를 대상으로 성장 가능성을 종합적으로 평가한다.
1차 면접	팀장급의 면접 위원이 참여하여 지원서 내용 및 실무 능력 중심의 면접을 진행한다.
2차 면접	임원급의 면접 위원이 참여하여 인성 면접을 진행하며, 면접 종료 후 직업훈련생을 선발한다.
인턴 근무	입사 후 6개월의 근무 기간을 거쳐 교육, 업무수행 및 조직적응 능력 등에 대한 종합적인 평가로 채용을 확정한다.

❖ 채용절차 및 전형은 채용유형과 직무, 시기 등에 따라 변동될 수 있으므로 반드시 채용공고를 확인하기 바랍니다.

2024년 기출분석 ANALYSIS

총평

2024년 GS칼텍스 생산기술직 온라인 필기시험은 2023년에 시행된 시험과 비슷하게 치러졌다. 영역의 경우 직무적성검사는 연역적 사고, 도식추리, 기계이해 세 갈래로 구분됐으며 한국사는 일반 상식 수준의 난이도로 출제됐다. 시험은 쉽게 출제되었으나 주어진 시간 내에 얼마나 정확하게 문제를 풀어내는지에 따라 합격의 당락이 갈렸을 것이다.

◇ 영역별 출제비중

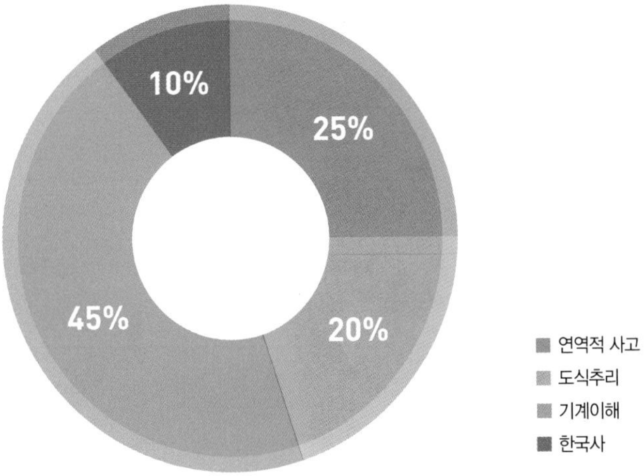

◇ 영역별 출제특징

구분	영역	문항 수	출제특징
온라인 필기시험	연역적 사고	24문항	• 제시된 도형의 규칙을 통해 빈칸에 들어갈 도형을 추론하는 문제 • 주어진 문자열 조합식, 도형 조합식, 연산자를 이용하여 추론하는 문제
	도식추리	20문항	• 제시된 도식의 규칙을 통해 빈칸에 들어갈 문자를 추론하는 문제
	기계이해	46문항	• 무게와 힘이 주어졌을 때 가속도를 구하는 문제 • 위치에 따른 역학적 에너지를 구하는 문제 • 지렛대의 원리를 이용하여 힘을 구하는 문제 • 주어진 회로의 저항을 구하는 문제
	한국사	10문항	• 원시시대와 고조선, 삼국, 고려, 조선, 근현대사에 대한 기본 상식 문제 • 주어진 사건들을 역사적 사실에 따라 순서대로 나열하는 문제

AI면접 소개 AI INTERVIEW

◇ 소개

▸ AI면접전형은 '공정성'과 '객관적 평가'를 면접과정에 도입하기 위한 수단으로, 최근 채용과정에 AI면접을 도입하는 기업들이 급속도로 증가하고 있다.

▸ AI기반의 평가는 서류전형 또는 면접전형에서 활용된다. 서류전형에서는 AI가 모든 지원자의 자기소개서를 1차적으로 스크리닝한 후, 통과된 자기소개서를 인사담당자가 다시 평가하는 방식으로 활용되고 있다. 또한 면접전형에서는 서류전형과 함께, 또는 면접 절차를 대신하여 AI면접의 활용을 통해 지원자의 전반적인 능력을 종합적으로 판단하여 채용에 도움을 준다.

◇ AI면접 프로세스

◇ AI면접 분석 종류

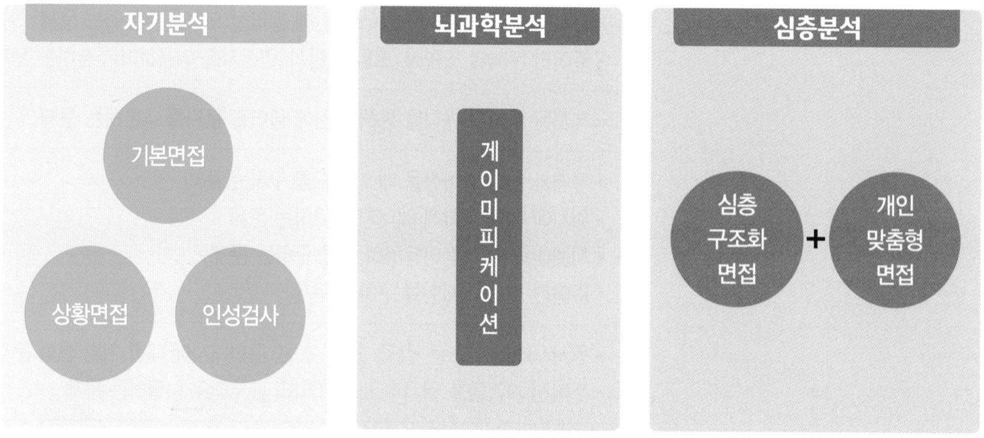

AI면접 진행과정 AI INTERVIEW

◇ AI면접 정의

뇌신경과학 기반의 인공지능 면접

◇ 소요시간

60분 내외(1인)

◇ 진행순서

❶ 웹캠/음성체크
❷ 안면 등록
❸ 기본 질문
❹ 탐색 질문
❺ 상황 질문
❻ 뇌과학게임
❼ 심층/구조화 질문
❽ 종합평가

- 뇌과학게임 : 게임 형식의 AI면접을 통해 지원자의 성과 역량, 성장 가능성 분석
- 기본 질문, 상황 질문, 탐색 질문을 통해 지원자의 강점, 약점을 분석하여 심층/구조화 질문 제시

기본적인 질문 및
상황 질문

지원자의 특성을
분석하기 위한 질문

지원자의 강점 /
약점 실시간 분석

심층 / 구조화 질문

◇ 평가요소

종합 코멘트, 주요 및 세부 역량 점수, 응답신뢰 가능성 등을 분석하여 종합평가 점수 도출

❶ 성과능력지수	스스로 성과를 내고 지속적으로 성장하기 위해 갖춰야 하는 성과 지향적 태도 및 실행력
❷ 조직적합지수	조직에 적응하고 구성원들과 시너지를 내기 위해 갖춰야 하는 심리적 안정성
❸ 관계역량지수	타인과의 관계를 좋게 유지하기 위해 갖춰야 하는 고객지향적 태도 및 감정 파악 능력
❹ 호감지수	대면 상황에서 자신의 감정과 의사를 적절하게 전달할 수 있는 소통 능력

AI면접 준비 AI INTERVIEW

◇ 면접 환경 점검

Windows 7 이상 OS에 최적화되어 있다. 웹카메라와 헤드셋(또는 이어폰과 마이크)은 필수 준비물이며, 크롬 브라우저도 미리 설치해 놓는 것이 좋다. 또한, 주변 정리정돈과 복장을 깔끔하게 해야 한다.

◇ 이미지

AI면접은 동영상으로 녹화되므로 지원자의 표정이나 자세, 태도 등에서 나오는 전체적인 이미지가 중요하다. 특히, '상황 제시형 질문'에서는 실제로 대화하듯이 답변해야 하므로 표정과 제스처의 중요성은 더더욱 커진다. 그러므로 자연스럽고 부드러운 표정과 정확한 발음은 기본이자 필수 요소이다.

▸ **시선 처리** : 눈동자가 위나 아래로 향하는 것은 피해야 한다. 대면면접의 경우 아이컨택(Eye Contact)이 가능하기 때문에 대화의 흐름상 눈동자가 자연스럽게 움직일 수 있지만, AI면접에서는 카메라를 보고 답변하기 때문에 다른 곳을 응시하거나 시선이 분산되는 경우에는 불안감으로 눈빛이 흔들린다고 평가될 수 있다. 따라서 카메라 렌즈 혹은 모니터를 바라보면서 대화를 하듯이 면접을 진행하는 것이 가장 좋다. 시선 처리는 연습하는 과정에서 동영상 촬영을 하며 확인하는 것이 좋다.

▸ **입 모양** : 좋은 인상을 주기 위해서는 입꼬리가 올라가도록 미소를 짓는 것이 좋으며, 이때 입꼬리는 양쪽 꼬리가 동일하게 올라가야 한다. 그러나 입만 움직이게 되면 거짓된 웃음으로 보일 수 있기에 눈과 함께 미소 짓는 연습을 해야 한다. 자연스러운 미소 짓기는 쉽지 않기 때문에 매일 재미있는 사진이나 동영상, 아니면 최근 재미있었던 일 등을 떠올리면서 자연스러운 미소를 지을 수 있는 연습을 해야 한다.

▸ **발성 · 발음** : 답변을 할 때, 말을 더듬는다거나 '음…', '아…' 하는 소리를 내는 것은 마이너스 요인이다. 질문마다 답변을 생각할 시간을 함께 주지만, 지원자의 의견을 체계적으로 정리하지 못한 채 답변을 시작한다면 발생할 수 있는 상황이다. 생각할 시간이 주어진다는 것은 답변에 대한 기대치가 올라간다는 것을 의미하므로 주어진 시간 동안에 빠르게 답변구조를 구성하는 연습을 진행해야 하고, 말끝을 흐리는 습관이나 조사를 흐리는 습관을 교정해야 한다. 이때 연습 과정을 녹음하여 체크하는 것이 효과가 좋고, 답변에 관한 부분 또한 명료하고 체계적으로 답변할 수 있도록 연습해야 한다.

◇ 답변방식

AI면접 후기를 보다 보면, 대부분 비슷한 유형의 질문패턴이 진행되는 것을 알 수 있다. 따라서 대면면접 준비 방식과 동일하게 질문 리스트를 만들고 연습하는 과정이 필요하다. 특히, AI면접은 질문이 광범위하기 때문에 출제 유형 위주의 연습이 이루어져야 한다.

▸ 유형별 답변방식 습득

- **기본 필수 질문** : 지원자들에게 필수로 질문하는 유형으로, 지원자만의 답변이 확실하게 구성되어 있어야 한다.
- **상황 제시형 질문** : AI면접에서 주어지는 상황은 크게 8가지 유형으로 분류된다. 유형별로 효과적인 답변 구성 방식을 연습해야 한다.
- **심층/구조화 질문(개인 맞춤형 질문)** : 가치관에 따라 선택을 해야 하는 질문이 대다수를 이루는 유형으로, 여러 예시를 통해 유형을 익히고 그에 맞는 답변을 연습해야 한다.

▸ 유성(有聲) 답변 연습 : AI면접을 연습할 때에는 같은 유형의 예시를 연습한다고 해도, 실제 면접에서의 세부 소재는 거의 다르다고 할 수 있다. 따라서 새로운 상황이 주어졌을 때 유형을 빠르게 파악하고 답변의 구조를 구성하는 반복연습이 필요하며, 항상 목소리를 내어 답변하는 연습을 하는 것이 좋다.

▸ 면접에 필요한 연기 : 면접은 연기가 반이라고 할 수 있다. 물론 가식적이고 거짓된 모습을 보이라는 것이 아닌, 상황에 맞는 적절한 행동과 답변의 인상을 극대화시킬 수 있는 연기를 해야 한다는 것이다. 면접이 무난하게 흘러가면 무난하게 탈락할 확률이 높다. 이 때문에 하나의 답변에도 깊은 인상을 전달해 주어야 하고, 이때 필요한 것이 연기이다. 특히 AI면접에서는 답변 내용에 따른 표정변화가 필요하고, 답변에 연기를 더할 수 있는 부분까지 연습이 되어있다면 면접 준비가 완벽히 되어있다고 말할 수 있다.

지원자의 외면적 요소 V4를 활용한 정서 및 성향, 거짓말 파악

Vision Analysis	➡	미세 표정(Micro Expression)
Voice Analysis		보디 랭귀지(Body Language)
Verbal Analysis		진술 분석 기법(Scientific Contents Analysis)
Vital Analysis		자기 최면 기법(Auto Hypnosis)

AI면접의 V4를 대비하는 방법으로 미세 표정, 보디 랭귀지, 진술 분석 기법, 자기 최면 기법을 활용

AI면접 구성 AI INTERVIEW

기본 필수 질문

모든 지원자가 공통으로 받게 되는 질문으로, 기본적인 자기소개, 지원동기, 성격의 장 · 단점 등을 질문하는 구성으로 되어 있다. 이는 대면면접에서도 높은 확률로 받게 되는 질문 유형이므로, AI면접에서 답변한 내용을 대면면접에서도 다르지 않게 답변해야 한다.

탐색 질문 (인성검사)

인적성 시험의 인성검사와 일치하는 유형으로, 정해진 시간 내에 해당 문장과 지원자의 가치관이 일치하는 정도를 빠르게 체크해야 하는 단계이다.

상황 제시형 질문

특정한 상황을 제시하여, 제시된 상황 속에서 어떻게 대응할지에 대한 답변을 묻는 유형이다. 기존의 대면면접에서는 이러한 질문에 대하여 지원자가 어떻게 행동할지에 대한 '설명'에 초점이 맞춰져 있었다면, AI면접에서는 실제로 '행동'하며, 상대방에게 이야기하듯 답변이 이루어져야 한다.

게임

약 5가지 유형의 게임이 출제되고 정해진 시간 내에 해결해야 하는 유형이다. 인적성 시험의 새로운 유형으로, AI면접을 실시하는 기업의 경우, 인적성 시험을 생략하는 기업도 증가하고 있다. AI면접 중에서도 비중이 상당한 게임 문제풀이 유형이다.

심층 / 구조화 질문 (개인 맞춤형 질문)

인성검사 과정 중 지원자가 선택한 항목들에 기반한 질문에 답변을 해야 하는 유형이다. 그렇기 때문에 인성검사 과정에서 인위적으로 접근하지 않는 것이 중요하고, 주로 가치관에 대하여 묻는 질문이 많이 출제되는 편이다.

도형 옮기기 유형

01 기둥에 각기 다른 모양의 도형이 꽂혀져 있다. 왼쪽 기본 형태에서 도형을 한 개씩 이동시켜서 오른쪽의 완성 형태와 동일하게 만들기 위한 최소한의 이동 횟수를 고르시오.

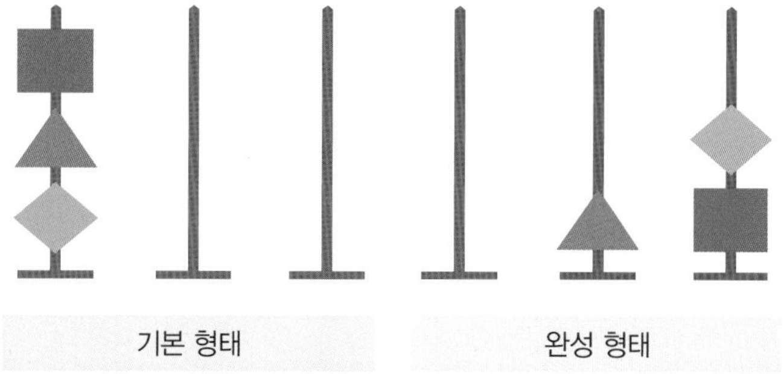

① 1회
② 2회
③ 3회
④ 4회
⑤ 5회

해설

왼쪽 기둥부터 1~3번이라고 칭할 때, 사각형을 3번 기둥으로 먼저 옮기고, 삼각형을 2번 기둥으로 옮긴 뒤 마름모를 3번 기둥으로 옮기면 된다. 따라서 정답은 ③이다.

Solution

온라인으로 진행하게 되는 AI면접에서는 도형 이미지를 드래그하여 실제 이동 작업을 진행하게 된다. 문제 해결의 핵심은 '최소한의 이동 횟수'에 있는데, 문제가 주어지면 머릿속으로 도형을 이동시키는 시뮬레이션을 진행해 보고 손을 움직여야 한다. 해당 유형에 익숙해지기 위해서는 다양한 유형을 접해 보고, 가장 효율적인 이동 경로를 찾는 연습을 해야 하며, 도형의 개수가 늘어나면 다소 난도가 올라가므로 연습을 통해 유형에 익숙해지도록 해야 한다.

AI면접 게임 유형 예시 AI INTERVIEW

동전 비교 유형

02 두 개의 동전이 있다. 왼쪽 동전 위에 쓰인 글씨의 의미와 오른쪽 동전 위에 쓰인 색깔의 일치 여부를 판단하시오.

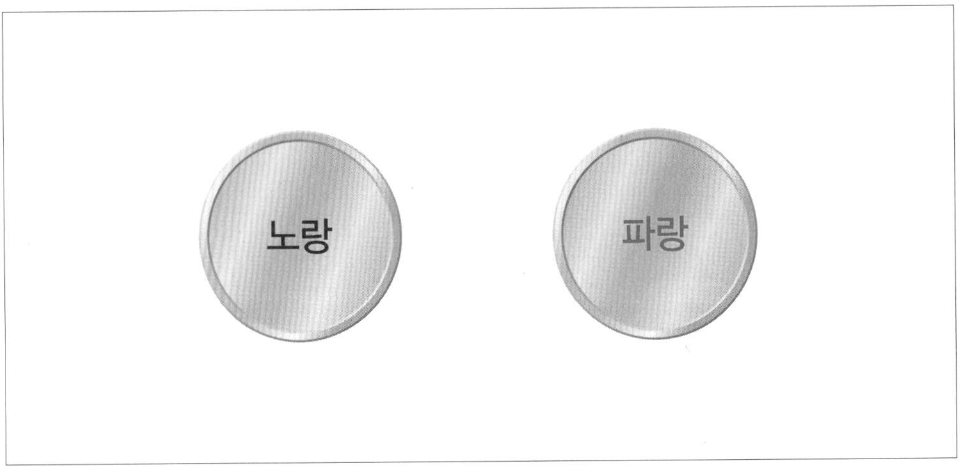

① 일치 ② 불일치

해설

왼쪽 동전 글씨의 '의미'와 오른쪽 동전 글씨의 '색깔' 일치 여부를 선택하는 문제이다. 제시된 문제의 왼쪽 동전 글씨 색깔은 빨강이지만 의미 자체는 노랑이다. 또한, 오른쪽 동전 글씨 색깔은 초록이지만 의미는 파랑이다. 따라서 노랑과 초록이 일치하지 않으므로 왼쪽 동전 글씨의 의미와 오른쪽 동전의 색깔은 불일치한다.

Solution

빠른 시간 내에 다수의 문제를 풀어야 하기 때문에 혼란에 빠지기 쉬운 유형이다. 풀이 방법의 한 예는 오른쪽 글씨만 먼저 보고, 색깔을 소리 내어 읽어보는 것이다. 입으로 내뱉은 오른쪽 색깔이 왼쪽 글씨에 그대로 쓰여 있는지를 확인하도록 하는 등 본인만의 접근법 없이 상황을 판단하다 보면 실수를 할 수밖에 없기 때문에 연습을 통해 유형에 익숙해져야 한다.

❶ 오른쪽 글씨만 보고, 색깔을 소리 내어 읽는다.
❷ 소리 낸 단어가 왼쪽 글씨의 의미와 일치하는지를 확인한다.

무게 비교 유형

03 A～D 4개의 상자가 있다. 시소를 활용하여 무게를 측정하고, 무거운 순서대로 나열하시오(단, 무게 측정은 최소한의 횟수로 진행해야 한다).

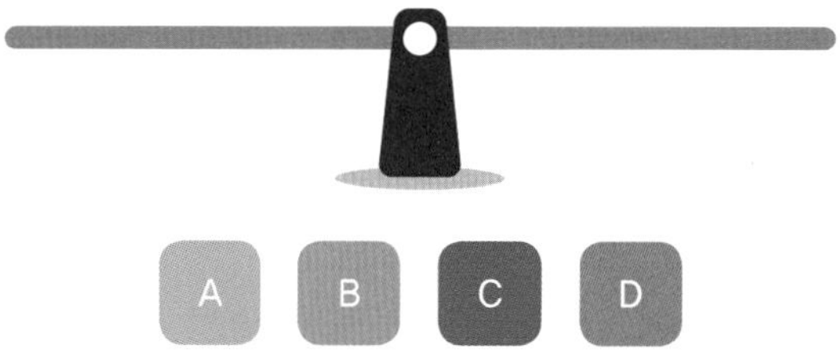

해설

온라인으로 진행하게 되는 AI면접에서는 제시된 물체의 이미지를 드래그하여 계측기 위에 올려놓고, 무게를 측정하게 된다. 비교적 쉬운 유형에 속하나 계측은 최소한의 횟수로만 진행해야 좋은 점수를 받을 수 있다. 측정의 핵심은 '무거운 물체 찾기'이므로 가장 무거운 물체부터 덜 무거운 순서로 하나씩 찾아야 하며, 이전에 진행한 측정에서 무게 비교가 완료된 물체들이 있다면, 그중 무거운 물체를 기준으로 타 물체와의 비교가 이루어져야 한다.

Solution

❶ 임의로 두 개의 물체를 선정하여 무게를 측정한다.

❷ · ❸ 더 무거운 물체는 그대로 두고, 가벼운 물체를 다른 물체와 교체하여 측정한다.

❹ 가장 무거운 물체가 선정되면, 남은 3가지 물체 중 2개를 측정한다.

❺ 남아 있는 물체 중 무게 비교가 안 된 상자를 최종적으로 측정한다.

따라서 무거운 상자 순서는 'C > B > A > D'이다.

n번째 이전 도형 맞추기 유형

04 제시된 도형이 2번째 이전 도형과 모양이 일치하면 Y를, 일치하지 않으면 N을 기입하시오.

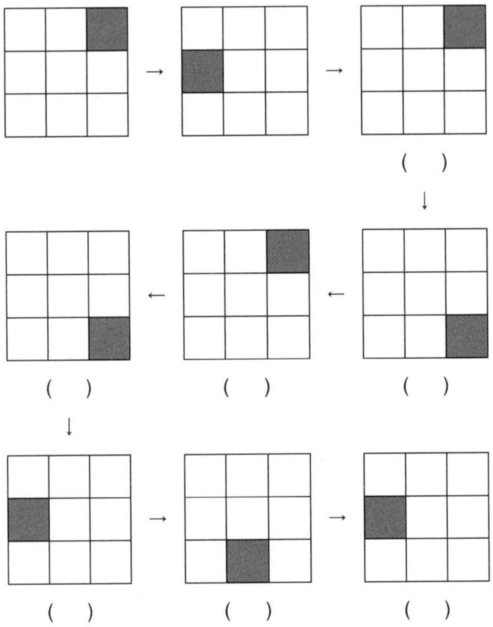

해설

n번째 이전에 나타난 도형과 현재 주어진 도형의 모양이 일치하는지에 대한 여부를 판단하는 유형이다. 제시된 문제는 3번째 도형부터 2번째 이전의 도형인 1번째 도형과 비교해 나가면 된다. 따라서 진행되는 순서를 기준으로 'Y → N → Y → Y → N → N → Y'이다.

Solution

온라인 AI면접에서는 도형이 하나씩 제시되며, 화면이 넘어갈 때마다 n번째 이전 도형과의 일치 여부를 체크해야 한다. 만약 '2번째 이전'이라는 조건이 주어졌다면 인지하고 있던 2번째 이전 도형의 모양을 떠올려 현재 도형과의 일치 여부를 판단함과 동시에 현재 주어진 도형의 모양 역시 암기해 두어야 한다. 이는 판단과 암기가 동시에 이루어져야 하는 문항으로 난도는 상급에 속한다. 순발력과 암기력이 동시에 필요한 어려운 유형이기에 접근조차 못하는 지원자들도 많지만, 끊임없는 연습을 통해 유형에 익숙해질 수 있다. 풀이 방법의 한 예로 여분의 종이를 활용하여 문제를 가린 상태에서 도형을 하나씩 순서대로 보면서 문제를 풀어나가는 것이 있다.

분류코드 일치 여부 판단 유형

05 도형 안에 쓰인 자음, 모음 또는 숫자의 결합이 '분류코드'와 일치하면 Y를, 일치하지 않으면 N을 체크하시오.

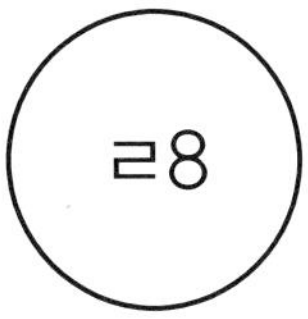

분류코드 : 홀수

(Y/N)

해설

분류코드에는 짝수, 홀수, 자음, 모음 4가지가 존재한다. 분류코드로 짝수 혹은 홀수가 제시된 경우, 도형 안에 있는 자음이나 모음은 신경 쓰지 않아도 되며, 제시된 숫자가 홀수인지 짝수인지만 판단하면 된다. 반대로, 분류코드로 자음 혹은 모음이 제시된 경우에는 숫자를 신경 쓰지 않아도 된다. 제시된 문제에서 분류코드로 홀수가 제시되었지만, 도형 안에 있는 숫자 8은 짝수이므로 N이 정답이다.

Solution

개념만 파악한다면 쉬운 유형에 속한다. 문제는 순발력으로, 정해진 시간 내에 최대한 많은 문제를 풀어야 한다. 계속해서 진행하다 보면 쉬운 문제도 혼동될 수 있으므로 시간을 정해 빠르게 문제를 해결하는 연습을 반복하고 실전에 임해야 한다.

표정을 통한 감정 판단 유형

06 주어지는 인물의 얼굴 표정을 보고 감정 상태를 판단하시오.

① 무표정
② 기쁨
③ 놀람
④ 슬픔
⑤ 분노
⑥ 경멸
⑦ 두려움
⑧ 역겨움

Solution

제시된 인물의 사진을 보고 어떤 감정 상태인지 판단하는 유형의 문제이다. AI면접에서 제시되는 표정은 크게 8가지로, '무표정, 기쁨, 놀람, 슬픔, 분노, 경멸, 두려움, 역겨움'이다. '무표정, 기쁨, 놀람, 슬픔'은 쉽게 인지가 가능하지만, '분노, 경멸, 두려움, 역겨움'에 대한 감정은 비슷한 부분이 많아 혼동이 될 수 있다. 사진을 보고 나서 5초 안에 정답을 선택해야 하므로 깊게 고민할 시간이 없다. 사실 해당 유형이 우리에게 완전히 낯설지는 않은데, 우리는 일상생활 속에서 다양한 사람들을 마주하게 되며 이때 무의식적으로 상대방의 얼굴 표정을 통해 감정을 판단하기 때문이다. 즉, 누구나 어느 정도의 연습이 되어 있는 상태이므로 사진을 보고 즉각적으로 드는 느낌이 정답일 확률이 높다. 따라서 해당 유형은 직관적으로 정답을 선택하는 것이 중요하다. 다만, 대다수의 지원자가 혼동하는 표정에 대한 부분은 어느 정도의 연습이 필요하다.

카드 조합 패턴 파악 유형

07 주어지는 4장의 카드 조합을 통해 대한민국 국가 대표 야구 경기의 승패 예측이 가능하다. 카드 무늬와 앞뒷면의 상태를 바탕으로 승패를 예측하시오(문제당 제한 시간 3초).

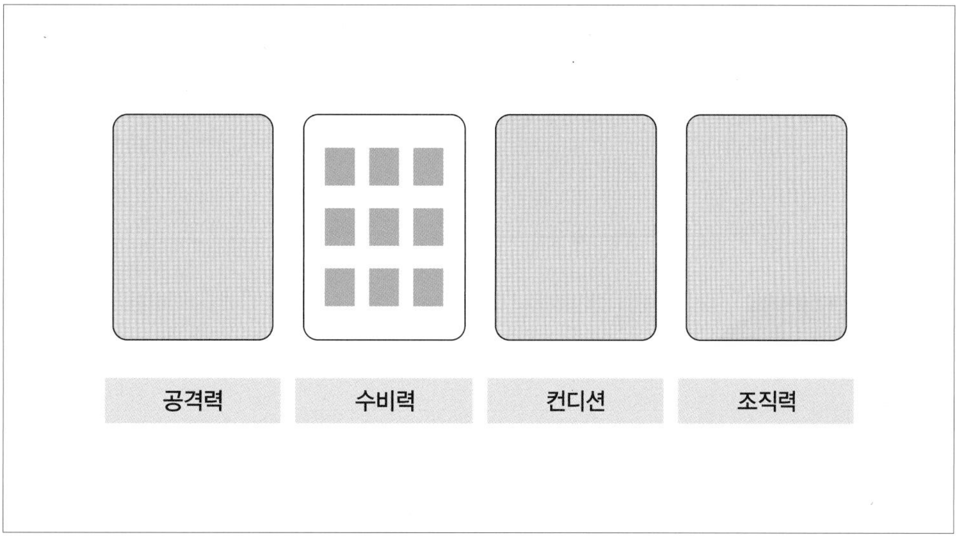

① 승리 ② 패배

Solution

계속해서 제시되는 카드 조합을 통해 정답의 패턴을 파악하는 유형이다. 온라인으로 진행되는 AI면접에서는 답을 선택하면 곧바로 정답 여부를 확인할 수 있다. 이에 따라 하나씩 정답을 확인한 후, 몇 번의 시행착오 과정을 바탕으로 카드에 따른 패턴을 유추해 나갈 수 있게 된다. 그렇기 때문에 초반에 제시되는 카드 조합의 정답을 맞히기는 어려우며, 앞서 얻은 정보들을 잘 기억해 두는 것이 핵심이다. 제시된 문제의 정답은 패배이다.

이 책의 차례 CONTENTS

Add+

2024년 기출복원문제

※ 기출복원문제는 수험생들의 후기를 통해 시대에듀에서 복원한 문제로 실제 문제와 다소 차이가 있을 수 있으며, 본 저작물의 무단전재 및 복제를 금합니다.

2024년 기출복원문제

01 연역적 사고

※ 다음 규칙을 바탕으로 ?에 들어갈 알맞은 도형을 고르시오. [1~3]

• 우선순위(순환) : B → A → E → B → … / 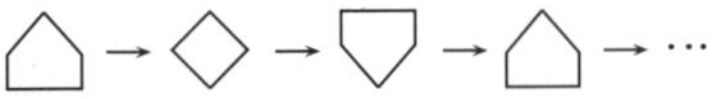

• 규칙

문자열 조합식	B+A=E	B+E=A	A+E=B
도형 조합식	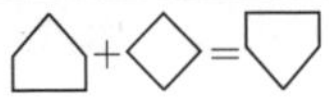		
연산자	△ : 우선순위 모두 향상	▽ : 우선순위 모두 하락	 : 문자열, 도형 조합
	 : 문자열 우선순위 향상 도형 우선순위 하락	 : 문자열 우선순위 하락 도형 우선순위 향상	

• 예시

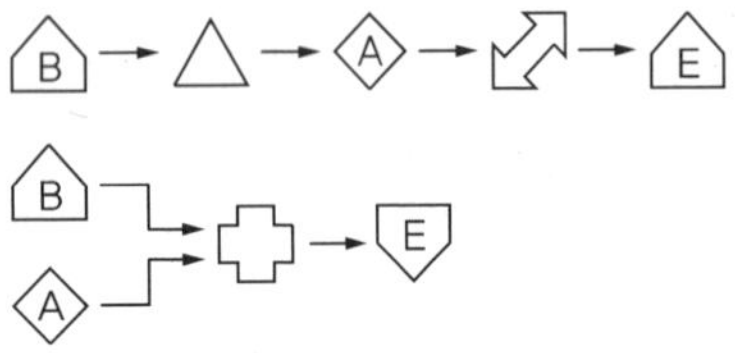

01

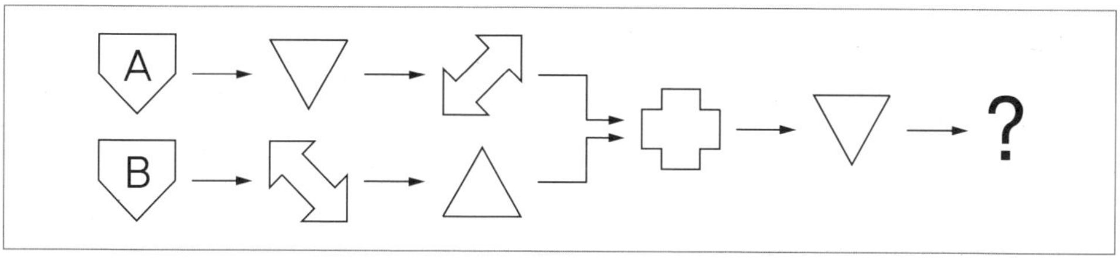

① 

② 

③ 

④ 

⑤ 

정답 및 해설

01

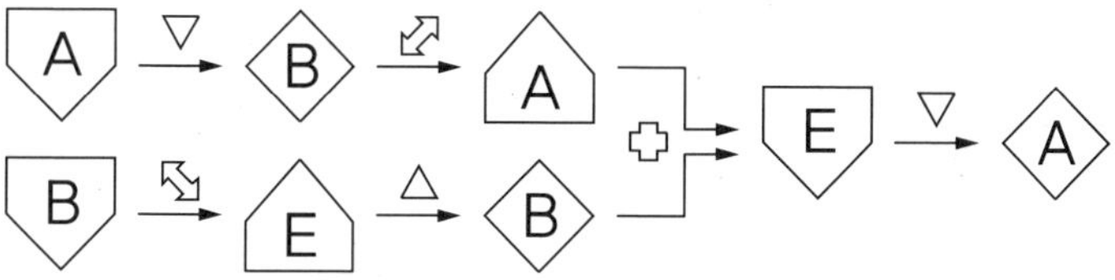

01 ③ 정답

02

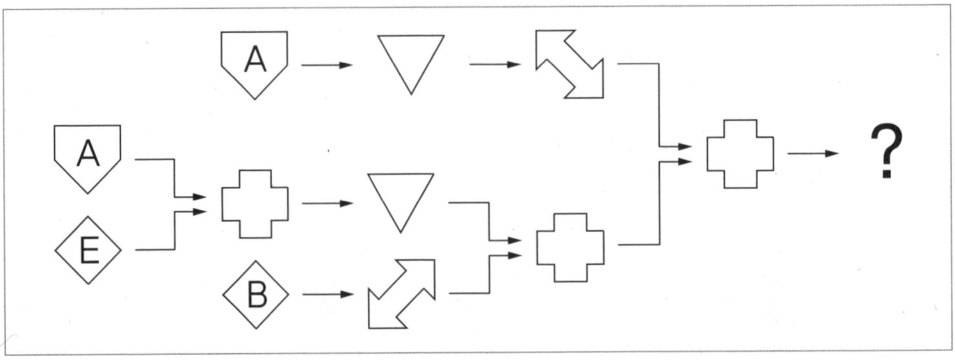

① 

② 

③ 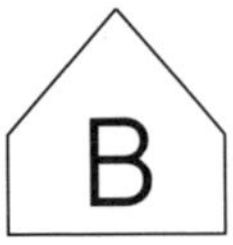

④ 

⑤ 

정답 및 해설

02

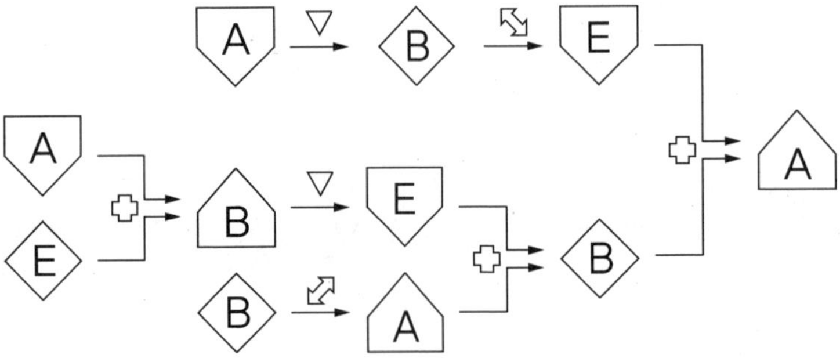

02 ⑤ 《정답

03

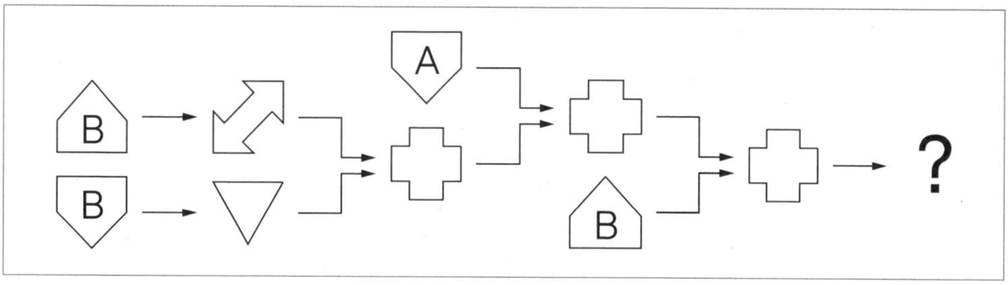

① 

② 

③ 

④ 

⑤ 

정답 및 해설

03

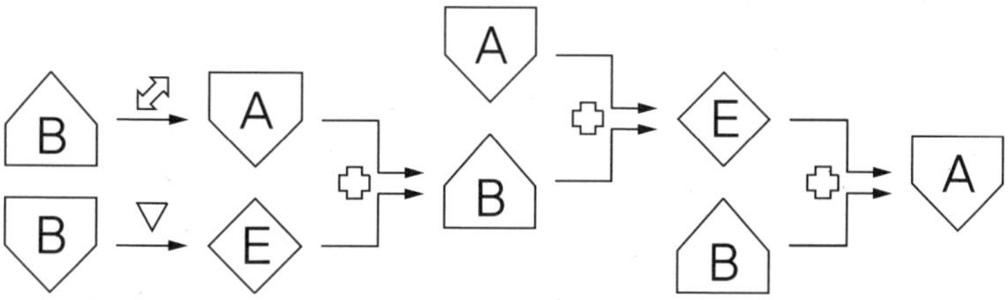

03 ① 정답

02 도식추리

※ 다음 도식에서 기호들은 일정한 규칙에 따라 문자를 변화시킨다. ?에 들어갈 알맞은 문자를 고르시오(단, 규칙은 가로와 세로 중 한 방향으로만 적용되며, 모음은 단모음 10개만 세는 것을 기준으로 한다). **[1~4]**

		ㄷromi		kㄴtal				
		↓		↓				
ergㅈs	→	❶	→	❻	→	tshㅊf		
		↓		↓				
acㅂdt	→	❹	→	❶	→	❻	→	ubdeㅅ
		↓		↓				
		pㄹsnj		mㄷubl				

01

ㅏㅓㅋㅛㄷ → ❹ → ❶ → ?

① ㅌㅑㅕㅜㄹ
② ㅌㅣㅛㅕㄱ
③ ㅌㅣㅛㄱㅓ
④ ㅍㅣㅛㄴㅕ
⑤ ㅍㅡㅛㅓㄴ

정답 및 해설

01 • 규칙

❶ : 각 자릿수 +1
❹ : 12345 → 31245
❻ : 12345 → 52341

ㅏㅓㅋㅛㄷ → (❹) ㅋㅏㅓㅛㄷ → (❶) ㅌㅑㅕㅜㄹ

01 ① 《정답

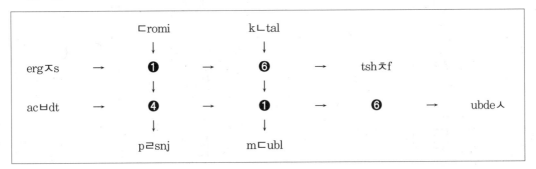

02

4ㅑㄴdㅛ → ❻ → ❹ → ?

① ㄱㅑㅛd4
② ㄱㅕㅠd3
③ ㄴㅗㅑd3
④ ㄴㅜㅓd4
⑤ ㄴㅛㅑd4

03

ㅍㅇapㅓ → ❹ → ? → ❶ → cㄱㅊrㅗ

① ❶
② ❹
③ ❻
④ ❶ → ❹
⑤ ❹ → ❻

04

Uㅜㅎㅊㅍ → ❻ → ❹ → ? → Uㅍㅜㅊㅎ

① ❶
② ❹
③ ❻
④ ❶ → ❹
⑤ ❹ → ❻

정답 및 해설

02 4ㅑㄴdㅛ →(❻) ㅛㅑㄴd4 →(❹) ㄴㅛㅑd4

03 ㅍㅇapㅓ →(❹) aㅍㅇpㅓ →(❶) bㅎㅈqㅕ →(❶) cㄱㅊrㅗ

04 Uㅜㅎㅊㅍ →(❻) ㅍㅜㅎㅊU →(❹) ㅎㅍㅜㅊU →(❻) Uㅍㅜㅊㅎ

02 ⑤ 03 ① 04 ③ 정답

03 기계이해

01 다음과 같이 중력가속도 g가 작용하는 도르래에서 물체 A에 작용하는 가속도의 크기는?(단, $a=\frac{F}{m}$이고 모든 마찰 및 공기저항, 도르래와 줄의 무게는 무시한다)

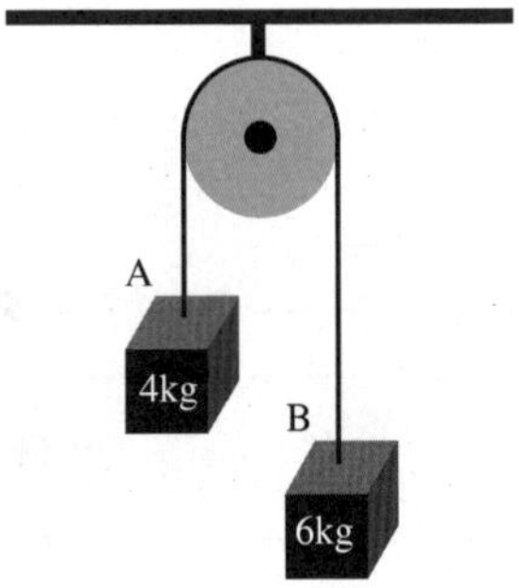

① 0
② $0.2g$
③ $0.4g$
④ $0.6g$
⑤ $0.8g$

정답 및 해설

01

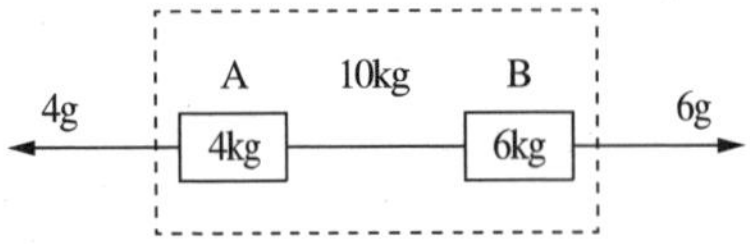

알짜힘은 $6g-4g=2g$이므로 물체 A와 B에 작용하는 가속도의 크기는 $\frac{2g}{10}=0.2g$이다.

01 ② 《정답

02 다음 중 광통신에 대한 설명으로 옳은 것만을 〈보기〉에서 모두 고른 것은?

보기

ㄱ. 무선 통신이다.
ㄴ. 광섬유를 사용한다.
ㄷ. 전반사의 원리를 이용한다.

① ㄱ
② ㄷ
③ ㄱ, ㄴ
④ ㄴ, ㄷ
⑤ ㄱ, ㄴ, ㄷ

03 다음은 태양을 한 초점으로 공전하는 어떤 행성의 타원 궤도를 나타낸 것이다. 이 행성이 60일 동안 전체 공전 궤도 면적의 $\frac{1}{6}$을 휩쓸고 지나간다면, 행성의 공전 주기는?

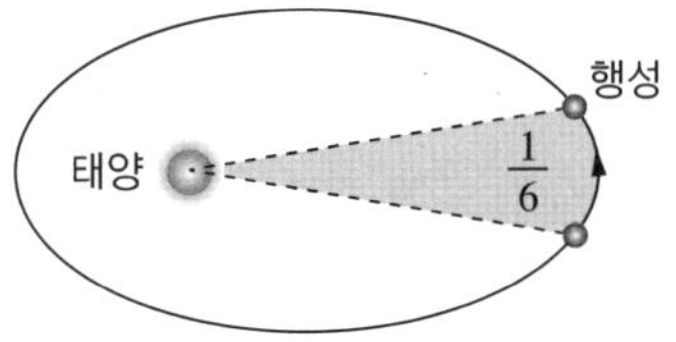

① 120일
② 180일
③ 240일
④ 360일
⑤ 480일

정답 및 해설

02 오답분석

ㄱ. 광통신은 유선 통신의 일종이다.

03 행성의 공전 주기를 x일이라 할 때 $1:6=60:x$ → $x=360$이다.
따라서 이 행성의 공전 주기는 360일이다.

02 ④ 03 ④ 정답

04 다음에서 설명하는 현상으로 옳은 것은?

> • 물을 가득 채운 냄비를 가열하면 끓어 넘친다.
> • 겨울철 축구공은 여름철에 비해 공기압이 떨어져 있다.
> • 알코올 온도계로 기온을 측정하였다.
> • 열기구가 하늘 위로 올라간다.
> • 따뜻한 물에 찌그러진 탁구공을 넣으면 탁구공이 펴진다.

① 보일의 법칙
② 샤를의 법칙
③ 각운동량 보존의 법칙
④ 에너지 보존의 법칙
⑤ 작용・반작용의 법칙

정답 및 해설

04 샤를의 법칙은 온도에 따른 액체, 기체의 부피 변화에 대한 법칙이다.

대부분의 액체 또는 기체는 온도가 1K(혹은 1°C) 오를 때 부피는 $\frac{1}{273}$배 증가하며 1K(혹은 1°C) 내려갈 때 부피는 $\frac{1}{273}$배 감소한다.

고체도 온도에 따라 부피가 변하지만, 고체 고유의 특성(열팽창계수)에 따라 변하는 정도가 다르다.

04 ② 《정답

04 한국사

01 **다음에서 설명하는 국가로 옳은 것은?**

이 국가의 지방에는 마가, 우가, 저가, 구가가 있고, 이들은 사출도라 불리는 지역을 다스려 왕이 이 지역에서의 일에 간섭할 수 없었다.

① 고구려
② 부여
③ 삼한
④ 옥저
⑤ 동예

02 **조선의 신분 제도에 대한 설명으로 적절하지 않은 것은?**

① 이분법적인 양천 제도를 따랐다.
② 서얼은 관직 진출에 제한이 있어 무반직에 등용되지 않았다.
③ 신량역천은 신분은 양인이나 천역을 담당하였다.
④ 조선 후기의 양반은 문·무반의 관료와 가족을 의미한다.
⑤ 노비는 재산으로 취급되어 매매·상속의 대상이 되었다.

정답 및 해설

01 제시문에서 설명하는 국가는 부여이다. 부여는 마가, 우가, 저가, 구가가 사출도라는 지역을 각각 다스렸고 이들과 중앙 부족을 연맹한 5부족 연맹체 국가이다. 이들은 흉년이 들면 왕에게 책임을 물어 물러나게 하기도 하였다.

02 서얼은 한품서용이 적용되어 관직 진출에 제한이 있었으나 무반직에 등용되었다(문과 응시 금지).

오답분석

① 조선은 법적으로 양반과 천민으로 구분된 양천 제도를 택한 신분제 사회이나, 실제로는 양반, 중인, 상민, 천민으로 신분을 구분하였다.
③ 신량역천은 양인이나 천역을 담당하여 사회적으로 천시받았다.
④ 조선 초기의 양반은 문반과 무반을 가리켰으나, 16세기 이후 문·무반의 관료와 가족까지 의미하게 되었다.
⑤ 노비는 비자유민으로 교육과 벼슬이 금지되었으며 재산으로 취급되었다.

01 ② 02 ② 정답

아이들이 답이 있는 질문을 하기 시작하면 그들이 성장하고 있음을 알 수 있다.

- 존 J. 플롬프 -

PART 1 직무적성검사

CHAPTER 01 연역적 사고 적중예상문제

정답 및 해설 p.002

대표유형 연역적 사고

다음 규칙을 바탕으로 ?에 들어갈 알맞은 도형은?

• 우선순위(순환) : M → Y → C → M → … / □ → ◇ → ○ → □ → …

• 규칙

문자열 조합식	M+Y=C	M+C=Y	C+Y=M
도형 조합식	□+◇=○	□+○=◇	◇+○=□
연산자	△ : 우선순위 모두 향상	▽ : 우선순위 모두 하락	✚ : 문자열, 도형 조합

• 예시

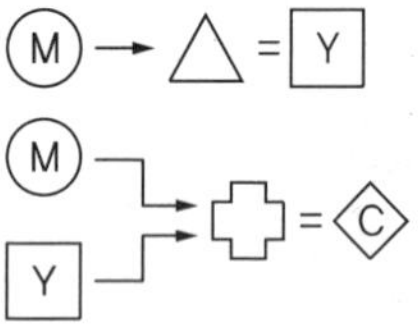

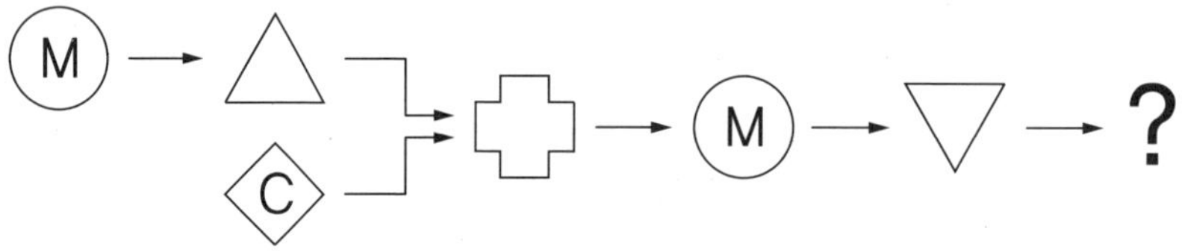

① 

② 

③ 

④ 

⑤ 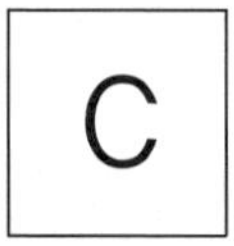

| 해설 |

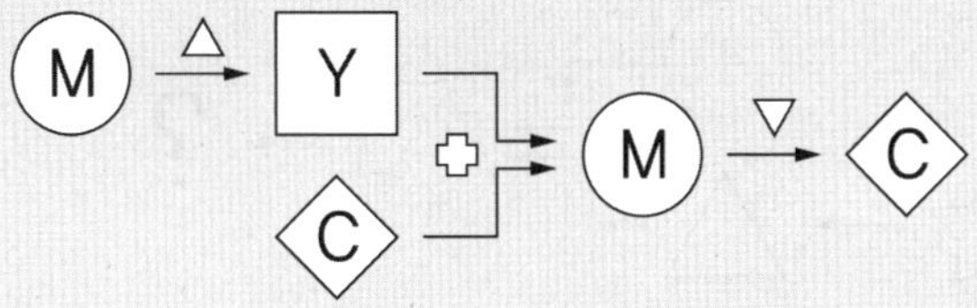

정답 ③

※ 다음 규칙을 바탕으로 ?에 들어갈 알맞은 도형을 고르시오. [1~4]

• 우선순위(순환) : A → I → Z → A → … / ☆ → □ → ○ → ☆ → …

• 규칙

문자열 조합식	A+I=Z	A+Z=I	I+Z=A
	같은 문자끼리 더하면 그 문자를 유지한다.		
도형 조합식	☆+□=○	☆+○=□	□+○=☆
	같은 도형끼리 더하면 그 도형을 유지한다.		
연산자	△ : 우선순위 모두 향상	▽ : 우선순위 모두 하락	✚ : 문자열, 도형 조합

• 예시

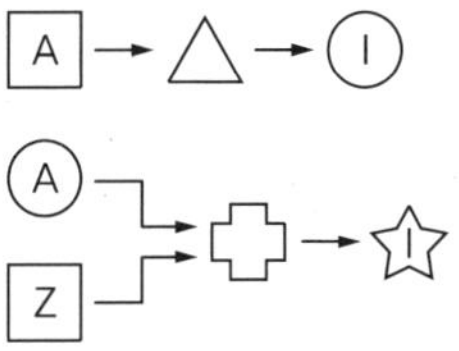

01

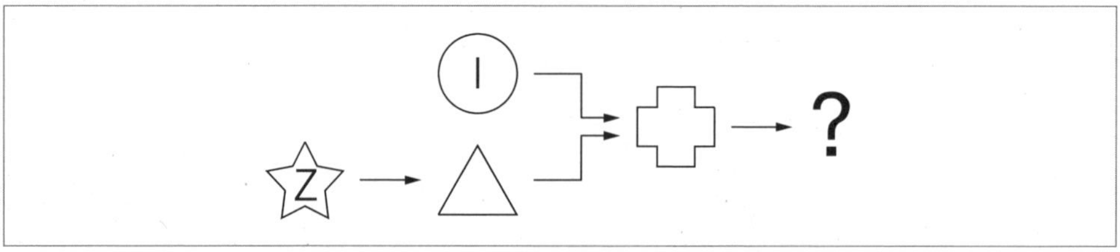

① 

② 

③ 

④ 

⑤ 

02

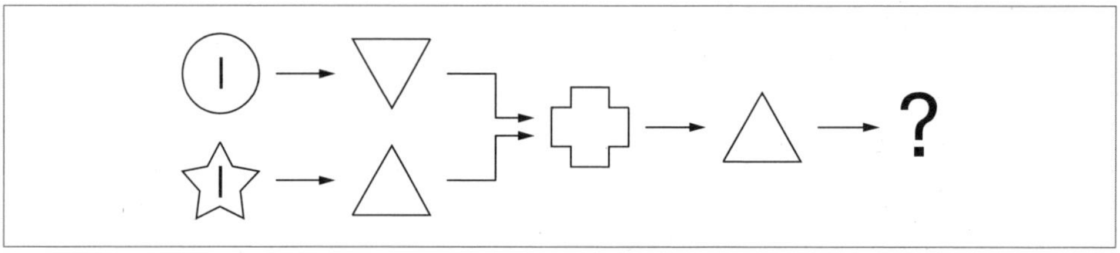

① 

② 

③ 

④ 

⑤ 

03

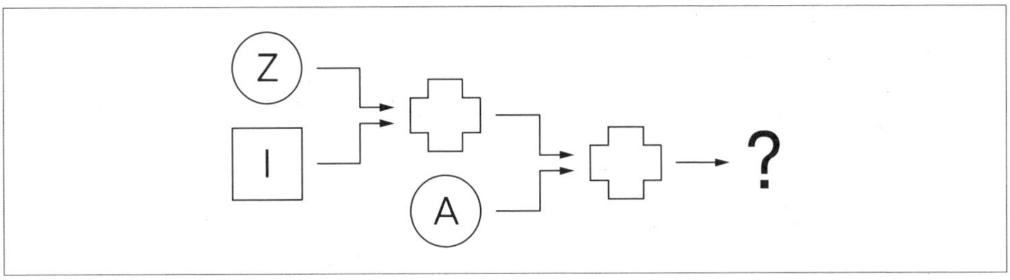

① 

② 

③ 

④ 

⑤ 

04

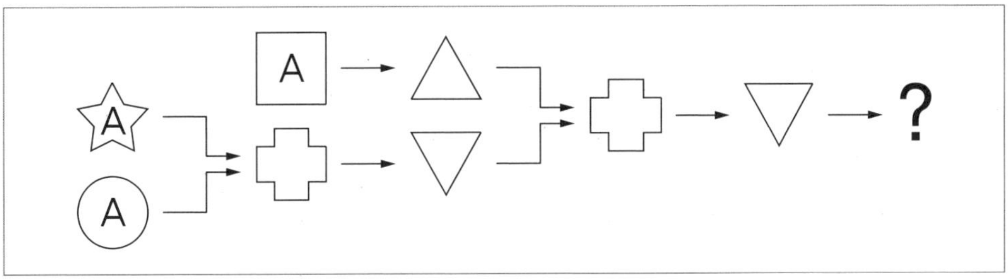

① 

② 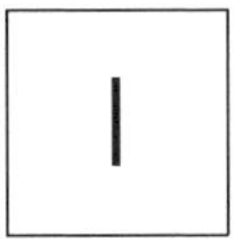

③ 

④ 

⑤ 

※ 다음 규칙을 바탕으로 ?에 들어갈 알맞은 도형을 고르시오. **[5~8]**

• 우선순위(순환) : Q → E → D → Q → ⋯ / 

• 규칙

문자열 조합식	Q+E=D	Q+D=E	E+D=Q
도형 조합식			
연산자	 : 우선순위 모두 향상	 : 우선순위 모두 하락	 : 문자열, 도형 조합

• 예시

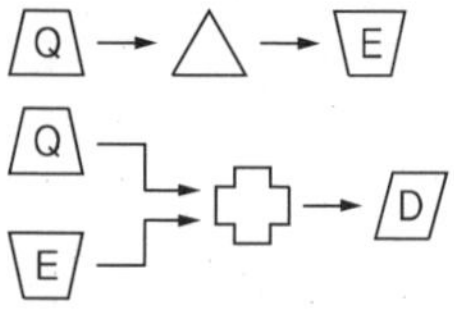

05

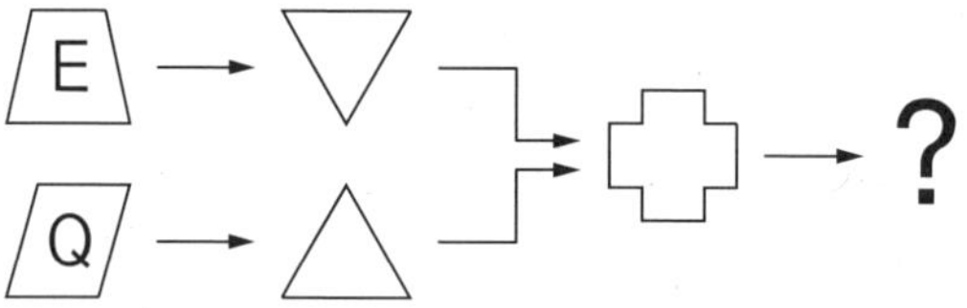

① 

② 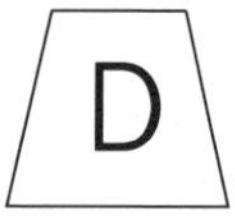

③ 

④ 

⑤ 

06

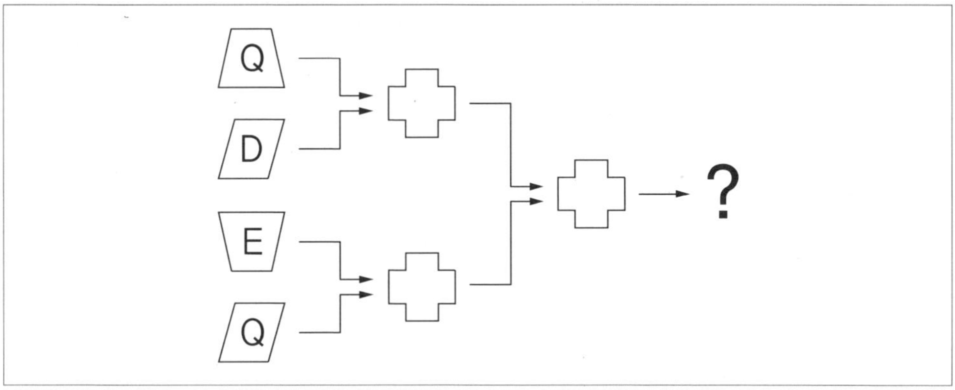

① 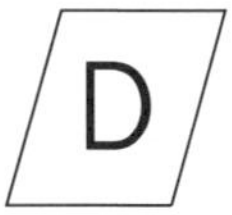

② 

③ 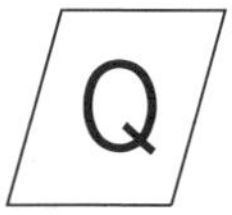

④ 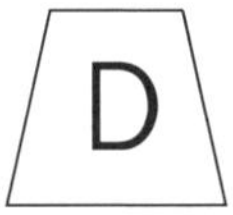

⑤ 

07

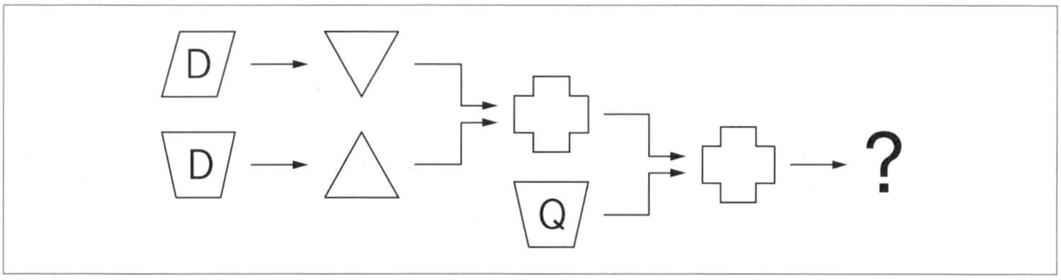

① 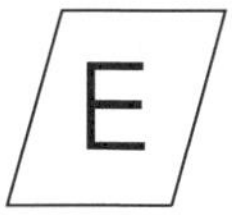

② 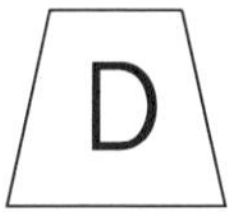

③ 

④ 

⑤ 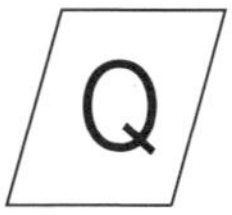

08

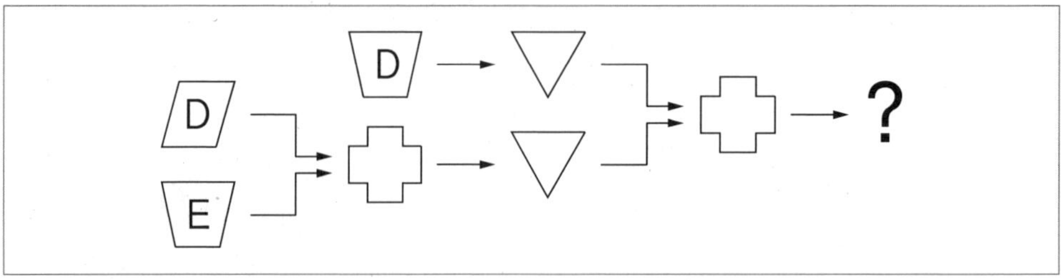

① 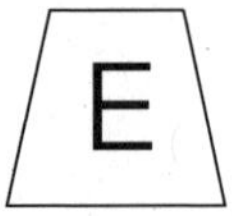

② 

③ 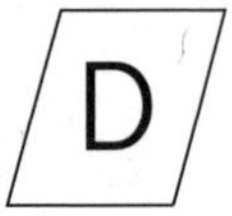

④ 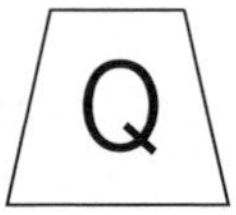

⑤ 

※ 다음 규칙을 바탕으로 ?에 들어갈 알맞은 도형을 고르시오. [9~12]

• 우선순위(순환) : L → M → R → L → … / 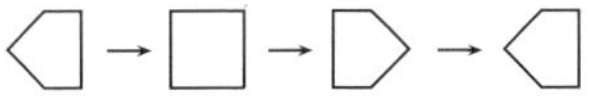 → …

• 규칙

문자열 조합식	L+M=R	L+R=M	M+R=L
도형 조합식	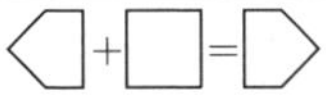		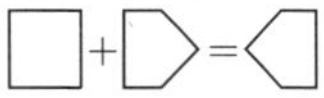
연산자	 : 우선순위 모두 향상	 : 우선순위 모두 하락	 : 문자열, 도형 조합

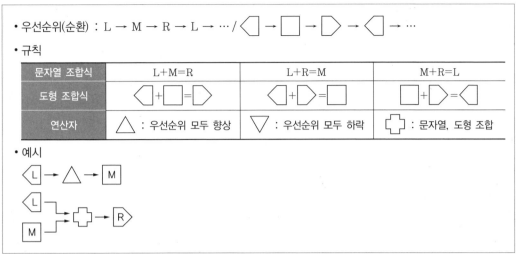

• 예시

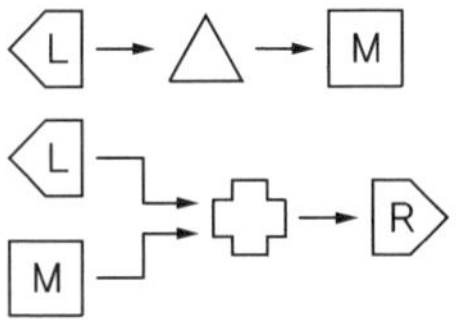

09

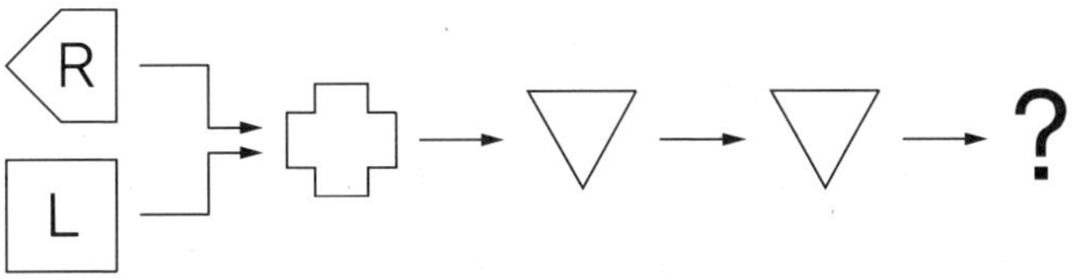

①

②

③

④

⑤

10

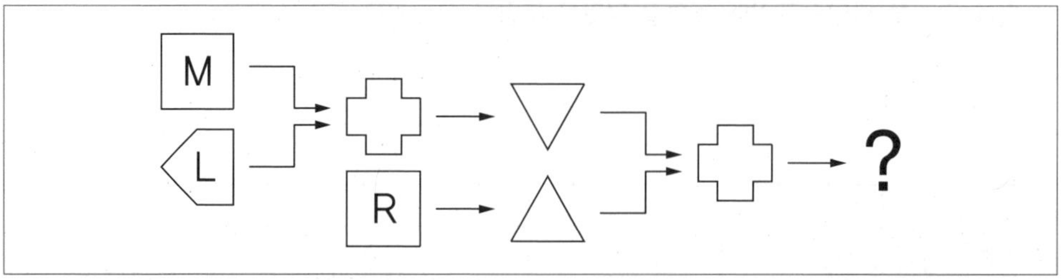

① 

② 

③ 

④ 

⑤ 

11

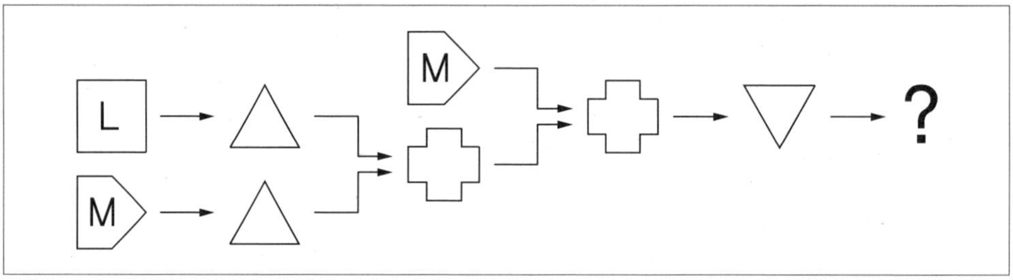

① 

② 

③ 

④ 

⑤ 

12

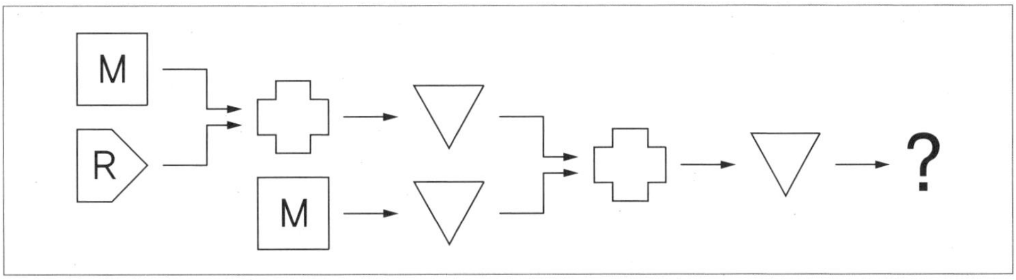

① 

② 

③ 

④ 

⑤ 

※ 다음 규칙을 바탕으로 ?에 들어갈 알맞은 도형을 고르시오. [13~16]

• 우선순위(순환) : Q → W → E → Q → … / 

• 규칙

문자열 조합식	Q+W=E	Q+E=W	W+E=Q
도형 조합식			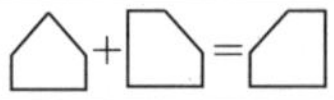
연산자	 : 우선순위 모두 향상	 : 우선순위 모두 하락	 : 문자열, 도형 조합

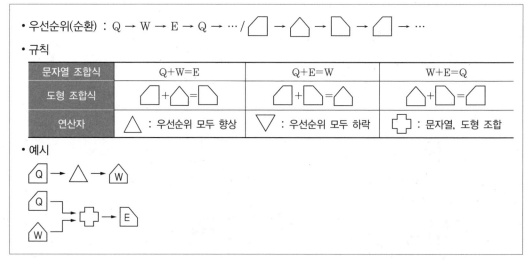

• 예시

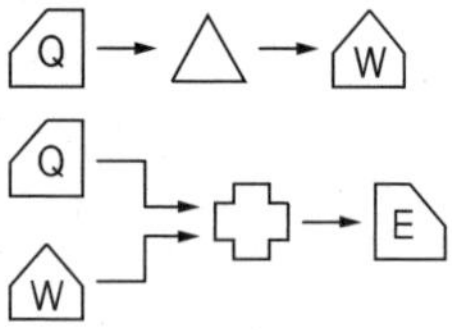

13

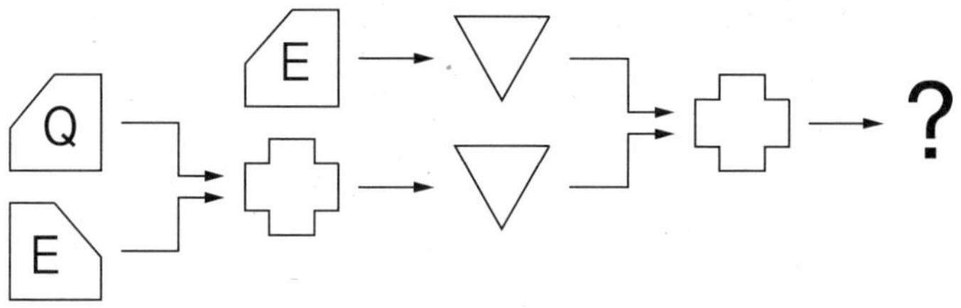

① 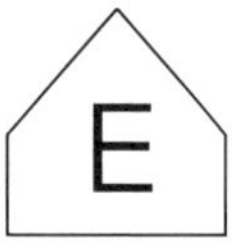

② 

③ 

④ 

⑤ 

14

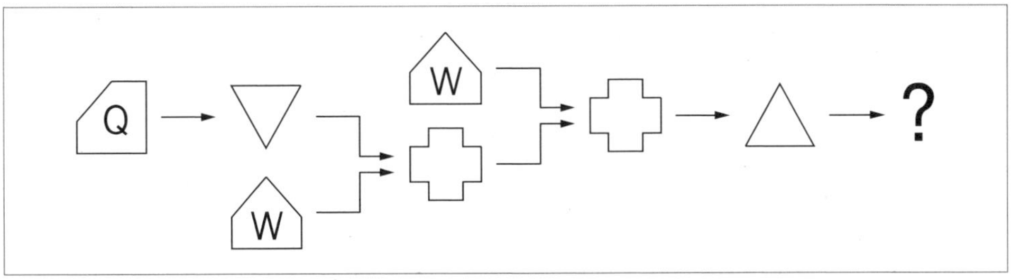

①

②

③

④

⑤

15

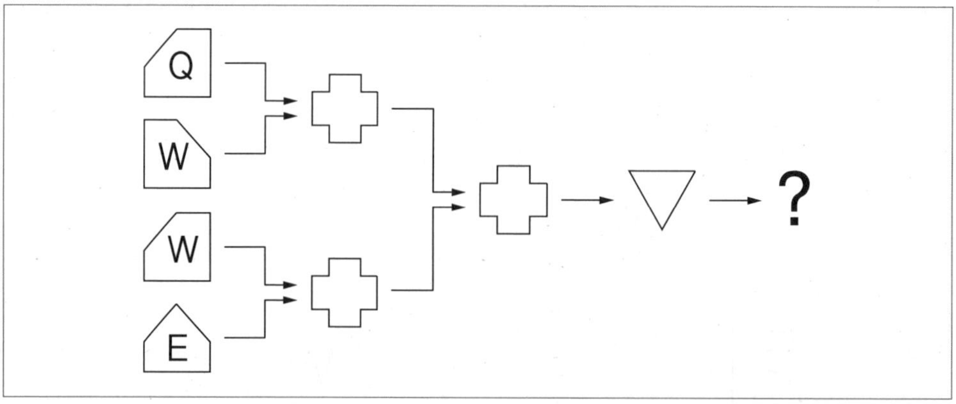

① 

② 

③ 

④ 

⑤ 

16

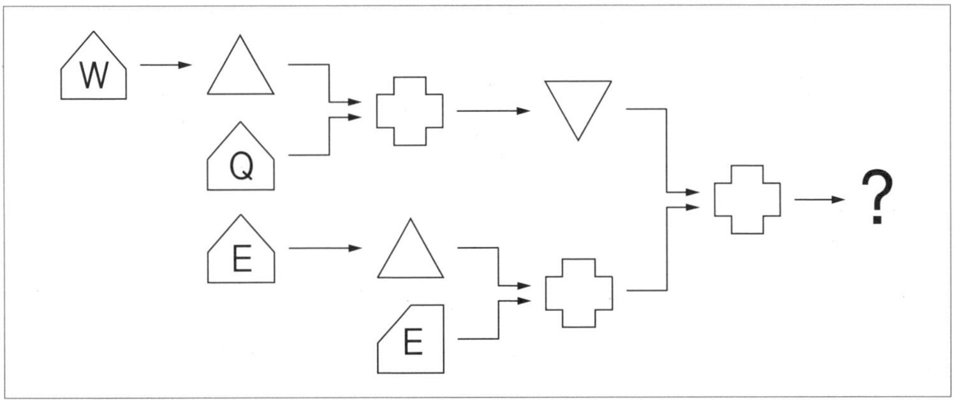

①

②

③

④

⑤

※ 다음 규칙을 바탕으로 ?에 들어갈 알맞은 도형을 고르시오. [17~20]

• 우선순위(순환) : R → O → K → R → … / ◁ → ◇ → ▷ → ◁ → …

• 규칙

문자열 조합식	R+O=K	R+K=O	O+K=R
도형 조합식	◁+◇=▷	◁+▷=◇	◇+▷=◁
연산자	△ : 우선순위 모두 향상	▽ : 우선순위 모두 하락	✚ : 문자열, 도형 조합

• 예시

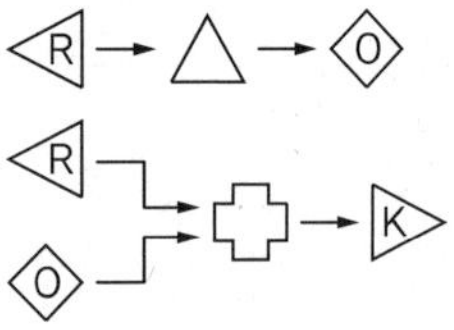

17

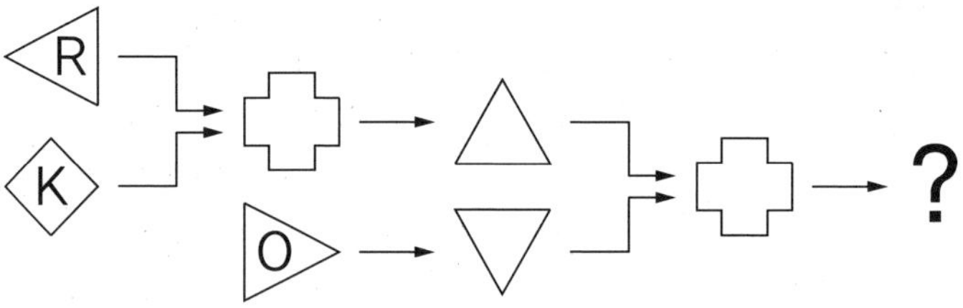

① 

② 

③ 

④ 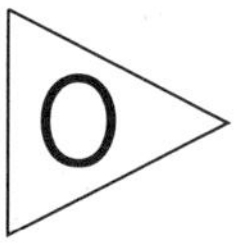

⑤ 

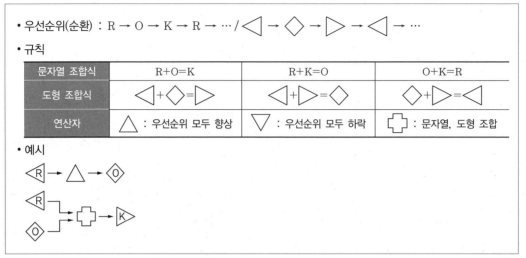

18

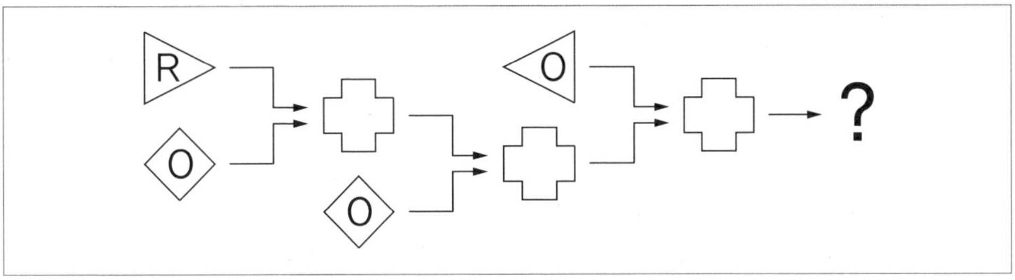

① 

② 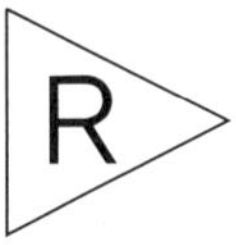

③ 

④ 

⑤ 

19

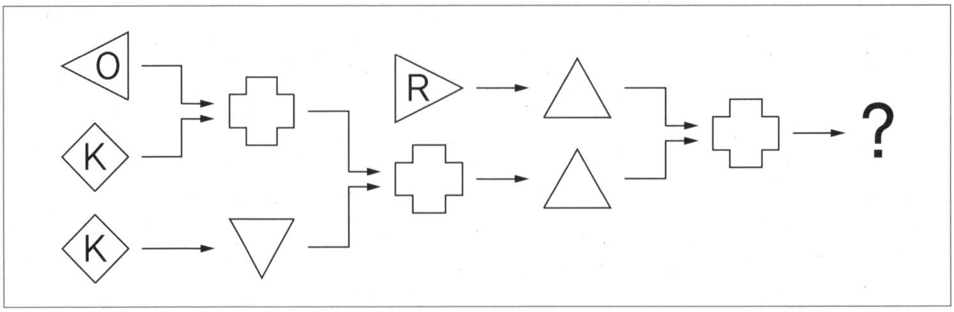

① 

② 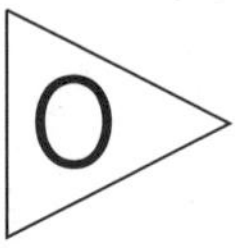

③ 

④ 

⑤ 

20

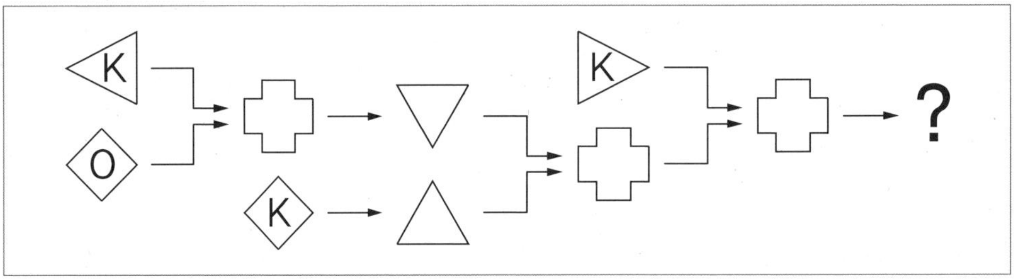

① 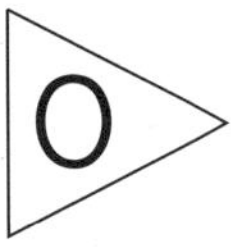

② 

③ 

④ 

⑤ 

※ 다음 규칙을 바탕으로 ?에 들어갈 알맞은 도형을 고르시오. **[21~24]**

• 우선순위(순환) : A → B → O → A → … / □ → ○ → ◇ → □ → …

• 규칙

문자열 조합식	A+B=O	A+O=B	B+O=A
도형 조합식	□+○=◇	□+◇=○	○+◇=□
연산자	△ : 우선순위 모두 향상	▽ : 우선순위 모두 하락	✚ : 문자열, 도형 조합
	⤢ : 문자열 우선순위 향상 도형 우선순위 하락	⤡ : 문자열 우선순위 하락 도형 우선순위 향상	

• 예시

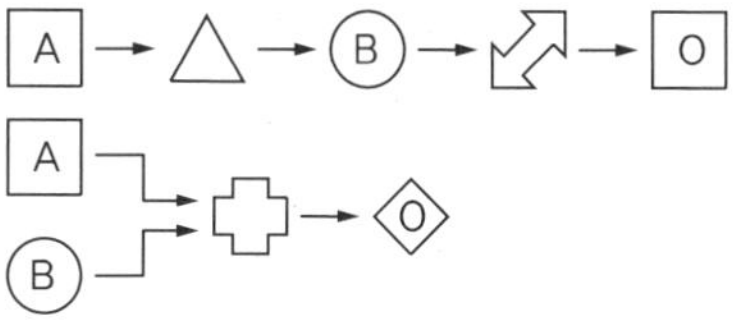

21

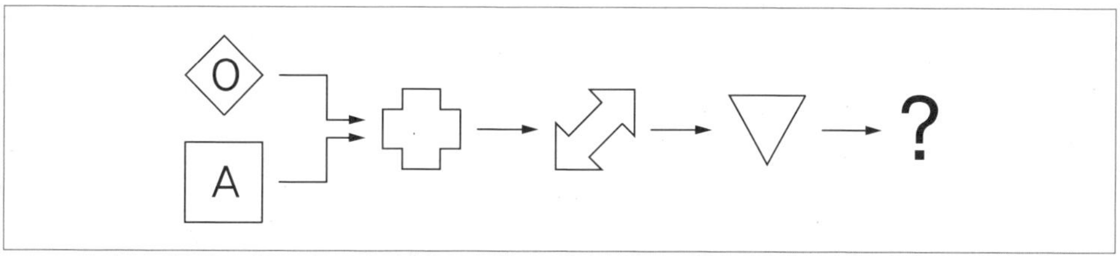

① 

② 

③ 

④ 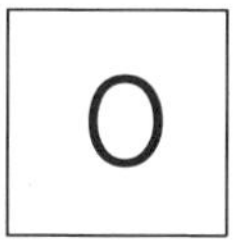

⑤ 

22

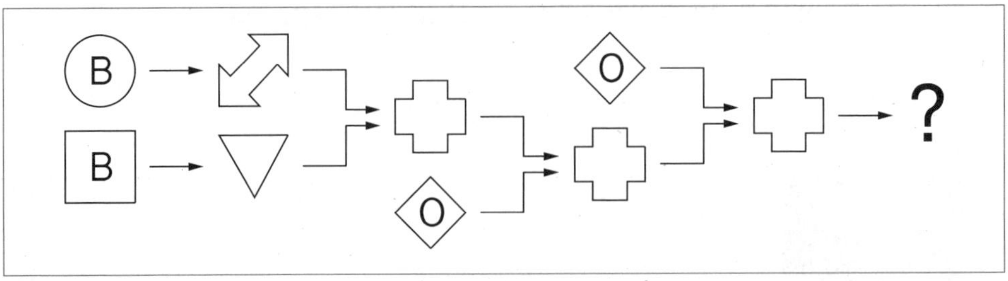

① 

② 

③ 

④ 

⑤ 

23

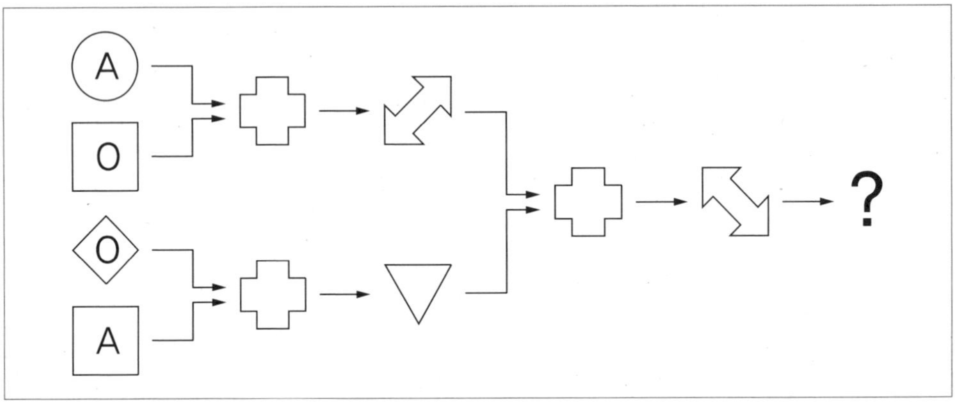

① 

② 

③ 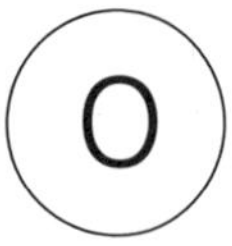

④ 

⑤ 

24

① ⭕ O

② ⬜ B

③ ⬜ A

④ ◇ B

⑤ ◇ A

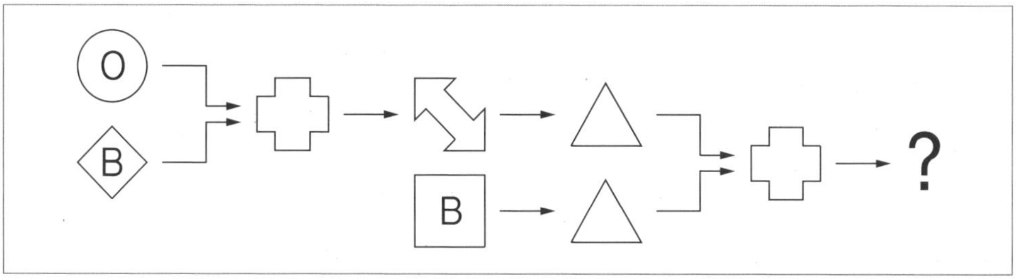

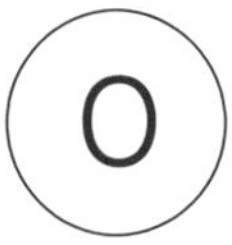

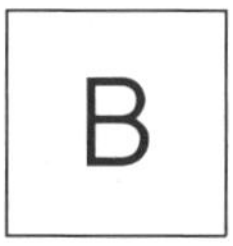

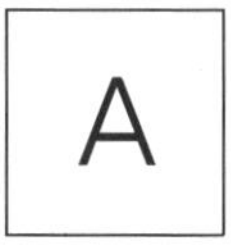

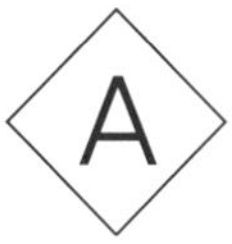

정답 및 해설 p.008

대표유형 도식추리

다음 도식에서 기호들은 일정한 규칙에 따라 문자를 변화시킨다. ?에 들어갈 알맞은 문자는?(단, 규칙은 가로와 세로 중 한 방향으로만 적용된다)

		ㅌ2ㄱ6		ㅈ3ㄹ2		
		↓		↓		
7ㅍㄷ3	→	☆	→	□	→	ㅍㄷ64
		↓		↓		
8ㅇ3ㅅ	→	○	→	△	→	ㅅ9ㅅ4
		↓		↓		
72ㅅㅌ	→	△	→	○	→	ㅍ73ㅂ
		↓		↓		
		7ㅌ1ㄴ		33ㅁㅇ		

QE1O → □ → ☆ → ?

① 1QPD
② EQP1
③ E1QO
④ E1QP
⑤ D1QP

| 해설 | • 규칙

△ : 0, +1, −1, +1
☆ : −1, 0, 0, +1
○ : 1234 → 4123
□ : 1234 → 2314

QE1O → (□) → E1QO → (☆) → D1QP

정답 ⑤

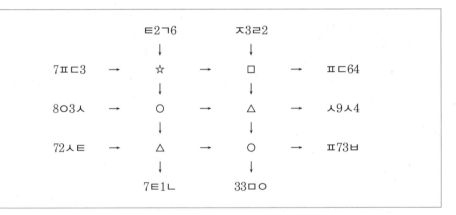

※ 다음 도식에서 기호들은 일정한 규칙에 따라 문자를 변화시킨다. ?에 들어갈 알맞은 문자를 고르시오(단, 규칙은 가로와 세로 중 한 방향으로만 적용되며, 모음은 단모음 10개만 세는 것을 기준으로 한다). [1~4]

		키다수키		터무니				
		↑		↓				
다시마	→	□	→	△	→	마지사마		
				↓		↓		
		↑		☆		♡		
				↓		↓		
바다코	→	◇	→	□	→	△	→	포아마포포
		↑		↓		↓		
		가무지		햐쇼르햐		마사지마마		

01

우리사이 → □ → □ → □ → □ → □ → ?

① 다히나디
② 루히다리
③ 오리서이
④ 우리사이~~우우우우우~~
⑤ 이이이이이우리사이

02

오르골 → ? → ☆ → 여류결여

① △
② □
③ ☆
④ ◇
⑤ ♡

03

무미니 → ◇ → ♡ → ?

① 미무니
② 마모니
③ 니미무니
④ 니무미니
⑤ 미무니미

04

오조담 → □ → ◇ → ?

① 요죠댬댬
② 맞초코맞
③ 초코맞초
④ 우주덤우
⑤ 덤우주덤

PART 1

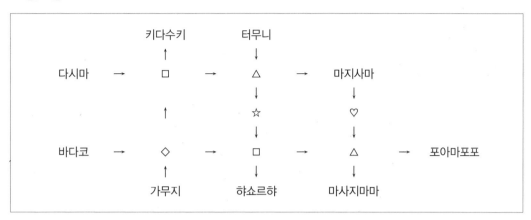

※ 다음 도식에서 기호들은 일정한 규칙에 따라 문자를 변화시킨다. ?에 들어갈 알맞은 문자를 고르시오 (단, 규칙은 가로와 세로 중 한 방향으로만 적용된다). **[5~7]**

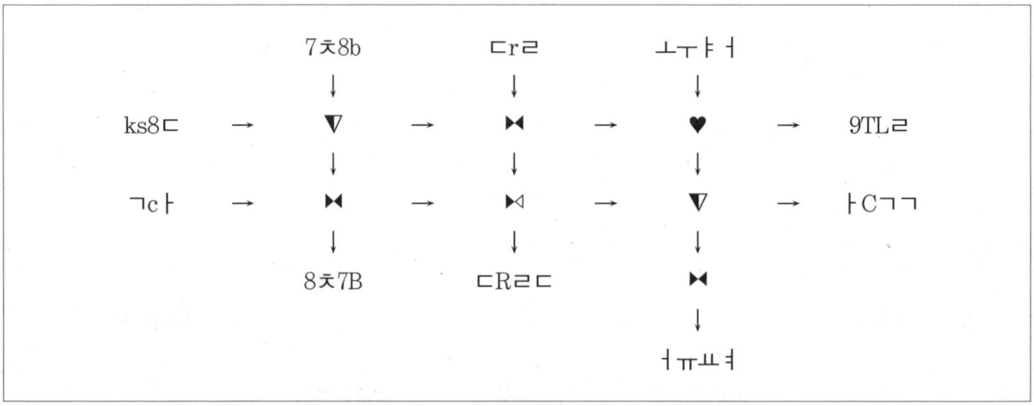

05

ㅁㅎㅑg → ⧑ → ▼ → ?

① ㅕㅎgㅁㅁ
② ㅕㅁㅎgㅁ
③ ㅑㅋㅁgㅂ
④ ㅑㅎㅁgㅁ
⑤ ㅠㅎㅁㅁg

06

ㅋㄱ63ㅈ → ♥ → ♥ → ?

① ㅍㄷ85ㅋ
② 85ㅍㄷㅋ
③ ㅍㄴ74ㅋ
④ ㅍㄱ75ㅋ
⑤ ㅎ85ㄷㅋ

07

ㅣㅠfㅏㅜ → ? → ⧓ → ㅣㅠFㅏㅜㅣ

① ▼
② ⧑
③ ♥
④ ⧓
⑤ ⧓ → ♥

※ 다음 도식에서 기호들은 일정한 규칙에 따라 문자를 변화시킨다. ?에 들어갈 알맞은 문자를 고르시오 (단, 규칙은 가로와 세로 중 한 방향으로만 적용되며, 모음은 단모음 10개만 세는 것을 기준으로 한다). **[8~10]**

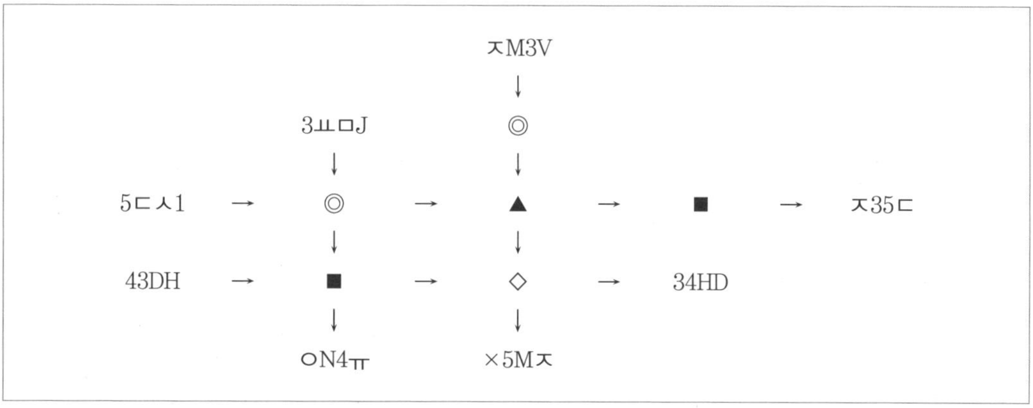

08

2Uㅓㅋ → ◇ → ▲ → ?

① T1ㅈㅑ
② ㅈ3Rㅠ
③ 4ㅍㅛS
④ ㅊㅏT0
⑤ ㅋ5Oㅑ

09

ㅂ5ㄴ6 → ■ → ◎ → ?

① ㄷ8ㅈ9
② ㅊ8ㄹ7
③ 67ㅅㄱ
④ 68ㄱㄷ
⑤ 79ㄹㅅ

10

4ㅜDH → ▲ → ◇ → ◎ → ?

① DㅛC5
② GEㅠ7
③ 6ㅜID
④ 6FㅗC
⑤ ㅗ2BG

※ 다음 도식에서 기호들은 일정한 규칙에 따라 문자를 변화시킨다. ?에 들어갈 알맞은 문자를 고르시오 (단, 규칙은 가로와 세로 중 한 방향으로만 적용된다). [11~14]

		3HFG		VDE4				
		↓		↓				
AQX3	→	♪	→	◎	→	AQX3		
		↓		↓				
FGE4	→	☆		♧	→	◎	→	GEF4
		↓		↓				
		♧		♪				
		↓		↓				
		G3HF3G		DDE4D				

11

MD4R → ♪ → ?

① MD4RR
② MMD4R
③ RD4M
④ D4R
⑤ MD4

12

HKLU → ☆ → ◎ → ?

① KLU
② KLH
③ ULK
④ KLUH
⑤ UKLH

13

SWQX → ♧ → ♪ → ?

① SWQXS
② SWQXSS
③ SSWQXS
④ WWQX
⑤ XWQS

14

NB5R → ♧ → ☆ → ◎ → ?

① B5RN
② RB5N
③ N5RB
④ NB5RN
⑤ RNB5R

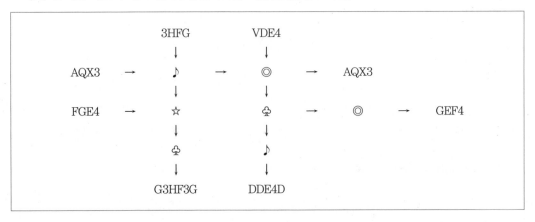

※ 다음 도식에서 기호들은 일정한 규칙에 따라 문자를 변화시킨다. ?에 들어갈 알맞은 문자를 고르시오 (단, 규칙은 가로와 세로 중 한 방향으로만 적용된다). [15~18]

		ㅋㅊㄴㄱ		34ㅂㅈ				
		↓		↓				
ㄴㄹaㅈ	→	◘	→	▲	→	ㅋㄷyㄷ		
		↓		↓				
Kㅎㄴ7	→	▣	→	◘	→	▲	→	9ㄱㅌL
		↓		↓				
		ㅌㅎㅈㄷ		ㅊ3ㄹ5				

15

ㅇPㄱㅎ → ▣ → ▲ → ?

① ㄱㅎPㅇ ② ㅋㄱQㅇ
③ ㅋㄴQㅇ ④ ㅋQㅎㅇ
⑤ ㅎㄱPㅇ

16

2ㅂㅌㄷ → ▲ → ◘ → ?

① ㄹㅊㅁ8 ② ㄷㅁ4ㅈ
③ ㄹㅁㅊ4 ④ ㅁㄹㅊ7
⑤ ㄴㅁㅊ4

17

ㅁㄹbㅍ → ▲ → ◘ → ? → ㅎzㄷㅅ

① ◘ ② ▣
③ ▲ ④ ◘ → ▣
⑤ ▲ → ▣

18

ㅈㅊㄴㅎ → ? → ◘ → ▣ → ㅊㅇㄱㄴ

① ◘ ② ▣
③ ▲ ④ ◘ → ▣
⑤ ▲ → ▣

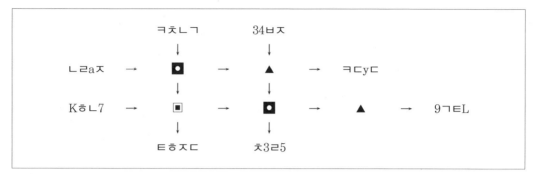

※ 다음 도식에서 기호들은 일정한 규칙에 따라 문자를 변화시킨다. ?에 들어갈 알맞은 문자를 고르시오 (단, 규칙은 가로와 세로 중 한 방향으로만 적용된다). **[19~20]**

		EㅈRㅅ		BQㄱM				
		↓		↓				
DPㄷㅈ	→	▲	→	□	→	☆	→	ㅍㅈTJ
		↓		↓				
ㅇㄴVI	→	□	→	○	→	▲	→	K□×ㅋ
		↓		↓				
		ㅊTㅌG		MQㄱB				

19

P3T7 → ▲ → ○ → ?

① P0V6
② RV60
③ P6V0
④ V6R0
⑤ 6RPV

20

ㅎ49ㅇ → ○ → ☆ → ?

① ㄱ35ㅌ
② ㄴ3ㅍ8
③ ㅌ53ㄱ
④ ㄴ8ㅍ3
⑤ ㄷ63L

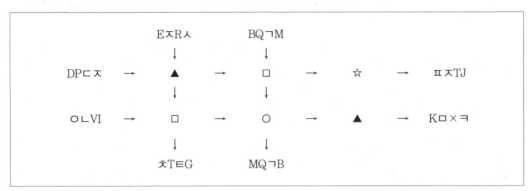

※ 다음 도식에서 기호들은 일정한 규칙에 따라 문자를 변화시킨다. ?에 들어갈 알맞은 문자를 고르시오 (단, 규칙은 가로와 세로 중 한 방향으로만 적용된다). **[21~24]**

		3H1J		Q46F		
		↓		↓		
LS89	→	▽	→	■	→	RK87
		↓		↓		
52XI	→	■	→	◎	→	41WHH
		↓		↓		
W7K4	→	◎	→	♣	→	W744
		↓		↓		
		G2I00		P3EE		

21

D5N8 → ▽ → ◎ → ?

① 5D8NN
② M62E2
③ 8ND5N
④ M6E22
⑤ C47MM

22

WB16 → ◎ → ♣ → ■ → ?

① W16B
② C80R
③ VA55
④ RC80
⑤ A55V

23

XQ5M → ■ → ◎ → ?

① Q5MXX
② A3CZZ
③ WP4LL
④ QX5MM
⑤ PU4LL

24

RS94 → ▽ → ◎ → ■ → ?

① QR833
② RQ388
③ SP722
④ PS277
⑤ JP544

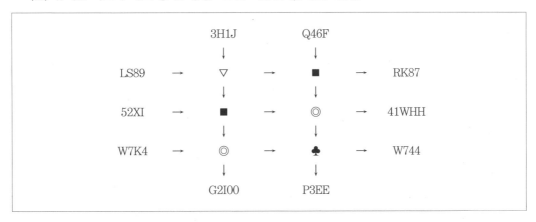

※ 다음 도식에서 기호들은 일정한 규칙에 따라 문자를 변화시킨다. ?에 들어갈 알맞은 문자를 고르시오 (단, 규칙은 가로와 세로 중 한 방향으로만 적용된다). [25~28]

		ㅅㅂ21		8ㅁ5ㅂ		
		↓		↓		
		☆		▲		
		↓		↓		
73ㄹㅇ	→	□	→	●	→	ㅊㄴ55
		↓		↓		
ㄷ6ㄱ4	→	●	→	☆	→	5ㄴ7ㄹ
		↓		↓		
		41ㅈㅂ		7ㅂ6ㅈ		

25

89ㅂㄱ → □ → ● → ☆ → ?

① 72ㄹㅁ
② ㅂㄷ61
③ 2ㄹ7ㅁ
④ 61ㅂㄷ
⑤ ㄹㅁ27

26

E7H6 → ▲ → □ → ?

① 5J9K
② K95J
③ 6H3I
④ 3I6H
⑤ H63I

27

Kㅂㄹ H → ● → ☆ → ?

① Iㅁㅅ L
② Jㄴㅇ I
③ Iㅇㄴ J
④ ㅁㅅ IL
⑤ Fㅂㄹ M

28

75J1 → □ → ☆ → ▲ → ?

① KJ6D
② CI8G
③ GI8C
④ FH9D
⑤ D9HF

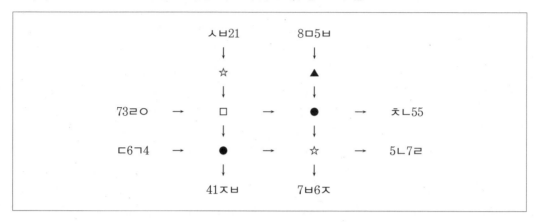

※ 다음 도식에서 기호들은 일정한 규칙에 따라 문자를 변화시킨다. ?에 들어갈 알맞은 문자를 고르시오(단, 규칙은 가로와 세로 중 한 방향으로만 적용된다). **[29~32]**

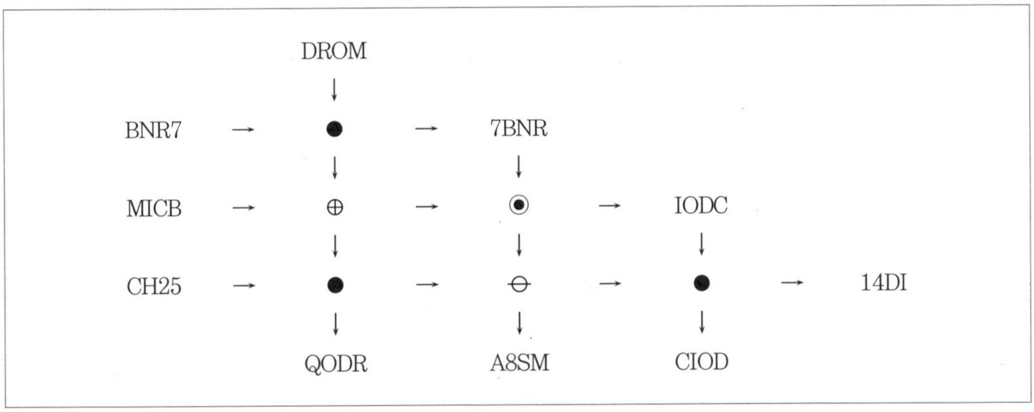

29

BUS8 → ◉ → ⊕ → ?

① WB8U
② BUW8
③ UB8S
④ BUS8
⑤ SUB8

30

IU93 → ◉ → ● → ⊖ → ?

① 8J2V
② 8VJ2
③ 9UI3
④ 39UI
⑤ UI39

31

? → ⊖ → ◉ → XMAS

① MSAX
② MXSA
③ NBRW
④ NWRB
⑤ WRBW

32

? → ⊕ → ⊖ → PINK

① OHJM
② OHMJ
③ QHML
④ QMHL
⑤ MHQL

※ 다음 도식에서 기호들은 일정한 규칙에 따라 문자를 변화시킨다. ?에 들어갈 알맞은 문자를 고르시오(단, 규칙은 가로와 세로 중 한 방향으로만 적용된다). **[33~36]**

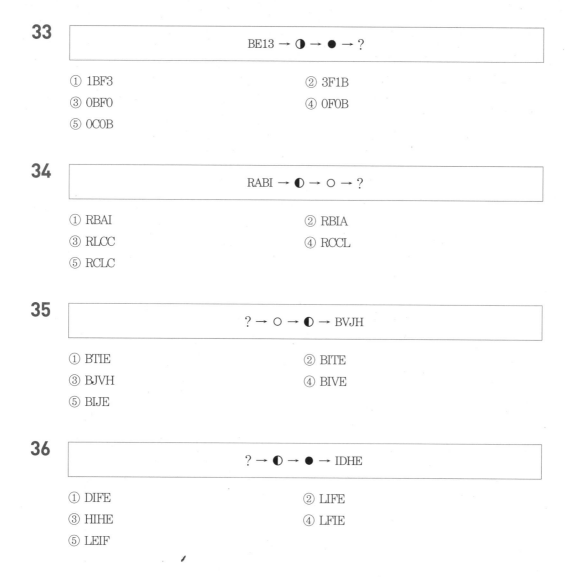

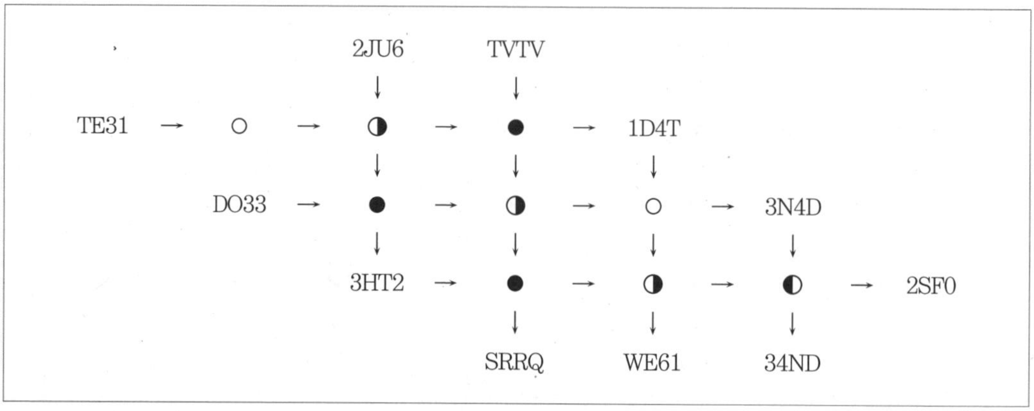

33

BE13 → ◑ → ● → ?

① 1BF3
② 3F1B
③ 0BF0
④ 0F0B
⑤ 0C0B

34

RABI → ◐ → ○ → ?

① RBAI
② RBIA
③ RLCC
④ RCCL
⑤ RCLC

35

? → ○ → ◐ → BVJH

① BTIE
② BITE
③ BJVH
④ BIVE
⑤ BIJE

36

? → ◐ → ● → IDHE

① DIFE
② LIFE
③ HIHE
④ LFIE
⑤ LEIF

※ 다음 도식에서 기호들은 일정한 규칙에 따라 문자를 변화시킨다. ?에 들어갈 알맞은 문자를 고르시오 (단, 규칙은 가로와 세로 중 한 방향으로만 적용된다). **[37~40]**

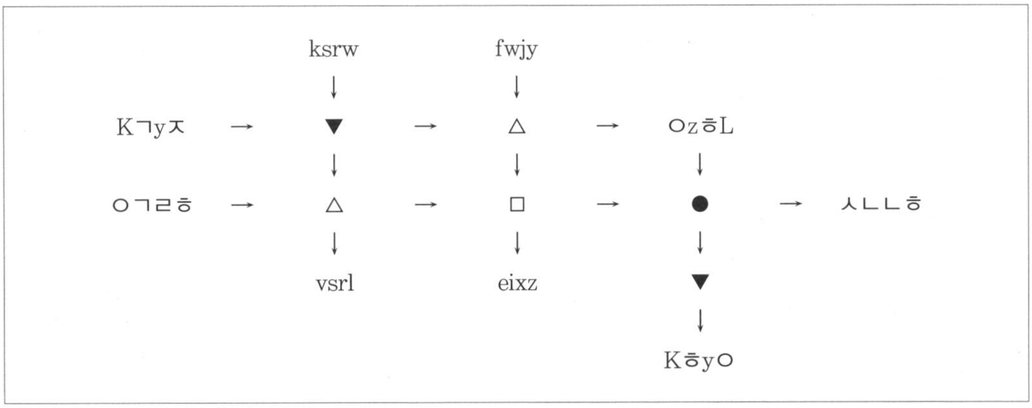

37

ㅅㄴㄹㅁ → ▼ → □ → ?

① ㅁㄴㄹㅅ
② ㅁㄹㄴㅅ
③ ㅁㅅㄴㄹ
④ ㅇㄱㄷㅂ
⑤ ㅅㄱㄹㄹ

38

isog → ● → △ → ?

① hsog
② iosg
③ gosi
④ hsng
⑤ irof

39

? → ▼ → ● → yenv

① neyv
② vney
③ yfnw
④ wyfn
⑤ wnfy

40

? → □ → △ → ㅇㅌㄷㄹ

① ㅈㄹㅋㄷ
② ㅊㄹㄷㅈ
③ ㅈㅊㄹㄷ
④ ㅅㅌㄴㄹ
⑤ ㅅㅌㄱㄹ

CHAPTER 03 기계이해 핵심이론

1. 힘

(1) 여러 가지 힘

① 힘 : 물체의 모양이나 운동 상태를 변화시키는 원인이 되는 것
② 탄성력 : 탄성체가 변형되었을 때 원래의 상태로 되돌아가려는 힘
㉠ 탄성체 : 용수철, 고무줄, 강철판 등
㉡ 방향 : 변형된 방향과 반대로 작용한다.
③ 마찰력 : 두 물체의 접촉면 사이에서 물체의 운동을 방해하는 힘
㉠ 방향 : 물체의 운동 방향과 반대
㉡ 크기 : 접촉면이 거칠수록, 누르는 힘이 클수록 커진다(접촉면의 넓이와는 무관).
④ 자기력 : 자석과 자석, 자석과 금속 사이에 작용하는 힘
⑤ 전기력 : 전기를 띤 물체 사이에 작용하는 힘
⑥ 중력 : 지구와 지구상의 물체 사이에 작용하는 힘
㉠ 방향 : 지구 중심 방향
㉡ 크기 : 물체의 질량에 비례

(2) 힘의 작용과 크기

① 힘의 작용
㉠ 접촉하여 작용하는 힘 : 탄성력, 마찰력, 사람의 힘
㉡ 떨어져서 작용하는 힘 : 자기력, 중력, 전기력
㉢ 쌍으로 작용하는 힘 : 물체에 힘이 작용하면 반드시 반대 방향으로 반작용의 힘이 작용한다.
② 힘의 크기
㉠ 크기 측정 : 용수철의 늘어나는 길이는 힘의 크기에 비례하므로 이를 이용하여 힘의 크기를 측정
㉡ 힘의 단위 : N, kgf(1kgf＝9.8N)

〈힘의 화살표〉

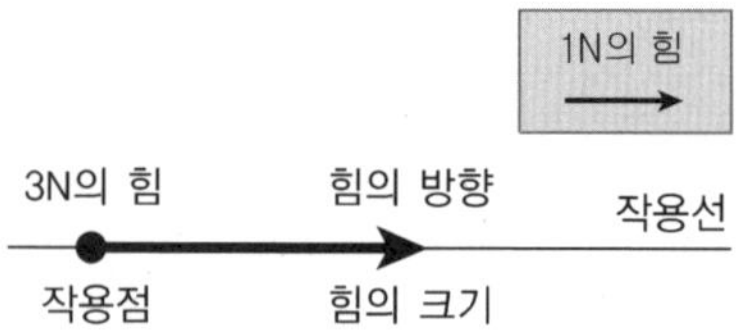

(3) 힘의 합성과 평형

① **힘의 합성** : 두 개 이상의 힘이 작용하여 나타나는 효과를 하나의 힘으로 표현

㉠ 방향이 같은 두 힘의 합력 : $F = F_1 + F_2$

㉡ 방향이 반대인 두 힘의 합력 : $F = F_1 - F_2 (F_1 > F_2)$

㉢ 나란하지 않은 두 힘의 합력 : 평행사변형법

② **힘의 평형** : 한 물체에 여러 힘이 동시에 작용하여도 움직이지 않을 때이며, 합력은 0이다.

㉠ 두 힘의 평형 조건 : 크기가 같고 방향이 반대이며, 같은 작용선상에 있어야 한다.

㉡ 평형의 예 : 실에 매달린 추, 물체를 당겨도 움직이지 않을 때

2. 힘과 운동의 관계

(1) 물체의 운동

① 물체의 위치 변화

㉠ 위치 표시 : 기준점에서 방향과 거리로 표시

㉡ (이동 거리)=(나중 위치)−(처음 위치)

② 속력 : 단위 시간 동안 이동한 거리

㉠ $(\text{속력}) = \dfrac{(\text{이동 거리})}{(\text{걸린 시간})} = \dfrac{(\text{나중 위치}) - (\text{처음 위치})}{(\text{걸린 시간})}$

㉡ 단위 : m/s, km/h 등

(2) 여러 가지 운동

① 속력이 변하지 않는 운동 : 등속(직선)운동

② 속력이 일정하게 변하는 운동 : 낙하 운동

$(\text{속력}) = \dfrac{(\text{처음 속력}) + (\text{나중 속력})}{2}$

③ 방향만 변하는 운동 : 등속 원운동

④ 속력과 방향이 모두 변하는 운동 : 진자의 운동, 포물선 운동

(3) 힘과 운동의 관계

① 힘과 속력의 변화

㉠ 힘이 가해지면 물체의 속력이 변한다.

㉡ 힘이 클수록, 물체의 질량이 작을수록 속력의 변화가 크다.

② 힘과 운동 방향의 변화

㉠ 힘이 가해지면 힘의 방향과 운동 방향에 따라 방향이 변할 수도 있고 속력만 변할 수도 있다.

㉡ 힘이 클수록, 물체의 질량이 작을수록 물체의 운동 방향 변화가 크다.

③ 뉴턴의 운동 법칙

㉠ 운동의 제1법칙(관성의 법칙) : 물체는 외부로부터 힘이 작용하지 않는 한 현재의 운동상태를 계속 유지하려 한다.

㉡ 운동의 제2법칙(가속도의 법칙) : 속력의 변화는 힘의 크기(F)에 비례하고 질량(m)에 반비례한다.

〈운동의 제2법칙〉

질량이 일정할 때,
가속도는 힘의 크기에 비례

힘이 일정할 때,
가속도는 질량에 반비례

㉢ 운동의 제3법칙(작용·반작용의 법칙) : 한 물체가 다른 물체에 힘을 가할 때, 힘을 받는 물체도 상대 물체에 같은 크기의 힘이 반대 방향으로 작용한다.

3. 일과 에너지

(1) 일

① 일의 크기와 단위

㉠ 일의 크기 : 힘의 크기(F)와 물체가 이동한 거리(S)의 곱으로 나타낸다.

$W = F \times S$

㉡ 단위 : 1N의 힘으로 물체를 1m만큼 이동시킨 경우의 크기를 1J이라 한다.

1J = 1N × 1m = 1N·m

② 들어 올리는 힘과 미는 힘

㉠ 물체를 들어 올리는 일 : 물체의 무게만큼 힘이 필요하다.

[드는 일(중력에 대한 일)] = (물체의 무게) × (높이)

㉡ 물체를 수평면상에서 밀거나 끄는 일 : 마찰력만큼의 힘이 필요하다.

[미는 일(마찰력에 대한 일)] = (마찰력) × (거리)

㉢ 무게와 질량

- 무게 : 지구가 잡아당기는 중력의 크기
- 무게의 단위 : 힘의 단위(N)와 같다.
- 무게는 질량에 비례한다.

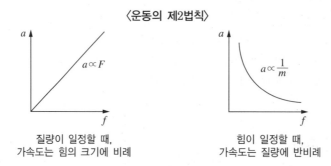

(2) 일의 원리

① 도르래를 사용할 때

㉠ 고정 도르래 : 도르래축이 벽에 고정되어 있다.

- 힘과 일의 이득이 없고, 방향만 바꾼다.
- 힘=물체의 무게($F=w=m\times g$)
- 물체의 이동 거리(h)=줄을 잡아당긴 거리(s)
- 힘이 한 일=도르래가 물체에 한 일

㉡ 움직 도르래 : 힘에는 이득이 있으나 일에는 이득이 없다.

- 힘의 이득 : 물체 무게의 절반$\left(F=\frac{w}{2}\right)$
- (물체의 이동 거리)=(줄을 잡아당긴 거리)$\times\frac{1}{2}$

② 지레를 사용할 때 : 힘의 이득은 있으나, 일에는 이득이 없다.

㉠ 원리 : 그림에서 물체의 무게를 W, 누르는 힘을 F라 하면 식은 다음과 같다.

$W\times b=F\times a$, r=반지름, R=지름

㉡ 거리 관계

[물체가 움직인 거리(h)] < [사람이 지레를 움직인 거리(s)]

〈지레의 원리〉

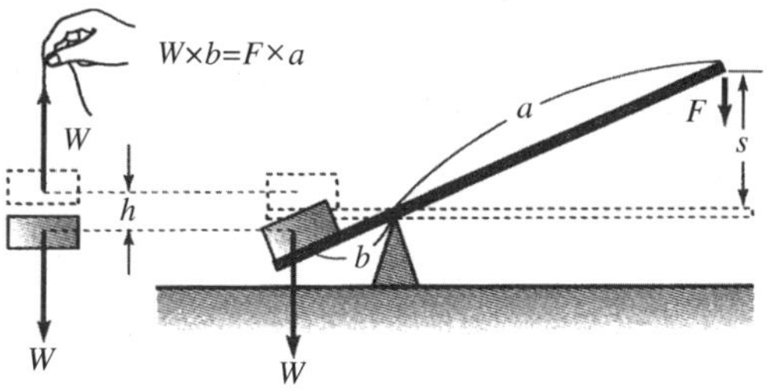

③ 축바퀴를 사용할 때

㉠ 축바퀴의 원리 : 지레의 원리를 응용한 도구

㉡ 줄을 당기는 힘

$F=\frac{w\times r}{R}$(r=반지름, R=지름)

㉢ (물체가 움직인 거리) < (당긴 줄의 길이)

㉣ 일의 이득 : 일의 이득은 없다.

④ 빗면을 이용할 때

㉠ 힘의 이득 : 빗면의 경사가 완만할수록 힘의 이득이 커진다.

(힘)=(물체의 무게)×$\frac{(\text{수직높이})}{(\text{빗면의 길이})}\left(F=w\times\frac{h}{s}\right)$

㉡ 일의 이득 : 일의 이득은 없다.

㉢ 빗면을 이용한 도구 : 나사, 쐐기, 볼트와 너트

⑤ 일의 원리 : 도르래나 지레, 빗면 등의 도구를 사용하여도 일의 이득이 없지만, 작은 힘으로 물체를 이동시킬 수 있다.

(3) 역학적 에너지

① **위치 에너지** : 어떤 높이에 있는 물체가 가지는 에너지

㉠ (위치 에너지)=9.8×(질량)×(높이) → $9.8mh$

〈질량과 위치 에너지〉

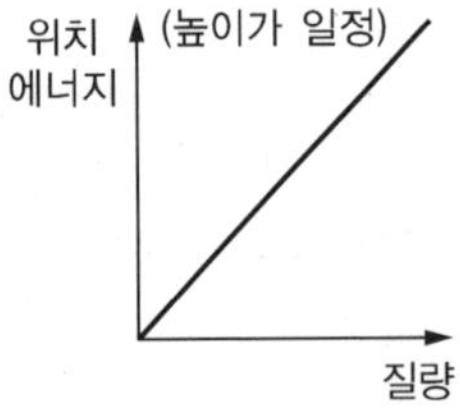

〈높이와 위치 에너지〉

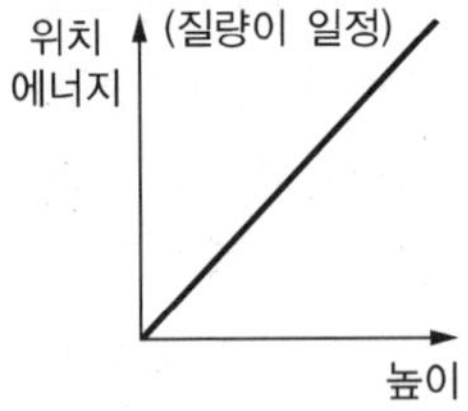

㉡ 위치 에너지와 일

- 물체를 끌어올릴 때 : 물체를 끌어올리면서 한 일은 위치 에너지로 전환된다.
- 물체가 낙하할 때 : 물체의 위치 에너지는 지면에 대하여 한 일로 전환된다.

㉢ 위치 에너지의 기준면

- 기준면에 따라 위치 에너지의 크기가 다르다.
- 기준면은 편리하게 정할 수 있으나, 보통 지면을 기준으로 한다.
- 기준면에서의 위치 에너지는 0이다.

② **운동 에너지** : 운동하고 있는 물체가 갖는 에너지(단위 : J)

㉠ 운동 에너지의 크기 : 물체의 질량과 (속력)^{2}에 비례한다.

〈질량과 운동 에너지〉

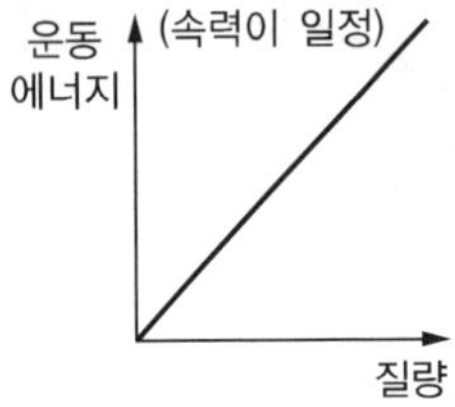

〈속력과 운동 에너지〉

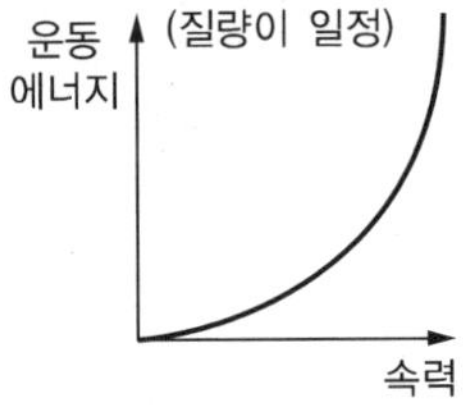

㉡ (운동 에너지)=$\frac{1}{2}$×(질량)×(속력)^2 → $\frac{1}{2}mv^2$

③ 역학적 에너지

㉠ 역학적

에너지의 전환 : 높이가 변하는 모든 운동에서는 위치 에너지와 운동 에너지가 서로 전환된다.

- 높이가 낮아지면 : 위치 에너지 → 운동 에너지
- 높이가 높아지면 : 운동 에너지 → 위치 에너지

㉡ 역학적 에너지의 보존

- 운동하는 물체의 역학적 에너지
  - 물체가 올라갈 때 : (감소한 운동 에너지)=(증가한 위치 에너지)
  - 물체가 내려갈 때 : (감소한 위치 에너지)=(증가한 운동 에너지)
- 역학적

  에너지의 보존 법칙 : 물체가 운동하고 있는 동안 마찰이 없다면 역학적 에너지는 일정하게 보존된다[(위치 에너지)+(운동 에너지)=(일정)].

• 낙하하는 물체의 역학적 에너지 보존

– (감소한 위치 에너지)$=9.8mh_1-9.8mh_2=9.8m(h_1-h_2)$

– (증가한 운동 에너지)$=\frac{1}{2}mv_2^{\,2}-\frac{1}{2}mv_1^{\,2}=\frac{1}{2}m(v_2^{\,2}-v_1^{\,2})$

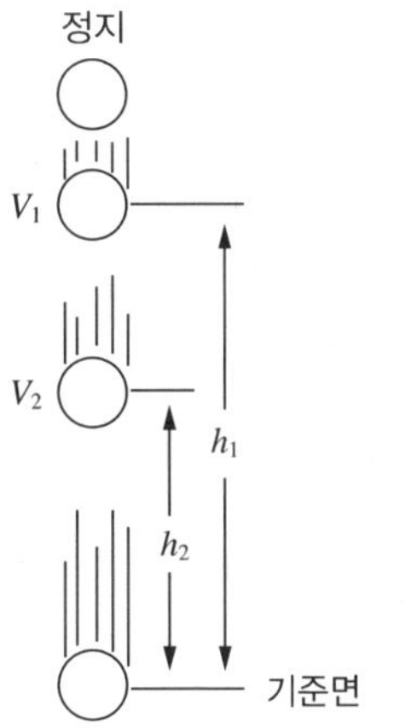

4. 전압 · 전류 · 저항

(1) 전류의 방향과 세기

① 전류의 방향 : (+)극 → (−)극

② 전자의 이동 방향 : (−)극 → (+)극

③ 전류의 세기(A) : 1초 동안에 도선에 흐르는 전하의 양

④ 전하량(C)＝전류의 세기(A)×시간(s)

(2) 전압과 전류의 관계

① 전류의 세기는 전압에 비례한다.

② 전기 저항(R) : 전류의 흐름을 방해하는 정도

③ 옴의 법칙 : 전류의 세기(A)는 전압(V)에 비례하고, 전기 저항(R)에 반비례한다.

〈저항이 일정할 때〉 〈전류가 일정할 때〉 〈전압이 일정할 때〉

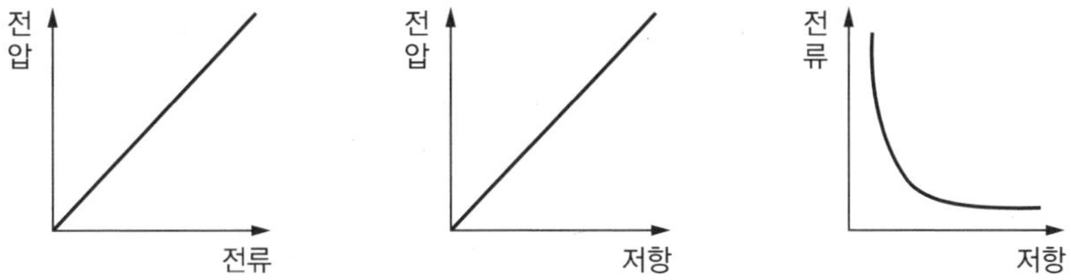

(3) 저항의 연결

① **직렬 연결** : 저항을 한 줄로 연결

㉠ 전류 : $I = I_1 = I_2$

㉡ 각 저항의 전압 : $V_1 : V_2 = R_1 : R_2$

㉢ 전체 전압 : $V = V_1 + V_2$

㉣ 전체 저항 : $R = R_1 + R_2$

② **병렬 연결** : 저항의 양끝을 묶어서 연결

㉠ 전체 전류 : $I = I_1 + I_2$

㉡ 전체 전압 : $V = V_1 = V_2$

㉢ 전체 저항 : $\frac{1}{R} = \frac{1}{R_1} + \frac{1}{R_2}$

③ **혼합 연결** : 직렬 연결과 병렬 연결을 혼합

④ $V = IR$

CHAPTER 03 기계이해 적중예상문제

정답 및 해설 p.014

대표유형 물리

도르래의 두 물체가 다음과 같이 운동하고 있을 때, 두 물체의 가속도는 얼마인가?(단, 중력가속도는 $10m/s^2$이고, 모든 마찰 및 공기 저항은 무시한다)

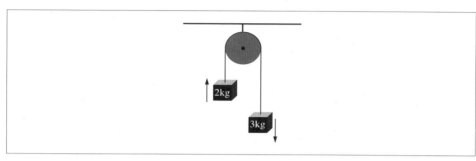

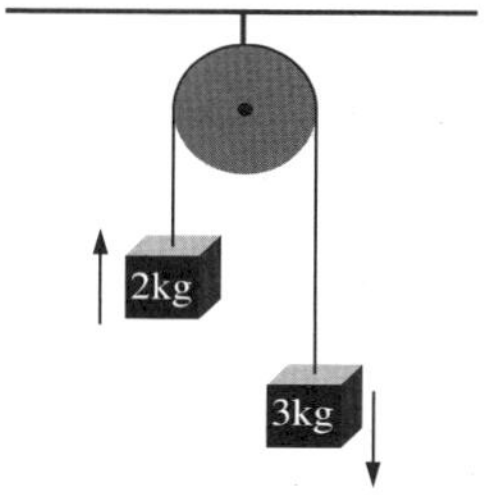

① $1m/s^2$
② $2m/s^2$
③ $3m/s^2$
④ $4m/s^2$
⑤ $5m/s^2$

| 해설 | 두 물체의 운동 방정식은 $30N-20N=(3kg+2kg)a$이다. 따라서 가속도는 $a=\frac{10}{5}=2m/s^2$임을 알 수 있다.

정답 ②

01 길이가 50cm이고 용수철상수가 150N/m인 용수철에 무게가 w인 추를 매달았더니 15cm 늘어난 상태에서 평형을 유지하였다. 이때, 추의 무게는?

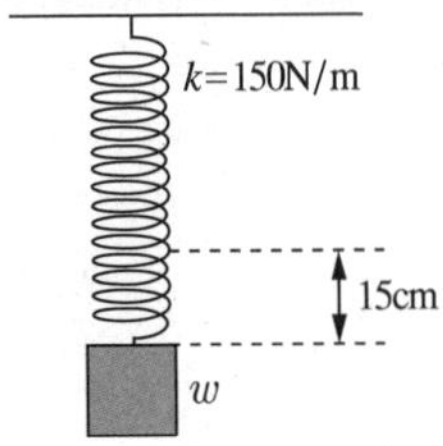

① 22.5N
② 52.5N
③ 75N
④ 97.5N
⑤ 150N

02 다음 그림과 같이 일정한 속력으로 운동하던 물체가 곡면을 따라 이동하였을 때, 〈보기〉 중 옳은 것을 모두 고르면?(단, 물체와 접촉면과의 마찰은 무시한다)

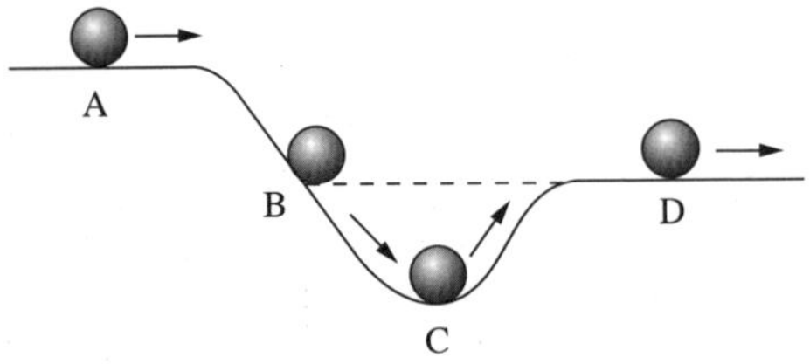

보기

㉠ A점에서의 역학적 에너지가 가장 크다.
㉡ B점과 D점에서 위치 에너지는 같다.
㉢ C점에서의 운동 에너지가 가장 크다.

① ㉠
② ㉡
③ ㉢
④ ㉡, ㉢
⑤ ㉠, ㉡, ㉢

03 다음 그래프는 운동하는 A ~ C 세 물체의 시간에 따른 이동 거리를 나타낸 것이다. 속력이 가장 빠른 물체는?

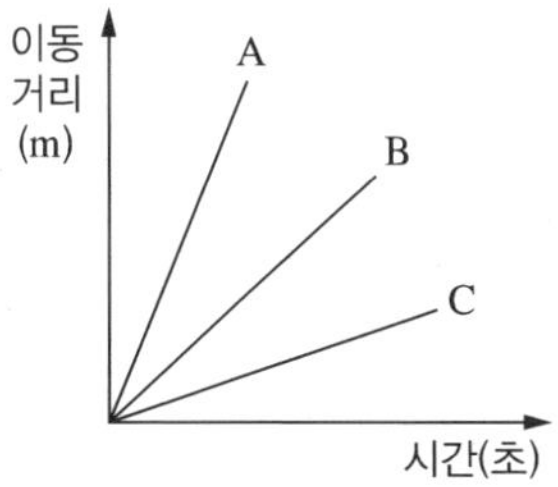

① A
② B
③ C
④ 모두 같다.
⑤ 알 수 없다.

04 다음 그림과 같이 추를 실로 묶어 천장에 매달았을 때, 지구가 추를 당기는 힘에 대한 반작용은?

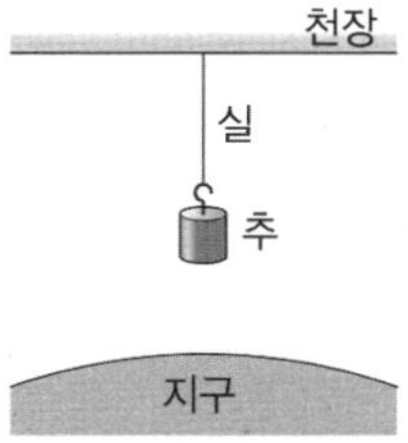

① 실이 추를 당기는 힘
② 실이 천장을 당기는 힘
③ 추가 실을 당기는 힘
④ 추가 지구를 당기는 힘
⑤ 천장이 추를 당기는 힘

05 크기가 10Ω 인 저항 2개와 20Ω 1개를 다음과 같이 연결하였을 때, a, b 사이의 합성 저항의 크기는?

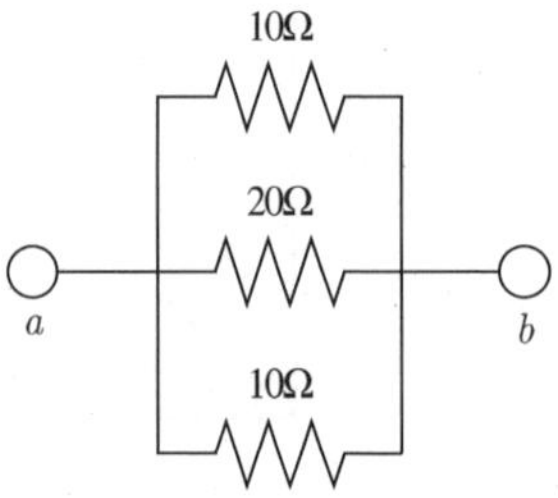

① 0.25Ω
② 5Ω
③ 4Ω
④ 20Ω
⑤ 40Ω

06 그림은 '가'에서 '나'로 공이 운동한 경로를 나타낸 것이다. 구간 A ~ D 중 위치 에너지가 운동 에너지로 전환된 곳은?(단, 공기 저항과 마찰은 무시한다)

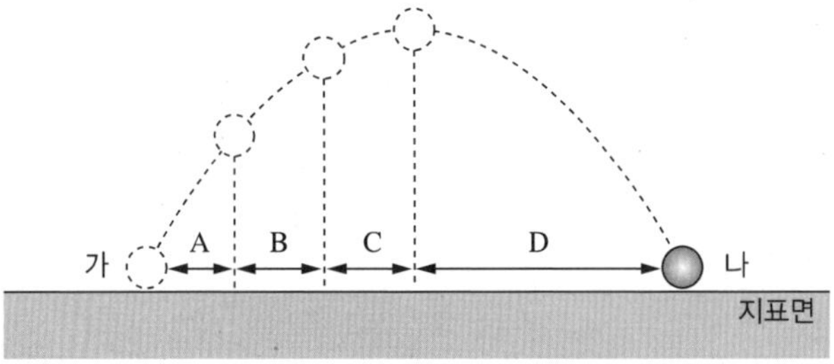

① A
② B
③ C
④ D
⑤ 변화 없음

07 다음 그림과 같이 지레에 무게가 10N인 물체를 놓고 지렛대를 수평으로 하기 위하여 필요한 힘 F의 크기는?

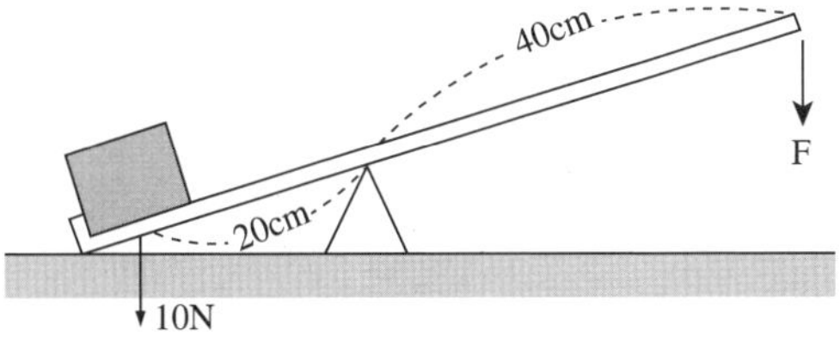

① 5N
② 10N
③ 15N
④ 20N
⑤ 25N

08 케플러의 법칙 중 다음 설명에 해당하는 것은?

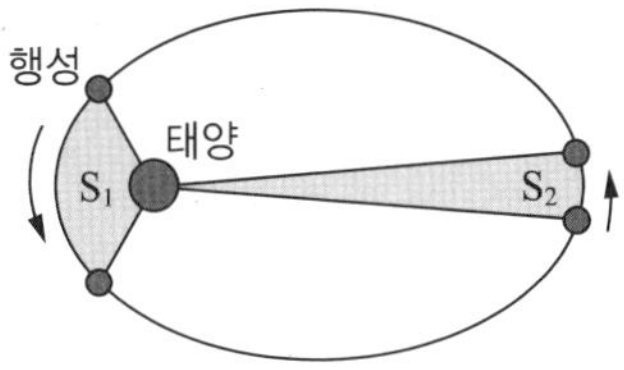

> 그림과 같이 동일한 시간에 태양과 행성을 연결하는 선이 쓸고 지나가는 면적은 항상 같다($S_1 = S_2$).

① 조화 법칙
② 열역학 법칙
③ 질량 보존 법칙
④ 면적 속도 일정 법칙
⑤ 만유인력 법칙

09 자연계에 존재하는 기본 힘 중에서 크기가 가장 큰 것은?

① 중력
② 전자기력
③ 강력(강한 상호 작용)
④ 약력(약한 상호 작용)
⑤ 만유인력

10 다음 그림은 건물 옥상에서 수평으로 던진 공의 운동 경로를 나타낸 것이다. A, B, C 세 지점에서 공의 운동에 대한 설명으로 옳은 것은?(단, 공기 저항은 무시한다.)

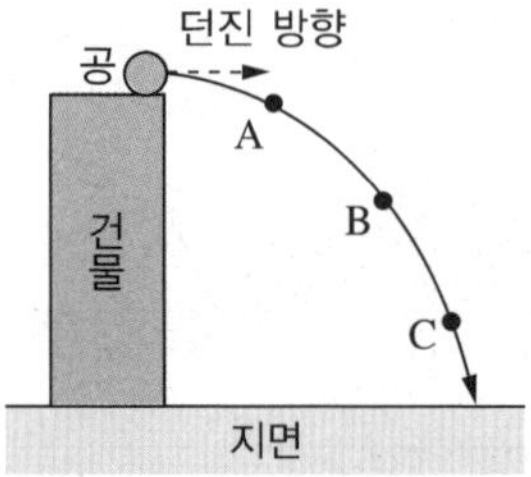

① 속도가 가장 빠른 지점은 A이다.
② 위치 에너지가 가장 큰 지점은 B이다.
③ 운동 에너지가 가장 작은 지점은 C이다.
④ 역학적 에너지가 가장 큰 지점은 A이다.
⑤ A, B, C지점에서 역학적 에너지의 크기는 모두 같다.

11 다음 그림과 같이 2N의 추를 용수철에 매달았더니 용수철이 4cm 늘어났다. 이 용수철을 손으로 잡아당겨 10cm 늘어나게 했을 때, 손이 용수철에 작용한 힘의 크기는 몇 N인가?

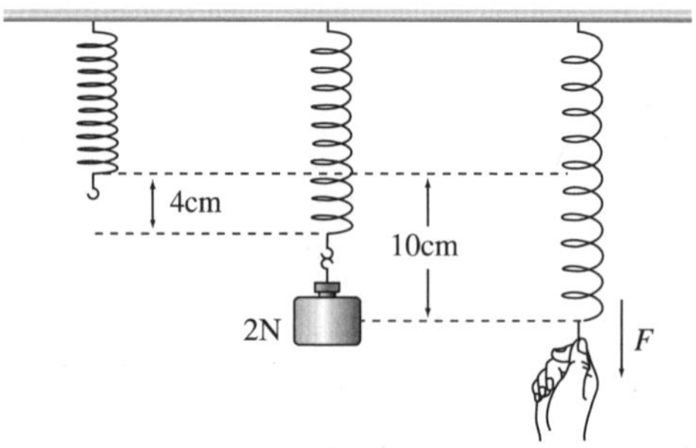

① 2.5N
② 5N
③ 7.5N
④ 9N
⑤ 9.5N

12 **수평으로 놓인 관 속에서 유체가 흐르고 있다. 관의 지름이 좁아지는 곳에서 일어나는 현상에 대한 설명으로 옳은 것을 〈보기〉에서 모두 고르면?**

> 보기
>
> ㄱ. 단위 시간당 단면을 지나는 유체의 양은 일정하다.
> ㄴ. 유체의 압력이 증가한다.
> ㄷ. 유체가 흐르는 속도는 느려진다.

① ㄱ
② ㄱ, ㄴ
③ ㄱ, ㄷ
④ ㄴ, ㄷ
⑤ ㄱ, ㄴ, ㄷ

13 **다음 그림과 같이 마찰이 없는 수평면에 놓여 있는 물체를 철수와 영수가 반대 방향으로 당기고 있으나, 물체는 움직이지 않고 있다. 이러한 상황에서 물체에 작용하는 힘에 대한 내용으로 옳지 않은 것을 〈보기〉에서 모두 고르면?**

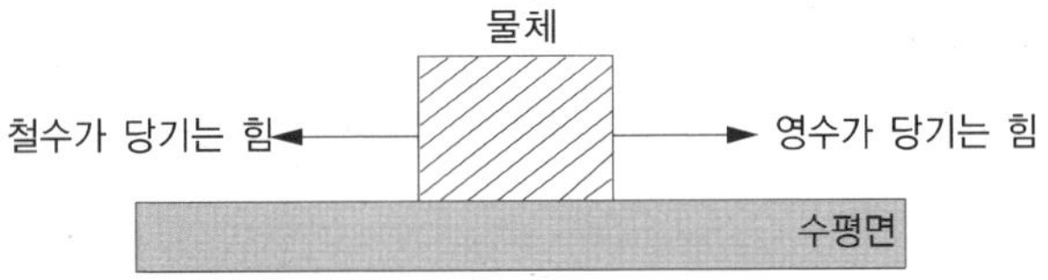

> 보기
>
> ㄱ. 물체는 정지해 있으므로, 물체에 작용하는 합력은 0이다.
> ㄴ. 합력이 0이므로, 철수가 물체를 당기는 힘과 영수가 물체를 당기는 힘은 크기가 같고 방향만 반대이다.
> ㄷ. 따라서 위의 두 힘은 뉴턴의 제3법칙에서 말하는 작용과 반작용의 관계에 있다.

① ㄴ
② ㄷ
③ ㄱ, ㄴ
④ ㄴ, ㄷ
⑤ ㄱ, ㄷ

14 다음과 같이 포물선 운동을 하고 있는 공에서 운동 에너지가 가장 큰 곳은 어디인가?(단, 공기 저항은 무시한다)

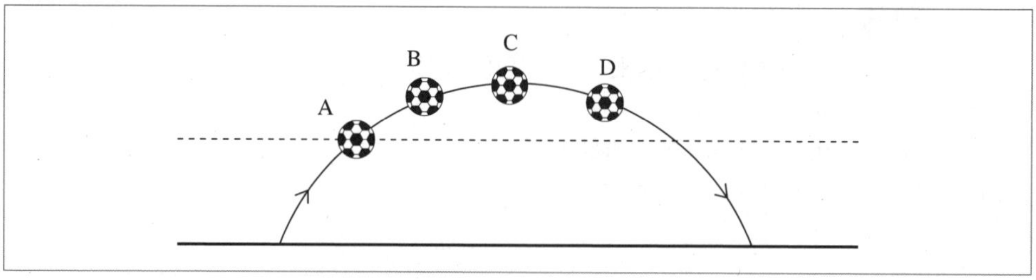

① A
② B
③ C
④ D
⑤ 모두 같다.

15 다음과 같은 회로에서 저항 10Ω 에 흐르는 전류의 세기는?

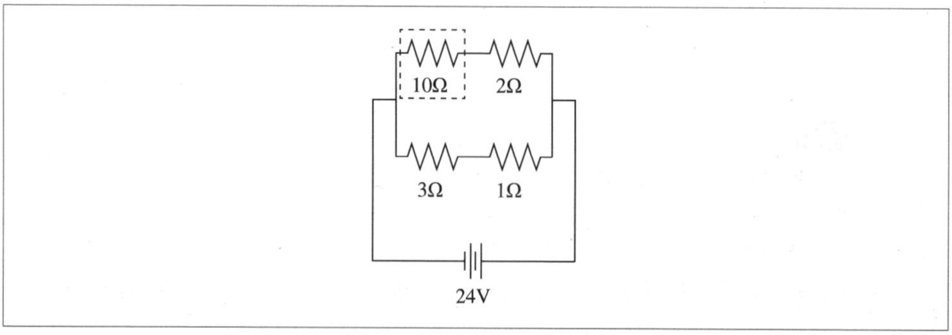

① 1A
② 2A
③ 4A
④ 6A
⑤ 8A

16 다음 그래프는 마찰이 없는 수평면에서 세 물체 A ~ C에 같은 크기의 힘을 가할 때, 시간에 따른 속도 변화를 나타낸 것이다. 다음 중 질량이 가장 큰 것은?

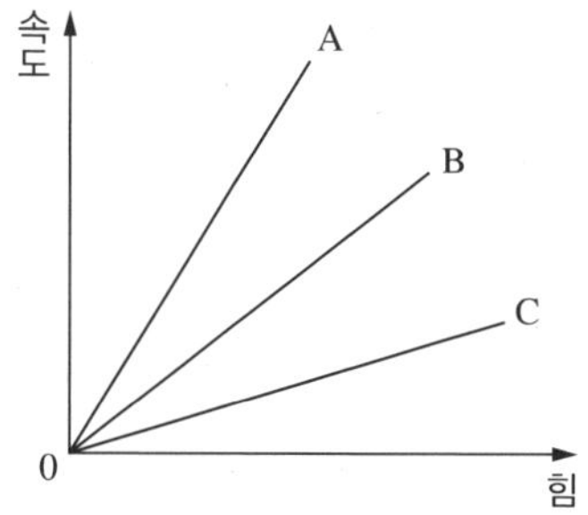

① A
② B
③ C
④ 모두 같다.
⑤ 알 수 없다.

17 다음 내용이 설명하고 있는 법칙은?

- 동전이 올라가 있는 종이의 끝을 손으로 잡고 재빨리 빼내면 동전은 떨어지지 않음
- 정지해 있던 지하철이 출발하면 승객과 지하철의 손잡이는 뒤로 쏠림

① 만유인력의 법칙
② 힘과 가속도의 법칙
③ 작용 반작용의 법칙
④ 관성의 법칙
⑤ 멘델의 유전 법칙

18 저항을 가진 전구가 직렬연결일 때의 전체 저항은 $R=R_1+R_2$이며, 병렬연결에서의 전체 저항은 $R=\frac{R_1R_2}{R_1+R_2}$이다. 저항이 서로 다른 4개의 전구가 다음과 같이 연결되어 있을 때, 이 회로의 전체 저항은 몇 Ω 인가?

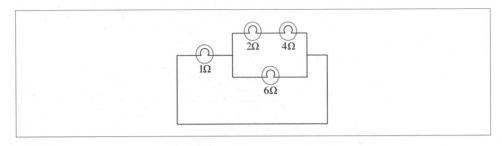

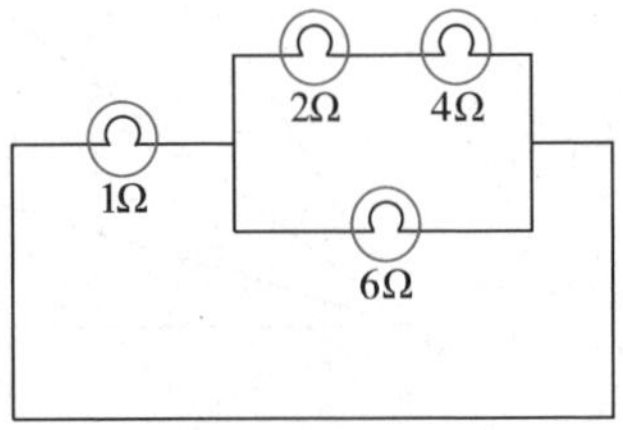

① 4Ω
② 5Ω
③ 6Ω
④ 7Ω
⑤ 8Ω

19 다음 설명에 해당하는 것은?

- 자성을 이용한 정보 저장 장치이다.
- 저장된 정보를 읽어 낼 때에는 패러데이의 전자기 유도 법칙이 이용된다.

① CD
② 액정
③ 전동기
④ 자기 기록 카드
⑤ 블루레이

20 **P형 반도체와 N형 반도체를 접합시킨 다이오드가 전류를 한쪽 방향으로만 흐르게 하는 작용은?**

① 정류 작용
② 만유인력 법칙
③ 강한 상호 작용
④ 작용 반작용 법칙
⑤ 관성 법칙

21 **그림과 같이 수평면 위에 정지해 있는 1kg의 물체에 수평 방향으로 4N과 8N의 힘이 서로 반대 방향으로 작용한다면, 이 물체의 가속도 크기는?(단, 모든 마찰과 저항은 무시한다)**

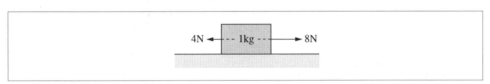

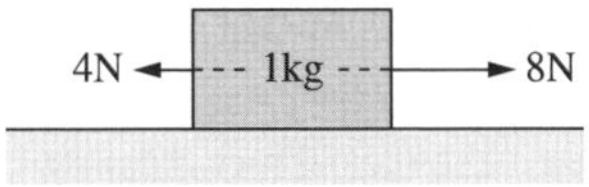

① $4m/s^2$
② $5m/s^2$
③ $6m/s^2$
④ $7m/s^2$
⑤ $8m/s^2$

22 **다음 설명에 해당하는 센서는?**

- 단위 면적당 작용하는 힘을 감지한다.
- 터치스크린이나 디지털 저울에 이용된다.

① 가스 센서
② 소리 센서
③ 압력 센서
④ 화학 센서
⑤ 자기 센서

23 다음 그림은 태양 주위를 공전하는 어떤 행성의 타원 궤도를 나타낸 것이다. A ~ D 중 행성의 공전 속도가 가장 빠른 곳은?

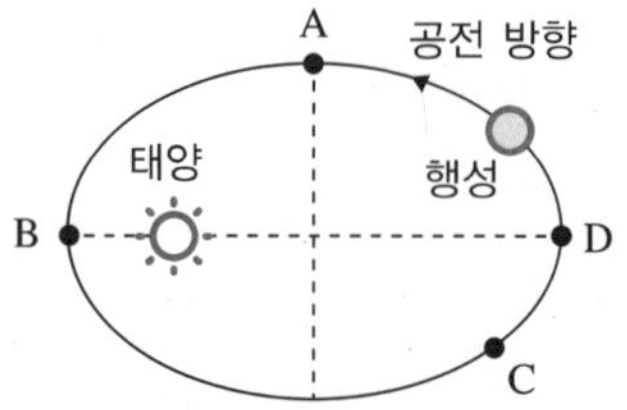

① A
② B
③ C
④ D
⑤ 모두 같다.

24 다음 그림은 자석이 움직이면서 생긴 자기장 변화로 코일에 전류가 발생하는 실험을 나타낸 것이다. 이와 같은 원리를 이용하는 센서는?

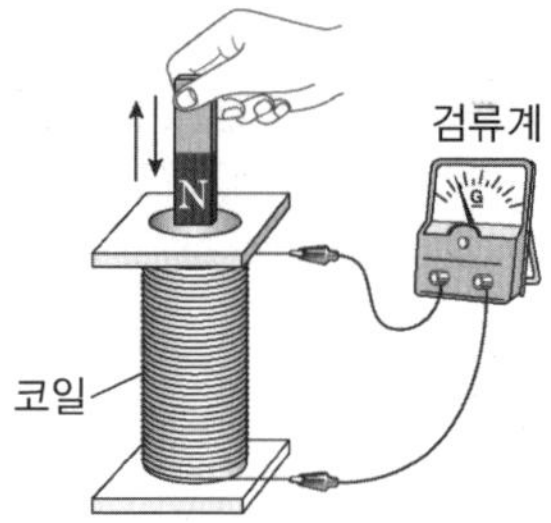

① 광센서
② 가스 센서
③ 이온 센서
④ 전자기 센서
⑤ 온도 센서

25 500번 감은 코일 내부의 자속의 세기가 10ms동안 0.04Wb/m^2 만큼 변할 때, 코일에 의해 유도되는 기전력의 크기는?

① 500V
② 1,000V
③ 2,000V
④ 4,000V
⑤ 5,000V

26 다음 중 (+)전하를 띠는 입자는?

① 광자
② 보손
③ 양성자
④ 중성자
⑤ 전자

27 다음 그림에서 수평이 되기 위한 막대의 무게는 얼마인가?

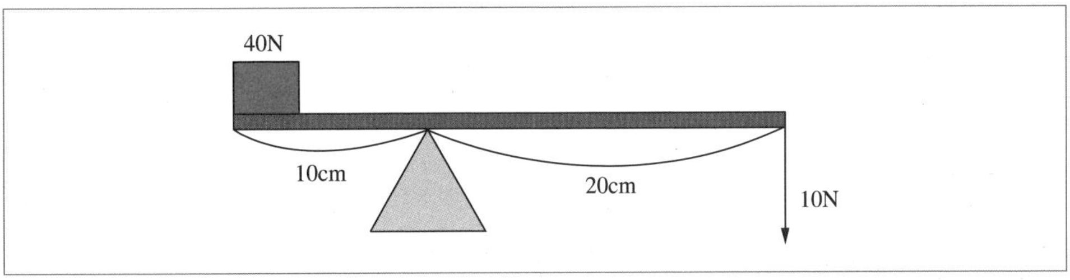

① 20N
② 30N
③ 40N
④ 50N
⑤ 60N

28 다음 물체가 수평면에서 4m 이동한다고 할 때, 물체가 하는 일은 얼마인가?(단, 모든 마찰 및 공기 저항은 무시한다)

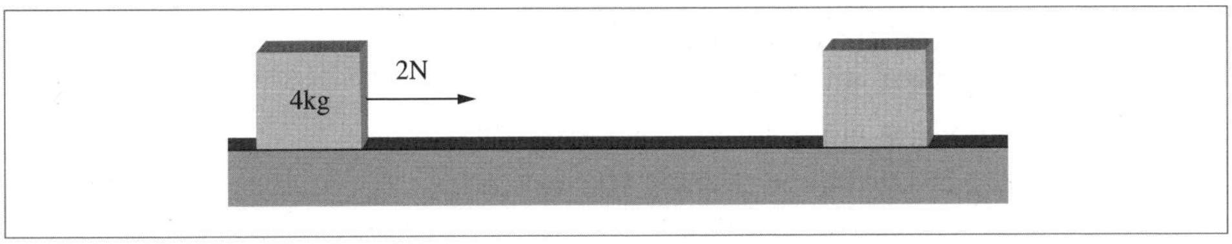

① 2J
② 4J
③ 8J
④ 12J
⑤ 16J

29 다음과 같이 직렬과 병렬이 모두 있는 회로에서 (A)의 저항은 얼마인가?

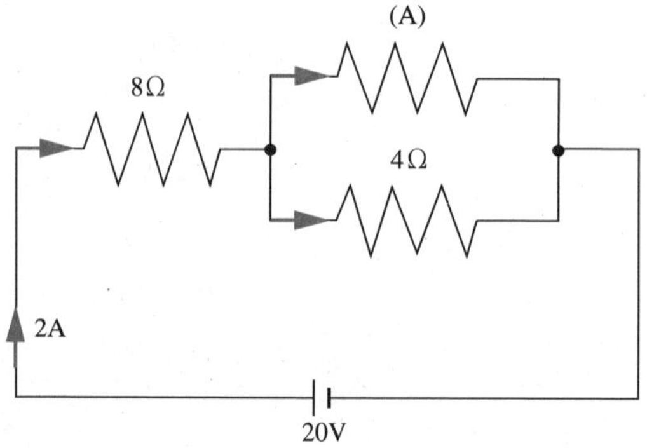

① 2Ω
② 4Ω
③ 6Ω
④ 8Ω
⑤ 10Ω

30 다음 〈보기〉 중 작용·반작용과 관련 있는 것을 모두 고르면?

보기

ㄱ. 두 사람이 얼음판 위에서 서로 밀면 함께 밀려난다.
ㄴ. 배가 나무에서 떨어졌다.
ㄷ. 로켓이 연료를 뒤로 분사하면 로켓은 앞으로 날아간다.
ㄹ. 버스가 갑자기 출발하면 승객들은 뒤로 넘어진다.

① ㄱ, ㄷ
② ㄱ, ㄴ
③ ㄴ, ㄷ
④ ㄴ, ㄹ
⑤ ㄷ, ㄹ

31 **다음 그림처럼 병따개를 사용할 때 그 원리를 바르게 설명한 것은?(단, a의 길이는 변화가 없고, 병따개의 무게는 무시한다)**

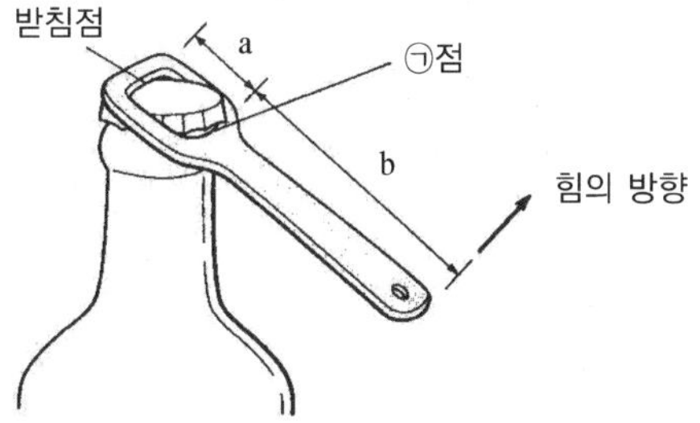

① ㉠점은 힘점이다.
② b가 길어질수록 힘이 더 든다.
③ b가 길어질수록 한 일의 양은 작아진다.
④ b가 짧아져도 한 일의 양에는 변함이 없다.
⑤ a가 b의 길이보다 작으면 ㉠점이 받침점이 된다.

32 **혜린이는 건물 1층에서 맨 위층까지 올라가기 위해 엘리베이터를 탔다. 질량이 50kg인 혜린이가 엘리베이터 바닥에 놓인 저울 위에 서서 올라가는 동안 시간에 따른 엘리베이터의 속도가 다음과 같았다. 이에 대한 설명으로 적절한 것을 〈보기〉에서 모두 고르면?(단, 중력가속도는 $10m/s^2$ 이고 모든 저항력과 마찰력은 무시한다)**

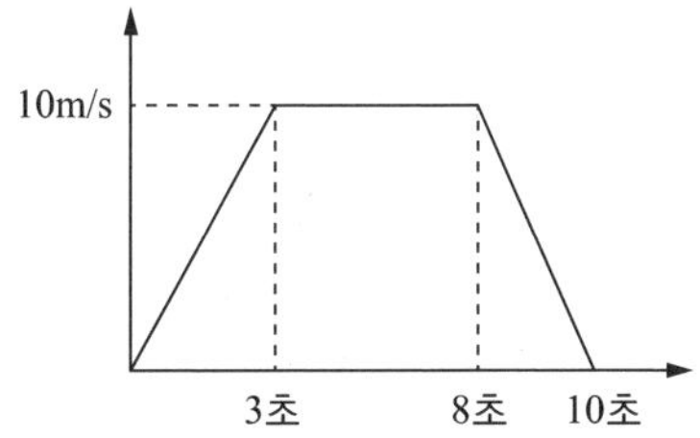

보기
ㄱ. 3초부터 8초 사이에 혜린이의 몸무게는 변함이 없다.
ㄴ. 8초부터 10초 사이에 저울이 가리키는 눈금은 250N이다.
ㄷ. 이 건물의 높이는 70m 이상이다.

① ㄱ
② ㄱ, ㄴ
③ ㄱ, ㄷ
④ ㄴ, ㄷ
⑤ ㄱ, ㄴ, ㄷ

33 다음에서 설명하고 있는 원리가 활용된 것은?

> 온도가 높아지면 공기 분자들의 움직임이 빨라지고, 분자들 사이의 거리가 넓어져 부피가 팽창하게 된다. 부피가 넓어짐에 따라 밀도는 낮아지며, 따라서 중력이 작용하는 공간 내에서 고온의 공기는 상승하며, 저온의 공기는 하강하는 대류 현상이 발생한다.

① 증기기관차

② 엘리베이터

③ 자동차

④ 열기구

⑤ 물로켓

34 다음 그래프는 직선 도로에서 운동하는 물체의 속도를 시간에 따라 나타낸 것이다. 이 운동에 대한 설명으로 옳지 않은 것은?

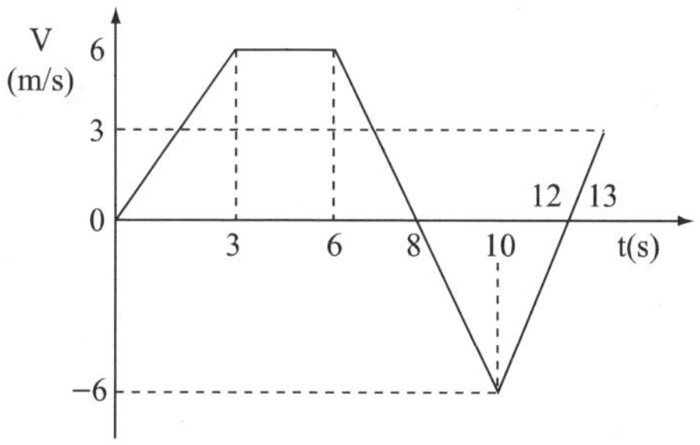

① 등속운동으로 이동한 거리는 18m이다.
② 이 물체의 운동 방향은 3번 바뀌었다.
③ 8초 동안의 이동거리는 33m이다.
④ 6초일 때의 위치와 10초일 때의 위치는 같다.
⑤ 3～6초 동안 이동한 거리는 18m이다.

35 용수철상수가 100N/m인 용수철에 질량이 3kg인 물체를 연결한 후 잡고 있던 손을 가만히 놓았더니 0.1m 늘어난 상태로 지면에 정지하였다. 이에 대한 설명으로 옳은 것을 〈보기〉에서 모두 고르면?(단, 중력가속도는 $10m/s^2$이다)

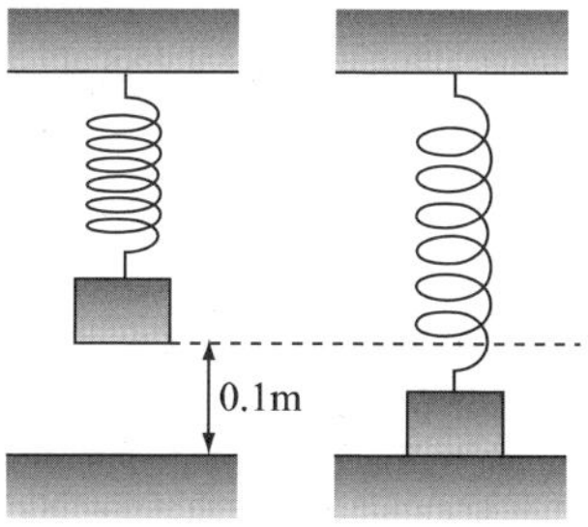

보기

ㄱ. 물체가 지면을 누르는 힘은 20N이다.
ㄴ. 물체에 작용하는 중력과 수직항력은 평형을 이룬다.
ㄷ. 용수철상수가 3배 커질 경우 질량이 3kg인 물체를 매달아도 용수철의 늘어난 길이는 같을 것이다.

① ㄱ
② ㄱ, ㄴ
③ ㄱ, ㄷ
④ ㄴ, ㄷ
⑤ ㄱ, ㄴ, ㄷ

36 그림과 같은 핀셋에서 힘점, 받침점, 작용점을 바르게 연결한 것은??

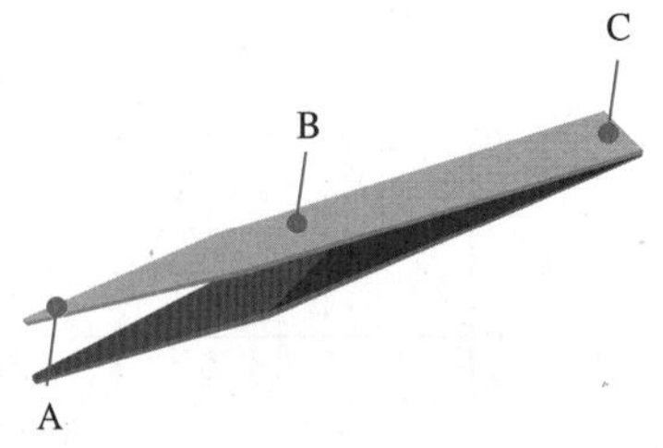

	힘점	받침점	작용점
①	A	B	C
②	A	C	B
③	B	A	C
④	B	C	A
⑤	C	B	A

37 수평한 직선 도로 위에서 10m/s의 속력으로 달리는 자동차의 운전자가 브레이크를 밟아 제동이 걸리기 시작한 후 10m를 가서 정지하였다. 자동차의 질량이 1,000kg이면 자동차와 도로 사이의 마찰력의 크기는 얼마인가?(단, 제동이 걸리는 동안 자동차의 가속도는 일정하다)

① 6,000N
② 5,500N
③ 5,000N
④ 4,000N
⑤ 3,000N

38 다음 설명에 해당하는 것은?

• 임계온도 이하에서 전기 저항이 0이 되는 물체이다.
• 자기 부상 열차를 띄우는 데 이용된다.

① 다이오드
② 초전도체
③ 고무
④ 액정
⑤ 유도전류

39 전자기파에 대한 설명으로 옳은 것을 〈보기〉에서 모두 고르면?

> 보기
> ㄱ. 매질이 없는 공간에서도 전파된다.
> ㄴ. 물결파는 전자기파의 한 종류이다.
> ㄷ. 라디오와 텔레비전 방송 등에 이용된다.

① ㄱ
② ㄴ
③ ㄱ, ㄷ
④ ㄴ, ㄷ
⑤ ㄱ, ㄴ, ㄷ

40 다음 설명에 해당하는 것은?

> • 전류에 의한 자기장을 이용한다.
> • 전기 에너지를 소리 에너지로 전환시킨다.

① 다리미
② 배터리
③ 백열등
④ 스피커
⑤ 모니터

41 질량이 다른 물체 A, B가 수평면 위에 정지해 있다. 두 물체에 힘(F)을 일정하게 작용할 때, A, B의 가속도를 각각 a_A, a_B라 하면 $a_A : a_B$는?(단, 마찰은 무시한다)

① 1 : 1
② 2 : 1
③ 3 : 1
④ 5 : 1
⑤ 1 : 2

42 **다음 그림과 같이 저항 5Ω 에 10V의 전압이 걸릴 경우, 회로에 흐르는 전류의 세기는?**

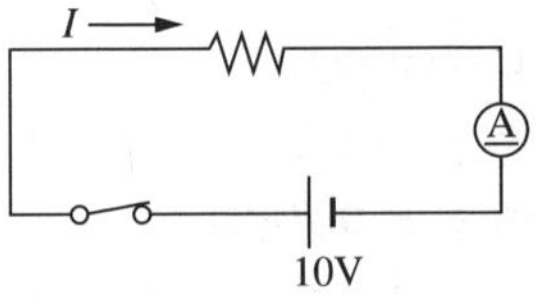

① 2A
② 5A
③ 10A
④ 50A
⑤ 100A

43 **다음 설명에 해당하는 파동은?**

- 매질이 없는 공간에서도 전파된다.
- 파장에 따라 전파, 가시광선, 적외선, X선 등으로 분류된다.

① 종파
② 지진파
③ 초음파
④ 전자기파
⑤ 횡파

44 **다음 중 지구 자전에 의한 현상은?**

① 낮과 밤이 생긴다.
② 별의 시차가 생긴다.
③ 계절의 변화가 생긴다.
④ 연주 시차가 발생한다.
⑤ 계절에 따라 별자리가 다르게 관측된다.

45 다음 〈보기〉 중 지레의 원리가 작용된 생활 속 제품을 모두 고르면?

보기

ㄱ. 병따개
ㄴ. 가위
ㄷ. 손톱깎이
ㄹ. 젓가락

① ㄱ, ㄴ
② ㄱ, ㄷ
③ ㄱ, ㄴ, ㄷ
④ ㄱ, ㄷ, ㄹ
⑤ ㄱ, ㄴ, ㄷ, ㄹ

46 무게가 각각 1kg, 2kg인 두 공을 10m 높이의 건물에서 동시에 떨어뜨릴 때, 〈보기〉 중 옳은 것을 모두 고르면?(단, 공기의 저항이나 마찰력은 무시한다)

보기

ㄱ. 동시에 떨어진다.
ㄴ. 위치 에너지는 같다.
ㄷ. 가속도는 증가한다.

① ㄱ
② ㄴ
③ ㄱ, ㄴ
④ ㄴ, ㄷ
⑤ ㄱ, ㄴ, ㄷ

47 다음 설명에 해당하는 것은?

파동을 발생시키는 파원과 그 파동을 관측하는 관측자의 상대적인 운동에 따라 파원과 관측자의 거리가 가까워질 때는 파동의 주파수가 더 높게, 멀어질 때는 파동의 주파수가 더 낮게 관측되는 현상이다. 사이렌을 울리며 달려오는 구급차의 사이렌 소리가 높게 들리다가 지나가면 소리가 낮아지는 현상, 스피드건으로 자동차의 속력을 측정하는 것이 대표적인 예이다.

① 도플러 효과
② 간섭
③ 회절
④ 굴절
⑤ 베르누이의 정리

48 **다음 중 나머지 넷과 다른 물리법칙 또는 원리가 적용되는 것은?**

① 원심분리기
② 팔을 휘두르며 포환을 던지는 투포환 선수
③ 불이 붙은 깡통을 돌리는 쥐불놀이
④ 자동차로 커브길 운전을 할 때 발생하는 쏠림 현상
⑤ 팔을 벌렸다가 오므리면서 회전속도를 올리는 피겨스케이팅 선수

49 **다음 중 회전 방향이 나머지와 다른 것은?**

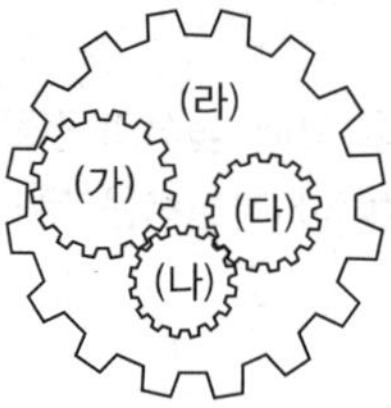

① (가)
② (나)
③ (다)
④ (라)
⑤ 모두 같다.

50 **다음 그림과 같은 전기 회로에서 스위치 S를 열면 전류계는 2.0A를 가리킨다. 스위치 S를 닫을 때 전류계에 나타나는 전류의 세기는?**

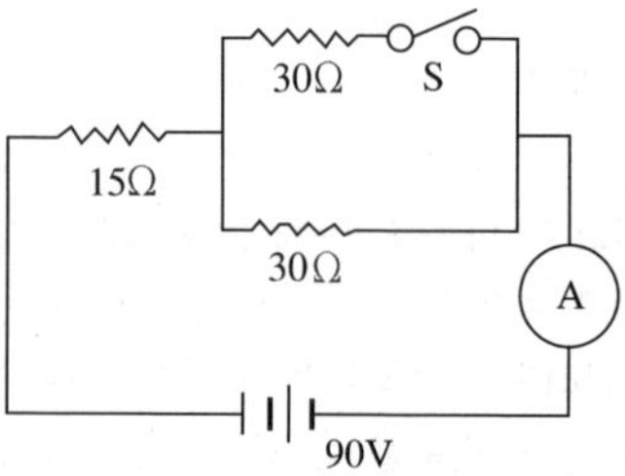

① 1A
② 2A
③ 3A
④ 4A
⑤ 5A

PART

2

한국사

PART 2 한국사 핵심이론

1. 원시시대와 고조선

(1) 정치

① 정치제도

군장 중에서 왕을 추대 → 왕의 권력 취약

② 지방행정

군장세력이 각기 자기 부족 통치 : 군장의 관료 명칭이 왕의 관료와 동일한 명칭으로 사용 → 왕의 권력 취약

③ 군사제도 : 군장세력이 독자적으로 지휘

(2) 사회

① 신분제

㉠ 구석기 : 무리 생활, 평등사회(이동 생활)

㉡ 신석기 : 부족사회, 평등사회(정착 생활 시작)

㉢ 청동기 : 사유재산제, 계급 발생(고인돌), 군장국가(농경 보편화)

㉣ 초기 철기 : 연맹왕국 형성

② 사회조직

㉠ 구석기 : 가족 단위의 무리 생활

㉡ 신석기 : 씨족이 족외혼을 통해 부족 형성

㉢ 청동기 : 부족 간의 정복활동, 군장사회

㉣ 초기 철기 : 군장이 부족을 지배하면서 국왕 선출

(3) 경제

① 구석기

㉠ 빙하기 : 고기잡이와 사냥, 채집 생활 → 무리 생활 → 이동 생활 → 동굴과 막집 생활(뗀석기, 골각기)

㉡ 주먹도끼 : 연천군 전곡리 출토 → 서구 우월주의 비판

② 신석기

㉠ 농경의 시작 → 정착 생활 → 강가나 해안가(물고기 잡이 병행) : 움집 생활, 씨족 공동체사회(부족・평등사회)

㉡ 빗살무늬 토기, 간석기 사용, 원시 신앙 발달

③ 청동기

㉠ 청동기 사용 → 전반적인 기술의 급격한 발달 → 부와 권력에 의한 계급 발생 → 국가(고조선) 등장

㉡ 비파형 동검과 미송리식 토기(고조선의 세력 범위와 일치)

㉢ 벼농사의 시작과 농경의 보편화 → 구릉지대 생활

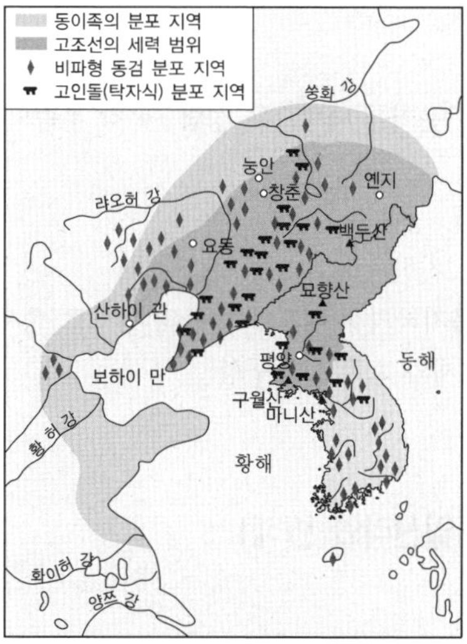

〈동이족과 고조선의 세력 범위〉

④ 철기

㉠ 세형 동검, 명도전과 거푸집, 암각화

㉡ 연맹왕국이 나타나기 시작

㉢ 배산임수의 취락 구조 정착, 장방형 움집, 지상가옥화

(4) 문화

① **신석기 :** 애니미즘, 샤머니즘, 토테미즘, 영혼숭배와 조상숭배(원시신앙)

② **청동기 :** 선민사상(정치이념)

(5) 고조선

① 청동기 문화를 바탕으로 기원전 2333년에 건국

② 만주의 요령 지방과 한반도 서북 지방의 여러 부족을 통합

③ **건국이념 :** 홍익인간(弘益人間, 널리 인간을 이롭게 한다)

④ **변천과정 :** 건국 → 중국의 연과 대립으로 쇠퇴 → 철기 도입 → 위만조선 건국(기원전 194년) → 철기와 중계무역으로 성장 → 한의 침입으로 멸망

⑤ **의의 :** 민족사의 유구성과 독자성

⑥ 사회 모습

㉠ 선민사상 : 환인과 환웅의 후손

㉡ 농경사회 : 농사에 필요한 비, 바람, 구름을 주관

㉢ 토테미즘 : 곰과 호랑이 숭배

㉣ 제정일치 사회

(6) 여러 나라의 성장

① 고조선이 멸망할 무렵 철기 문화를 바탕으로 성립 → 각 부족의 연합 또는 전쟁을 통해 국가 형성

② 만주지방 : 부여, 고구려

③ 한반도 북부 동해안 : 옥저, 동예

④ 한반도 남부 : 마한, 변한, 진한

㉠ 마한 : 54개의 소국, 목지국의 지배자가 마한의 왕으로 행세

㉡ 진한과 변한 : 각각 12개의 소국으로 구성

2. 삼국시대와 남북국시대(통일신라와 발해)

(1) 정치

① 삼국시대(민족 문화의 동질적 기반 확립)

㉠ 정치제도(왕권강화와 중앙 집권화)

- 왕위세습, 율령반포, 관등제
- 귀족합의제도 : 제가, 정사암, 화백회의는 국가 중대사 결정 → 왕권 중심의 귀족국가정치

㉡ 지방행정

- 군사적 성격, 부족적 전통
- 고구려 : 5부(욕살)
- 백제 : 5방(방령)
- 신라 : 5주(군주)

㉢ 군사제도 : 군사조직은 지방제도와 관련, 국왕이 직접 군사를 지휘

② 남북국시대

㉠ 정치제도(왕권의 전제화 – 신라 중대)

- 집사부 시중의 권한 강화
- 국학설치 : 유교정치이념 수용

※ 발해 : 왕위의 장자상속, 독자적 연호 사용

㉡ 지방행정(지방 제도 정비)

- 신라
  - 9주(도독) : 행정 중심
  - 5소경 : 지방세력 통제
- 발해 : 5경 · 15부 · 62주

㉢ 군사제도

• 신라 : 9서당(왕권강화, 민족 융합), 10정(지방군)

• 발해 : 8위

(2) 경제

① 토지제도

㉠ 왕토사상 : 토지 공유

㉡ 통일신라의 토지 분급, 녹읍(귀족의 농민 징발도 가능) → 관료전 지급(신문왕, 왕권강화) → 녹읍의 부활(신라 하대, 왕권약화)

㉢ 농민에게 정전 분급

② 조세제도

㉠ 조세 : 생산량의 1/10

㉡ 역 : 군역과 요역

㉢ 공물 : 토산물세

③ 산업

㉠ 신석기 : 농경 시작

㉡ 청동기 : 벼농사 시작, 농경의 보편화

㉢ 철기 : 철제 농기구 사용 → 경작지 확대

㉣ 지증왕 : 우경 시작

㉤ 신라통일 후 상업 발달, 아라비아 상인 출입(울산항)

(3) 사회

① 신분제(신분제도 성립)

㉠ 지배층 특권을 유지하기 위해 율령제도, 신분제도 마련

㉡ 신분은 친족의 사회적 위치에 따라 결정

• 귀족 : 권력과 경제력 독점

• 평민 : 생산 활동에 참여, 조세 부담

• 천민 : 노비, 부곡민

㉢ 신라 골품제

• 골품은 개인의 신분과 정치활동 제한

• 관등조직은 골품제와 연계 편성, 복색은 관등에 따라 지정

② 사회조직

㉠ 골품제도 : 중앙집권국가 성립시기에 군장세력 재편 → 신라 하대에 골품제도의 모순 노출

㉡ 귀족합의기구 : 화백, 정사암, 제가회의 → 왕권 견제

㉢ 화랑제도 : 교육의 기능, 계급갈등을 조절

㉣ 진골 귀족의 왕위 쟁탈전

㉤ 반신라 세력 : 호족, 6두품, 도당유학생, 선종, 풍수지리설

㉥ 신라 하대 전국적 농민 봉기

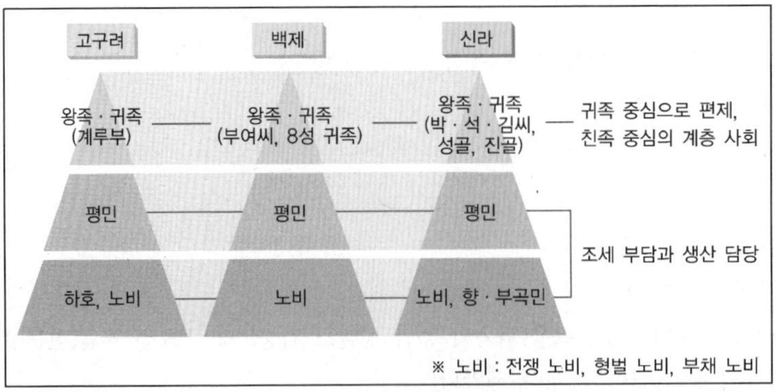

〈삼국의 신분 구조〉

(4) 문화

① 삼국시대

㉠ 불교

- 수용 : 중앙 집권 체제 확립과 통합
- 발전 : 왕실불교, 귀족불교

㉡ 유교

- 고구려 : 태학, 경당(모든 계층 망라)
- 백제 : 5경 박사
- 신라 : 임신서기석

㉢ 전통사상 및 도교

- 시조신 숭배 : 지배층
- 샤머니즘, 점술 : 민중
- 도교 : 사신도, 산수무늬 벽돌, 사택지적비, 백제 봉래산 향로

② 남북국시대

㉠ 불교

- 원효의 정토종 : 불교의 대중화, 화쟁 사상(불교 통합)
- 의상의 화엄종 : 전제왕권 지지
- 교종 : 경전, 귀족 – 신라 중대
- 선종 : 참선, 호족 – 신라 하대(반신라), 개인의 정신 중시 → 신라 중대에 탄압
- 발해 : 고구려 불교 계승

㉡ 유교

- 유교이념 수용 : 국학, 독서삼품과(귀족의 반대로 실패)
- 강수 : 외교 문서
- 설총 : 이두 정리
- 김대문 : 주체적
- 최치원 : 사회개혁

㉢ 전통사상 및 도교

- 도교 : 최치원의 난랑비, 정효공주 묘비
- 풍수지리설 : 중국서 전래, 국토 재편론(호족 지지) → 신라 왕권의 권위 약화

3. 고려시대

(1) 정치

① 정치제도

㉠ 최승로의 시무28조 : 중앙집권적, 귀족정치, 유교정치이념 채택

㉡ 귀족제 : 공음전과 음서제

㉢ 합좌기구 : 도병마사 → 도평의사사(귀족연합체제)

㉣ 지배계급 변천 : 호족 → 문벌귀족 → 무신 → 권문세족 → 신진사대부

㉤ 서경제 : 관리임명 동의, 법률개폐 동의

② 지방행정

㉠ 지방제도의 불완전성(5도 양계 : 이원화)

㉡ 중앙집권의 취약성(속군, 속현)

※ 속군과 속현 : 지방관이 파견 안 된 곳으로 향리가 실제 행정을 담당하고 이들 향리가 후에 신진사대부로 성장함

㉢ 중간행정기구의 미숙성(임기 6개월, 장관품계의 모순)

㉣ 지방의 향리세력이 강함

③ 군사제도

㉠ 중앙 : 2군 6위(직업군인)

㉡ 지방 : 주현군, 주진군(국방담당)

㉢ 특수군 : 광군, 별무반, 삼별초

㉣ 합의기구 : 중방

(2) 경제

① 토지제도(전시과 체제 정비)

㉠ 역분전(공신)

㉡ 전시과 제도 : 수조권만 지급, 시정전시과 → 개정전시과(직·산관) → 경정전시과(직관)

㉢ 귀족의 경제 기반 : 공음전

㉣ 고려 후기 : 농장 발달(권문세족)

② 조세제도

㉠ 전세 : 민전은 1/10세

㉡ 공납 : 상공, 별공

㉢ 역 : 정남(16～60세), 강제노동

㉣ 잡세 : 어세, 염세, 상세

③ 산업

㉠ 농업 중심의 자급자족사회 : 유통경제 부진

㉡ 농업 : 심경법, 2년 3작, 시비법, 목화

㉢ 상업 : 화폐주조

㉣ 무역발달(송, 여진, 거란, 일본, 아랍), 예성강 입구의 벽란도

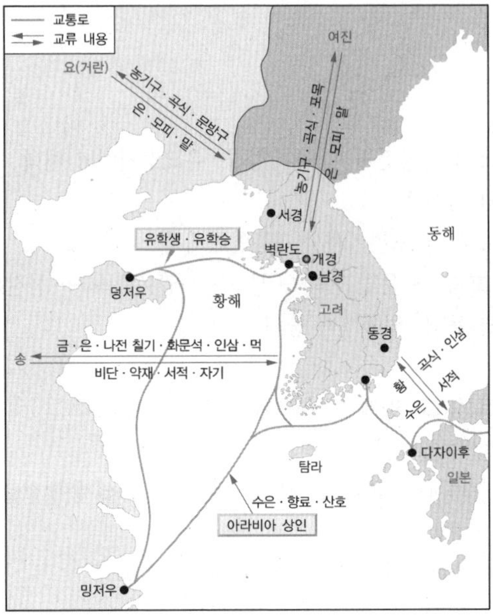

〈고려 전기의 대외 무역〉

(3) 사회

① 신분제(신분제도의 재편성)

㉠ 골품제도의 붕괴 : 호족 중심의 중세 사회 형성

㉡ 호족의 문벌 귀족화

㉢ 중간계층의 대두

- 귀족 : 왕족, 문무고위 관리
- 중간계층 : 남반, 서리, 향리, 군인
- 양인 : 농 · 상 · 공민
- 천민 : 노비, 향 · 소 · 부곡민

㉣ 여성의 지위가 조선시대보다 높음

② 사회조직

㉠ 법률 : 대가족 제도를 운영하는 관습법 중심

㉡ 지배층의 성격 비교

- 문벌귀족(고려 중기) : 과거나 음서를 통해 권력 장악
- 권문세족(몽골간섭기) : 친원파로 권력 독점, 농장소유
- 사대부(무신집권기부터) : 성리학자, 지방향리출신, 중소지주

㉢ 사회시설

- 의창·제위보 : 빈민구제
- 상평창 : 물가 조절

(4) 문화

① 불교

㉠ 숭불정책(훈요 10조 : 연등회, 팔관회)

㉡ 연등회, 팔관회 : 왕실 권위 강화

㉢ 불교의 통합운동(원효 화쟁론의 영향)

- 의천의 천태종 : 교종 중심, 귀족적(중기)
- 지눌(돈오점수, 정혜쌍수)의 조계종 : 선종 중심, 무신정권기
- 혜심의 유불일치설

② 유교

㉠ 유교정치이념 채택(최승로의 시무 28조)

㉡ 유학성격변화 : 자주적(최승로) → 보수적(김부식) → 쇠퇴(무신)

㉢ 성리학의 수용(몽골간섭기) : 사대부의 정치사상으로 수용, 사회개혁 촉구

㉣ 이제현의 사략(성리학적 사관)

③ 전통사상 및 도교

㉠ 도교행사 빈번 : 장례

㉡ 풍수지리설 : 서경길지설(북진정책 기반 – 묘청의 서경천도 운동)

㉢ 묘청의 서경천도 운동 : 귀족사회의 구조적 모순에서 비롯됨

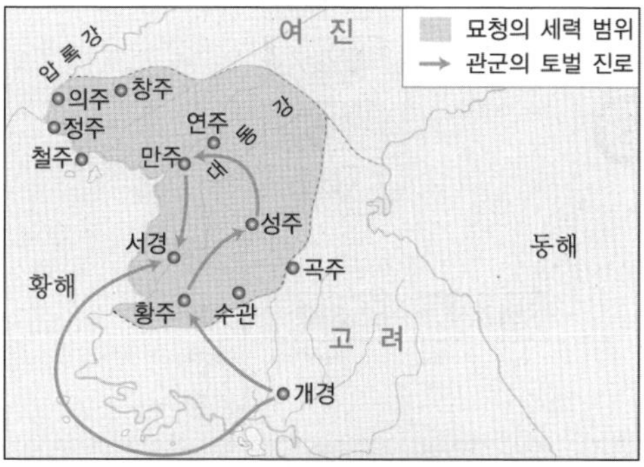

〈묘청의 서경천도 운동〉

4. 조선시대(전기)

(1) 정치

① 정치제도(15C : 훈구파 주도, 16C : 사림파의 성장과 주도)

㉠ 왕권과 신권의 균형(성리학을 바탕으로 한 왕도정치)

㉡ 의정부 : 합의기구, 왕권강화

㉢ 6조 : 행정분담

㉣ 3사 : 왕권견제

㉤ 승정원 · 의금부 : 왕권강화

② 지방행정(중앙집권과 지방자치의 조화)

㉠ 8도(일원화) : 부, 목, 군, 현 – 면, 리, 통

㉡ 모든 군현에 지방관 파견

㉢ 향리의 지위 격하(왕권강화)

㉣ 향 · 소 · 부곡 소멸 : 양인수 증가

㉤ 유향소 · 경재소 운영 : 향촌자치를 인정하면서도 중앙집권강화

㉥ 사림은 향약과 서원을 통해 향촌지배

③ 군사제도(양인개병제, 농병일치제)

㉠ 중앙 : 5위, 궁궐 수비 · 수도 방비

㉡ 지방 : 영진군

㉢ 잡색군 : 전직관리, 서리, 노비로 구성된 예비군

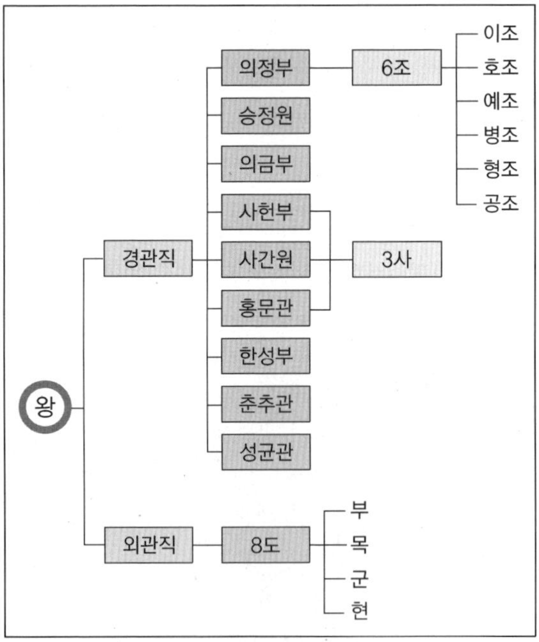

〈조선의 통치 체제〉

(2) 경제

① 토지제도(과전법 체제)

㉠ 과전법 : 사대부의 경제기반 마련

㉡ 직전법(세조, 직관) : 농장의 출현

㉢ 관수관급제(성종) : 국가의 토지 지배 강화, 양반의 농장 보편화 촉진

㉣ 녹봉제(명종) : 과전법 체제의 붕괴, 지주 전호제 강화, 농민 토지 이탈 → 부역제와 수취제의 붕괴(임란과 병란이 이를 촉진시킴)

② 조세제도

㉠ 전세 : 수확의 1/10세, 영정법(4두)

㉡ 공납 : 호구세, 상공과 별공

㉢ 군역 : 양인개병제, 농병일치제

③ 산업(중농억상 정책으로 상공업 부진)

㉠ 농업 : 이앙법 시작, 이모작 보급

㉡ 상업 : 시전 중심, 지방 중심, 화폐유통 부진

㉢ 수공업 : 장인은 관청에 부역

㉣ 무역 : 조공무역 중심

(3) 사회

① 신분제(양반 관료제 사회)

㉠ 양인수 증가 : 향·소·부곡의 해체, 다수의 노비 해방

㉡ 양천제 실시(양인과 천민)

㉢ 과거를 통한 능력 중심의 관료 선발

㉣ 16C 이후 양반, 중인, 상민, 천민으로 구별

② 사회조직

㉠ 법률 : 경국대전 체제(성리학적 명분질서의 법전화)

㉡ 종법적 가족제도 발달 : 유교적 가족제도로 가부장의 권한 강화, 적서차별

㉢ 사회시설

- 환곡 : 의창 → 상평창(1/10)
- 사창 : 양반지주층 중심의 자치적인 구제기구

㉣ 사회통제책 : 오가작통법, 호패법

(4) 문화

① 불교

㉠ 불교의 정비 : 유교주의적 국가기초확립

㉡ 재정확보책 : 도첩제, 사원전 몰수, 종파의 통합

※ 고대 : 불교 / 중세 : 유·불교 / 근세 : 유교

② 유교

㉠ 훈구파(15C) : 중앙집권, 부국강병, 사장중시, 과학기술 수용, 단군숭배

㉡ 사림파(16C) : 향촌자치, 왕도정치, 경학중시, 과학기술 천시, 기자숭배

㉢ 주리론 : 이황(영남학파, 남인, 도덕중시)

㉣ 주기론 : 이이(기호학파, 서인, 현실중시)

③ 전통사상 및 도교

㉠ 도교 행사 정비 : 소격서(중종 때 조광조에 의해 폐지)

㉡ 풍수지리설 : 한양천도(왕권강화), 풍수·도참사상 – 관상감에서 관리

㉢ 민간신앙의 국가신앙화

※ 기타 종교와 사상에 대한 국가 관리는 유교사회를 확립하려는 의도

5. 조선시대(후기)

(1) 정치

① 정치제도

㉠ 임란을 계기로 비변사의 강화 → 왕권의 약화(상설기구 전환)

㉡ 정쟁의 심화 → 서인의 일당 독재화, 영·정조의 탕평책 실패 → 세도정치의 등장 → 대원군의 개혁(왕권강화, 농민 안정책)

② 군사제도

㉠ 중앙 : 5군영(용병제), 임란과 병란으로 인한 부역제의 해이로 실시

㉡ 지방 : 속오군(향촌자체방위, 모든 계층)

㉢ 조선 초기(진관체제) → 임란(제승방략체제) → 조선 후기(진관체제 복구, 속오군 편성)

(2) 경제

① 토지제도

중농학파 "농민의 토지 이탈과 부역제의 붕괴를 막는 것은 체제의 안정을 유지하는 것"

㉠ 유형원 : 균전제(계급 차등분배)

㉡ 이익 : 한전제(영업전 지급)

㉢ 정약용 : 여전제(급진적 내용, 공동생산과 공동분배)

② 조세제도

농민의 불만 해소와 재정 확보를 위해, 궁극적으로는 양반지배체제의 유지를 위하여 수취제도를 개편

㉠ 영정법(전세) : 1결 4두 → 지주 유리

㉡ 대동법(공납) : 공납의 전세화, 토지 결수로 징수

㉢ 균역법 : 2필 → 1필, 선무군관포, 결작

※ 조세의 전세화, 금납화 → 화폐경제, 도시와 시장 발달 → 수요 증대 → 상품경제와 상공업 발달 ⇒ 자본주의 맹아

③ 산업

서민경제의 성장 → 서민의식의 향상

㉠ 농업 : 이앙법, 견종법의 보급 → 광작 → 농촌사회의 계층 분화

㉡ 상업 : 사상, 도고의 성장 → 상인의 계층 분화, 장시의 발달 → 도시의 발달

㉢ 민영수공업 발달 : 납포장, 선대제

㉣ 광업

- 17C : 사채의 허용과 은광 개발이 활발(대청 무역)
- 18C : 상업 자본의 광산 경영 참여로 잠채성행(금·은광)
- 자본과 경영의 분리 : 덕대가 채굴 노동자 고용

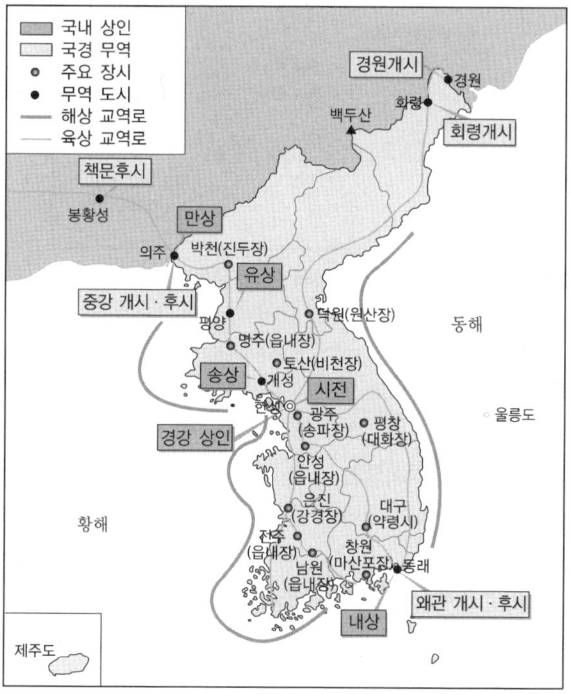

〈조선 후기의 상업〉

(3) 사회

① 신분제(신분제도의 동요)

㉠ 양반수의 증가 : 납속책, 공명첩, 족보 위조

㉡ 중인층의 지위 향상 : 서얼의 규장각 등용, 역관

㉢ 평민의 분화 : 농민(경영형 부농, 임노동자), 상인(도고상인, 영세상인)

㉣ 노비 수의 감소 : 공노비 해방(순조), 양인 확보

② 사회조직(사회 불안의 고조)

㉠ 신분제 동요 : 몰락양반의 사회개혁 요구

㉡ 삼정(전정, 군정, 환곡)의 문란 : 서민의식의 향상(비판의식)

㉢ 위기의식의 고조 : 정감록 유행, 도적의 출현, 이양선의 출몰

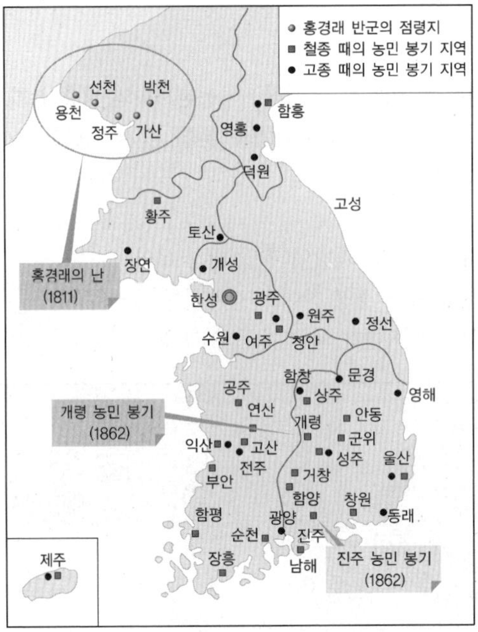

〈19세기의 농민 운동〉

(4) 문화

① 불교 : 불교의 민간 신앙화

② 유교

㉠ 양명학의 수용 : 정제두의 강화학파

※ 실학 : 통치 질서의 붕괴와 성리학의 한계, 서학의 전래, 고증학의 영향으로 등장

㉡ 중농학파 : 토지제도 개혁

㉢ 중상학파 : 상공업 진흥책, 박제가(소비론), 박지원(화폐유통론)

㉣ 국학 : 동사강목(한국사의 정통론), 해동역사(다양한 자료 이용), 동사 · 발해고(반도 사관 극복), 연려실기술(실증적 연구)

③ 전통사상 및 도교(사회의 동요)

천주교 수용, 동학의 발전, 정감록 등 비기도참 사상, 미륵신앙 유행 → 현실 비판(서민문화의 발달)

6. 근 · 현대

(1) 정치

Ⅰ. 개항과 근대 변혁 운동

① 흥선대원군의 정책

㉠ 19세기 중엽의 상황 : 세도정치의 폐단, 민중 세력의 성장, 열강의 침략적 접근

㉡ 흥선대원군의 집권(1863 ~ 1873)

- 왕권강화정책 : 서원 철폐, 삼정의 문란 시정, 비변사 폐지, 의정부와 삼군부의 기능 회복, 대전회통 편찬
- 통상수교거부정책 : 병인양요, 신미양요, 척화비 건립

② 개항과 개화정책
㉠ 개항 이전의 정세
• 개화 세력의 형성
• 흥선대원군의 하야와 민씨 세력의 집권(1873)
• 운요호 사건(1875)
㉡ 문호개방
• 강화도 조약(1876) : 최초의 근대적 조약, 불평등 조약
• 조·미 수호통상조약(1882) : 서양과의 최초 수교, 불평등 조약
③ 갑신정변(1884) : 최초의 근대화 운동(정치적 – 입헌군주제, 사회적 – 신분제 폐지 주장)
㉠ 전개 : 급진개화파(개화당) 주도
㉡ 실패원인 : 민중의 지지 부족, 개혁 주체의 세력 기반 미약, 외세 의존, 청의 무력간섭
㉢ 결과 : 청의 내정 간섭 심화
㉣ 1880년대 중반 조선을 둘러싼 열강의 대립 심화
④ 동학농민운동의 전개
㉠ 배경
• 대외적 : 열강의 침략 경쟁에 효과적으로 대응하지 못함
• 대내적 : 농민 수탈, 일본의 경제적 침투
• 농민층의 상황 : 불안과 불만 팽배 → 농촌 지식인들과 농민들 사이에서 사회 변화 움직임 고조
㉡ 전개 과정
• 고부 봉기 : 전봉준 중심으로 봉기
• 1차 봉기 : 보국안민과 제폭구민을 내세움 → 정읍 황토현 전투의 승리 → 전주 점령
• 전주 화약기 : 폐정개혁 12개조 건의, 집강소 설치
• 2차 봉기 : 항일 구국 봉기 → 공주 우금치 전투에서 패배

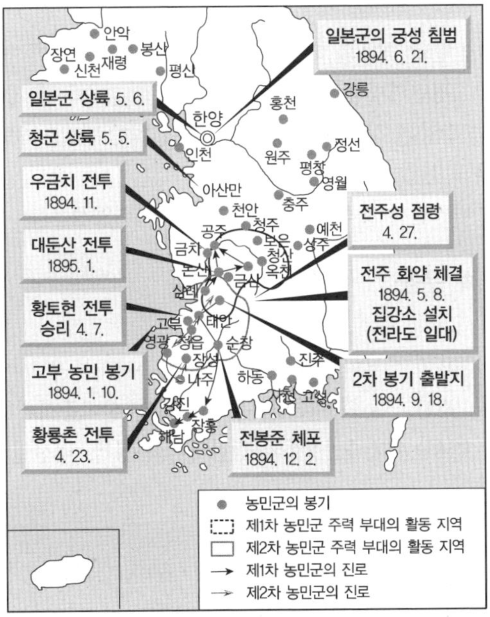

〈동학농민운동의 전개〉

⑤ 갑오개혁과 을미개혁

㉠ 갑오개혁(1894)

- 군국기무처 설치 : 초 정부적 회의 기관으로 개혁 추진
- 내용 : 내각의 권한 강화, 왕권 제한, 신분제 철폐
- 과정 : 홍범 14조 반포
- 한계 : 군사적 측면에서의 개혁이나 농민들의 요구에 소홀

㉡ 을미개혁(1895)

- 과정 : 일본의 명성 황후 시해 → 친일 내각을 통해 개혁 추진
- 내용 : 단발령, 태양력 사용 등

⑥ 독립협회와 대한제국

㉠ 독립협회(1896 ~ 1898)

- 배경 : 아관파천으로 인한 국가 위신 추락
- 활동 : 국권·이권수호 운동, 민중계몽운동, 입헌군주제 주장
- 만민공동회(1898) : 최초의 근대식 민중대회
- 관민공동회 : 헌의 6조 결의

㉡ 대한제국 성립(1897)

- 배경 : 고종의 환궁 여론 고조
- 자주 국가 선포 : 국호 – 대한제국, 연호 – 광무
- 성격 : 구본신참의 복고주의, 전제 황권 강화

⑦ 일제의 국권 강탈

㉠ 러·일 전쟁 : 일본의 승리(한반도에 대한 일본의 독점적 지배권)

㉡ 을사조약(1905, 제2차 한·일 협약)

⑧ 항일의병전쟁과 애국계몽운동

㉠ 항일의병운동

- 을미의병(1895) : 한말 최초의 의병봉기(을미사변과 단발령이 원인)
- 을사의병(1905) : 평민의병장 신돌석의 활약
- 정미의병(1907) : 고종의 강제퇴위와 군대 해산에 대한 반발, 13도 창의군 조직, 서울진공작전

㉡ 애국계몽운동(교육과 산업)

- 신민회(1907) : 비밀결사 조직, 문화적·경제적 실력양성운동, 105인 사건으로 해산

II. 민족의 수난과 항일 민족 운동

① 일제의 식민정책

㉠ 1910년대(1910 ~ 1919) : 무단통치(헌병경찰제 – 즉결처분권 부여)

㉡ 1920년대(1919 ~ 1931) : 문화통치(민족 분열 정책, 산미증식계획)

㉢ 1930년대(1931 ~ 1945) : 민족말살통치(병참기지화 정책, 내선일체, 황국신민화, 일본식 성명 강요)

② 3·1운동(1919)

㉠ 배경 : 미국 윌슨 대통령의 '민족자결주의'와 2·8독립선언

㉡ 3·1운동은 대한민국 임시정부가 세워진 계기가 됨

③ 대한민국 임시정부(1919. 9. 상하이)

㉠ 한성정부의 법통 계승

㉡ 연통제, 교통국, 외교활동(구미위원부)

④ 국내외 항일민족운동

㉠ 국내 항일운동

- 신간회(1927) : 비타협적 민족주의자와 사회주의 세력 연합 → 노동·소작쟁의, 동맹 휴학 등을 지원
- 학생운동 : 6·10만세운동(1926), 광주학생 항일운동(1929)

㉡ 국외 항일운동 : 간도와 연해주 중심

- 대표적 전과 : 봉오동 전투, 청산리 전투(1920)
- 간도 참변(1920) : 봉오동·청산리 전투에 대한 일제의 보복
- 자유시 참변(1921) : 러시아 적군에 의한 피해
- 3부의 성립(1920년대) : 정의부, 참의부, 신민부
- 중국군과 연합하여 항일전 전개(1930년대)
- 한국광복군(1940, 충칭)

㉢ 사회주의 세력 : 중국 공산당과 연계 – 화북 조선 독립 동맹 결성, 조선 의용군 조직

Ⅲ. 대한민국의 성립과 발전

① 광복 직후의 국내 정세

㉠ 모스크바 3상회의 : 한반도 신탁통치 결정

㉡ 미·소 공동위원회 : 남북한 공동 정부 수립 논의 – 결렬

② 대한민국 정부의 수립 : 5·10총선거 → 제헌국회 → 대통령 선출 → 정부수립

(2) 경제

① 토지제도

㉠ 동학농민운동에서만 토지의 평균분작 요구

㉡ 대한제국 : 지계발급

㉢ 일제의 수탈

- 토지조사사업(1910 ~ 1918) : 조선의 토지약탈을 목적으로 실시
- 산미증식계획(1920 ~ 1935) : 농지개량, 수리시설 확충 비용 소작농이 부담
- 병참기지화 정책(1930 ~ 1945) : 중화학공업, 광업 생산에 주력(기형적 산업구조) – 군사적 목적

② 조세제도

㉠ 갑신정변 : 지조법 개정

㉡ 동학농민운동 : 무명잡세 폐지

㉢ 갑오·을미개혁 : 조세 금납화

㉣ 독립협회 : 예산공표 요구

③ **산업**

㉠ 근대적 자본의 성장

㉡ 일제 강점기 : 물산장려운동

(3) 사회

① **신분제(평등 사회로의 이행)**

㉠ 갑신정변(1884) : 문벌폐지, 인민평등권

㉡ 동학농민운동(1894) : 노비제 폐지, 여성지위 상승

㉢ 갑오개혁(1894) : 신분제 폐지, 봉건폐습 타파

㉣ 독립협회(1896) : 민중의식 변화, 민중과 연대

㉤ 애국계몽운동(1905) : 민족교육운동, 실력양성

② **사회조직**

㉠ 개혁 세력 : 민권사상을 바탕으로 평등사회 추구

㉡ 위정척사파 : 양반 중심의 봉건적 신분질서 유지

㉢ 동학농민운동 : 반봉건, 반제국주의의 개혁 요구

㉣ 독립협회 : 자주, 자유, 자강 개혁 요구

㉤ 광무개혁 : 전제 군주제를 강화하기 위한 개혁

㉥ 의병활동 : 반제국주의의 구국 항전

㉦ 애국계몽단체 : 자주독립의 기반 구축 운동

(4) 문화

① **동도서기(東道西器)** : 우리의 정신문화는 지키고 서양의 과학 기술을 받아들이자는 주장(중체서용, 구본신참) → 양무운동, 대한제국

② **불교 유신론** : 미신적 요소를 배격하고 불교의 쇄신을 주장

③ **민족사학의 발전** : 신채호, 박은식, 최남선

④ 기독교계는 애국계몽운동에 힘씀

(5) 광복 전후의 국제 논의

① **카이로 회담**(1943)

㉠ 일본에 대한 장래 군사행동 협정

㉡ 한국을 자유국가로 해방 시킬 것을 약속

② **얄타 회담**(1945)

㉠ 한국에 대한 신탁통치 약속

㉡ 한국 38도 군사경계선 확정

③ **포츠담 회담**(1945)

㉠ 일본 군대 무장 해제

㉡ 한국 자유국가 해방 약속 재확인(카이로 회담의 선언)

④ 모스크바 3상 회의(1945)

㉠ 5년간 미국, 영국, 소련, 중국 등 4개국 정부의 한국 신탁통치 결정

㉡ 미국, 소련 공동 위원회(임시정부) 설치

(6) 대한민국 정부 수립

① 5 · 10 총선거

㉠ 남한 단독 선거

㉡ 남북 협상파 불참

㉢ 이승만, 한민당 압승

㉣ 제헌국회 구성 및 민주공화국 체제의 헌법 제정

② 대한민국 정부 수립

㉠ 대통령은 이승만, 부통령에 이시영 선출

㉡ 대한민국 성립 선포

③ 반민족 행위 처벌법 제정

㉠ 일제강점기 시대에 친일 행위를 한 자를 처벌하기 위한 법

㉡ 이승만의 소극적 태도로 처벌 실패

④ 6 · 25 전쟁(1950)

㉠ 북한의 무력 통일 정책

㉡ 이승만의 정치 · 경제 불안

㉢ 과정

- 무력 남침 → 서울 함락, 낙동강까지 후퇴 → 유엔국 참전 및 인천상륙작전 → 서울 탈환, 압록강까지 전진 → 중공군 개입 → 후퇴 → 휴전 협정

㉣ 경제적 · 인적 피해 및 한미상호방위조약 체결(1953)

PART 2

PART 2 한국사 적중예상문제

정답 및 해설 p.020

대표유형 선사시대

다음 중 선사시대의 신앙으로 볼 수 없는 것은?

① 바하이즘
② 조상 숭배
③ 샤머니즘
④ 영혼 숭배
⑤ 토테미즘

| 해설 | 바하이즘(Bahaism)은 이슬람교 종파의 하나인 바비즘에서 전화한 새로운 종교 운동이자 교의로 1863년에 바브(Bab)의 제자 미르자 후사인 알리가 창시했다.

오답분석

② 조상 숭배 : 신석기시대의 매장형태인 동침신전앙와장(東枕伸展仰臥葬)을 토대로 태양 숭배, 내세 신앙을 유추할 수 있다.
③ 샤머니즘 : 무당이 초자연적인 존재와 직접 교류하면서 예언하거나 질병을 치료할 수 있다고 믿는 고대 신앙
④ 영혼 숭배 : 인간이 죽어도 영혼은 불멸한다고 믿어 조상을 숭배하는 고대 신앙
⑤ 토테미즘 : 씨족적 집단의 구성원이나 기원과 관련하여 매우 특별한 혈연관계를 맺고 있다고 믿으며, 특정한 동식물 등의 자연물을 신성하게 여기는 고대 신앙

정답 ①

01 **다음 중 우리나라의 신석기시대에 대한 설명으로 적절하지 않은 것은?**

① 기원전 8000년경부터 시작되었다.
② 대표적인 토기는 빗살무늬토기이다.
③ 이 시기의 사람들은 간석기를 가지고 농사를 지었다.
④ 농경 기술이 발달하면서 사냥과 고기잡이는 사라졌다.
⑤ 토테미즘, 샤머니즘, 애니미즘 같은 원시 신앙이 발달했다.

02 **다음 중 고조선의 세력 범위를 추정할 수 있는 유물들로 묶인 것은?**

① 빗살무늬 토기, 민무늬 토기
② 빗살무늬 토기, 고인돌
③ 세형 동검, 검은간 토기
④ 비파형 동검, 고인돌
⑤ 비파형 동검, 덧무늬 토기

PART 2

03 **다음 중 우리나라 청동기시대의 유적과 유물에 대한 설명으로 가장 적절한 것은?**

① 불에 탄 쌀이 여주 흔암리, 부여 송국리 유적에서 발견되었다.
② 청동기시대 유적은 한반도 지역에 국한하여 주로 분포되어 있다.
③ 청동기시대에는 조개껍데기 가면 등의 예술품도 많이 제작되었다.
④ 청동기시대 토기로는 몸체에 덧띠를 붙인 덧무늬 토기가 대표적이다.
⑤ 청동기시대에는 수공업 생산과 관련된 가락바퀴가 처음으로 사용되었다.

04 **다음은 『제왕운기』에 실린 어떤 나라의 건국과 관련된 내용이다. 이 나라에 대한 설명으로 적절하지 않은 것은?**

처음에 누가 나라를 세워 세상을 열었는가 석제의 손자로 이름은 단군이라네 요임금과 함께 무진년에 나라를 세워 순임금 때를 지나 하나라 때까지 왕위에 계셨도다.

① 신분제가 존재하였다.
② 사유재산을 보호하였다.
③ 철기 문화를 받아들였다.
④ 고조선은 중계무역을 하였다.
⑤ 중국 연나라의 공격으로 멸망하였다.

05 **다음 중 고조선에 대한 탐구 활동으로 가장 적절한 것은?**

① 임신서기석의 내용을 분석한다.
② 국내성 천도의 배경을 살펴본다.
③ 칠지도에 새겨진 명문을 해석한다.
④ 한의 왕검성 침략 원인을 조사한다.
⑤ 독서삼품과의 인재 선발 기준을 파악한다.

06 **다음 기록에서 설명하는 나라의 풍습으로 가장 적절한 것은?**

> 동이 지역 중에서 가장 평탄하고 넓은 곳으로 토질은 오곡이 자라기에 알맞다. … (중략) … 12월에 지내는 제천행사에는 연일 크게 모여서 마시고 노래하고 춤추는데, … (중략) … 이때에는 형옥을 중단하고 죄수를 풀어 준다. 전쟁을 하게 되면 그때에도 하늘에 제사를 지내고, 소를 잡아서 그 발굽으로 길흉을 점친다.
>
> – 『후한서』

① 책화라는 제도가 있었다.
② 제천행사로 무천이 있었다.
③ 결혼 풍습으로 민며느리제가 있었다.
④ 제사장이 관리하는 소도가 있는 제정분리 국가였다.
⑤ 왕 아래 마가, 우가, 저가, 구가 등의 독자적인 세력이 있었다.

07 다음 중 (가) 나라의 사회 모습으로 가장 적절한 것은?

> • ___(가)___ 은/는 장성(長城)의 북쪽에 있는데, 현토에서 천 리쯤 떨어져 있다. 남쪽은 고구려와, 동쪽은 읍루와, 서쪽은 선비와 접해 있고, 북쪽에는 약수(弱水)가 있다. 사방 2천 리가 되며, 호수(戶數)는 8만이다.
>
> – 『삼국지』 동이전
>
> • 온조는 하남 위례성에 도읍을 정하였다. …… 나라 이름을 백제로 고쳤다. 그 세계(世系)가 고구려와 함께 ___(가)___ 에서 나온 것이므로 이 때문에 ___(가)___ 을/를 성씨로 삼았다.
>
> – 『삼국사기』

① 신지, 읍차 등의 지배자가 있었다.

② 12월에 영고라는 제천 행사를 열었다.

③ 사회 질서를 유지하기 위한 범금 8조가 있었다.

④ 제사장인 천군과 신성 지역인 소도가 존재하였다.

⑤ 부족 간의 경계를 중요시하여 책화라는 제도가 있었다.

08 다음 사료에서 밑줄 친 '그 땅'에 있었던 나라에 대한 설명으로 옳은 것을 〈보기〉에서 모두 고르면?

> 제 10대 구해왕(仇亥王)에 이르러 신라에 항복했으므로 <u>그 땅</u>을 금관군으로 삼았다.
>
> – 『삼국사기』

보기

ㄱ. 합천 · 거창 · 함양 · 산청 등을 포괄하는 후기 가야연맹의 맹주로서 등장하였다.

ㄴ. 이 나라의 왕족 출신이었던 김무력(金武力)은 관산성 전투에서 큰 공을 세웠다.

ㄷ. 낙동강 하류에 위치하였고, 바다가 인접하여 수운의 편리함을 이용해 경제적 · 문화적 발전에 유리하였다.

① ㄱ ② ㄴ

③ ㄱ, ㄷ ④ ㄴ, ㄷ

④ ㄱ, ㄴ, ㄷ

09 다음 〈보기〉를 시대 순으로 바르게 나열한 것은?

보기

ㄱ. ○○왕 – 사비로 천도하고 국호를 남부여로 바꿈
ㄴ. △△왕 – 동진에서 온 마라난타로부터 불교를 받아들임
ㄷ. □□왕 – 평양성을 공격하여 고구려 고국원왕을 전사시킴

① ㄱ – ㄴ – ㄷ
② ㄱ – ㄷ – ㄴ
③ ㄴ – ㄱ – ㄷ
④ ㄴ – ㄷ – ㄱ
⑤ ㄷ – ㄴ – ㄱ

10 다음에서 설명하는 왕릉의 특징에 관한 설명으로 가장 적절한 것은?

이 왕릉은 송산리 고분군의 배수로 공사 중에 우연히 발견되었다. 이 왕릉은 피장자가 누구인지를 알려주는 묘지석이 발견되어 연대를 확실히 알 수 있는 무덤이다.

① 왕릉 내부에 사신도 벽화가 그려져 있다.
② 왕릉 주위 둘레돌에 12지 신상을 조각하였다.
③ 왕릉의 천장은 모줄임 구조를 지니고 있다.
④ 무덤의 구조는 중국 남조의 영향을 받았다.
⑤ 말꾸미개 장식에 천마의 그림이 그려진 유물이 발견되었다.

11 다음 중 국가의 행정 구역이 5부 · 5방 · 22담로인 국가는?

① 고구려
② 백제
③ 신라
④ 발해
⑤ 대가야

12 **다음 〈보기〉를 시기 순으로 바르게 나열한 것은?**

> ㄱ. 신라가 한강 유역과 함경도 일부 지역까지 영토를 확장하였다.
> ㄴ. 백제가 마한의 잔여 세력을 복속시키고 전라도 지역 전체를 확보하였다.
> ㄷ. 백제가 신라의 대야성을 비롯한 40여 성을 빼앗았다.
> ㄹ. 고구려가 남한강 유역까지 진출하면서 중원고구려비를 세웠다.

① ㄴ－ㄷ－ㄹ－ㄱ
② ㄴ－ㄹ－ㄱ－ㄷ
③ ㄹ－ㄱ－ㄴ－ㄷ
④ ㄹ－ㄴ－ㄱ－ㄷ
⑤ ㄹ－ㄷ－ㄴ－ㄱ

13 **다음 빈칸 ㉠, ㉡에 들어갈 국가와 제천행사가 바르게 연결된 것은?**

> "___㉠___ 나라 읍락(邑落)의 남녀들이 밤에 모여 서로 노래와 놀이를 즐기며 10월에 제천을 하면서 국중대회를 여는데 그 이름을 ___㉡___이라 한다."

	㉠	㉡
①	고구려	동맹
②	동예	무천
③	부여	영고
④	삼한	수릿날
⑤	옥저	계절제

14 **신라시대 중앙정부가 지방 세력을 견제하기 위해 지방의 향리 또는 지방 향리의 자제를 일정기간 중앙에 와서 거주하도록 한 제도로 가장 적절한 것은?**

① 사심관제도
② 기인제도
③ 상피제도
④ 상수리제도
⑤ 외사정제도

15 **다음은 시대별 교육기관을 나타낸 것이다. 빈칸에 들어갈 교육기관으로 가장 적절한 것은?**

고구려	통일신라	고려	조선
태학	( )	국자감	성균관

① 주자감
② 서당
③ 국학
④ 서원
⑤ 경당

16 **다음 〈보기〉의 통일신라시대 토지 제도 변화를 순서대로 바르게 나열한 것은?**

보기

ㄱ. 문무 관료전 지급
ㄴ. 관료의 녹읍 폐지
ㄷ. 백성에게 정전 지급
ㄹ. 녹봉 폐지 및 녹읍 부활

① ㄱ－ㄴ－ㄷ－ㄹ
② ㄱ－ㄴ－ㄹ－ㄷ
③ ㄱ－ㄷ－ㄴ－ㄹ
④ ㄴ－ㄱ－ㄷ－ㄹ
⑤ ㄴ－ㄹ－ㄱ－ㄷ

17 **다음 중 신라의 삼국 통일 이후의 일로 적절하지 않은 것은?**

① 녹읍을 폐지하였다.
② 국학이 설립되었다.
③ 9주 5소경 제도가 완비되었다.
④ 9서당 10정 군사제도를 갖추었다.
⑤ 진골 출신이 처음으로 왕이 되었다.

18 다음 중 (가)와 (나) 사이에 있었던 사건은?

> (가) 장보고는 자신의 딸을 문성왕의 둘째 왕비로 들이려던 계획이 실패로 돌아가자, 이에 불만을 품고 청해진에서 반란을 일으켰다.
> (나) 승려 출신인 궁예가 강원도와 경기도 일대를 중심으로 후고구려를 건국하였다.

① 견훤이 후백제를 건국하였다.
② 경순왕의 항복과 함께 신라가 멸망하였다.
③ 당나라가 평양에 안동도호부를 설치하였다.
④ 대조영이 고구려 유민들과 함께 발해를 건국하였다.
⑤ 신라는 지금의 울릉도에 위치한 우산국을 정벌하여 복속시켰다.

19 다음 자료의 밑줄 친 그가 세운 나라에 대한 설명으로 옳은 것은?

> 거란의 이진충이 반란을 일으키자 그는 말갈의 걸사비우와 함께 각각 무리를 거느리고 동쪽으로 달아났다. … (중략) … 계루부의 옛 땅을 차지하고, 동모산에 웅거하여 성을 쌓고 살았다. 그가 굳세고 용맹스러우며 병사를 잘 운용하여 말갈의 무리와 고구려의 나머지 무리들이 점점 모여들었다.
> – 『구당서』

① 국가 교육기관으로 태학이 있었다.
② 여진족에 의해 멸망하였다.
③ 5성 6부의 중앙제도를 마련하였다.
④ 해동성국이라 불렸다.
⑤ 백제를 계승하였다.

20 다음 중 빈칸 ㉠, ㉡에 들어갈 인물의 활동이 바르게 연결된 것은?

> ___㉠___은/는 본래 신라의 왕자로서 도리어 제 나라를 원수로 삼아 심지어는 선조(先祖)의 화상(畫像)을 칼로 베었으니 그 행위가 매우 어질지 못하였다. ___㉡___은/는 신라의 백성으로서 신라의 녹을 먹으면서 세력을 키우다가 화(禍)를 일으킬 마음을 품고 (신라의) 도읍을 침범하여 임금과 신하를 살해하니 (그 행위가) 마치 짐승과 같았다. 참으로 천하의 으뜸가는 악인이로다. 그러므로 ___㉠___은/는 그 신하로부터 버림을 당하였고, ___㉡___은/는 그 아들에게서 화가 생겨났으니 모두 스스로 불러들인 것인데 누구를 원망한단 말인가.
> – 『삼국유사』

① ㉠ : 완산주를 도읍으로 하여 후백제를 세웠다.
② ㉠ : 철원으로 천도하고 국호를 마진으로 바꾸었다.
③ ㉡ : 송악을 도읍으로 정하고 후고구려를 건국하였다.
④ ㉡ : 서경을 중시하여 북진 정책의 전진 기지로 삼았다.
⑤ ㉠, ㉡ : 황산 전투에서 왕건의 고려군에게 패배하였다.

21 **다음 중 (가), (나) 국왕의 재위 시기에 있었던 사실로 옳은 것을 〈보기〉에서 모두 고르면?**

(가) 이름은 대흠무(大欽茂)이며, 발해의 제3대 왕이다. 대흥이라는 연호를 사용하였고 내치에 치중하여 정치 · 문화의 발전에 힘썼다.
(나) 대부분의 말갈족을 복속시키고, 요동 지역으로 진출하였다. 이후 전성기를 맞은 발해를 중국에서는 해동성국(海東盛國)이라고 불렀다.

보기

ㄱ. (가) – 수도를 중경에서 상경으로 옮겼다.
ㄴ. (가) – 장문휴가 수군을 이끌고 당(唐)의 산둥(山東)지방을 공격하였다.
ㄷ. (나) – 당으로부터 율령을 받아들이는 등 문물을 적극 수용하였다.
ㄹ. (나) – 일본은 발해 사신의 영접비용에 대한 부담으로 사신 왕래를 제한하였다.

① ㄱ, ㄴ
② ㄱ, ㄹ
③ ㄴ, ㄷ
④ ㄴ, ㄹ
⑤ ㄷ, ㄹ

22 **다음 (가)와 (나) 제도를 통해 공통적으로 알 수 있는 고대 사회의 특징으로 가장 적절한 것은?**

(가) 혼인할 때 구두로 미리 정하고, 여자의 집에서는 작은 별채를 짓는데, 그 집을 '서옥'이라 한다. 해가 저물 때쯤 신랑이 신부의 집 문밖에 와서 이름을 밝히고 꿇어앉아 절하며 안에 들어가 신부와 잘 수 있도록 요청한다. … (중략) … 자식을 낳아 장성하면 남편은 아내를 데리고 집으로 돌아간다.
(나) 여자 나이 10살이 되기 전에 혼인을 약속한다. 신랑 집에서는 여자를 맞이하여 장성하도록 길러 아내로 삼는다.
여자가 어른이 되면 친정으로 되돌려 보냈다가 신랑 집에서 돈을 지불한 뒤 다시 신랑 집으로 온다.

– 『삼국지』 위서 동이전

① 노동력 확보를 중시하였다.
② 혼례에서의 절차를 중시하였다.
③ 남성 위주의 가부장적 사회였다.
④ 유아기부터 선행교육이 이루어졌다.
⑤ 여성과 남성의 지위가 동등하였다.

23 다음 중 가장 오래된 교육기관은?

① 태학
② 향학
③ 국자감
④ 성균관
⑤ 서원

24 삼국 중에서 신라의 성장이 가장 늦었던 이유를 〈보기〉에서 모두 고르면?

보기

ㄱ. 중국 세력의 침략을 자주 받았다.
ㄴ. 한반도의 동남쪽에 치우쳐 있었다.
ㄷ. 활발한 정복 활동으로 왕권이 약화되었다.
ㄹ. 여러 세력 집단이 연합하여 국가적 통합이 늦었다.

① ㄱ, ㄴ
② ㄱ, ㄷ
③ ㄴ, ㄷ
④ ㄴ, ㄹ
⑤ ㄷ, ㄹ

25 다음 밑줄 친 '왕'의 재위 기간에 있었던 사실로 가장 적절한 것은?

중군(中軍) 김부식이 아뢰기를, "윤언이는 정지상과 결탁하여 생사를 함께하기로 맹세한 당(黨)이 되어 크고 작은 일마다 실제로 함께 의논하였습니다. 또한 임자년에 왕께서 서경으로 행차하실 때, 글을 올려 연호를 세우고 황제로 칭하기를 청하였습니다. … (중략) … 이는 모두 금나라를 격노하게 하여 이때를 틈타 방자하게도 자기 당이 아닌 사람을 처치하고 반역을 도모한 것이니 신하의 마음이 아니었습니다."라고 하였다.

－『고려사』

① 원종과 애노가 사벌주에서 봉기하였다.
② 경순왕 김부가 경주의 사심관이 되었다.
③ 왕실의 외척인 이자겸이 권력을 독점하였다.
④ 강조가 정변을 일으켜 김치양을 제거하였다.
⑤ 웅천주 도독 김헌창이 반란을 일으켰다.

26 **다음 중 고려의 토지 제도에 대한 설명으로 가장 적절한 것은?**

① 구분전은 왕실의 경비를 충당하기 위해 지급하였다.
② 개정 전시과는 관품과 인품을 고려하여 지급하였다.
③ 외역전은 관직을 얻지 못한 하급 관리 자제에게 지급하였다.
④ 공음전은 5품 이상의 관리에게 지급하였고 세습을 허용하였다.
⑤ 내장전은 중앙과 지방 관청의 경비를 충당하기 위해 지급하였다.

27 **다음 중 고려의 토지제도에 대한 설명으로 적절하지 않은 것은?**

① 시정 전시과는 토지에 대한 수조권을 지급하였다.
② 경정 전시과는 관품과 인품을 반영하여 지급하였다.
③ 시정 전시과는 전국의 토지를 대상으로 지급하였다.
④ 녹봉은 관리에게 주는 급료로 쌀, 베 등 현물로 주었다.
⑤ 역분전은 공신 등에게 인품과 공로를 기준으로 지급되었다.

28 **다음 중 고려 광종의 업적으로 적절하지 않은 것은?**

① 광덕 연호를 사용하였다.
② 노비안검법을 실시하였다.
③ 과거제도를 시행하였다.
④ 12목에 지방관을 파견하였다.
⑤ 공복을 제정하였다.

29 **다음 중 고려시대 정치기구에 대한 설명으로 옳은 것을 〈보기〉에서 모두 고르면?**

> **보기**
> ㉠ 도병마사 – 변경의 군사문제를 의논하던 회의기관
> ㉡ 상서성 – 백관을 총령하던 중앙관청
> ㉢ 정방 – 최고위 무신 합좌기구
> ㉣ 중추원 – 왕명 출납 · 숙위 · 군국기무 등의 정무를 담당한 중앙관청
> ㉤ 식목도감 – 법제 및 격식 제정에 관한 문제를 의논한 회의기관

① ㉠, ㉡, ㉢
② ㉢, ㉣, ㉤
③ ㉠, ㉡, ㉣, ㉤
④ ㉡, ㉢, ㉣, ㉤
⑤ ㉠, ㉡, ㉢, ㉣, ㉤

30 다음 사료의 밑줄 친 왕의 업적으로 적절하지 않은 것은?

> 왕이 처음에는 정치에 마음을 두어서 이제현·이색 등을 등용하였는데, 그 후에는 승려 편조에게 미혹되어 그를 사부로 삼고 국정을 모두 위임하였다. 편조가 권력을 잡은 지 한 달 만에 대대로 공을 세운 대신들을 참소하고 헐뜯어서 이공수·경천흥·유숙·최영 등을 모두 축출하더니 그 후에 이름을 바꾸어 신돈이라 하고 삼중대광 영도첨의가 되어 더욱 권력을 마음대로 하였다. …(중략)… 신돈이 다시 왕을 시해하고자 하다가 일이 발각되었고, 왕이 이에 신돈을 수원부로 유배 보냈다가 주살하고, 그의 당여를 모두 죽였으며, 일찍이 쫓아냈던 경천흥 등을 다시 불러들였다.

① 정동행성 이문소를 폐지하였다.
② 쌍성총관부를 되찾았다.
③ 국자감을 성균관으로 개편하였다.
④ 정방을 폐지하였다.
⑤ 원의 연호를 폐지하였다.

31 다음 〈보기〉의 고려 집권 세력을 시대 순으로 나열한 것은?

> **보기**
> ㄱ. 무신　　ㄴ. 호족
> ㄷ. 권문세족　　ㄹ. 신진사대부
> ㅁ. 문벌귀족

① ㄴ－ㅁ－ㄱ－ㄷ－ㄹ　② ㄴ－ㅁ－ㄱ－ㄹ－ㄷ
③ ㄴ－ㅁ－ㄷ－ㄱ－ㄹ　④ ㅁ－ㄱ－ㄴ－ㄹ－ㄷ
⑤ ㅁ－ㄴ－ㄱ－ㄷ－ㄹ

32 다음 중 고려시대 불교에 대한 설명으로 옳은 것을 〈보기〉에서 모두 고르면?

> **보기**
> ㄱ. 천태종의 지눌은 선종을 중심으로 교종을 포용하는 선교일치를 주장하였다.
> ㄴ. 의천은 불교와 유교가 심성 수양이라는 면에서 차이가 없다고 하였다.
> ㄷ. 의천이 죽은 뒤 교단은 분열되고 귀족 중심이 되었다.
> ㄹ. 요세는 참회수행과 염불을 통한 극락왕생을 주장하며 백련사를 결성했다.

① ㄱ, ㄴ　② ㄱ, ㄷ
③ ㄱ, ㄹ　④ ㄴ, ㄹ
⑤ ㄷ, ㄹ

33 다음 밑줄 친 '왕'에 대한 설명으로 가장 적절한 것은?

> "왕이 쌍기를 등용한 것을 옛 글대로 현인을 발탁함에 제한을 두지 않은 것이라 평가할 수 있을까. 쌍기가 인품이 있었다면 왕이 참소를 믿어 형벌을 남발하는 것을 왜 막지 못했는가. 과거를 설치하여 선비를 뽑은 일은 왕이 본래 문(文)을 써서 풍속을 변화시킬 뜻이 있는 것을 쌍기가 받들어 이루었으니 도움이 없다고는 할 수 없다."

① 광덕, 준풍 등의 독자적인 연호를 사용하였다.
② 2성 6부제를 중심으로 하는 중앙관제를 마련하였다.
③ 국정을 총괄하는 정치 기구인 교정도감을 설치하였다.
④ 고구려의 옛 땅을 되찾기 위해 북진정책을 추진하였다.
⑤ 『정계』, 『계백료서』 등을 지어 관리가 지켜야 할 규범을 제시하였다.

34 다음 〈보기〉의 (가) ~ (라)를 시대 순으로 바르게 나열한 것은?

> **보기**
> (가) 삼별초가 몽골에 대항하여 반기를 들었다.
> (나) 위화도 회군으로 실권을 잡은 이성계는 신진사대부와 힘을 합쳐 새로운 왕조를 건설했다.
> (다) 정중부 등은 문신들을 제거하고 의종을 귀양 보낸 뒤 정권을 장악하였다.
> (라) 별무반을 거느리고 여진을 토벌한 윤관은 동북 9성을 쌓았다.

① (가) – (라) – (나) – (다)
② (나) – (다) – (라) – (가)
③ (다) – (라) – (나) – (가)
④ (라) – (가) – (다) – (나)
⑤ (라) – (다) – (가) – (나)

35 다음 상황 이후에 전개된 사실로 옳은 것은?

> 거란이 군사를 돌려 연주·위주에 이르자 강감찬 등이 숨었다가 공격하여 500여 급을 베었다. 2월에 거란군이 귀주를 지날 때 강감찬 등이 동쪽 교외에서 맞아 싸웠다. …… 아군이 기세를 타고 맹렬하게 공격하니 거란군이 패하여 달아났다. 아군이 쫓아가며 공격하니 석천을 건너 반령에 이르기까지 거란군의 시신이 들판에 널렸고, 사로잡은 포로와 획득한 말·낙타·갑옷·무기는 헤아릴 수 없이 많았다.
>
> –『고려사』

① 거란에 의해 발해가 멸망하였다.
② 외침에 대비하여 광군이 조직되었다.
③ 서희의 활약으로 강동 6주를 획득하였다.
④ 거란을 배척하여 만부교 사건이 일어났다.
⑤ 압록강에서 도련포까지 천리장성을 축조하였다.

36 다음 사건들의 공통점으로 가장 적절한 것은?

> • 명종 3년(1173)에 동북면 병마사 김보당이 문신들과 결탁하여 의종 복위 운동을 꾀하다가 무신 이의민에게 진압되었다.
> • 서경유수 조위총이 명종 4년(1174)에 난을 일으켰으나 결국 실패하였다.
> • 명종 4년(1174) 개경에 있는 귀법사, 증광사, 흥화사 등의 승려들이 중앙정권에 반기를 들고 난을 일으켰으나 실패하였다.

① 신분제 폐지를 요구하는 민란
② 무신의 정권 침탈에 대한 반발
③ 삼정의 문란에 대한 농민의 반발
④ 호포제 실시에 대한 양반의 반발
⑤ 경복궁 중건에 동원된 천민의 반란

37 다음 지도에 표시된 곳에 대한 설명으로 적절하지 않은 것은?

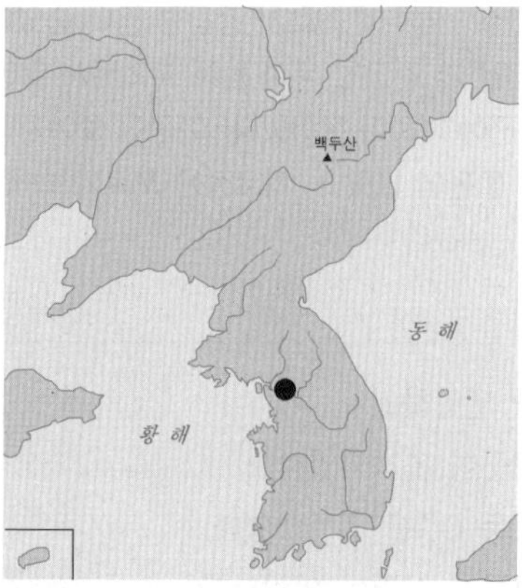

① 백제의 첫 번째 도읍지
② 삼국시대의 중요한 군사적 요충지
③ 북한산 신라 진흥왕 순수비가 있는 곳
④ 고구려 장수왕이 남진 정책을 위해 천도한 곳
⑤ 고려 문종 이후, 삼경 중 서경과 남경을 제외한 곳

38 다음 중 고려 태조의 업적으로 적절하지 않은 것은?

① 독자적인 연호인 천수를 사용하였다.
② 민생 안정을 위해 흑창을 설치하였다.
③ 북진 정책을 펼쳤으며 서경을 중시하였다.
④ 군사력을 강화하기 위해 광군사를 설치하였다.
⑤ 호족을 견제하기 위해 사심관과 기인 제도를 시행하였다.

39 다음 중 고려 현종 시기에 대한 내용으로 적절하지 않은 것은?

① 주창수렴법을 시행하여 의창을 확대하였다.
② 고려 최고의 교육기관인 국자감을 설치하였다.
③ 지방제도를 개편하여 5도 양계를 설치하였다.
④ 우리나라 최초의 대장경인 초조대장경을 조판하였다.
⑤ 주현공거법을 시행하여 향리자제의 과거응시제한을 철폐하였다.

40 **다음 중 역사서와 그에 대한 설명이 바르게 연결된 것을 〈보기〉에서 모두 고르면?**

보기

ㄱ. 『삼국사기』 – 김부식이 편찬한 역사서로 유교적 사관이 드러난다.
ㄴ. 『삼국유사』 – 일연이 지은 역사서로 단군신화가 수록되어 있다.
ㄷ. 『동명왕편』 – 고려 후기 유득공이 지은 장편 서사시이며 신라 계승 의식이 드러난다.
ㄹ. 『조선상고사』 – 신채호가 저술하였으며 단군시대부터 조선시대까지의 역사를 담고 있다.

① ㄱ
② ㄱ, ㄴ
③ ㄱ, ㄴ, ㄷ
④ ㄱ, ㄴ, ㄹ
⑤ ㄱ, ㄴ, ㄷ, ㄹ

PART 2

41 **다음은 고려시대 한 신하가 왕에게 올린 상소문의 일부이다. 이 왕에 대한 내용으로 적절하지 않은 것은?**

• 왕은 교만해서는 안 되고, 아랫사람을 공손히 대한다.
• 연등회와 팔관회를 백성에게 부담이 크므로 삼간다.
• 관리는 공정하게 선발한다.
• 양인과 천인의 구별을 뚜렷이 하여 아랫사람이 윗사람을 모욕하지 못하게 한다.
• 관리의 의복과 백성의 의복을 달라야 한다.

① 지방에 12목을 설치하였다.
② 노비환천법을 시행하였다.
③ 중앙을 3성 6부제로 개편하였다.
④ 건원중보를 제도하였다.
⑤ 강동 6주를 확보하였다.

42 **다음 중 고려시대 백정에 대한 설명으로 옳은 것을 〈보기〉에서 모두 고르면?**

보기

ㄱ. 일반 주・부・군・현에 거주하였다.
ㄴ. 국가에 대한 특정한 직역을 가지고 있다.
ㄷ. 주로 농업에 종사하였다.
ㄹ. 신분상 천민에 속한다.

① ㄱ, ㄴ
② ㄱ, ㄷ
③ ㄱ, ㄹ
④ ㄴ, ㄷ
⑤ ㄷ, ㄹ

43 **다음과 관련된 인물이 한 일로 가장 적절한 것은?**

> • 정방을 설치하여 인사권을 장악하였다.
> • 삼별초를 조직하였다.
> • 신라의 김생, 고려의 유신, 탄연과 함께 신품 4현이라 불렸다.

① 이의민을 죽이고 정권을 장악하였다.
② 강화도로 도읍을 옮겼다.
③ 망이 · 망소이의 난을 진압하였다.
④ 만적의 난을 진압하였다.
⑤ 전민변정도감을 통해 개혁을 하였다.

44 **다음 밑줄 친 '승려'가 한 일로 가장 적절한 것은?**

> 황해도 출신으로 명종 때 승과제 급제하였다. 당시 불교는 교종과 선종이 대립하고 있었고, 선교합일의 이론을 정립하였다. 이후 뜻이 같은 사람들과 함께 송광사에서 결사를 주장하였던 이 <u>승려</u>는 조계종을 부흥시켰다.

① 정혜쌍수를 제창하였다.
② 백련 결사를 일으켰다.
③ 교선일치를 시도하였다.
④ 유불일치설을 주장하였다.
⑤ 교관겸수를 주장하였다.

45 다음 밑줄 친 (가) 부대에 대한 설명으로 가장 적절한 것은?

> 민영(閔頴)은 사람됨이 호방하며 의협심이 있었다. 어려서부터 매와 개를 데리고 사냥하고 말을 달려 격구(擊毬)하는 것을 좋아하였으며, 벼슬을 구하지 않았다. 그의 부친 민효후가 동계 병마판관이 되어 적에 맞서 싸우다 사망하였다. 그는 이를 한스럽게 여겨 복수를 하여 부친의 치욕을 갚으려 하였다. 때마침 예종이 동쪽 오랑캐를 정벌하려 하자, 민영은 자청하여 (가) 의 신기군에 편성되었다. … (중략) … 매번 군대의 선봉이 되어서 말을 타고 돌격하여 적군을 사로잡고 물리친 것이 한두 번이 아니었다.
>
> – 민영 묘지명

① 경대승에 의해 설치된 숙위 기관이다.
② 여진을 정벌하여 동북 9성 일대를 확보하였다.
③ 진도에서 제주도로 근거지를 옮겨 활동하였다.
④ 최씨 무신 정권의 권력 기반 강화를 위해 조직되었다.
⑤ 9주에 1정씩 배치되고 한주(漢州)에만 1정을 더 두었다.

46 다음 고려시대의 사료와 가장 관련 있는 사서는?

> 신(臣) 부식(富軾)은 아뢰옵니다. 고대 여러 나라들도 역시 각각 사관(史官)을 두어 일을 기록하였습니다. 그러므로 맹자는 말하기를 "진(晉)의 승(乘)과 초(楚)의 도올(檮杌)과 노(魯)의 춘추(春秋)는 모두 한가지다."라고 하였습니다. 생각건대 우리 해동(海東) 삼국도 역사가 길고 오래되어 마땅히 그 사실이 책으로 기록되어야 하므로 폐하께서 이 늙은 신하에게 명하시어 편집하도록 하신 것인데, 스스로 돌아보건대 부족함이 많아 어찌 할 바를 모르겠습니다.
>
> … (중략) …
>
> "삼국에 관한 옛 기록은 문체가 거칠고 졸렬하며 빠진 부분이 많으므로, 군왕(君王)의 선악(善惡)과 신하들의 충성스러움과 간사함, 국가의 평안함과 위태로움, 백성의 다스려짐과 어지러움을 모두 밝혀서 후세에 권장하거나 경계할 바를 보이지 못하고 있다. 그러므로 마땅히 삼장(三長)을 갖춘 인재를 구하여 일관된 역사를 완성하고 만대에 물려주어 해와 별처럼 빛나도록 해야 하겠다."

① 『삼국유사』
② 『고려사절요』
③ 『삼국사기』
④ 『제왕운기』
⑤ 『고려사』

47 **다음 시나리오에 등장하는 왕의 재위 기간에 있었던 사실로 옳은 것은?**

> S# 36. 궁궐 안
> 왕이 승지와 사관을 내보내고 이조 판서 송시열과 단 둘이 은밀하게 대화하고 있다.
> 왕 : 저 오랑캐는 반드시 망하게 될 형편에 처할 것이오. 정예병 10만을 양성하여 기회를 보아 곧장 청으로 쳐들어가고자 하오. 그렇게 되면 중원의 의사(義士)와 호걸 중에 어찌 호응하는 자가 없겠소?
> 송시열 : 전하의 뜻이 이와 같으시니 우리나라뿐만 아니라 실로 천하 만대의 다행이옵니다.

① 신무기인 신기전이 개발되었다.
② 나선 정벌에 조총 부대가 동원되었다.
③ 국왕 친위 부대인 장용영이 조직되었다.
④ 최무선의 건의로 화통도감이 설치되었다.
⑤ 명의 요청으로 강홍립의 부대가 파병되었다.

48 **다음 자료의 상황이 나타난 시기의 경제 모습으로 옳은 것을 〈보기〉에서 모두 고르면?**

> 금점 5곳 가운데 두 곳의 금맥은 이미 다 되어 거의 철폐하기에 이르렀고, 세 곳의 금맥은 넉넉하고 많습니다. … (중략) … 총인원은 일정하지 않아 세금을 걷는 수 역시 그에 따라 늘었다 줄었다 하는데, 가장 왕성하게 점을 설치하였을 때는 하루아침에 받는 세금이 수천여 냥이나 되며, 그중 7백 냥은 화성부에 상납하고 50여 냥은 점 안의 소임 등의 급료 값으로 제하고, 1천 냥은 차인(差人)이 차지합니다.

> **보기**
> ㄱ. 해동통보가 주조되어 유통되었다.
> ㄴ. 담배와 면화 등이 상품 작물로 재배되었다.
> ㄷ. 시전을 감독하기 위해 경시서가 설치되었다.
> ㄹ. 송상이 청과 일본 사이의 중계 무역으로 부를 축적하였다.

① ㄱ, ㄴ
② ㄱ, ㄷ
③ ㄴ, ㄷ
④ ㄴ, ㄹ
⑤ ㄷ, ㄹ

49 다음 글을 보고 당시의 사회상으로 적절하지 않은 것은?

> 천인도 돈으로 천역을 면제하고 양인이 될 수 있었다. 또한 공물 대신 쌀로 바치게 하는 납세제도가 시행되었으며, 동전 등으로 대납할 수 있었다. 이를 관장하는 선혜청을 설치하였다.

① 공명첩이 발행되었다.
② 대동법이 시행되었다.
③ 상품 작물이 재배되었다.
④ 실학이 등장하였다.
⑤ 해동통보, 건원중보가 발행되었다.

50 다음 A와 B의 대화 이후에 전개된 사실로 옳은 것은?

> A : 선왕(先王)의 나이 어린 동생이 즉위하셔서 대비께서 수렴청정을 한다고 하네.
> B : 그렇다면 대비와 윤원형 일파가 윤임 세력에 대한 박격에 나서겠군.

① 외척 간의 권력 다툼으로 을사사화가 발생하였다.
② 위훈 삭제 사건을 계기로 조광조 등이 제거되었다.
③ 김종직 등 사림이 중앙 정계에 진출하기 시작하였다.
④ 조의제문이 발단이 되어 사림 세력이 피해를 입었다.
⑤ 폐비 윤씨 사사사건으로 관련자들이 화를 당하였다.

51 다음 밑줄 친 '이 농서'가 처음 편찬된 시기의 문화에 대한 설명으로 적절하지 않은 것은?

> 『농상집요』는 중국 화북 지방의 농사 경험을 정리한 것으로서 기후와 토질이 다른 조선에는 도움이 될 수 없었다. 이에 농사 경험이 풍부한 각 도의 농민들에게 물어서 조선의 실정에 맞는 농법을 소개한 이 농서가 편찬되었다.

① 『석보상절』, 『월인천강지곡』 등의 서적을 편찬하였다.
② 수시력과 회회력을 참고하여 한양을 기준으로 새로운 역법(曆法)을 만들었다.
③ 성현이 당시의 음악을 집대성하여 『악학궤범』을 편찬하였다.
④ 측우기를 한양과 각 도의 군현에 설치하였다.
⑤ 다양한 종류의 금속활자가 주조되었다.

52 **밑줄 친 '이것'이 만들어진 시대에 일어난 사건으로 옳은 것은?**

이것은 국보 제151호, 유네스코 세계기록유산(1997년 지정)으로, 조선 태조부터 철종에 이르기까지 약 470년간의 역사를 편년체로 기록한 책이다.

① 제가 회의를 열어 죄인을 처벌하였다.
② 문무관리에게 토지를 지급하는 전시과 제도를 실시하였다.
③ 현직 관리에게만 수조권을 지급하는 직전법을 시행하였다.
④ 귀족 자제 중에서 선발된 화랑을 지도자로 삼았다.
⑤ 몽골군을 물리치고자 하는 염원을 담아 불교 경전을 집필하였다.

53 **다음은 조선시대의 한 제도이다. 이 제도를 시행한 왕의 업적으로 적절하지 않은 것은?**

양역을 절반으로 줄이라고 명하였다. "구전은 한 집안에서 거둘 때 주인과 노비의 명분이 문란해진다. 결포는 정해진 세율이 있어 더 부과하기가 어렵다. 호포나 결포는 모두 문제되는 바가 있다. 이제는 1필로 줄이도록 그 대책을 강구하라."

① 『속대전』을 편찬하였다.
② 노비종부법을 시행하였다.
③ 서원을 철폐하였다.
④ 신문고 제도를 사용하였다.
⑤ 청계천을 정비하였다.

54 **다음 내용을 종합한 제목으로 가장 적절한 것은?**

• 납속책과 공명첩의 발급 • 노비종모법(모계 신분 계승) • 공노비의 해방(순조, 1801년) • 유득공, 이덕무, 박제가를 규장각 검서관으로 등용

① 조선 초기 왕권 강화
② 고대 사회의 조세 변화
③ 신라시대 골품제도의 강화
④ 성리학적 사회 질서의 강화
⑤ 조선 후기 신분사회 구조의 변동

55 다음 글에서 설명하는 기구와 가장 유사한 역할을 담당하는 부서는?

> 육조(六曹)의 하나이다. 고려시대 호부가 판도사로 격하되었다가 공양왕 1년에 개칭된 것이 그대로 조선시대로 계승됐다. 호구(戶口)·공부(貢賦) 및 식량과 기타 재화에 대한 정무(政務)를 맡아보던 중앙관청이다.

① 행정자치부
② 국방부
③ 기획재정부
④ 국토교통부
⑤ 문화체육관광부

56 다음은 조선 중기 명종 때의 상소문이다. 빈칸에 들어갈 인물은?

> 〈상소문〉
>
> 전하! 지금 황해도에서는 ______(이)라 불리는 도적이 이끄는 무리들이 날뛰어 관아를 습격하여 관군이 토벌하려 나섰지만 오히려 패하는 경우가 잦다고 하옵니다. 그런데 이들 ______ 무리가 도적이 된 과정을 살펴보면 국가의 군적 수포제와 같은 수취 제도의 문란이 원인인 듯 하옵니다.

① 만적
② 최우
③ 임꺽정
④ 김사미
⑤ 홍경래

57 다음 ㉠, ㉡ 노선을 추구한 각 왕들의 정책이 바르게 연결된 것은?

> ㉠ 준론탕평 – 당파의 옳고 그름을 명백히 가린다.
> ㉡ 완론탕평 – 어느 당파든 온건하고 타협적인 인물을 등용하여 왕권에 순종시킨다.

① ㉠ : '환국'을 시도하였다.
② ㉠ : 서원을 대폭 정리하였다.
③ ㉡ : 신문고제도를 부활하였다.
④ ㉡ : 초계문신제를 실시하였다.
⑤ ㉡ : 화성 건설에 힘썼다.

58 다음 글의 여당, 야당과 가장 비슷한 정치 형태는?

> 쌀 전면개방… 여당 "불가피한 대안", 야당 "일방적인 결정" 반발
>
> 여야는 18일 정부의 쌀 시장 전면 개방 방침과 관련해 엇갈린 반응을 보였다. 여당은 '정부가 취할 수 있는 가장 현실적이고도 불가피한 대안'이라고 평가한 반면 야당은 정부의 일방적인 결정을 비판했다.

① 귀족들의 만장일치를 통한 연합정치 형태인 화백회의
② 모든 국정을 단독으로 책임지는 정치기관인 교정도감
③ 모든 권력이 군주 한 사람에게 집중되는 전제군주정치
④ 외척과 그 추종세력에 의해 국가가 운영되는 세도정치
⑤ 학문적 정치적 견해가 유사한 사람들의 모임 형태인 붕당정치

59 다음 사료의 인물이 추진한 정책으로 옳은 것을 〈보기〉에서 모두 고르면?

> 팔도의 선비들 수만 명이 대궐 앞에 모여 만동묘와 서원을 다시 설립할 것을 청하니 크게 노하여 "백성을 해치는 자는 공자가 다시 살아난다 하여도 내가 용서 못한다. 하물며 서원은 우리나라의 선유(先儒)를 제사 지내는 곳인데 어찌 이런 곳이 도적이 숨는 곳이 되겠느냐?" 하면서 … (중략) … 유생들을 해산시키고 병졸로 하여금 한강 밖으로 몰아내고 드디어 1천여 개소의 서원을 철폐하고 그 토지를 몰수하여 관에 속하게 하였다.

보기

ㄱ. 사창제 실시
ㄴ. 호포제 실시
ㄷ. 『대전통편』 편찬
ㄹ. 개국기원 연호 사용

① ㄱ, ㄴ
② ㄱ, ㄷ
③ ㄴ, ㄷ
④ ㄴ, ㄹ
⑤ ㄷ, ㄹ

60 다음 작품이 지어진 시기의 시대상으로 가장 적절한 것은?

> "하늘이 민(民)을 낳을 때 민을 넷으로 구분했다. 사민(四民) 가운데 가장 높은 것이 사(士)이니 이것이 곧 양반이다. 양반의 이익은 막대하니 농사도 안 짓고 장사도 않고 약간 문사(文史)를 섭렵해 가지고 크게는 문과(文科) 급제요, 작게는 진사(進士)가 되는 것이다. 문과의 홍패(紅牌)는 길이 2자 남짓한 것이지만 백물이 구비되어 있어 그야말로 돈자루인 것이다. 진사가 나이 서른에 처음 관직에 나가더라도 오히려 이름 있는 음관(蔭官)이 되고, 잘 되면 남행(南行)으로 큰 고을을 맡게 되어, 귀밑이 일산(日傘)의 바람에 희어지고, 배가 요령 소리에 커지며, 방에는 기생이 귀고리로 치장하고, 뜰에 곡식으로 학(鶴)을 기른다. 궁한 양반이 시골에 묻혀 있어도 무단(武斷)을 하여 이웃의 소를 끌어다 먼저 자기 땅을 갈고 마을의 일꾼을 잡아다 자기 논의 김을 맨들 누가 감히 나를 괄시하랴. 너희들 코에 잿물을 들이붓고 머리끄덩을 희희 돌리고 수염을 낚아채더라도 누구 감히 원망하지 못할 것이다."
> 부자는 증서를 중지시키고 혀를 내두르며 "그만 두시오, 그만 두어. 맹랑하구먼. 나를 장차 도둑놈으로 만들 작정인가."하고 머리를 흔들고 가버렸다.
> 부자는 평생 다시 양반이라는 말을 입에 올리지 않았다 한다.
>
> – 박지원, 『양반전』

① 비변사의 기능이 강화되었다.
② 관료들은 음서제를 통하여 관직을 세습하였다.
③ 청과의 군신 관계에 반대하여 북벌론이 대두되었다.
④ 사림파와 훈구파의 대립 끝에 사림파가 득세하였다.
⑤ 민간에서는 판소리와 탈춤 등의 공연이 성행하였다.

61 **다음은 외세에 대한 대응으로 제기된 주장들에 대한 자료이다. 밑줄 친 ㉠ ~ ㉤에 대한 설명으로 적절하지 않은 것은?**

> • 안으로는 관리들로 하여금 사학(邪學)의 무리를 잡아 베시고, 밖으로는 장병으로 하여금 ㉠ 바다를 건너오는 적을 전멸하게 하소서.
>
> – 이항로, 『화서집』
>
> • ㉡ 이 강화는 일본의 강요에 의해 이루어지는 것이므로 곧 닥쳐올 그들의 탐욕을 당해 낼 수 없을 것이다.
>
> – 최익현, 『면암집』
>
> • 미국은 우리가 본래 모르던 나라입니다. 잘 알지 못하는데 공연히 ㉢ 타인의 권유로 불러들였다가 그들이 재물을 요구하고 과도한 경우를 떠맡긴다면 장차 이에 어떻게 응할 것입니까?
>
> – 이만손, 「영남만인소」
>
> • 국모의 원수를 생각하며 이를 갈았는데, 참혹함이 더욱 심해져 ㉣ 임금께서 머리를 깎으시는 지경에 이르렀다. … (중략) … 환난을 회피하기란 죽음보다 더 괴로우며 멸망을 앉아서 기다릴진대 ㉤ 싸우는 것만 같지 못하다.
>
> – 유인석, 「창의문」

① ㉠ : 프랑스를 가리킨다.
② ㉡ : 운요호 사건을 계기로 체결되었다.
③ ㉢ : 일본이 청을 견제하고자 권유하였다.
④ ㉣ : 을미개혁과 관련이 있다.
⑤ ㉤ : 유생들이 의병 활동을 주도하였다.

62 **다음에서 설명하는 책과 관련된 전쟁 중에 있었던 사실로 옳은 것은?**

> 이 책은 전쟁이 끝난 뒤 유성룡이 뒷날을 경계하고자 하는 뜻에서 1592년에서 1598년까지의 일을 직접 기록한 것이다. 책에는 조선과 일본의 관계, 전쟁 발발과 진행 상황 등이 구체적으로 담겨 있다.

① 김종서가 6진을 설치하였다.
② 이종무가 대마도를 정벌하였다.
③ 인조가 남한산성으로 피신하였다.
④ 임경업이 백마산성에서 항전하였다.
⑤ 권율이 행주산성에서 크게 승리하였다.

63 김서방이 활동하던 시기의 수공업에 대한 〈보기〉의 설명 중 옳은 것을 모두 고르면?

> 기자 : 안녕하세요? 지금 뭐하고 계시는 건가요?
> 김서방 : 예, 방짜 유기를 만드는 중입니다. 우선 구리와 주석의 비율을 약 4대 1로 섞어서 녹이고, 이렇게 만들어진 놋쇠를 여러 차례 망치로 두들기고 펴서 그릇을 만드는 것이지요.
> 기자 : 자금은 어떻게 조달하십니까?
> 김서방 : 상인 물주에게 자금과 원료를 미리 받아 제품을 생산하고 있습니다.
> 기자 : 요즘은 경기가 어떠십니까?
> 김서방 : 이번에 공인이 우리 납청 마을로 온답니다. 공인이 오기 전에 좋은 유기를 많이 만들어 두어야 해서 많이 바쁘지요. 그래서 아랫마을 최서방을 불러 품삯을 주고 일을 거들게 하고 있습니다.
> 기자 : 잘 알았습니다. 이상 납청 마을에서 전해 드렸습니다.

보기

ㄱ. 관청수공업과 소수공업이 발달했다.
ㄴ. 장인세만 부담하면 비교적 자유롭게 생산 활동에 종사했다.
ㄷ. 공장안에 등록되어 관청에서 필요한 물품을 제작·공급했다.
ㄹ. 자금과 원료를 미리 받아 제품을 생산하는 선대제 방식을 선호했다.

① ㄱ, ㄴ
② ㄱ, ㄷ
③ ㄴ, ㄷ
④ ㄴ, ㄹ
⑤ ㄷ, ㄹ

64 다음 중 (가) 왕의 재위 기간에 있었던 사실로 옳은 것은?

> 8년간 청나라에서 인질 생활을 경험했던 (가)은/는 청에 대한 원수를 갚고 치욕을 씻기 위해 북벌 정책을 추진하였다. 이에 송시열, 이완 등을 중용하였으며, 군대를 양성하고 성곽을 수리하는 등 청과의 전쟁을 준비하였다.

① 병자호란이 발발하였다.
② 나선 정벌이 단행되었다.
③ 기해 예송이 발생하였다.
④ 환국 정치가 전개되었다.
⑤ 훈련도감이 처음 설치되었다.

65 **다음 밑줄 친 '비석'에 대한 탐구 활동으로 가장 적절한 것은?**

> 목극등(穆克登)이 샘이 갈라지는 곳에 자리 잡고 말하기를, "이곳이 분수령이라 할 수 있다."라고 하며, 경계를 정하고 돌을 깎아 비석을 세웠다. 그 비문에는 '오라총관(烏喇總管) 목극등이 … (중략) … 국경을 조사하기 위해 여기에 이르러 살펴보니, 서쪽은 압록강이며 동쪽은 토문강이므로 분수령 위에다 돌에 새겨 표를 삼는다.'라고 쓰여져 있다.
>
> –『만기요람』

① 간도 귀속 문제의 쟁점을 조사한다.
② 거문도 사건의 전개 과정을 파악한다.
③ 삼국 간섭이 발생한 원인을 찾아본다.
④ 청·일 전쟁이 일어난 배경을 알아본다.
⑤ 조·청 상민 수륙 무역 장정의 내용을 분석한다.

66 **다음 〈보기〉의 우리나라 탑들을 오래된 순서대로 나열한 것은?**

> 보기
>
> ㄱ. 쌍봉사 철감선사탑
> ㄴ. 미륵사지 석탑
> ㄷ. 경천사지 십층석탑
> ㄹ. 원각사지 십층석탑
> ㅁ. 봉천리 오층석탑

① ㄱ – ㄴ – ㅁ – ㄷ – ㄹ
② ㄱ – ㅁ – ㄴ – ㄷ – ㄹ
③ ㄴ – ㄱ – ㄷ – ㄹ – ㅁ
④ ㄴ – ㄱ – ㄷ – ㅁ – ㄹ
⑤ ㄴ – ㄱ – ㅁ – ㄷ – ㄹ

67 다음 중 지도에 표시된 지역에 대한 내용으로 가장 적절한 것은?

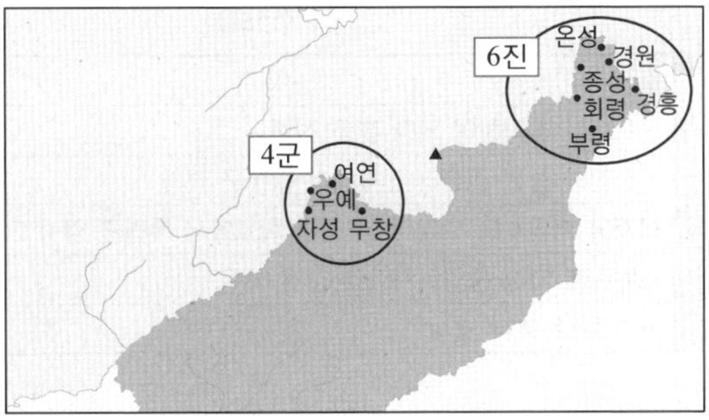

① 삼별초 항쟁이 이루어졌다.
② 웅진도독부가 설치되었다.
③ 명량대첩에서 대승을 거두었다.
④ 사민 정책이 시행되었다.
⑤ 위화도 회군이 감행되었다.

68 다음 중 〈보기〉와 같은 업적을 이룬 왕이 만든 군대는?

보기

- 규장각을 설치
- 수원 화성을 전설
- 탕평책 시행
- 초계문신제 시행

① 어영청
② 총융청
③ 금위영
④ 장용영
⑤ 훈련도감

69 다음 연보를 참고하여 알 수 있는 인물에 대한 설명으로 가장 적절한 것은?

〈연보〉

1868년	출생
1907년	산포대를 조직하여 의병 활동 전개
1920년	김좌진과 함께 청산리 전투에서 일본군 격파
1921년	러시아 자유시의 고려 혁명 군관 학교에서 독립군 양성
1937년	스탈린에 의해 중앙아시아로 강제 이주
1943년	카자흐스탄에서 별세

① 대한 광복회를 조직하여 친일파를 처단하였다.
② 황포 군관 학교에 입학하여 군사 훈련을 받았다.
③ 중국 국민당과 협력하여 조선 의용대를 결성하였다.
④ 의열단의 활동 강령인 조선 혁명 선언을 작성하였다.
⑤ 대한 독립군을 지휘하여 봉오동 전투를 승리로 이끌었다.

70 다음 중 흥선대원군의 업적으로 적절하지 않은 것은?

① 덕수궁 중건
② 안동 김씨 세력 숙청
③ 호포제 실시
④ 삼군부 설치
⑤ 사창제 실시

71 다음 제시된 역사적 사건들을 시대 순으로 바르게 나열한 것은?

ㄱ. 병인박해
ㄴ. 신미양요
ㄷ. 병인양요
ㄹ. 강화도조약
ㅁ. 제너럴셔먼호 사건

① ㄱ－ㄷ－ㄴ－ㅁ－ㄹ
② ㄱ－ㅁ－ㄷ－ㄴ－ㄹ
③ ㄴ－ㄹ－ㄷ－ㄱ－ㅁ
④ ㅁ－ㄱ－ㄴ－ㄹ－ㄷ
⑤ ㅁ－ㄴ－ㄱ－ㄷ－ㄹ

72 다음 중 밑줄 친 (가)에 해당하는 것으로 옳은 것은?

> 안창호 선생은 1908년에 평양에 대성 학교를 세우고 1913년 (가)을/를 결성하였다. 1919년 대한민국 임시 정부 내무총장 겸 국무총리 대리 등을 역임하면서 독립을 위해 힘썼다. 1932년 일본 경찰에 체포되어 옥고를 치르다 병을 얻어 1938년에 순국하였다.

① 의열단
② 대한 광복회
③ 신민회
④ 한인 애국단
⑤ 흥사단

PART 2

73 다음 자료의 인물이 활동했던 당시의 국내 상황으로 가장 적절한 것은?

> 1936년 8월 독일 베를린에서 거행된 올림픽대회에 일본 대표단의 일원으로 소수의 우리 선수가 몇 개 종목에 참가하였다. 올림픽의 꽃이라는 마라톤 경기가 시작된 8월 9일 밤 11시(한국시간)에 한밤중임에도 불구하고 수많은 군중이 보도기관 앞에 모여들었다. 다음날 새벽에 손기정 선수가 우승하였다는 소식이 들려왔다. 당시의 각종 민간지는 연일 대대적으로 손기정의 우승을 보도하였다.

① 남부에는 면화, 북부에는 면양 사육을 강요하였다.
② 회사 설립이 허가제에서 신고제로 변경되었다.
③ 산미 증식 계획으로 조선의 식량 사정이 악화되었다.
④ 토산품 애용을 강조하는 물산 장려 운동이 전개되었다.
⑤ 토지 조사 사업이 추진되어 일본인 지주들이 늘어났다.

74 다음 내용과 관련이 깊은 인물은?

> • 1880년대 초부터 정부의 개화 정책을 뒷받침
> • 박영효 등과 일본의 메이지 유신을 모방하여 개혁 추진
> • 1884년 친청 정책에 반대하고 갑신정변을 주도함

① 김옥균
② 유관순
③ 김원봉
④ 신채호
⑤ 윤봉길

75 다음과 같은 조약이 체결된 것이 원인이 되어 전개된 의병운동에 대한 설명으로 가장 적절한 것은?

> **제2조** 일본국 정부는 한국과 타국 간에 현존하는 조약의 실행을 완수하는 임무를 담당하고 한국 정부는 지금부터 일본국 정부의 중개를 거치지 않고서는 국제적 성질을 가진 어떤 조약이나 약속을 맺지 않을 것을 서로 약속한다.
> **제3조** 일본국 정부는 그 대표자로 한국 황제 폐하 밑에 1명의 통감을 두되 통감은 오로지 외교에 관한 사항을 관리하기 위하여 경성에 주재하고 친히 황제 폐하를 알현할 수 있는 권리를 가진다.

① 단발령 철회를 주장하였다.
② 고종의 해산 권고 조칙으로 해산되었다.
③ 평민 의병장이 등장하여 활약하였다.
④ 서울 진공 작전을 계획하였다.
⑤ 일본의 남한 대토벌 작전으로 위축되었다.

76 다음 자료에서 설명하고 있는 신문으로 가장 적절한 것은?

> • 우리나라 최초의 민간신문이다.
> • 갑신정변을 주도한 서재필이 미국에서 귀국 후 1896년 4월 7일 창간하였다.
> • 순 한글로 발행되어 누구나 읽기 쉽게 하였다.

① 한성순보
② 독립신문
③ 매일신보
④ 제국신문
⑤ 황성신문

77 다음 법령이 시행된 시기의 모습으로 적절하지 않은 것은?

> • 조선 주차 헌병은 치안 유지에 관한 경찰과 군사 경찰을 관장한다.
> • 헌병의 장교, 준사관, 하사, 상등병에게는 조선 총독이 정하는 바에 의하여 재직하면서 경찰관의 직무를 집행하게 할 수 있다.

① 언론 집회의 자유가 박탈당했다.
② 조선어, 조선역사 과목이 폐지되었다.
③ 조선 태형령이 시행되었다.
④ 교사들이 칼을 차고 제복을 입었다.
⑤ 회사령이 시행되었다.

78 다음 〈보기〉의 사건을 순서대로 나열했을 때 두 번째로 발생한 사건은?

보기

ㄱ. 국민건강보험 실시
ㄴ. 4·19 혁명
ㄷ. IMF 외환위기
ㅁ. 남북한 유엔 동시 가입
ㅁ. 제1차 경제개발 5개년 계획

① ㄱ
② ㄴ
③ ㄷ
④ ㄹ
⑤ ㅁ

79 다음에서 나타나고 있는 민족 사학자에 대한 설명으로 가장 적절한 것은?

- 민족정신을 '조선혼'으로 강조하였다.
- '옛 사람들이 말하기를 나라는 가히 멸할 수 있으나 역사는 가히 멸할 수 없으니 대개 나라는 형이나 역사는 신이기 때문이다.'

① 역사는 아와 비아의 투쟁의 기록이라고 하였다.
② 조선얼을 강조하였다.
③ 한민족의 사상을 낭가사상으로 보았다.
④ 진단학회를 조직하고 진단학보를 발간하였다.
⑤ 『한국통사』와 『한국독립운동지혈사』 등을 저술하였다.

80 다음 〈보기〉의 역사적 사실을 순서대로 바르게 나열한 것은?

보기

ㄱ. 정미조약
ㄴ. 정축조약
ㄷ. 강화도조약
ㄹ. 한성조약
ㅁ. 텐진조약

① ㄱ－ㄴ－ㄷ－ㄹ－ㅁ
② ㄱ－ㄴ－ㅁ－ㄷ－ㄹ
③ ㄱ－ㄷ－ㄹ－ㅁ－ㄴ
④ ㄴ－ㄱ－ㄷ－ㄹ－ㅁ
⑤ ㄷ－ㄱ－ㄹ－ㄴ－ㅁ

81 **다음 내용과 관련이 있는 신문은?**

> • 베델, 양기탁 창간
> • 국채 보상 운동 주도

① 제국신문
② 한성순보
③ 독립신문
④ 황성신문
⑤ 대한매일신보

82 **다음과 같은 내용이 발표된 배경으로 가장 적절한 것은?**

> 옛날에는 군대를 가지고 나라를 멸망시켰으나 지금은 빚으로 나라를 멸망시킨다. 옛날에 나라를 멸망케 하면 그 명호를 지우고 그 종사와 정부를 폐지하고, 나아가 그 인민으로 하여금 새로운 변화를 받아들여 복종케 할 따름이다. 지금 나라를 멸망케 하면 그 종교를 없애고 그 종족을 끊어버린다. 옛날에 나라를 잃은 백성들은 나라가 없을 뿐이었으나, 지금 나라를 잃은 백성은 아울러 그 집안도 잃게 된다. … (중략) … 국채는 나라를 멸망케 하는 원본이며, 그 결과 망국에 이르게 되어 모든 사람이 화를 입지 않을 수 없게 된다.

① 일제는 황무지 개간권을 요구하여 막대한 면적의 황무지를 차지하였다.
② 우리나라 최초의 은행인 조선은행이 설립되면서 자금 조달이 어려워졌다.
③ 외국 상인의 활동 범위가 넓어지면서 서울을 비롯한 전국의 상권을 차지하였다.
④ 정부의 상공업 진흥 정책으로 회사 설립이 늘어나면서 차관 도입이 확대되었다.
⑤ 일제는 화폐 정리와 시설 개선 등의 명목으로 거액의 차관을 대한제국에 제공하였다.

83 **다음은 3·1 운동 당시 일본 헌병대의 보고서이다. 이러한 투쟁 양상이 나타나게 된 원인으로 가장 적절한 것은?**

> 그중 과격한 사람은 낫, 곡괭이, 몽둥이 등을 가지고 전투 준비를 갖추었으며, 군중들은 오직 지휘자의 명령에 따라 마치 훈련받은 정규병처럼 움직였다. 그리고 그들은 집합하자마자 우선 독립 만세를 고창하여 그 기세를 올리고, 나아가 면사무소, 군청 등 비교적 저항력이 약한 데를 습격함으로써 군중의 사기를 고무시킨 다음 마침내 경찰서를 습격하여 무력 투쟁을 전개하였다.
>
> – 『독립 운동사 자료집 6』

① 간도 참변에 자극 받은 민중들의 봉기
② 자치론자들의 등장에 대한 민중들의 불만 고조
③ 사회주의 계열이 중심이 된 농민과 노동자들의 계급투쟁
④ 사회진화론에 한계를 느낀 독립 운동가의 투쟁 방법 전환
⑤ 토지 조사 사업으로 심한 수탈을 당했던 농민들의 시위 주도

84 다음 중 밑줄 친 '국민대표회의'를 전후하여 나타난 사실로 적절하지 않은 것은?

> 대한민국 임시 정부는 1920년대 중엽을 고비로 그 활동에 어려움을 겪게 되었다. 1923년에는 국내외의 독립 운동 상황을 점검하고 새로운 활로를 모색하기 위하여 상하이에서 국민대표회의가 열렸지만, 큰 효과는 없었다.

① 회의를 개최하자 창조파와 개조파로 양분되면서 대립이 격화되었다.
② 국내로부터의 지원이 늘어나면서 각 계파 간의 주도권 갈등이 심화되었다.
③ 이동녕과 김구 등의 노력으로 대한민국 임시 정부의 조직이 유지・정비되었다.
④ 일제의 집요한 감시와 탄압으로 연통제와 교통국의 조직이 철저하게 파괴되었다.
⑤ 사회주의 사상의 유입으로 민족주의 계열과 사회주의 계열 간의 갈등이 증폭되었다.

PART 2

85 다음 중 물산 장려 운동에 대한 〈보기〉의 설명 중 옳은 것을 모두 고르면?

> 보기
> ㄱ. 일본 상품 배격 및 국산품 애용 운동
> ㄴ. 근검저축, 생활 개선 등 소비 절약 운동
> ㄷ. 스스로 물건을 만들어 쓰는 자작회 운동
> ㄹ. 국채 보상 기금을 마련하기 위한 단연 운동

① ㄱ, ㄴ, ㄷ
② ㄱ, ㄴ, ㄹ
③ ㄱ, ㄷ, ㄹ
④ ㄴ, ㄷ, ㄹ
⑤ ㄱ, ㄴ, ㄷ, ㄹ

86 다음 중 조선태형령이 시행되던 당시에 있었던 일로 옳지 않은 것은?

① 토지 조사 사업
② 3・1 운동
③ 헌병 경찰제
④ 회사령
⑤ 치안유지법

87 **다음 자료와 관련된 인물에 대한 설명으로 가장 적절한 것은?**

> 님은 갔습니다.
> 아아, 사랑하는 나의 님은 갔습니다.
> …
> 날카로운 첫 키스의 추억은 나의 운명의 지침을 돌려놓고 뒷걸음쳐서 사라졌습니다.
> …
> －『님의 침묵』

① 조선혁명선언을 작성하여 독립 운동을 활성화하였다.
② 광복 후 남북 협상에 참여하였다.
③ 민족종교인 동학을 천도교로 개칭하였다.
④ 불교를 통한 청년 운동 강화에 노력하였다.
⑤ 화랑도의 낭가사상을 중시하였다.

88 **북위 38도선 전역에 걸쳐 북한군이 불법 남침함으로써 일어난 전쟁인 한국전쟁이 발발한 연도는?**

① 1949년
② 1950년
③ 1951년
④ 1952년
⑤ 1953년

89 **다음 중 3·15 부정선거와 5·16 군사정변 사이에 일어난 일로 옳은 것은?**

① 헌법 제정
② 발췌 개헌
③ 사사오입 개헌
④ 4·19 혁명
⑤ 베트남 파병

90 **다음 중 노태우 대통령 때 있었던 일로 옳지 않은 것은?**

① 6·15 남북 공동선언
② 88 서울 올림픽 개최
③ 남북한 동시 UN가입
④ 한반도 비핵화 공동선언
⑤ 소련과 수교

PART

3

최종점검 모의고사

최종점검 모의고사

도서 동형 온라인 실전연습 서비스

ASVH-00000-5F300

☑ 응시시간 : 70분　☑ 문항 수 : 100문항

정답 및 해설 p.032

01 연역적 사고

※ 다음 규칙을 바탕으로 ?에 들어갈 알맞은 도형을 고르시오. [1~4]

• 우선순위(순환) : B → V → P → B → … / 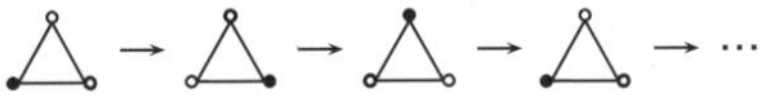

• 규칙

문자열 조합식	B+V=P	B+P=V	V+P=B
	같은 문자끼리 더하면 그 문자를 유지한다.		
도형 조합식	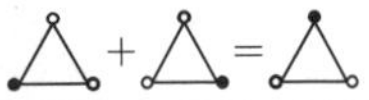		
	같은 도형끼리 더하면 그 도형을 유지한다.		
연산자	 : 우선순위 모두 상승	 : 우선순위 모두 하락	 : 문자열, 도형 조합

• 예시

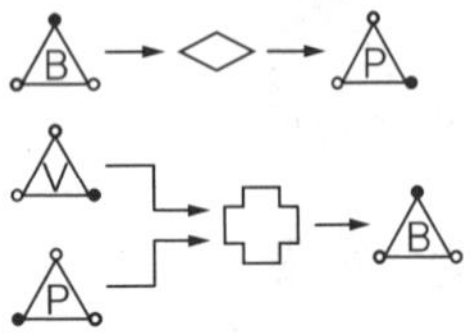

01

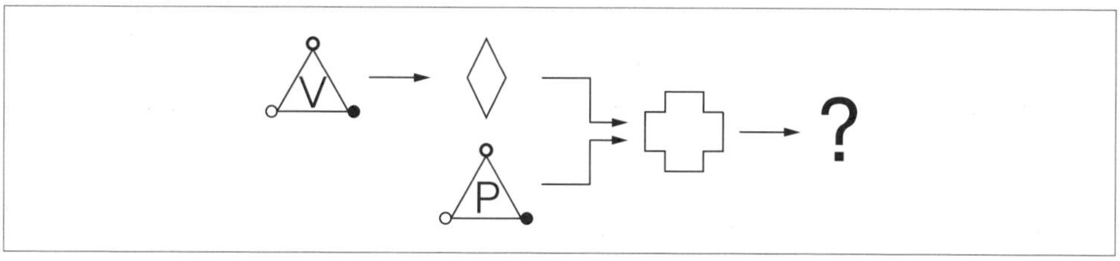

①
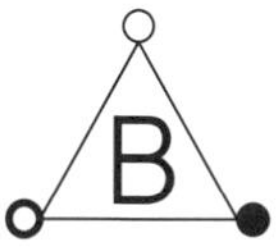

②
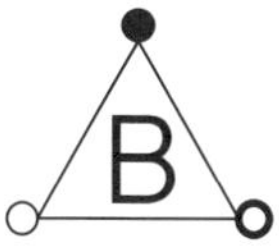

③
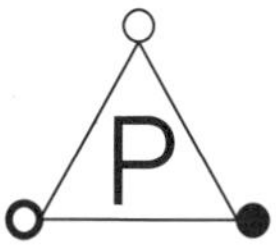

④
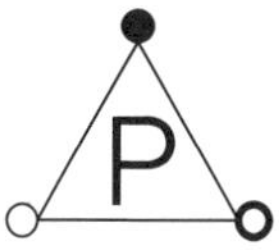

⑤
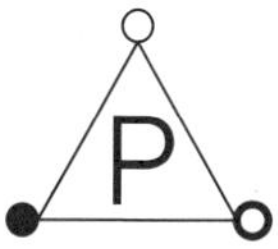

02

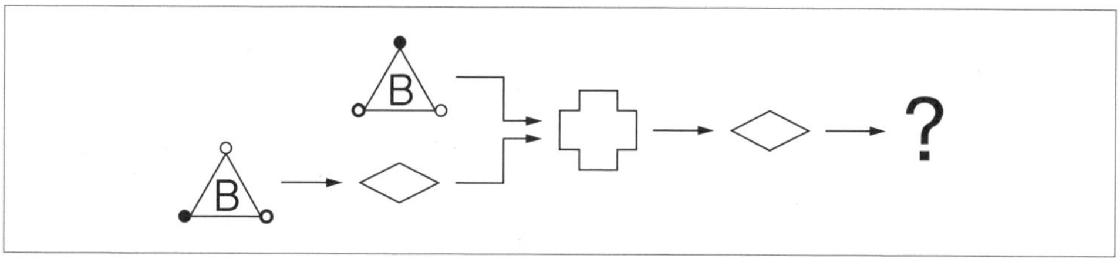

①
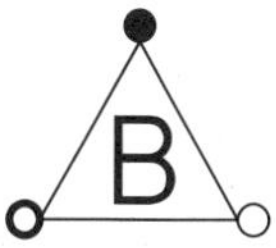

②
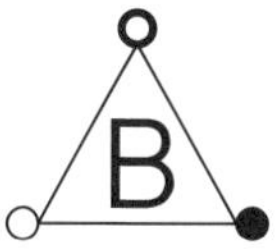

③
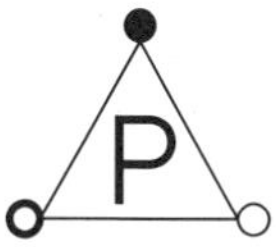

④
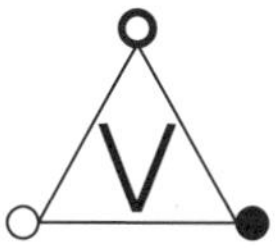

⑤
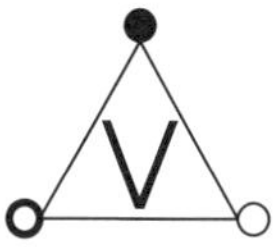

03

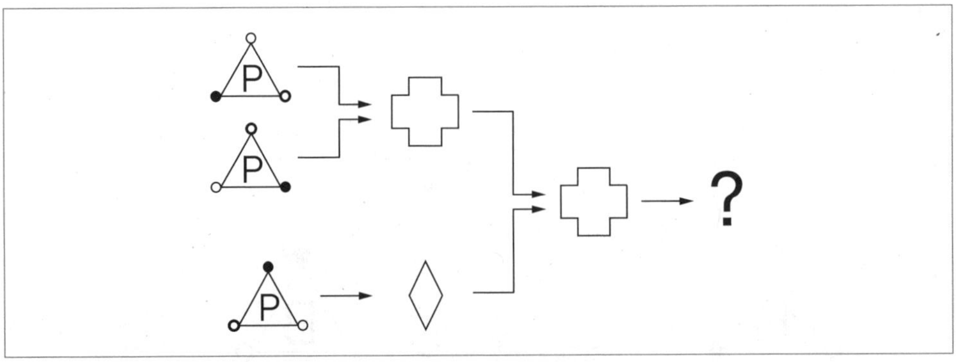

①
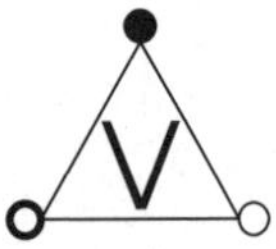

②
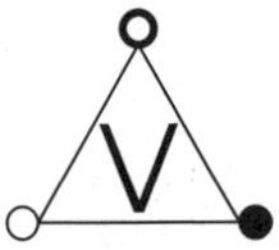

③
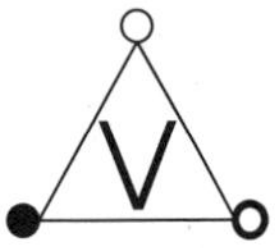

④
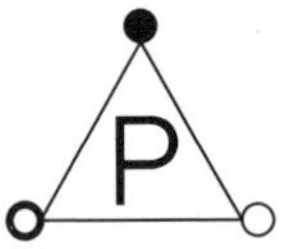

⑤
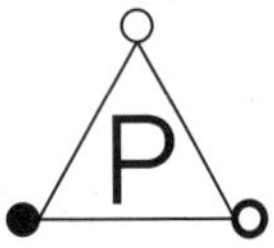

04

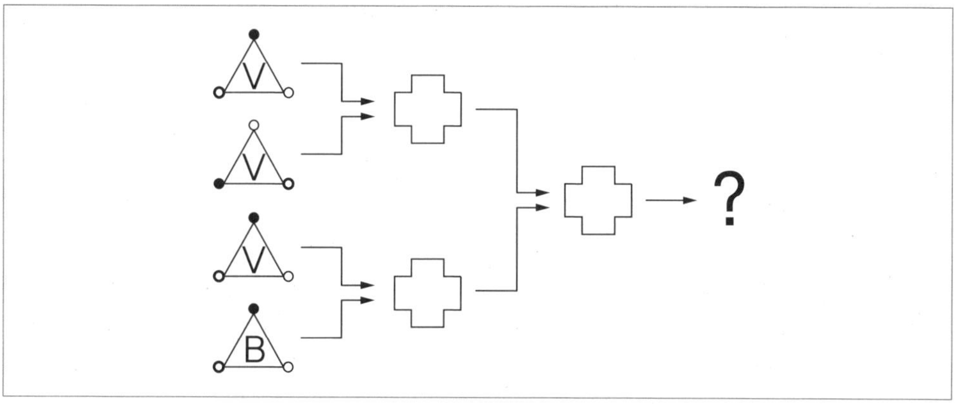

① 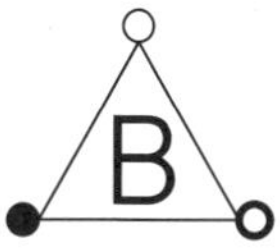

② 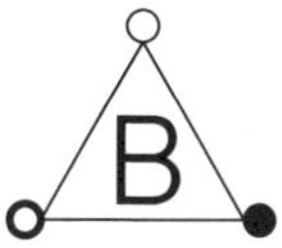

③ 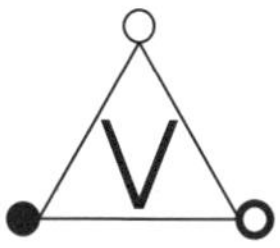

④ 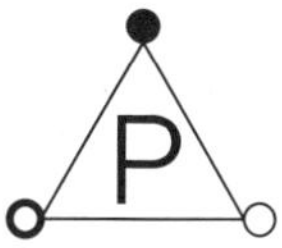

⑤ 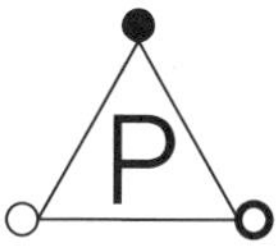

PART 3

※ 다음 규칙을 바탕으로 ?에 들어갈 알맞은 도형을 고르시오. [5~8]

• 우선순위(순환) : P → V → A → P → … / △ → ▽ → ⬠ → △ → …

• 규칙

문자열 조합식	P+V=A	P+A=V	V+A=P
도형 조합식	△+▽=⬠	△+⬠=▽	▽+⬠=△
연산자	 : 문자열 우선순위 향상 도형 우선순위 하락	 : 문자열 우선순위 하락 도형 우선순위 향상	 : 문자열, 도형 조합

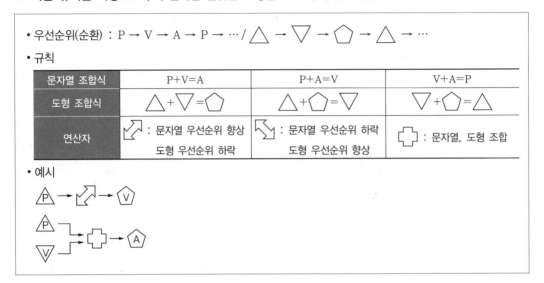

• 예시

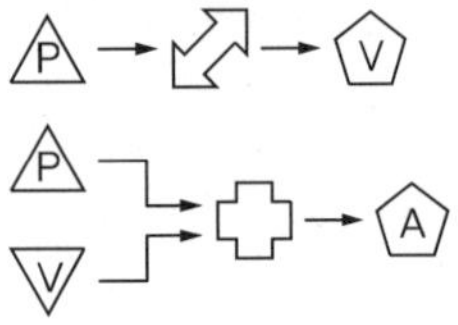

05

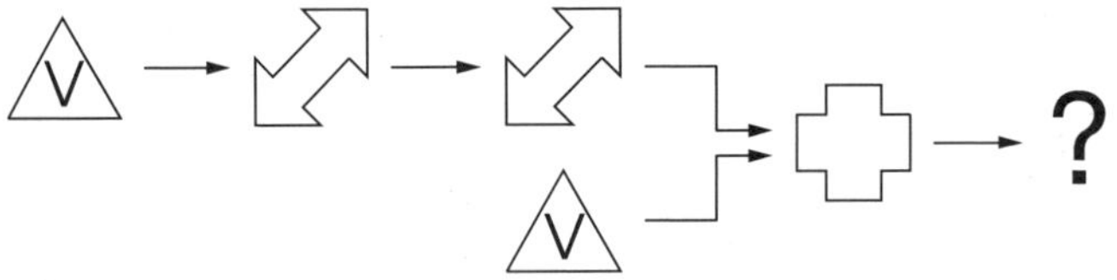

①

②

③

④

⑤

06

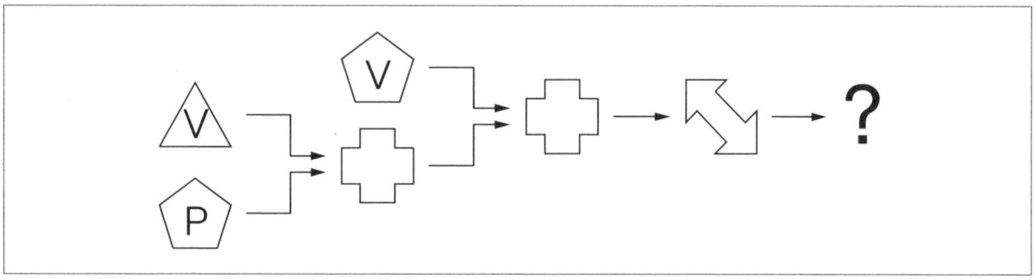

① 

② 

③ 

④ 

⑤ 

07

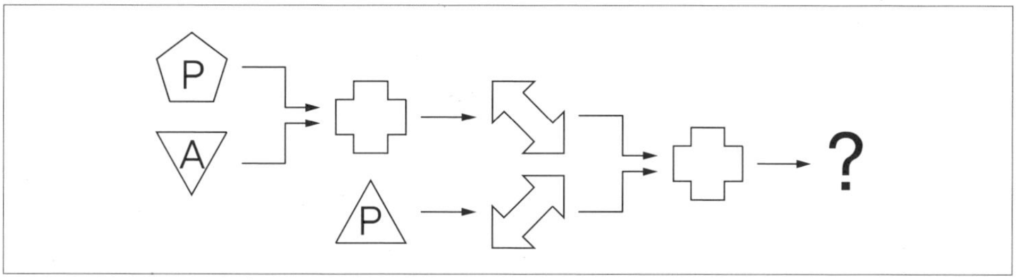

① 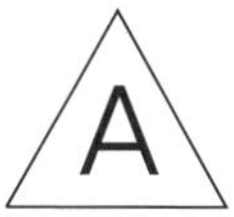

② 

③ 

④ 

⑤ 

08

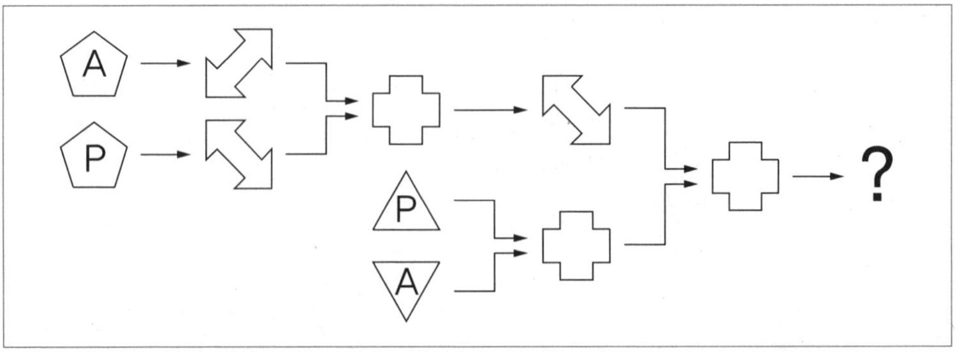

①

②

③

④

⑤

※ 다음 규칙을 바탕으로 ?에 들어갈 알맞은 도형을 고르시오. [9~12]

• 우선순위(순환) : F → R → E → F → … / 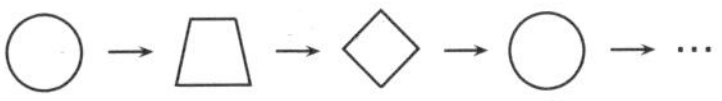

• 규칙

문자열 조합식	F+R=E	F+E=R	R+E=F
도형 조합식	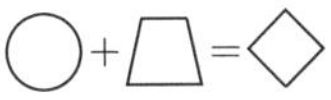	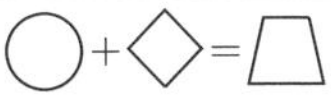	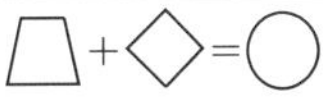
연산자	 : 문자열 우선순위 향상 도형 우선순위 하락	 : 문자열 우선순위 하락 도형 우선순위 향상	 : 문자열, 도형 조합

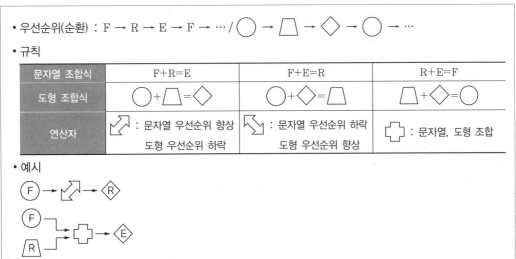

• 예시

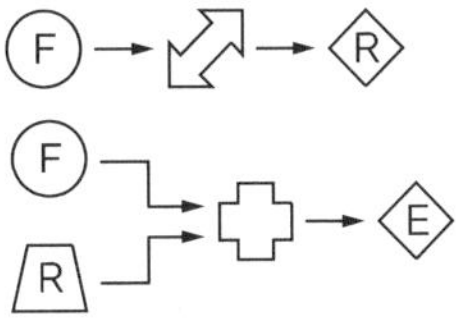

09

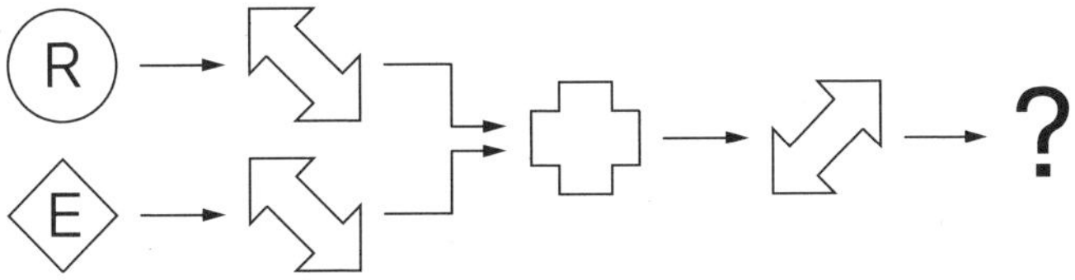

① 

② 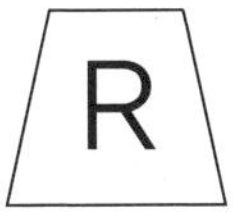

③ 

④ 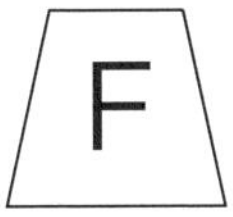

⑤ 

10

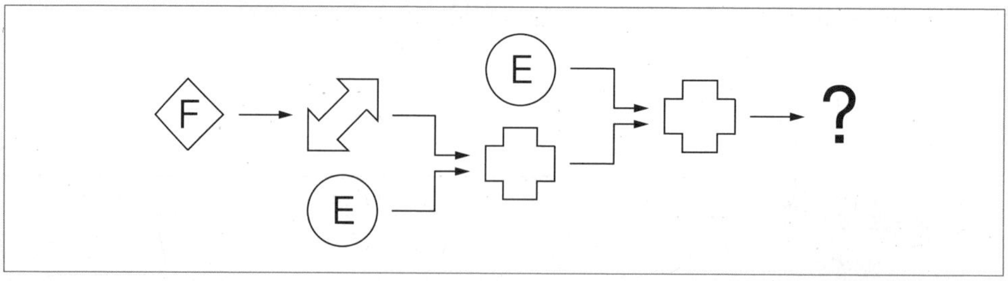

① 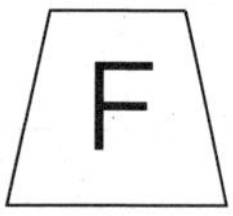

② 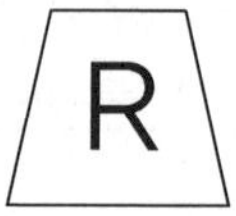

③ 

④ 

⑤ 

11

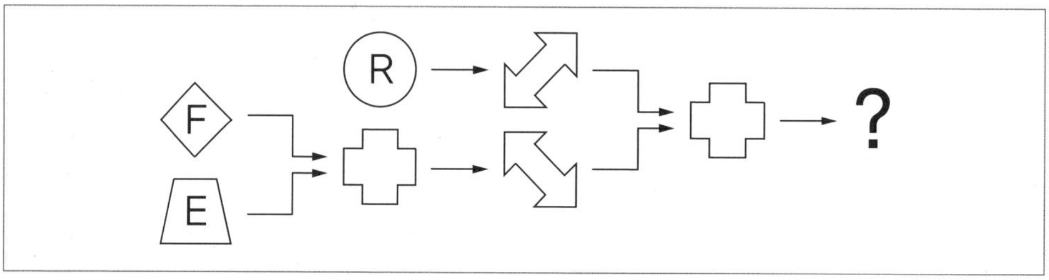

① 

② 

③ 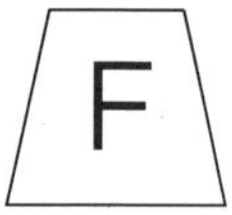

④ 

⑤ 

12

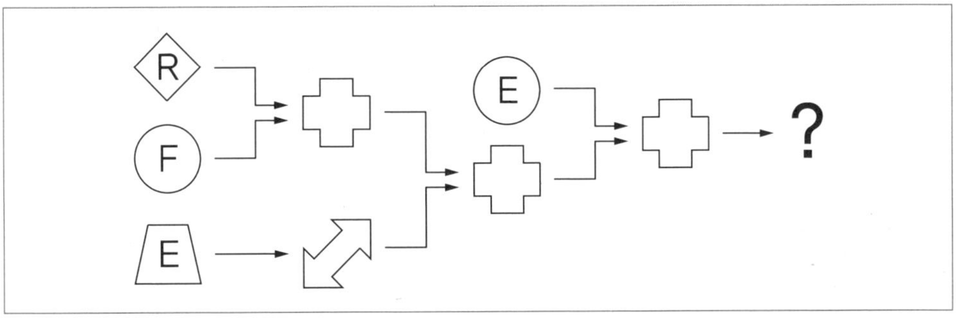

①

②

③

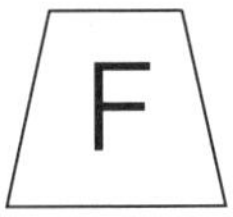

④

⑤

※ 다음 규칙을 바탕으로 ?에 들어갈 알맞은 도형을 고르시오. [13~16]

• 우선순위(순환) : B → R → G → B → … / 

• 규칙

문자열 조합식	B+R=G	B+G=R	R+G=B
도형 조합식	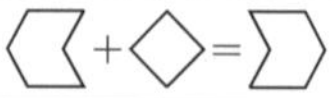	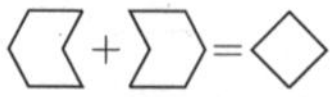	
연산자	 : 문자열 우선순위 향상 도형 우선순위 하락	 : 문자열 우선순위 하락 도형 우선순위 향상	 : 문자열, 도형 조합

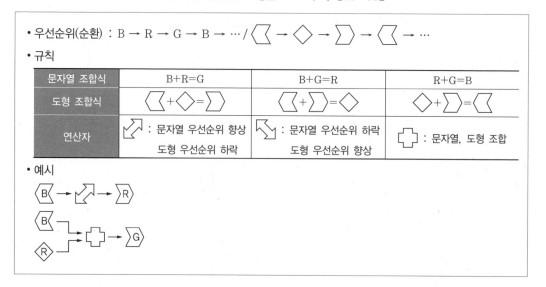

• 예시

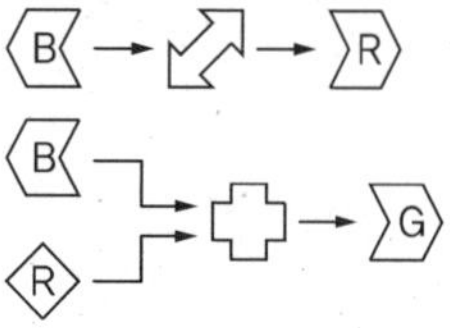

13

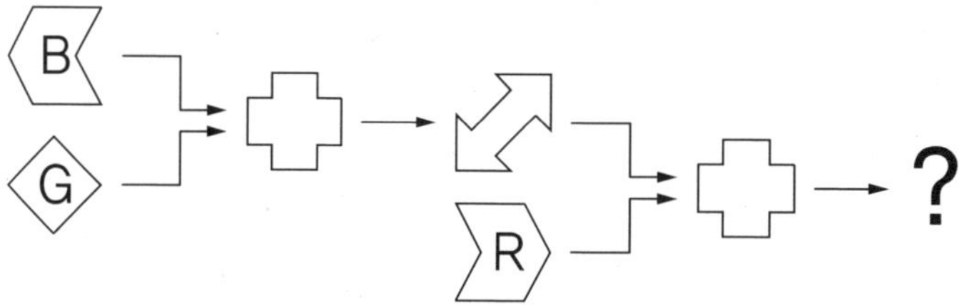

① 

② 

③ 

④ 

⑤ 

14

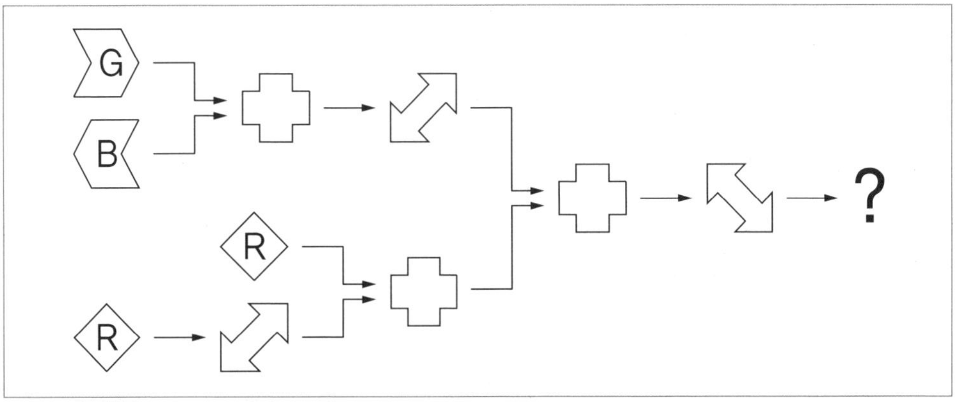

①

②

③

④

⑤

15

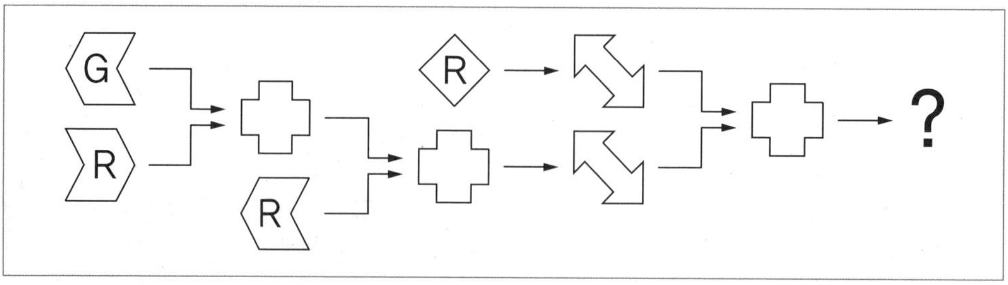

① 

② 

③ 

④ 

⑤ 

16

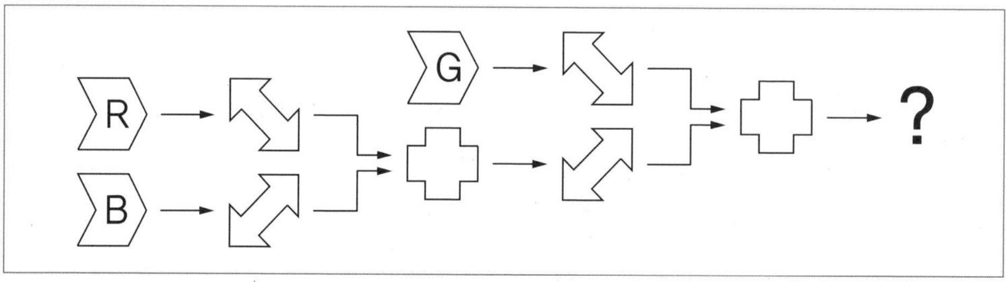

① 

② 

③ 

④ 

⑤ 

※ 다음 규칙을 바탕으로 ?에 들어갈 알맞은 도형을 고르시오. [17~20]

• 우선순위(순환) : U → S → B → U → … / 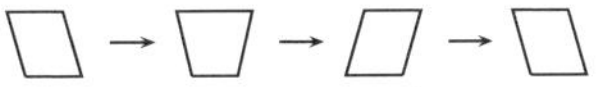 → …

• 규칙

문자열 조합식	U+S=B	U+B=S	S+B=U
도형 조합식			
연산자	 : 문자열 우선순위 향상 도형 우선순위 하락	 : 문자열 우선순위 하락 도형 우선순위 향상	 : 문자열, 도형 조합

• 예시

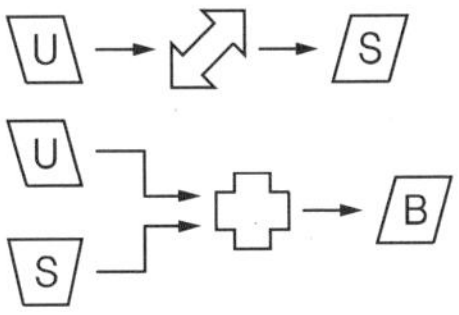

17

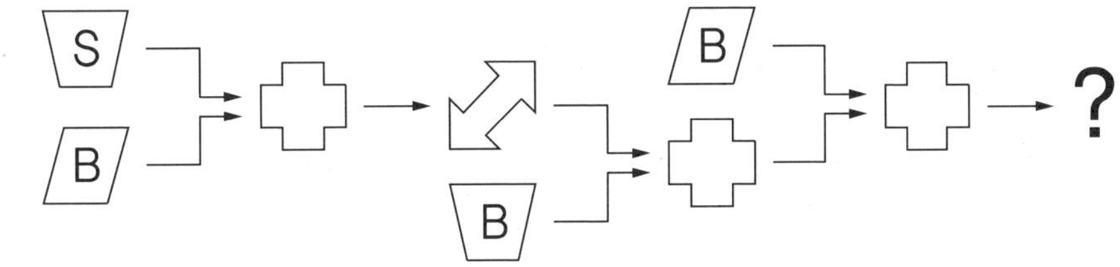

① 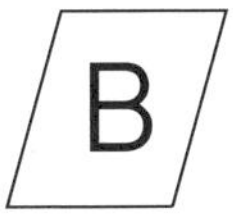

② 

③ 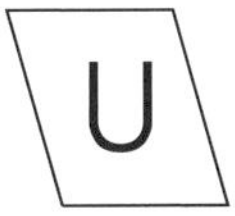

④ 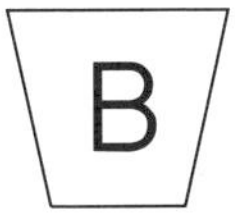

⑤ 

18

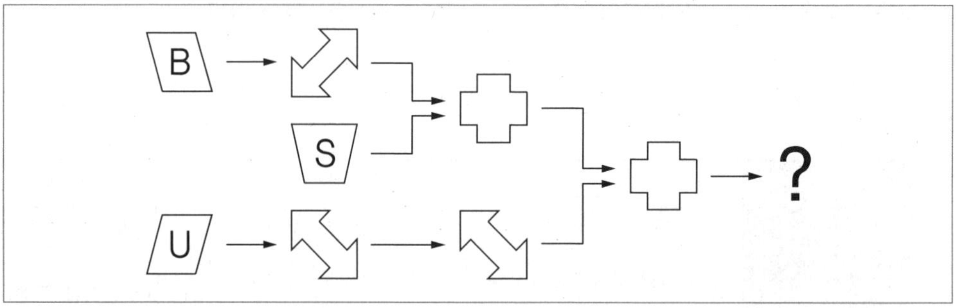

①

②

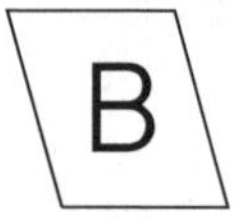

③

④

⑤

19

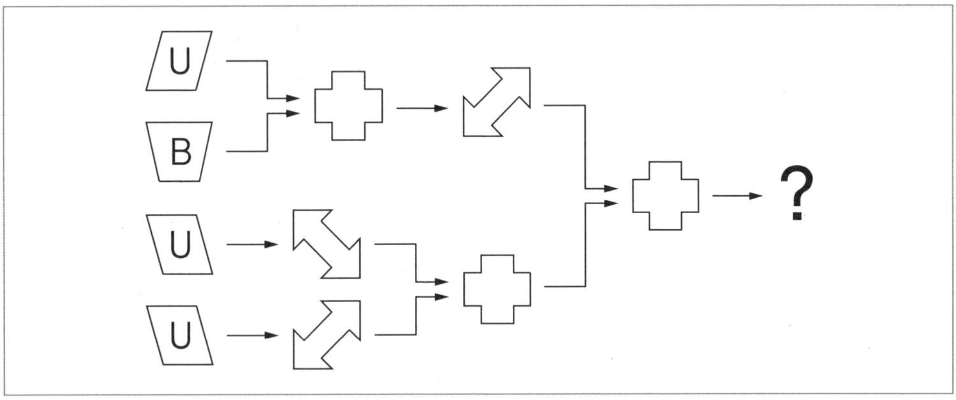

① 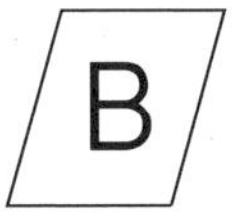

② 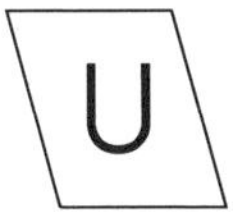

③ 

④ 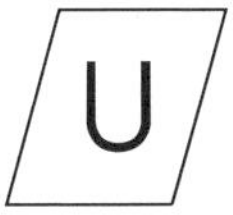

⑤ 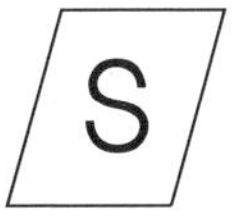

20

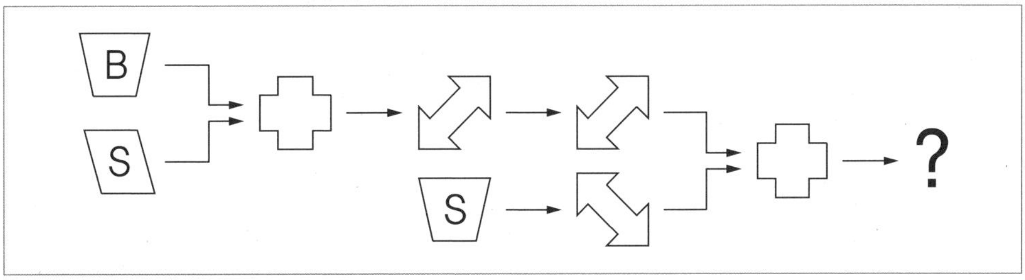

① 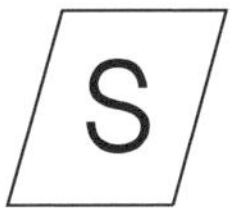

② 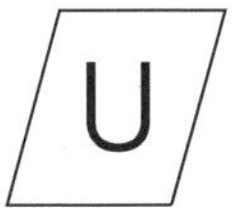

③ 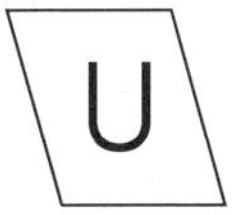

④ 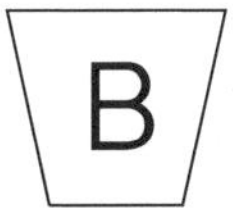

⑤ 

※ 다음 규칙을 바탕으로 ?에 들어갈 알맞은 도형을 고르시오. [21~24]

• 우선순위(순환) : N → U → L → N → … / 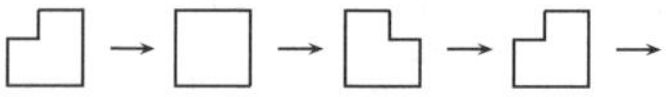

• 규칙

문자열 조합식	N+U=L	N+L=U	U+L=N
도형 조합식	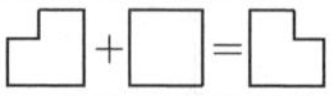	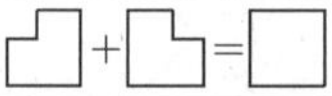	
연산자	 : 우선순위 모두 향상	 : 우선순위 모두 하락	 : 문자열, 도형 조합
	 : 문자열 우선순위 향상 도형 우선순위 하락	 : 문자열 우선순위 하락 도형 우선순위 향상	

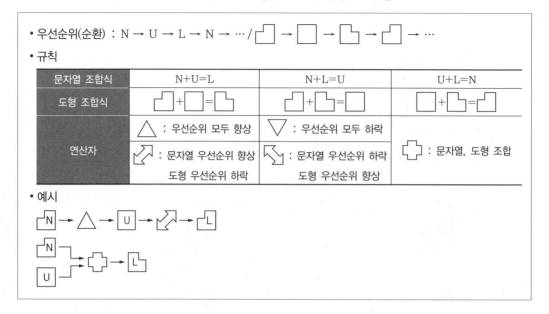

• 예시

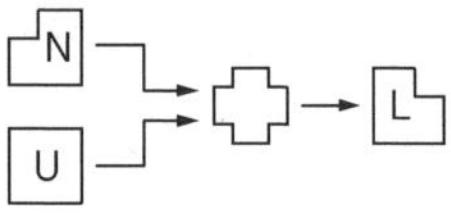

21

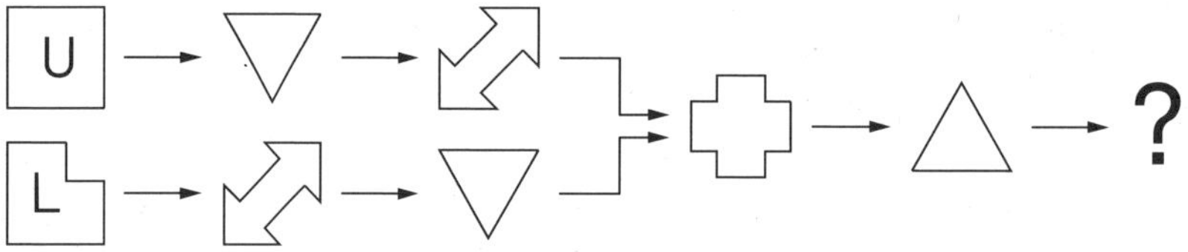

①
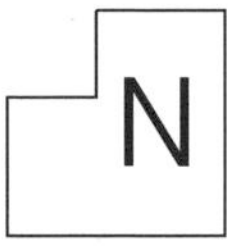

②

③

④
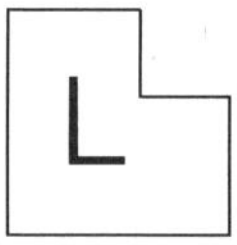

⑤

22

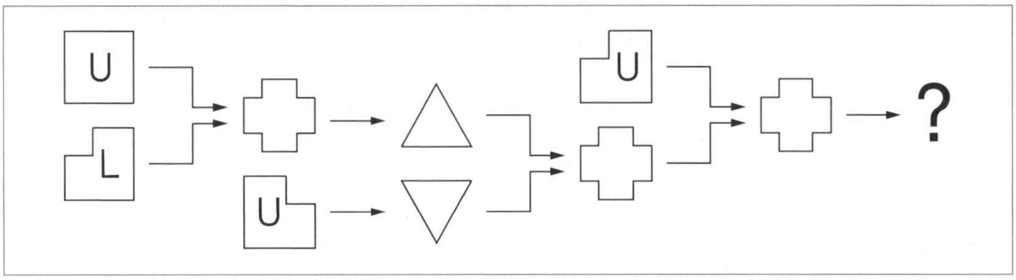

①

②

③

④

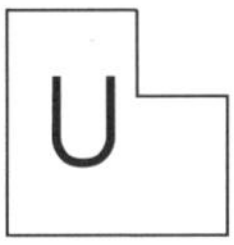

⑤

PART 3

23

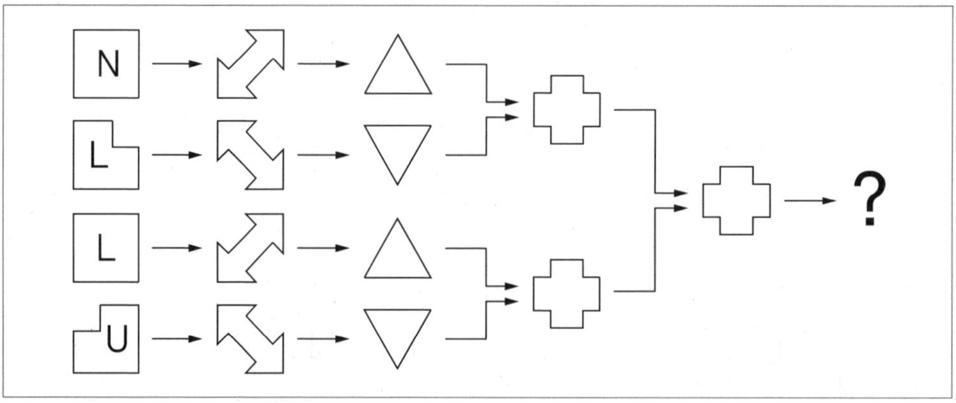

①

②

③
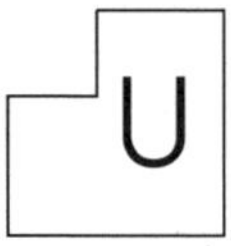

④

⑤
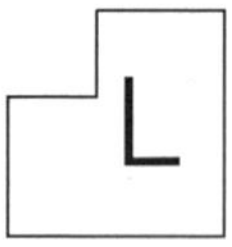

24

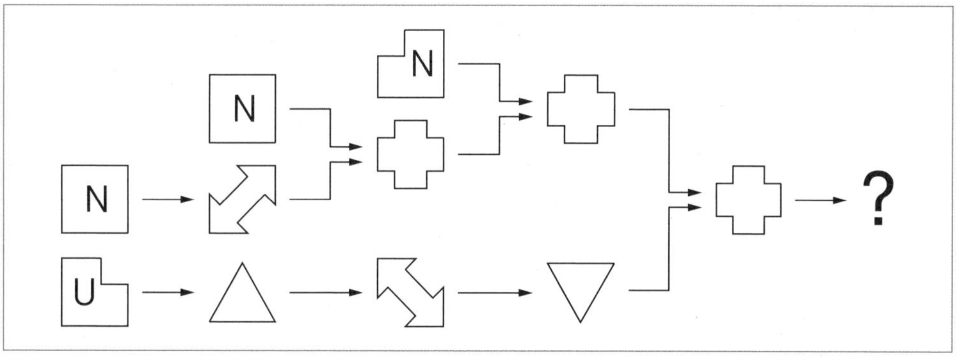

① 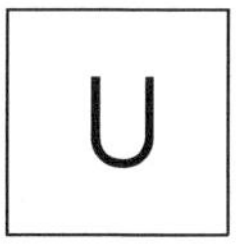

② 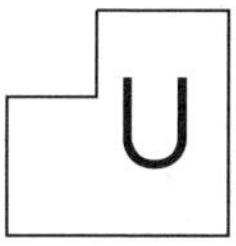

③ 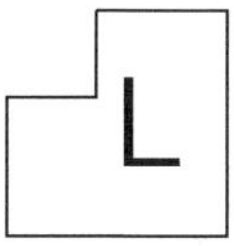

④ 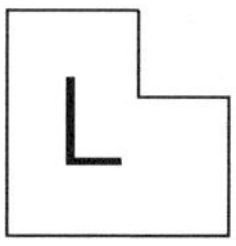

⑤ 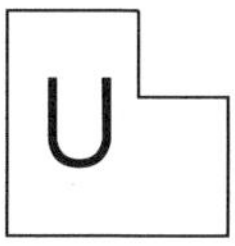

02 도식추리

※ 다음 도식에서 기호들은 일정한 규칙에 따라 문자를 변화시킨다. ?에 들어갈 알맞은 문자를 고르시오(단, 규칙은 가로와 세로 중 한 방향으로만 적용된다). **[1~4]**

		UEA5		KST2				
		↓		↓				
QDE6	→	◇	→	□	→	★	→	6QQD6E
		↓		↓				
KY37	→	★	→	▽	→	37YK		
		↓		↓				
		UUE5A		2TSK2				

01

PLM → ◇ → □ → ?

① MPPLM　② MPPL
③ MPPLL　④ MPLM
⑤ PPLMM

02

RDFT → □ → ★ → ?

① RTDTF　② TRDTF
③ TRDFE　④ RRDFT
⑤ RTDFT

03

8KT1 → ▽ → ◇ → ?

① 81KT1　② 1TK81
③ 11TK8　④ 88TK1
⑤ 18TK1

04

FS275 → ★ → □ → ▽ → ?

① 572S5　② 7725FS
③ 205SF57　④ 752SF7
⑤ 7752FS

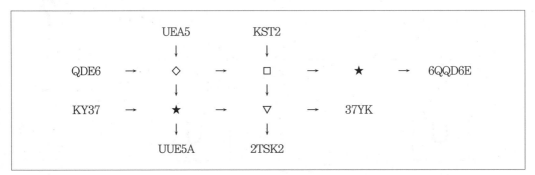

※ 다음 도식에서 기호들은 일정한 규칙에 따라 문자를 변화시킨다. ?에 들어갈 알맞은 문자를 고르시오(단, 규칙은 가로와 세로 중 한 방향으로만 적용된다). **[5~8]**

		BC23		K4Y7				
		↓		↓				
5PL1	→	◙	→	▲	→	3OJ6		
		↓		↓				
43RA	→	▣	→	◙	→	▲	→	C3P4
		↓		↓				
		BC05		83WM				

05

652P → ▣ → ▲ → ?

① P625
② W447
③ Q644
④ D525
⑤ 51R2

06

AT3C → ▲ → ◙ → ?

① GT1C
② H1TC
③ DS1C
④ A4ER
⑤ LJ1X

07

S4F3 → ▲ → ◙ → ▣ → ?

① 43DV
② 44TU
③ 5CD1
④ 34DU
⑤ F23K

08

1EB7 → ▣ → ◙ → ▣ → ?

① 0FY9
② 1FZ9
③ 0ZF9
④ 0FZ9
⑤ 1ZF9

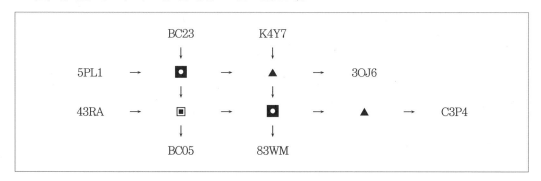

※ 다음 도식에서 기호들은 일정한 규칙에 따라 문자를 변화시킨다. ?에 들어갈 알맞은 문자를 고르시오 (단, 규칙은 가로와 세로 중 한 방향으로만 적용된다). **[9~12]**

		3Tㅁw		eSㅅㄷ		
		↓		↓		
ㄹaB5	→	☎	→	🖳	→	4Cdㅂ
		↓		↓		
h62ㅋ	→	🕮	→	🗁	→	f04ㅈ
		↓		↓		
ㄴNㅂR	→	🖳	→	🕮	→	RNㅂㄴ
		↓		↓		
		vWㅂ5		ㄱQㅁc		

09

ㅁ2D4 → 🕮 → 🖳 → ?

① 33Dㅁ ② 42Dㅁ
③ 52Cㅂ ④ 12ㄱK
⑤ 9Dㅁ3

10

Ghㅈㅊ → 🗁 → ☎ → ?

① Ggㅇㅅ ② Hjㅈㄷ
③ ㄱㄴHj ④ ㄹㅂDe
⑤ Giㅇㅅ

11

5ㅎㅎN → 🗁 → 🕮 → ?

① 2ㅊㅊP ② M7ㅎㅎ
③ 4ㄷㅇU ④ 3ㅌㅌL
⑤ 3ㅋㅋQ

12

x123 → 🖳 → ☎ → ?

① 345w ② 225w
③ 552w ④ w525
⑤ 321y

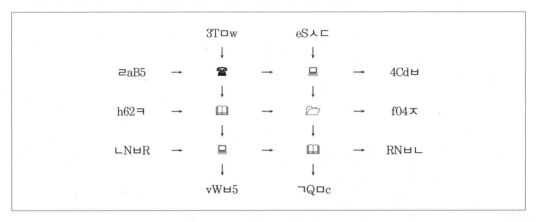

※ 다음 도식에서 기호들은 일정한 규칙에 따라 문자를 변화시킨다. ?에 들어갈 알맞은 문자를 고르시오 (단, 규칙은 가로와 세로 중 한 방향으로만 적용된다). [13~16]

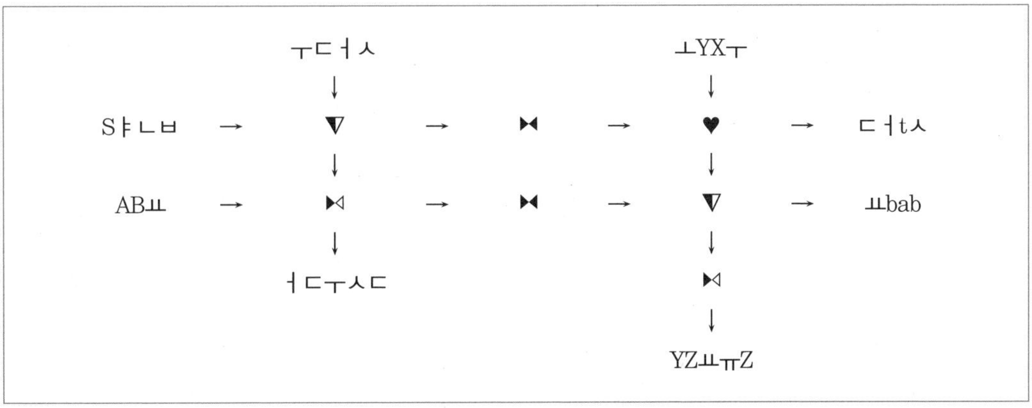

13

ㄱKㄷㅣ → ⧑ → ▼ → ?

① ㄱKKㄷㅣ
② ㄴㄷTSㅜ
③ ㄷKㄱㅣK
④ ㅏJㅓJㄷ
⑤ ㄷLㅕㅣL

14

ㅏHㄹㅌ → ♥ → ♥ → ?

① ㅂㅎㅓJ
② ㅓJㅂㅎ
③ Jㅎㅂㅓ
④ ㅓㅂJㅎ
⑤ ㅎJㅂㅓ

15

Jㅋㅎ E → ⧑ → ⧓ → ?

① ㅋㅎejㅋ
② ㅌㅎㅌej
③ jㅋㅎeㅋ
④ ejㅋㅎㅋ
⑤ jeㅋㅎㅋ

16

EGㅈㄴ → ⧓ → ▼ → ♥ → ?

① ㅊhfㄷ
② fhㄷㄴ
③ ㅈhfㄴ
④ ㄷㄴhf
⑤ ㄷgfㅊ

※ 다음 도식에서 기호들은 일정한 규칙에 따라 문자를 변화시킨다. ?에 들어갈 알맞은 문자를 고르시오 (단, 규칙은 가로와 세로 중 한 방향으로만 적용된다). **[17~20]**

		Fㄴ77		eUj8		
		↓		↓		
ㅎㅇㅈㅁ	→	Σ	→	Φ	→	ㅍㅅㅇㄹㅇ
		↓		↓		
5944	→	Δ	→	Ω	→	5449
		↓		↓		
vwxy	→	Φ	→	Δ	→	xwvu
		↓		↓		
		666ㄱE		iTd7		

17

ㅏㅑㅓㅕ → Ω → Φ → ?

① ㅓㅣㅏㅑ
② ㅏㅣㅓㅕ
③ ㅓㅣㅑㅏ
④ ㅏㅣㅏㅑ
⑤ ㅣㅓㅏㅑ

18

073g → Φ → Σ → ?

① 962f2
② 962f6
③ 662f2
④ 962g2
⑤ 662g2

19

rIN9 → Δ → Σ → ?

① 9INrI
② 9NIrN
③ 9NIrR
④ 9NIrI
⑤ 9NIiR

20

ㅂㅌㅎㅁ → Φ → Ω → ?

① ㅁㄹㅋㅍ
② ㄹㅁㅋㅎ
③ ㄹㅁㅋㅍ
④ ㄹㅁㅍㅎ
⑤ ㅁㄹㅍㅋ

03 기계이해

01 **다음 중 지구의 자전에 대한 설명으로 옳지 않은 것은?**

① 지구는 태양을 기준으로 24시간마다 한 바퀴 회전한다.
② 우리나라에서는 김석문이 처음으로 지전설을 주장하였다.
③ 별의 일주운동과 지구에 밤과 낮이 나타나는 원인이 된다.
④ 남극과 북극을 잇는 선을 축으로 지구가 시계 방향으로 회전하는 현상이다.
⑤ 푸코(Jean Bernard Léon Foucault)는 지구의 자전을 과학적으로 증명하였다.

02 **질량 2kg인 물체를 마찰이 없는 수평면 위에 놓고 수평 방향으로 일정한 힘을 작용하였다. 이 물체의 가속도가 $2m/s^2$일 때, 작용한 힘의 크기는?**

① 3N
② 4N
③ 5N
④ 6N
⑤ 7N

03 **다음 〈보기〉 중 같은 과학의 원리가 적용된 것은?**

보기
㉠ 헐크가 바지를 털어서 먼지를 털어냈다. ㉡ 토르가 손에서 망치를 놓았더니 땅에 떨어졌다. ㉢ 아이언맨이 발의 추진장치를 이용하여 하늘을 날았다. ㉣ 로키와 캡틴 아메리카가 서로 부딪쳐서 뒤로 밀려났다.

① ㉠, ㉡
② ㉠, ㉢
③ ㉡, ㉣
④ ㉢, ㉣
⑤ ㉠, ㉢, ㉣

04 그림은 수평면 위에 정지해 있던 물체 A, B에 같은 크기의 힘(F)을 각각 수평 방향으로 일정하게 작용할 때, 두 물체의 가속도를 나타낸 것이다. A와 B의 질량비는?(단, 공기저항과 마찰은 무시한다)

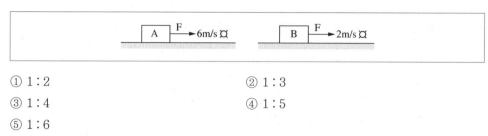

① 1 : 2
② 1 : 3
③ 1 : 4
④ 1 : 5
⑤ 1 : 6

05 역학적 평형에 대한 설명으로 옳은 것을 〈보기〉에서 모두 고르면?

보기

ㄱ. 지레를 이용하면 힘에서는 이득을 얻을 수 없지만 일에서는 이득을 얻을 수 있다.
ㄴ. 구조물의 무게 중심이 높을수록 안정해진다.
ㄷ. 축바퀴에서 지름이 큰 바퀴를 회전시키면 작은 바퀴에 큰 힘을 전달할 수 있다.

① ㄱ
② ㄴ
③ ㄷ
④ ㄴ, ㄷ
⑤ ㄱ, ㄴ, ㄷ

06 유체와 유체 속에서 작용하는 압력에 대한 설명이다. 이에 대한 설명으로 옳은 것을 〈보기〉에서 모두 고르면?

보기

ㄱ. 액체 또는 기체와 같이 흐를 수 있는 물질을 유체라고 한다.
ㄴ. 유체의 단위 면적에 작용하는 힘을 압력이라고 한다.
ㄷ. 유체 속에서 작용하는 압력의 단위로 N을 사용한다.

① ㄱ
② ㄱ, ㄴ
③ ㄱ, ㄷ
④ ㄴ, ㄷ
⑤ ㄱ, ㄴ, ㄷ

07 마찰이 없는 수평면 위에 질량이 각각 2kg, 3kg인 물체 A, B를 접촉시켜 놓고 수평 방향으로 물체 A에 10N의 힘을 작용시켰다. 이에 대한 설명으로 옳은 것을 〈보기〉에서 모두 고르면?

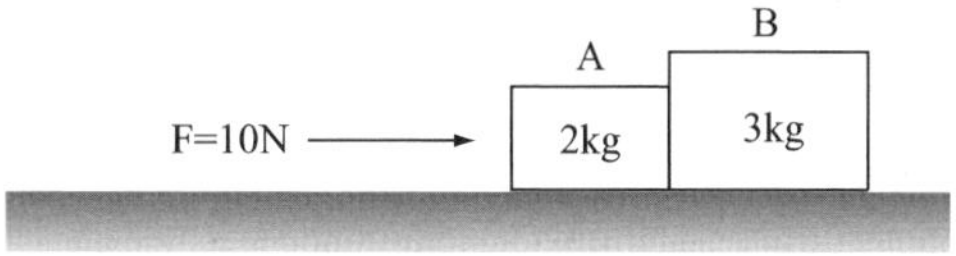

보기

ㄱ. 물체 A와 B의 가속도의 크기는 $2m/s^2$로 같다.
ㄴ. 물체 A가 B를 미는 힘과 물체 B가 A를 미는 힘은 같다.
ㄷ. 물체 A에 작용한 알짜힘은 6N이다.

① ㄱ
② ㄱ, ㄴ
③ ㄱ, ㄷ
④ ㄴ, ㄷ
⑤ ㄱ, ㄴ, ㄷ

08 다음 중 골프공 딤플의 원리와 다른 것은?

① 야구공 실밥

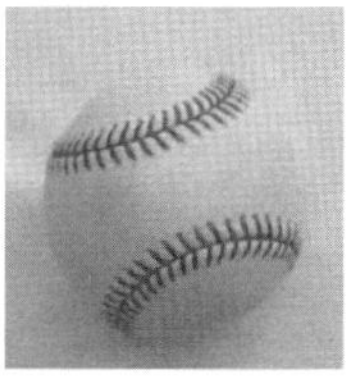

② 상어 아가미

③ 비행기 날개

④ 새들이 날아가는 모양

⑤ 자동차 스포일러

09 다음 그림에서 2kg인 물체의 역학적 에너지는 얼마인가?(단, 중력가속도는 $10m/s^2$ 이고, 공기 저항은 무시한다)

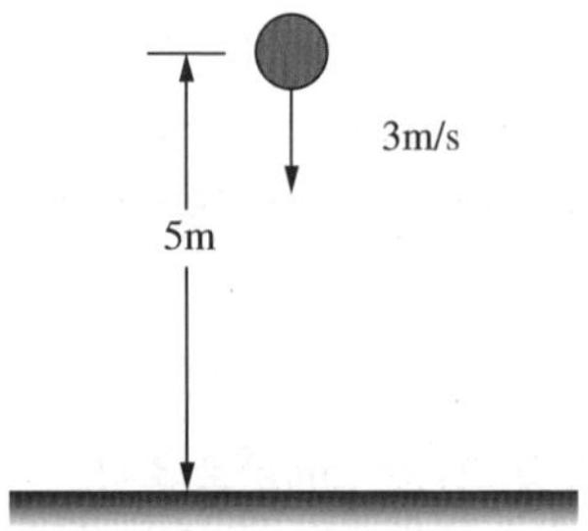

① 100J
② 103J
③ 106J
④ 109J
⑤ 112J

10 원자력 발전에 대한 설명으로 옳은 것을 〈보기〉에서 모두 고르면?

보기

ㄱ. 핵분열을 이용한다.
ㄴ. 석탄을 연료로 사용한다.
ㄷ. 방사성 폐기물이 발생한다.

① ㄱ
② ㄴ
③ ㄱ, ㄷ
④ ㄴ, ㄷ
⑤ ㄱ, ㄴ, ㄷ

11 다음 설명에 해당하는 것은?

- 도체와 부도체 사이의 전기적 특성을 갖는다.
- 도핑으로 형성된 전자와 양공에 의해 전기 전도가 생긴다.

① 동소체
② 반도체
③ 절연체
④ 강자성체
⑤ 부도체

12 다음 〈보기〉 중 '관성의 법칙'에 관한 예시로 옳은 것을 모두 고르면?

> **보기**
> ㄱ. 방으로 들어간다는 것이 문지방에 걸려서 넘어지고 말았다.
> ㄴ. 정지해 있던 버스가 막 출발할 때 뒤로 넘어질 수 있으니 손잡이를 꼭 붙잡아야 한다.
> ㄷ. 달리는 차를 급정거해도 바로 멈추지 않으니까 운전할 때는 안전거리를 유지해야 한다.

① ㄱ
② ㄴ
③ ㄱ, ㄴ
④ ㄱ, ㄷ
⑤ ㄱ, ㄴ, ㄷ

13 비행기에서 날개 윗면과 아랫면의 압력 차이에 의해 나타나는 힘으로 비행기를 뜨게 하는 하나의 힘이다. 이 힘은 무엇인가?

① 부력
② 만유인력
③ 양력
④ 전기력
⑤ 중력

14 다음 중 회전 방향이 나머지와 다른 것은?

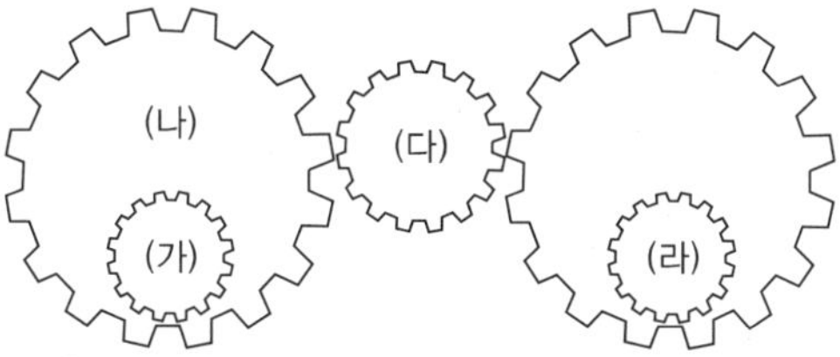

① (가)
② (나)
③ (다)
④ (라)
⑤ 모두 같다.

15 그림 A ~ C와 같이 높이 h에서 가만히 놓은 공이 경사면을 따라 내려올 때, 지면에 도달하는 순간의 속력에 대한 설명으로 옳은 것은?(단, 공은 모두 동일하고, 모든 마찰은 무시한다)

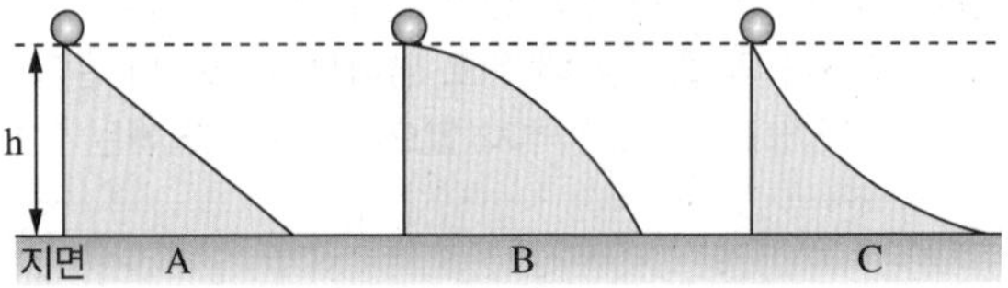

① A에서 가장 빠르다.
② B에서 가장 빠르다.
③ C에서 가장 빠르다.
④ 모두 같다.
⑤ 알 수 없다.

16 다음 중 자동차 에어백에 사용되며 물체의 속도 변화를 감지하는 센서는?

① 온도 센서
② 이온 센서
③ 화학 센서
④ 가속도 센서
⑤ 전자기 센서

17 다음 그래프는 수평면 위에 놓인 질량 2kg의 물체에 수평 방향으로 작용하는 힘을 시간에 따라 나타낸 것이다. 이 물체의 가속도 크기는?(단, 모든 마찰과 저항은 무시한다)

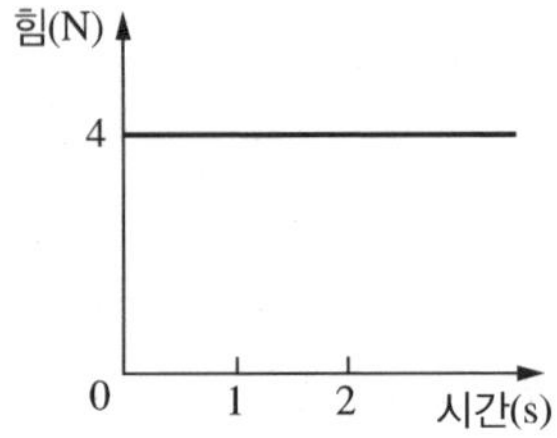

① $2m/s^2$
② $3m/s^2$
③ $4m/s^2$
④ $5m/s^2$
⑤ $6m/s^2$

18 다음 그림은 에너지 사이의 전환 관계를 나타낸다. (가)의 에너지 전환에 해당하는 것으로 옳은 것은?

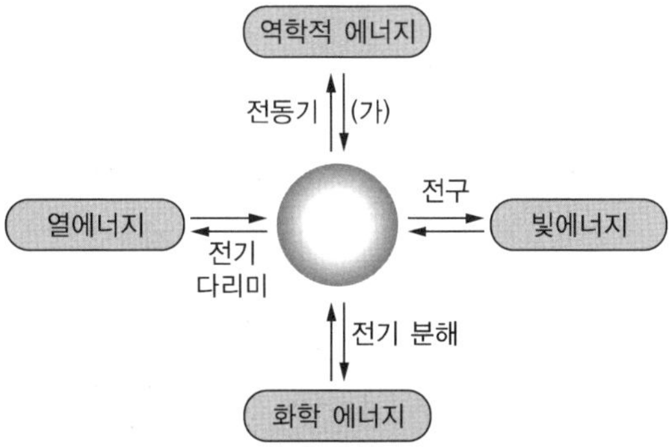

① 화력발전
② 태양전지
③ 건전지
④ 발전기
⑤ 핵분열

19 다음 그림과 같이 2Ω 의 저항 세 개를 연결하였다. 전체 합성저항은?

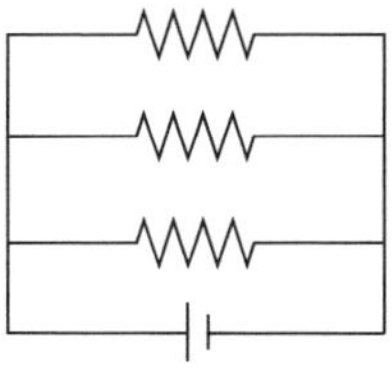

① $\frac{1}{2}$Ω
② $\frac{3}{2}$Ω
③ 2Ω
④ 3Ω
⑤ 6Ω

20 다음 그림과 같이 크기는 같고 질량이 다른 물체 A ~ C를 같은 높이 h에서 가만히 놓았을 때, 바닥에 도달하는 순간 운동 에너지가 가장 큰 것은?(단, 모든 저항은 무시한다)

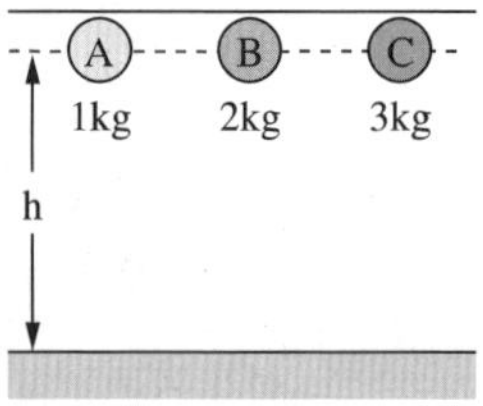

① A
② B
③ C
④ A, B
⑤ 모두 같다.

21 다음 중 화석 연료를 대체하기 위한 재생 에너지원이 아닌 것은?

① 바람
② 석탄
③ 지열
④ 파도
⑤ 태양

22 열기관에 대한 설명으로 옳은 것을 〈보기〉에서 모두 고르면?

보기

ㄱ. 열에너지를 일로 전환하는 장치이다.
ㄴ. 열은 저열원에서 고열원으로 이동한다.
ㄷ. $[\text{열효율}(\%)] = \dfrac{(\text{열기관이 한 일})}{(\text{열기관이 공급한 열에너지})} \times 100$이다.

① ㄴ
② ㄷ
③ ㄱ, ㄴ
④ ㄱ, ㄷ
⑤ ㄴ, ㄷ

23 수평면 위에 놓인 물체에 수평 방향으로 8N의 힘을 가하였을 때, 가속도의 크기가 $2m/s^2$ 이었다. 이 물체의 질량은?(단, 마찰과 공기 저항은 무시한다)

① 1kg
② 2kg
③ 3kg
④ 4kg
④ 5kg

24 다음 그림은 공기 중에서 유리판으로 나란하게 입사한 두 빛 A, B의 진행경로를 나타낸 것이다. 이에 대한 설명으로 옳은 것을 〈보기〉에서 모두 고르면?

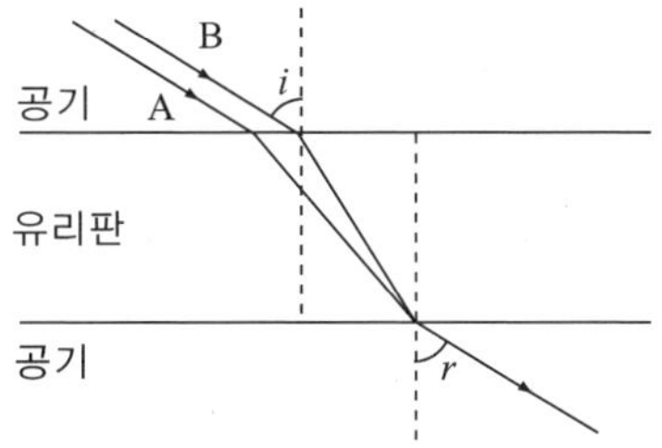

보기

ㄱ. 유리판으로 입사할 때의 각 i와 빠져 나올 때의 각 r은 같다.
ㄴ. 유리판 속에서의 속력은 A가 B보다 더 느리다.
ㄷ. A와 B 사이의 진동수의 차이는 공기 중보다 유리판 속에서 더 크다.

① ㄱ
② ㄱ, ㄴ
③ ㄱ, ㄷ
④ ㄴ, ㄷ
⑤ ㄱ, ㄴ, ㄷ

25 다음 그림과 같이 지레를 사용하여 무게가 100N인 돌을 들어 올리려고 한다. 돌을 들어 올리는 데 필요한 최소한의 힘의 크기는?

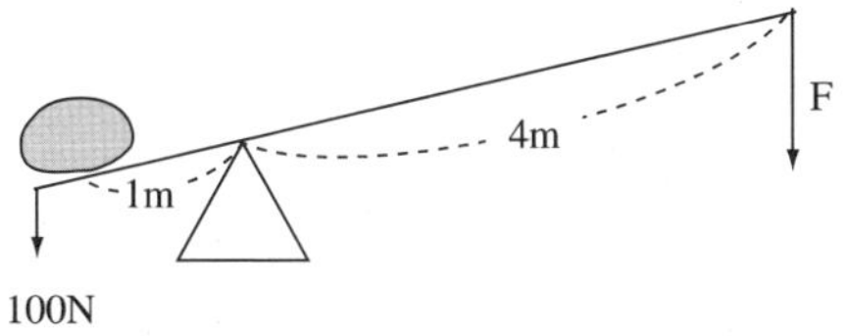

① 10N
② 15N
③ 25N
④ 50N
⑤ 75N

26 다음 그림은 온도가 다른 두 물체를 접촉시켰을 때 온도 변화를 나타낸 것이다. 이에 대한 설명으로 옳은 것을 〈보기〉에서 모두 고르면?(단, 열의 손실은 없다)

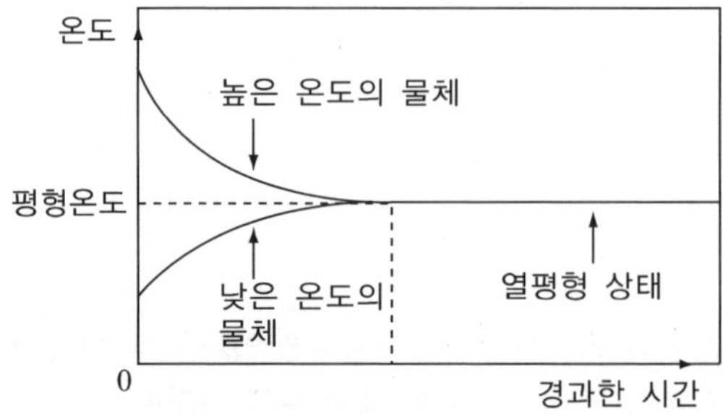

보기

ㄱ. 고온의 물체는 온도가 열평형 상태까지 내려간다.
ㄴ. 저온의 물체가 얻은 열량은 고온의 물체가 잃은 열량과 같다.
ㄷ. 시간이 지나면서 열의 이동이 없는 상태에 이르게 된다.

① ㄱ
② ㄱ, ㄴ
③ ㄱ, ㄷ
④ ㄴ, ㄷ
⑤ ㄱ, ㄴ, ㄷ

27 다음 그림과 같이 저항 4Ω 인 세 저항 R_1, R_2, R_3를 전압이 12V인 전원장치에 연결하였다. 현재 전류계에 흐르는 전류의 세기는?

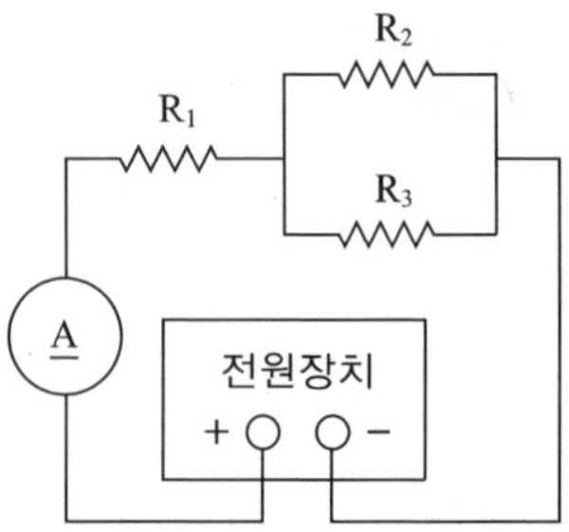

① 1A
② 2A
③ 3A
④ 4A
⑤ 5A

28 벽에 용수철을 매달고 손으로 잡아당겨 보았다. 4N의 힘으로 용수철을 당겼을 때, 5cm만큼 늘어났다고 한다. 용수철이 8cm가 늘어났다고 한다면 용수철에 가해진 힘은 얼마인가?

① 1.6N
② 3.2N
③ 4.8N
④ 6.4N
⑤ 8N

29 전기 회로에서 저항이 5Ω인 2개의 전구를 직렬로 연결하고, 전압이 6V인 건전지를 연결하였다. 이 회로에 흐르는 전체 전류는 몇 A인가?

① 0.3A
② 0.4A
③ 0.5A
④ 0.6A
⑤ 0.7A

30 물체 A는 가속도가 $4m/s^2$인 등가속도 운동을 하고 있다. 처음 속도가 5m/s일 때, 8초 후 속도와 8초 동안의 평균 속도는 얼마인가?

	8초 후 속도	평균 속도
①	37m/s	21m/s
②	37m/s	22m/s
③	44m/s	21m/s
④	44m/s	22m/s
⑤	46m/s	21m/s

31 다음 그림에서 2kg인 진자가 A에서 B로 이동했을 때 감소한 운동 에너지는 얼마인가?(단, 중력가속도는 $9.8m/s^2$이고, 공기 저항은 무시한다)

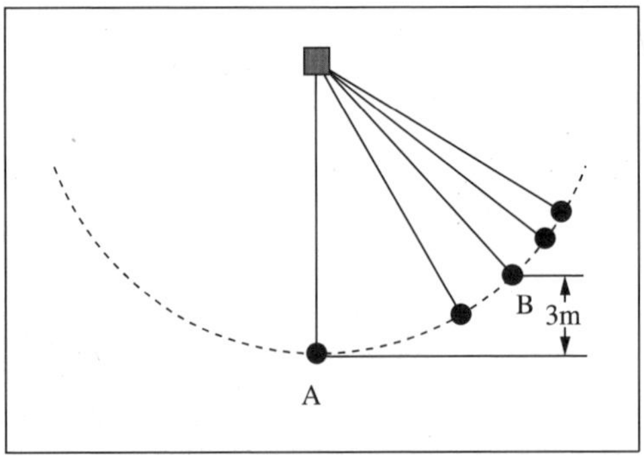

① 56.8J
② 57.8J
③ 58.8J
④ 59.8J
⑤ 60.8J

32 (+)로 대전된 막대를 전기적으로 중성인 검전기에 가까이 하였더니 금속박이 벌어졌다. 이때 그림과 같이 손을 대면 일어나는 현상은 무엇인가?

① 금속박이 더 벌어진다.
② 전자가 손에서 검전기로 들어온다.
③ 금속박 사이에는 더욱 큰 척력이 작용한다.
④ 금속박에서 금속판으로 전자의 이동이 있다.
⑤ 전자의 이동이 없어 금속박의 변화가 없다.

33 다음 중 인체를 X선으로 단층 촬영하고, 이를 컴퓨터로 분석하여 질병을 진단하는 데 쓰이는 기구는?

① 내시경
② CT(컴퓨터 단층 촬영기)
③ 청진기
④ 초음파 진단기
⑤ MRI(자기공명영상법)

34 다음은 땅속 마그마에 의해 데워진 고온의 지하수나 수증기를 끌어올려 터빈을 돌려서 전기를 생산하는 방식을 그림으로 나타낸 것이다. 다음 중 어떤 발전 방식을 나타낸 것인가?

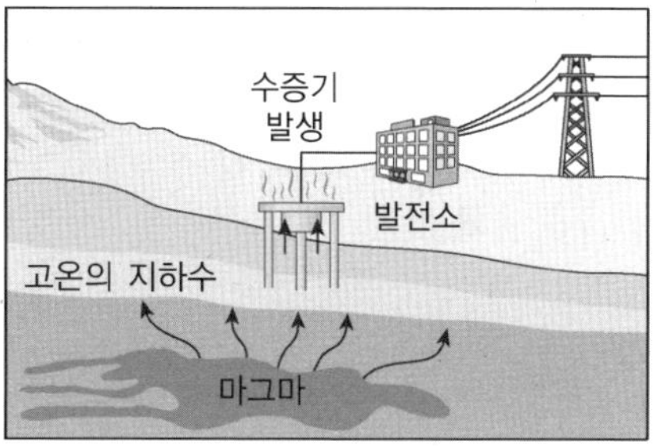

① 지열 발전
② 풍력 발전
③ 화력 발전
④ 태양광 발전
⑤ 원자력 발전

35 다음은 같은 온도에서 세 가지 기체의 평균 속도를 나타낸 것이다. 이 기체들 중 분자량이 가장 작은 것은?

기체	산소	질소	수소	탄소
평균 속도(km/s)	0.48	0.51	1.90	0.62

① 산소
② 질소
③ 수소
④ 탄소
⑤ 모두 같음

36 다음 중 무질서의 상태 또는 물질계의 배열상태를 나타내는 물리량의 단위는 무엇인가?

① 모멘트
② 보손
③ 라그랑지언
④ 엔트로피
⑤ 스펙트럼

37 다음 중 지구가 물체를 끌어당기는 힘은 무엇인가?

① 중력
② 강력
③ 약력
④ 만유인력
⑤ 구심력

38 다음 중 매우 무질서하며 불규칙적으로 보이는 현상 속에 숨은 일정한 규칙이나 법칙을 밝혀내는 이론은?

① 빅뱅 이론
② 상대성 이론
③ 엔트로피
④ 초끈 이론
⑤ 카오스 이론

39 다음 설명에 해당하는 운동 법칙은?

> • 로켓이 가스를 뒤로 분출하면서 앞으로 나아간다.
> • 얼음판 위에서 사람이 벽을 밀면 사람이 뒤로 밀려난다.

① 관성의 법칙
② 케플러 법칙
③ 가속도의 법칙
④ 작용·반작용의 법칙
⑤ 만유인력의 법칙

40 블랙홀 이론을 최초로 정립하여 주장한 사람은 누구인가?

① 스티븐 호킹
② 아인슈타인
③ 프리드만
④ 호일
⑤ 오펜하이머

41 다음 그림과 같은 전기 회로에서 저항 30Ω 에 4A의 전류가 흐를 때, 저항 20Ω 에 흐르는 전류의 세기는 몇 A인가?

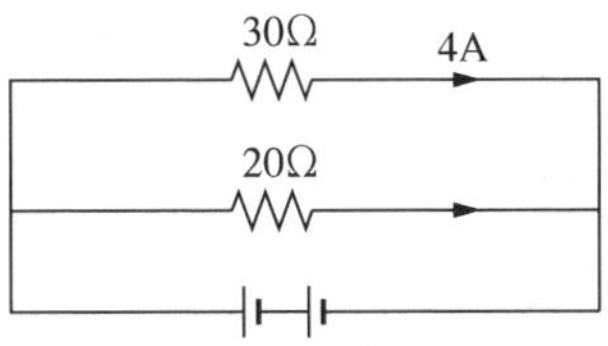

① 3A
② 4A
③ 6A
④ 12A
⑤ 15A

42 다음 그림은 마찰이 없는 수평면에서 크기가 다른 두 힘이 한 물체에 작용하고 있는 것을 나타낸 것이다. 이 물체의 가속도 크기는?

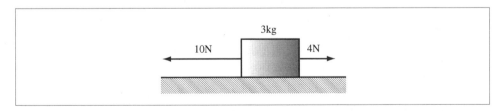

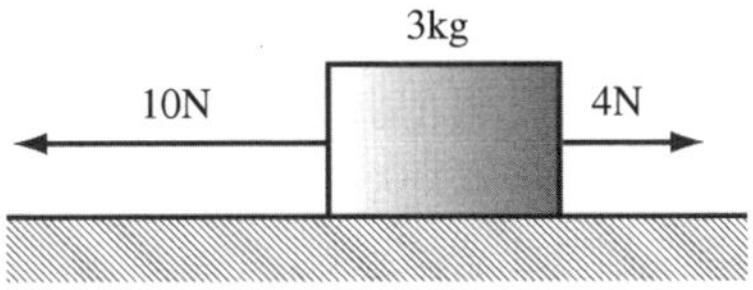

① $1m/s^2$
② $2m/s^2$
③ $3m/s^2$
④ $4m/s^2$
⑤ $5m/s^2$

43 다음 그림은 고열원에서 100J의 열을 흡수하여 일(W)을 하고, 저열원으로 80J의 열기관을 나타낸 것이다. 이 열기관의 열효율은?

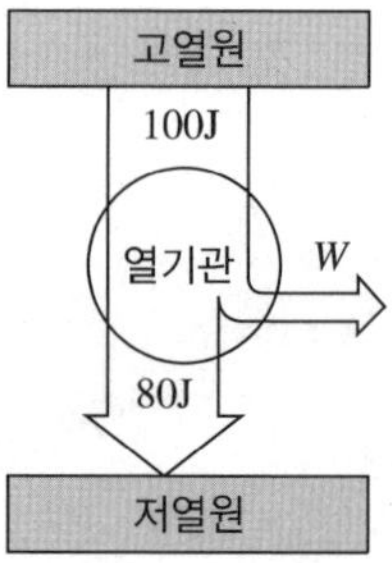

① 20%
② 30%
③ 40%
④ 50%
⑤ 60%

44 다음 그림은 밀도에 따른 우주 모형을 2차원적으로 나타낸 것이다. 이에 대한 설명으로 옳은 것을 〈보기〉에서 모두 고르면?

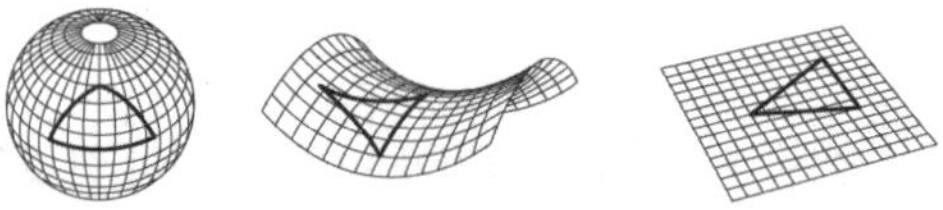

(가) (나) (다)

보기

ㄱ. (가) 모형에서 우주의 밀도는 임계밀도보다 크다.
ㄴ. (나) 모형에서 우주는 다시 수축하여 크기가 0이 된다.
ㄷ. (다) 모형에서 우주는 영원히 팽창한다.

① ㄱ
② ㄴ
③ ㄱ, ㄷ
④ ㄴ, ㄷ
⑤ ㄱ, ㄴ, ㄷ

45 다음 그래프는 진행하는 횡파의 한 순간 모습을 나타낸 것이다. 주기를 0.5초라고 할 때, 이 파동에 대한 설명으로 옳은 것을 〈보기〉에서 모두 고르면?

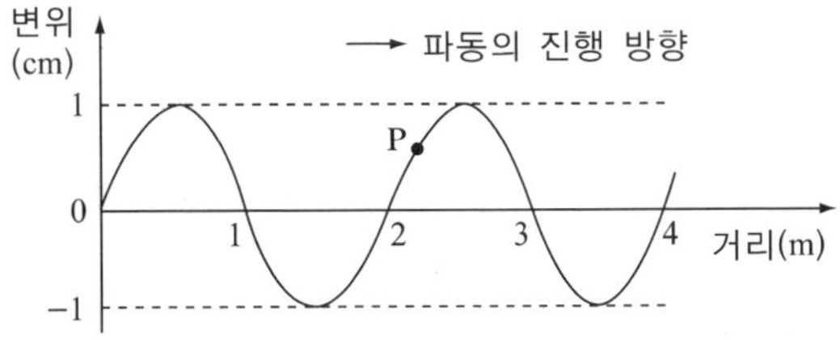

보기

ㄱ. 파동의 진동수는 2Hz이다.
ㄴ. P는 위 방향으로만 운동한다.
ㄷ. 파동의 전파 속도는 2m/s이다.

① ㄱ
② ㄱ, ㄴ
③ ㄱ, ㄷ
④ ㄴ, ㄷ
⑤ ㄱ, ㄴ, ㄷ

46 다음 그림과 같은 핵분열을 이용하는 발전 방식은?

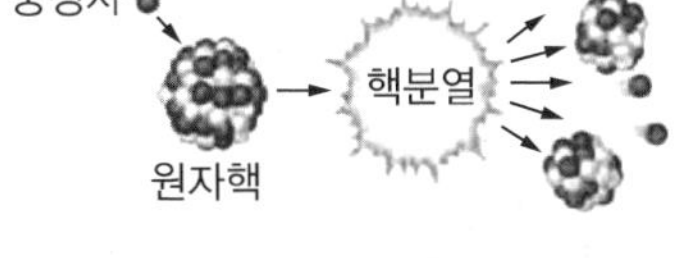

① 수력 발전
② 풍력 발전
③ 화력 발전
④ 원자력 발전
⑤ 태양광 발전

04 한국사

01 **다음 설명과 관련이 있는 국가는?**

- 698년부터 926년까지 한반도 북부와 만주·연해주에 존속하며 남북국을 이루었던 고대국가
- '바다 동쪽의 전성기를 맞이한 나라'라는 뜻으로도 불림

① 고려
② 부여
③ 발해
④ 고구려
⑤ 동예

02 **다음 중 백제 근초고왕의 업적에 대한 설명으로 적절하지 않은 것은?**

① 왕위의 부자상속제를 확립하였다.
② 중국의 동진, 일본과 무역활동을 전개하였다.
③ 남쪽으로 마한을 멸하여 전라남도 해안까지 확보하였다.
④ 북쪽으로는 고구려의 평양성까지 쳐들어가 고국천왕을 전사시켰다.
⑤ 박사 고흥으로 하여금 백제의 역사서인 『書記(서기)』를 편찬하게 하였다.

03 **삼한 시대에 천군이 지배하는 곳으로 국법이 미치지 못하는 신성 지역을 무엇이라 하는가?**

① 우가
② 책화
③ 삼로
④ 소도
⑤ 서낭

04 **고려 초기에 호족세력을 견제하고 왕권을 강화하기 위하여 실시된 정책을 〈보기〉에서 모두 고르면?**

보기	
ㄱ. 상수리 제도	ㄴ. 사심관 제도
ㄷ. 경재소 설치	ㄹ. 노비안검법
ㅁ. 기인제도	

① ㄱ, ㄴ
② ㄷ, ㄹ
③ ㄱ, ㄷ, ㅁ
④ ㄴ, ㄹ, ㅁ
⑤ ㄱ, ㄴ, ㄷ, ㄹ

05 **다음 밑줄 친 '왕'의 시기에 대한 설명으로 가장 적절한 것은?**

> 왕이 변발(辮髮)을 하고 호복(胡服)을 입고 전상에 앉아 있었다. 이연종이 간하려고 문 밖에서 기다리고 있었더니, 왕이 사람을 시켜 물었다. 이연종이 말하기를 …… "변발과 호복은 선왕(先王)의 제도가 아니오니, 원컨대 전하는 본받지 마소서."

① 성균관을 순수 유교 교육기관으로 개편하였다.
② 최충의 문헌공도를 비롯한 사학 12도가 융성하였다.
③ 독창적 기법인 상감법이 개발되어 상감청자가 유행하였다.
④ 우리나라 최초의 금속활자본인 상정고금예문이 인쇄되었다.
⑤ 민중의 미적 감각과 소박한 정서를 반영한 그림이 유행하였다.

06 **다음과 같은 농업이 행해진 당시의 사회 모습으로 옳은 것을 〈보기〉에서 고르면?**

> 농민이 밭에 심는 것은 곡물만이 아니다. 모시, 오이, 배추, 도라지 등의 농사도 잘 지으면 그 이익이 헤아릴 수 없이 크다. 도회지 주변에는 파밭, 마늘밭, 배추밭, 오이밭 등이 많다. 특히, 서도 지방의 담배밭, 북도 지방의 삼밭, 한산의 모시밭 … 수확은 모두 상상등전(上上等田)의 논에서 나는 수확보다 그 이익이 10배에 이른다.
>
> –『경세유표』

보기

ㄱ. 정부가 농업 생산량의 증대를 위해『농사직설』을 편찬하였다.
ㄴ. 이모작이 널리 행해지면서 보리 재배가 확대되었다.
ㄷ. 쌀의 상품화가 이루어지면서 밭을 논으로 바꾸는 현상이 활발하였다.
ㄹ. 정부에서는 가뭄이 들었을 때 수리・관개 문제로 인한 피해를 우려해 이앙법을 금지하기도 했다.

① ㄱ, ㄴ
② ㄱ, ㄷ
③ ㄴ, ㄷ
④ ㄴ, ㄹ
⑤ ㄷ, ㄹ

07 **다음 중 조선의 왕들과 그 업적의 연결이 옳지 않은 것은?**

① 태조 – 한양 천도
② 태종 – 호패법 시행
③ 세종 – 6조 직계제 시행
④ 세조 – 직전법 시행
⑤ 성종 – 경국대전 반포

08 **다음 중 임진왜란(정유재란)의 영향으로 옳지 않은 것은?**

① 훈련도감 설치
② 속오법 실시
③ 신분제 동요
④ 군신 관계
⑤ 비변사 권한의 강화

09 다음 〈보기〉의 교육기관이 생기던 시기와 같은 해에 일어난 일로 옳은 것을 모두 고르면?

> 보기
>
> 함남 원산에 세워진 한국 최초의 근대적 교육기관이자 최초의 민립학교로 정현식이 기금을 모아 설립하였으며 문예반과 무예반을 모두 운영하였다.

> ㄱ. 미국에 보빙사 파견
> ㄴ. 임오군란 발발
> ㄷ. 박문국 설치
> ㄹ. 갑신정변 발발

① ㄱ, ㄴ
② ㄱ, ㄷ
③ ㄴ, ㄷ
④ ㄴ, ㄹ
⑤ ㄷ, ㄹ

10 다음 협정이 적용된 시기 우리나라의 경제 상황으로 옳은 것은?

> 대한민국 정보는 대한민국의 경제적 위기를 방지하며 국력 부흥을 촉진하고 국내 안정을 확보하기 위하여 미합중국 정부에 재정적, 물질적, 기술적 원고를 요청하였으며, 미합중국 의회는 … (중략) … 대한민국 국민에게 원조를 제공할 권한을 미합중국 대통령에게 부여하였고, 대한민국 정부 및 미합중국 정부는 대한민국 정부의 독립과 안전 보장에 합치되는 조건에 의한 그 원조의 제공이 … (중략) … 한국 국민과 미국 국민간의 우호적 연대를 일층 강화할 것을 확신하므로 … (중략) … 아래와 같이 협정하였다.
>
> – 한・미 원조 협정

① 경부 고속 국도를 개통하였다.
② 경제 협력 개발 기구(OECD)에 가입하였다.
③ 제분・제당・면방직의 삼백 산업이 성장하였다.
④ 3저 호황으로 물가가 안정되고 수출이 증가하였다.
⑤ 대통령의 긴급 명령으로 금융 실명제를 실시하였다.

진실은 반드시 따르는 자가 있고, 정의는 반드시 이루는 날이 있다.

– 안창호 –

PART

4

인성검사
(GSC Way
부합도 검사)

PART 4 인성검사(GSC Way 부합도 검사)

인성검사는 GS그룹의 인재상과 적합한 인재인지 평가하는 테스트로, 지원자의 개인 성향이나 인성에 관한 질문으로 구성되어 있다. 출제유형은 계열사마다 상이할 수 있으므로 미리 알아두고 가면 도움이 될 것이다.

(1) 문항 수 : 104문항

(2) 출제유형 : GS그룹의 인성검사는 문항당 4개의 문장이 나온다. 4개의 문장 중 자신에게 가장 가까운 것과 가장 먼 것을 하나씩 체크한다.

01 인성검사 수검요령

인성검사는 특별한 수검요령이 없다. 다시 말하면 모범답안이 없고, 정답이 없다는 이야기이다. 국어문제처럼 말의 뜻을 풀이하는 것도 아니다. 굳이 수검요령을 말하자면, 진실하고 솔직한 내 생각이 최고의 답변이라고 할 수 있을 것이다.

인성검사에서 가장 중요한 것은 첫째, 솔직한 답변이다. 지금까지 경험을 통해서 축적한 자신의 생각과 행동을 거짓 없이 솔직하게 기재하는 것이다. 예를 들어, '나는 타인의 물건을 훔치고 싶은 충동을 느껴본 적이 있다.'란 질문에 지원자들은 많은 생각을 하게 된다. 생각해 보라. 유년기에 또는 성인이 되어서도 타인의 물건을 훔치는 일을 저지른 적은 없더라도, 훔치고 싶은 충동은 누구나 조금이라도 느껴보았을 것이다. 그런데 이 질문에 고민을 하는 사람이 간혹 있다. 이 질문에 '예'라고 대답하면 담당 검사관들이 나를 사회적으로 문제가 있는 사람으로 여기지는 않을까 하는 생각에 '아니요'라는 답을 기재하게 된다. 이런 솔직하지 않은 답변이 답변의 신뢰와 솔직함을 나타내는 타당성 척도에 좋지 않은 점수를 주게 된다.

둘째, 일관성 있는 답변이다. 인성검사의 수많은 질문 문항 중에는 비슷한 뜻의 질문이 여러 개 숨어 있는 경우가 많이 있다. 그 질문들은 지원자의 솔직한 답변과 심리적인 상태를 알아보기 위해 내포되어 있는 문항들이다. 예컨대 '나는 유년시절 타인의 물건을 훔친 적이 있다.'라는 질문에 '예'라고 대답했는데, '나는 유년시절 타인의 물건을 훔쳐보고 싶은 충동을 느껴본 적이 있다.'라는 질문에는 '아니요'라는 답을 기재한다면 어떻겠는가. 일관성 없이 '대충 기재하자.'라는 식의 심리적 무성의한 답변이 되거나, 정신적으로 문제가 있는 사람으로 보일 수 있다.

인성검사는 많은 문항을 풀어야 하므로 지원자들은 지루함과 따분함, 반복되는 비슷한 질문에 대한 인내력 상실 등을 경험할 수 있다. 인내를 가지고 솔직한 내 생각을 대답하는 것이 무엇보다 중요한 요령이다.

02 인성검사 시 유의사항

(1) 충분한 휴식으로 불안을 없애고 정서적인 안정을 취한다. 심신이 안정되어야 자신의 마음을 표현할 수 있다.

(2) 생각나는 대로 솔직하게 응답한다. 자신을 너무 과대포장하지도, 너무 비하하지도 마라. 답변을 꾸며서 하면 앞뒤가 맞지 않게끔 구성돼 있어 불리한 평가를 받게 되므로 솔직하게 답하도록 한다.

(3) 검사문항에 대해 지나치게 생각해서는 안 된다. 지나치게 몰두하면 엉뚱한 답변이 나올 수 있으므로 불필요한 생각은 삼간다.

(4) 인성검사는 문항 수가 많기에 자칫 건너뛰거나 다 풀지 못하는 경우가 있는데, 가능한 모든 문항에 답해야 한다. 응답하지 않은 문항이 많을 경우 평가자가 정확한 평가를 내리지 못해 불리한 평가를 내릴 수 있기 때문이다.

03 인성검사 모의연습

※ 인성검사는 정답이 따로 없는 유형의 검사이므로 결과지를 제공하지 않습니다.

※ 각 문항을 읽고 보기에서 자신과 가장 가까운 것(㉠)과 가장 먼 것(㉡)을 선택하시오. [1~104]

01

① 크게 후회할 때가 많다.
② 컨디션에 따라 기분이 잘 변한다.
③ 고민이 생겨도 심각하게 생각하지 않는다.
④ 스트레스를 해소할 수 있는 활동을 자주 하는 편이다.

㉠ ① ② ③ ④
㉡ ① ② ③ ④

02

① 자기주장이 매우 강하다.
② 옆에 사람이 있으면 싫다.
③ 어떠한 일이 있어도 출세하고 싶다.
④ 리더의 지시를 받기 전에는 섣불리 행동하지 않는다.

㉠ ① ② ③ ④
㉡ ① ② ③ ④

03

① 독특함·비범함보다는 익숙함·평범함에 더욱 끌린다.
② 의견의 불일치는 보다 나은 결과를 이끌 수 있다고 생각한다.
③ 현실성 없는 상상은 근거 없는 예측처럼 쓸모없다고 생각한다.
④ '프레임(Frame), 기성(旣成), 형식, 틀' 등의 말에서 따분함을 느낀다.

㉠ ① ② ③ ④
㉡ ① ② ③ ④

04

① 다른 사람의 일에 관심이 없다.
② 자신의 권리를 강하게 주장하는 편이다.
③ 협상할 때는 서로 윈윈할 수 있는 방안을 협의하려 노력한다.
④ 국제 관계에서도 공정성과 정당성이 가장 중요하다고 생각한다.

㉠ ① ② ③ ④
㉡ ① ② ③ ④

05

① 반성하는 일이 거의 없다.
② 노력의 정도보다 결과가 중요하다.
③ 포기하지 않고 노력하는 것이 중요하다.
④ 사물을 신중하게 생각하는 편이라고 자부한다.

㉠ ① ② ③ ④
㉡ ① ② ③ ④

06

① 작은 위안도 나에게는 큰 격려가 된다.
② 슬럼프에 빠지면 좀처럼 헤어나지 못한다.
③ 군중 속에 있을 때 병이 옮을까 봐 걱정이 되곤 한다.
④ 걱정거리가 있어도 내가 일하는 속도는 줄지 않는다.

㉠ ① ② ③ ④
㉡ ① ② ③ ④

07

① 자신의 소문에 관심을 기울인다.
② 친구들과 남의 이야기를 하는 것을 좋아한다.
③ 어떤 경우에도 거칠게 자기주장을 하지 않는다.
④ 유쾌함을 잘 느끼지 않지만 자신이 불행하다고 생각하지 않는다.

㉠ ① ② ③ ④
㉡ ① ② ③ ④

08

① 현재 상태를 변경하기보다는 유지하는 것을 선호한다. ② 전형성(典型性)은 클리셰처럼 진부하게 느껴진다. ③ 때로는 표준어보다 사투리가 더 정확하게 표현하는 것 같다. ④ 학문은 반드시 실용성이 있을 때에만 의미가 있다고 생각한다.

㉠ ① ② ③ ④

㉡ ① ② ③ ④

09

① 진정으로 마음을 허락할 수 있는 사람은 없다. ② 경청할수록 상대를 잘 설득할 수 있을 것이다. ③ 경쟁에서의 승리보다는 조화로운 협동을 우선한다. ④ 인간은 누구나 자신의 이익과 연결될 때에는 부정직하기 마련이라고 생각한다.

㉠ ① ② ③ ④

㉡ ① ② ③ ④

10

① 일단 일을 시작했다면 반드시 끝을 맺는다. ② 다른 사람들이 쉽게 도전하지 못하는 일을 하고 싶다. ③ 자신의 책임을 타인에게 떠넘기고 싶을 때가 종종 있다. ④ 목표 달성을 위해 스스로를 자율적으로 통제하는 능력이 부족한 것 같다.

㉠ ① ② ③ ④

㉡ ① ② ③ ④

11

① 불필요한 후회로 시간을 오래 소모할 때가 많다. ② 아물지 못하는 마음의 상처로 괴로울 때가 많다. ③ 나는 절망하지만 않으면 역경을 극복할 수 있다고 믿는다. ④ 더러운 것이나 눈에 보이지 않는 세균이 손에 묻는 것을 크게 꺼려하지 않는다.

㉠ ① ② ③ ④

㉡ ① ② ③ ④

12

① 리더의 의견을 거의 거스르지 못한다.
② 다른 사람에게 항상 움직이고 있다는 말을 듣는다.
③ 적절한 유머 등 유려한 화술로 대화를 이끄는 데 능숙하다.
④ 투자할 때는 높은 수익률보다는 낮은 실패 위험성에 주목한다.

㉠ ① ② ③ ④
㉡ ① ② ③ ④

13

① 어떤 일을 할 때 흥미보다는 익숙함을 중시한다.
② 꽉 짜인 순서를 따르는 것은 나의 의욕을 잃게 한다.
③ 새로운 스타일의 사물은 나의 관심을 거의 끌지 못한다.
④ 새로운 온라인 환경에서 여러 가지 일들을 능숙하게 처리할 수 있다.

㉠ ① ② ③ ④
㉡ ① ② ③ ④

14

① 잘난 체하지 말라는 비판을 받곤 한다.
② 공평성을 위해 규정의 공정한 적용을 중시한다.
③ 불필요한 경쟁을 예방하기 위해 협동성을 중시한다.
④ 국제 관계에서는 힘의 논리에 따른 실익의 추구가 가장 큰 영향을 끼친다.

㉠ ① ② ③ ④
㉡ ① ② ③ ④

15

① 유연하고 융통적인 사고는 나의 장점이다.
② 자신의 능력을 높이는 계발 활동에 힘쓴다.
③ 계획대로 행동하기보다는 즉흥적으로 행동할 때가 많다.
④ 좋은 생각이 떠올라도 실행하기 전에 여러모로 검토한다.

㉠ ① ② ③ ④
㉡ ① ② ③ ④

16

① 웬만한 일에는 불평을 거의 하지 않는다.
② 스트레스를 받아도 능률이 별로 떨어지지 않는다.
③ 사소한 일에도 피해 의식 때문에 큰 불만을 느끼곤 한다.
④ 생소한 환경에 처하면 두려움과 스트레스가 높아져 사기가 크게 떨어진다.

㉠ ① ② ③ ④
㉡ ① ② ③ ④

17

① 토론, 토의에서는 적극적으로 참여하고 싶다.
② 남들이 나를 어떻게 평가하는지 별로 관심이 없다.
③ 리더에게 판단을 전적으로 맡기고 그의 지시를 따른다.
④ '당근과 채찍(회유와 협박)'을 통해 조직을 관리하는 데 능숙하다.

㉠ ① ② ③ ④
㉡ ① ② ③ ④

18

① 보다 많은 자극을 능동적으로 찾는 편이다.
② 수수께끼와 속담에서 깊은 깨달음을 얻곤 한다.
③ 환경의 변화를 감지하거나 분석하는 일에 거의 무관심하다.
④ 새로운 사업이나 방식을 구상하는 일은 내 적성에 전혀 맞지 않는다.

㉠ ① ② ③ ④
㉡ ① ② ③ ④

19

① 서비스업의 본질은 단연코 '친절'이라고 생각한다.
② 입에 발린 칭찬, 격려를 들으면 고까운 생각이 든다.
③ 전화를 빨리 받는 것도 상대를 위한 배려라고 생각한다.
④ 선진국이 되려면 상대를 압도하는 경제력, 군사력 등 실제적 힘이 가장 중요하다.

㉠ ① ② ③ ④
㉡ ① ② ③ ④

20

① 임무 완수에 대한 동기가 높은 경향이 있다.
② 일기를 꾸준히 쓰는 일은 내 적성에 맞지 않는다.
③ 융통성이 부족하고 강박적인 행동을 할 때가 있다.
④ 정리정돈을 잘 하지 않아 필요한 물건을 쉽게 찾지 못할 때가 많다.

㉠ ① ② ③ ④
㉡ ① ② ③ ④

21

① 한숨을 크게 쉬며 넋두리를 하고 싶어질 때가 많다.
② 운동, 독서, 수다 등 스트레스를 해소하는 활동을 즐긴다.
③ 곤란한 상황에서도 묵묵히 주어진 일을 잘할 수 있다.
④ 매우 급한 상황을 만나면 마음이 졸여서 행동이 몹시 부자연스러워진다.

㉠ ① ② ③ ④
㉡ ① ② ③ ④

22

① 혼자서 식사를 하거나 술을 마시는 것이 편안하다.
② 리더의 강력한 영향력은 조직 발전의 근간일 것이다.
③ 인간관계의 범위를 확대하는 것에 상당히 소극적이다.
④ 효율성을 극대화하려면 권력의 분산보다는 집중이 중요하다.

㉠ ① ② ③ ④
㉡ ① ② ③ ④

23

① 호기심은 나의 관심을 거의 끌지 못한다.
② 나의 내면세계와 예술에 대한 관심이 많다.
③ 비현실적·비실용적인 것은 나의 관심을 전혀 끌지 못한다.
④ 개방적인 태도로 익숙지 않은 과제를 마무리하려고 애쓴다.

㉠ ① ② ③ ④
㉡ ① ② ③ ④

24

① 남이 실수하면 그를 몰아세울 때가 많다.
② 배려는 내가 할 수 있는 최선의 미덕이라고 생각한다.
③ 가는 말이 고와도 오는 말은 곱지 않을 수 있다고 생각한다.
④ 달려오는 타인을 위해 엘리베이터 열림 버튼을 누를 때가 많다.

㉠ ① ② ③ ④
㉡ ① ② ③ ④

25

① 자신이 능력 있으며 부지런하다고 자평할 수 있다.
② 사회적 규범을 엄수하며 주어진 임무를 기필코 완수하려 한다.
③ 미래에는 우직함보다는 융통적 변통성이 우선이라고 생각한다.
④ 불철주야(不撤晝夜)로 노력하자는 말은 상당히 피곤하게 느껴진다.

㉠ ① ② ③ ④
㉡ ① ② ③ ④

26

① 자신이 처한 환경을 원망하지 않으려 노력한다.
② 감정이 나의 판단에 큰 악영향을 끼칠 때가 많았다.
③ 때로는 자신에게 결벽증은 있는 것이 아닌지 걱정되곤 한다.
④ 걱정이나 근심할 만한 일이 있어도 사기가 저하되지 않는다.

㉠ ① ② ③ ④
㉡ ① ② ③ ④

27

① 적절한 보상과 제재를 통해 팀을 잘 이끌 수 있다.
② 남을 지휘하거나 통솔해 따르게 하는 힘을 갖고 싶다.
③ 자신의 의사를 분명하게 표현하는 것을 잘하지 못한다.
④ 내가 타인들에게 어떤 인상을 주고 있는지 거의 무관심하다.

㉠ ① ② ③ ④
㉡ ① ② ③ ④

28

① 감정을 남들보다 강렬하게 느낀다.
② 새로운 변화를 적극적으로 추구한다.
③ 기존 스타일의 변화를 달가워하지 않는다.
④ 여러 색이 섞인 자유분방함보다는 단색이 주는 무게감을 선호한다.

㉠ ① ② ③ ④
㉡ ① ② ③ ④

29

① 이해와 격려, 칭찬 등은 고래도 춤추게 할 수 있다.
② 이익을 위해 고압적인 태도로 상대를 압박할 때가 많다.
③ 사람은 누구나 자신을 보호하기 위해 거짓말을 할 수 있다.
④ 기업의 입장보다는 고객의 입장에서 고객을 배려할 수 있다.

㉠ ① ② ③ ④
㉡ ① ② ③ ④

30

① 공든 탑도 얼마든지 무너질 수 있다고 생각한다.
② 일정을 세우고 중간중간 점검하는 일에 능숙하다.
③ 시작하기에 앞서 비전과 지향점을 반드시 설정한다.
④ 공과 사를 분명히 구분하지 못해 믿음을 잃곤 한다.

㉠ ① ② ③ ④
㉡ ① ② ③ ④

31

① 스트레스 때문에 속이 쓰릴 때가 많다.
② 자질구레한 일로도 불평을 늘어놓곤 한다.
③ 매우 위급한 상황에서도 판단력이 흐려지지 않는다.
④ 좌절하지만 않으면 나를 둘러싼 환경을 개척할 수 있다고 믿는다.

㉠ ① ② ③ ④
㉡ ① ② ③ ④

32

① 권력을 잡는 일은 나의 주요 관심사이다.
② 대인관계의 폭을 넓히는 일에 매우 적극적이다.
③ 토의나 토론 등의 경우에 자신의 의사를 잘 표현하지 못한다.
④ 투자할 때는 고위험 · 고수익보다는 저위험 · 저수익을 선택한다.

㉠ ① ② ③ ④
㉡ ① ② ③ ④

33

① 철학, 신학, 종교학 등에 관심이 많다.
② 미래의 변화를 예상하는 일에 거의 무관심하다.
③ 남들로부터 아이디어 뱅크라는 칭찬을 받을 때가 많다.
④ 창안, 입안 등의 연구 작업은 나의 적성에 맞지 않는 것 같다.

㉠ ① ② ③ ④
㉡ ① ② ③ ④

34

① 인간은 승리를 위해 공정성을 무시할 수 있다.
② 진상 고객에 대한 친절이 항상 정답인 것은 아니라고 생각한다.
③ 대인관계에서 진심보다는 처세술 같은 방법과 기교가 더욱 중요하다.
④ 민원을 제기하는 고객을 이해하고 해결책을 제시하는 일을 잘할 수 있다.

㉠ ① ② ③ ④
㉡ ① ② ③ ④

35

① 부주의하게 책임질 수 없는 말을 할 때가 많다.
② 마스터 플랜의 달성을 위해 세부 일과표를 작성할 수 있다.
③ 보다 능숙한 전문가가 되기 위해 자격증 취득에 도전하고 싶다.
④ 목표 수행에 있어 시간은 중요한 자원이 아니므로 느긋하게 처리하는 편이다.

㉠ ① ② ③ ④
㉡ ① ② ③ ④

36

① 불만 때문에 쉽게 투덜대지 않는다.
② 마인드 컨트롤을 통해 스트레스를 관리하는 데 능숙하다.
③ 곤란한 환경에 처하면 남의 탓을 하며 불만을 드러내곤 한다.
④ 자신이 놓인 환경과 자신의 감정은 일하는 효율에 큰 영향을 끼친다.

㉠ ① ② ③ ④
㉡ ① ② ③ ④

37

① 혼자 술을 마시거나 식사를 하는 일은 되도록 피하고 싶다.
② 나에 대한 남들의 평판이 어떤지 지속적으로 관심을 갖는다.
③ 선후배나 또래에게 속마음을 허심탄회하게 털어놓지 못한다.
④ 리더의 지시에 의문이 생겨도 쉽게 이의를 제기하지 않는다.

㉠ ① ② ③ ④
㉡ ① ② ③ ④

38

① 변화는 나의 행동을 일으키는 에너지이다.
② 선택할 수 있다면 안정적인 직장을 갖고 싶다.
③ '새 술은 새 부대에 담으라'는 격언을 신뢰한다.
④ 감각을 통해 독창적으로 꾸미는 일은 내 적성에 맞지 않는 것 같다.

㉠ ① ② ③ ④
㉡ ① ② ③ ④

39

① 타인을 냉소적·부정적으로 대할 때가 많다.
② 자신에게 이익이 되지 않는 일을 하기를 꺼린다.
③ 고객의 입장에서 우호적인 분위기를 만드는 일을 잘할 수 있다.
④ 상대가 이해하기 쉬운 언어로 커뮤니케이션하는 일에 능숙하다.

㉠ ① ② ③ ④
㉡ ① ② ③ ④

40

① 장기적인 청사진을 갖고 행동한다.
② 능력 개발에 방해가 되는 것을 멀리한다.
③ 절차보다 결과를 더욱 중시할 때가 많다.
④ 자신의 분야에서 정상 수준의 전문가가 되려는 노력에 거의 무관심하다.

㉠ ① ② ③ ④
㉡ ① ② ③ ④

41

① 급박한 상황에서 스트레스를 크게 느끼곤 한다.
② 지나치게 격앙되지 않도록 자신의 감정을 잘 추스르는 편이다.
③ 절박한 형편에 처하면 극도의 긴장감으로 판단력이 흐려질 때가 많다.
④ 충동성, 심약함, 불안감 등은 내 성격을 설명하는 키워드가 될 수 없다.

㉠ ① ② ③ ④
㉡ ① ② ③ ④

42

① 인간관계에 소극적이라는 평가를 받곤 한다.
② 인간관계의 범위를 늘리는 일에 매우 관심이 많다.
③ 주어진 일을 차분하게 수행하지만 앞장서지 않으려 한다.
④ 타인을 자극해 그의 성취 의지와 자신감을 고취하는 일에 능숙하다.

㉠ ① ② ③ ④
㉡ ① ② ③ ④

43

① 신조어 사용에 흥미를 느낀다.
② 급변하는 사회에 기민하게 대처할 수 있다.
③ 기존 스타일의 변모를 잘 알아차리지 못한다.
④ 혁신적 조직보다는 전통적 조직 체계에 적응을 잘한다.

㉠ ① ② ③ ④
㉡ ① ② ③ ④

44

① 칭찬보다는 질책을 해야 발전한다고 생각한다.
② 불만을 제기하는 고객의 상한 감정을 잘 다독일 수 있다.
③ 하모니를 이루려면 소통과 정직이 최우선이라고 생각한다.
④ 자신의 승진에 도움이 되지 않는 일은 대충한다.

㉠ ① ② ③ ④
㉡ ① ② ③ ④

45

① '제약, 한계' 등은 나의 성취욕을 자극한다.
② 계획을 세울 때 실천 가능성을 가장 중시한다.
③ 부주의한 언행으로 비밀을 누설할 때가 종종 있다.
④ 원칙을 고지식하게 적용·집행하는 것은 악법만큼이나 나쁘다고 생각한다.

㉠ ① ② ③ ④
㉡ ① ② ③ ④

46

① 나만의 효율적인 스트레스 해소 방법이 있다.
② 치명적인 병균이 묻은 것 같아 자주 손을 씻는다.
③ 감정은 자신의 판단에 별다른 악영향을 주지 못한다고 생각한다.
④ 스트레스를 냉정하게 잘 관리하지만 다소 둔감하다는 소리를 들을 때가 많다.

㉠ ① ② ③ ④
㉡ ① ② ③ ④

47

① 남들을 가르치고 지도하는 일에 적극적이다.
② 리더의 지시나 판단에 지나치게 의존하는 성향이 있다.
③ 선도하거나 주도하기보다는 따르고 뒷받침하기를 선호한다.
④ 하급자도 상급자의 생각에 영향을 끼쳐 행동을 변화시킬 수 있을 것이다.

㉠ ① ② ③ ④
㉡ ① ② ③ ④

48

① 새로운 사회 용어를 배우는 것이 흥미롭다.
② 상상이나 심미(審美)는 모호하기 때문에 불쾌하다.
③ 실생활과 괴리된 학문은 전혀 존립할 수 없을 것이다.
④ 시대상과 동떨어진 전통은 완고한 오기에 불과할 뿐이다.

㉠ ① ② ③ ④
㉡ ① ② ③ ④

49

① 나의 이익을 최대화하는 흥정에 능하다.
② 타인의 사소한 일에도 관심을 갖는 편이다.
③ 다른 사람의 실수를 너그럽게 대하는 편이다.
④ 사과할 때는 변명하듯이 겉으로만 사과할 때가 많다.

㉠ ① ② ③ ④
㉡ ① ② ③ ④

50

① 태어나면서부터 근면한 사람은 없다고 생각한다.
② 식견과 노하우를 쌓기 위해 부단히 노력하는 편이다.
③ 개인 일기나 업무 일지 등을 꾸준히 작성하는 편이다.
④ 사실 관계를 확인하지 않고 별다른 주의 없이 소문을 옮기곤 한다.

㉠ ① ② ③ ④
㉡ ① ② ③ ④

51

① 욕구를 만족시키려고 즉흥적으로 행동하지 않는다.
② 스트레스 때문에 병에 걸릴까 봐 고민을 할 때가 많다.
③ 실수는 빨리 잊고 새로운 희망을 찾아 극복하려고 한다.
④ 환경에 몹시 민감해 처한 형편에 많이 휘둘리곤 한다.

㉠ ① ② ③ ④
㉡ ① ② ③ ④

52

① 남들과 시선을 마주치는 것이 매우 부담스럽다.
② 지휘력, 통솔력이 있다는 평가를 받은 적이 없다.
③ 타인의 행동과 생각을 변화시키는 일에 적극적이다.
④ 타인의 호감을 얻는 것을 매우 중요하게 여긴다.

㉠ ① ② ③ ④
㉡ ① ② ③ ④

53

① 변화에서 흥미와 재미를 크게 느낀다.
② 호기심의 영향을 거의 받지 않는다.
③ 주어진 여건을 고려해 현실적인 실효성을 검토하는 일을 선호한다.
④ 과제를 완수하려면 최대한 다양한 의견을 모으는 것이 가장 중요하다.

㉠ ① ② ③ ④
㉡ ① ② ③ ④

54

① 조직의 운영 방침에 적극 협조하는 편이다.
② 타인의 조언이나 충고에 반발심이 들 때가 많다.
③ 비겁한 승리보다는 공정한 패배가 항상 중요하다.
④ 물이 너무 맑으면 고기가 모이지 않는다고 생각한다.

㉠ ① ② ③ ④
㉡ ① ② ③ ④

55

① 나의 생활신조는 '꾸준히'이다.
② 수행 중인 일을 중간에 포기할 때가 많다.
③ 각 단계마다 피드백을 통해 개선점을 찾는다.
④ 내가 하는 일이 사회에서 그다지 필요한 일은 아니라고 생각할 때가 많다.

㉠ ① ② ③ ④
㉡ ① ② ③ ④

56

① 치욕스러운 기억은 빨리 잊고 새 출발을 잘하는 편이다.
② 자신에게 불행한 일이 생길 것 같은 불안감이 들 때가 많다.
③ 평온, 침착, 희망, 대담성, 절제력 등은 내 성격의 주요 장점이다.
④ 나의 기분이나 내가 처한 환경은 나의 일 처리에 큰 영향을 끼친다.

㉠ ① ② ③ ④
㉡ ① ② ③ ④

57

① 자신의 의견을 명확하게 밝히지 못할 때가 많다.
② 여럿이보다는 혼자서 하는 여행을 훨씬 선호한다.
③ 대인관계에 적극적이라는 평가를 받을 때가 많다.
④ 구성원들에게 맞게 권한을 적절히 분배하고 위임하는 일에 능숙하다.

㉠ ① ② ③ ④
㉡ ① ② ③ ④

58

① 개방성은 진화의 근본 에너지라고 생각한다.
② 급진적인 것보다는 점진적인 것을 선호한다.
③ 젊은이가 진보적이지 않으면 사회 의식이 없는 것이다.
④ 기술의 개발보다는 개발된 기술을 검증하는 일이 나의 적성에 맞는 것 같다.

㉠ ① ② ③ ④
㉡ ① ② ③ ④

59

① 타인을 칭찬하고 격려할 때가 많다.
② 참여와 토론 등 민주적인 과정을 중시한다.
③ 자존심이 몹시 강해 타인과 갈등을 겪곤 한다.
④ 비난을 받더라도 자신의 영리를 확대하는 것이 중요하다.

㉠ ① ② ③ ④
㉡ ① ② ③ ④

60

① 책임을 저버리지 않으려고 애쓴다.
② 계획의 생명은 꾸준한 실천에 있다.
③ 생계를 위해 어쩔 수 없이 기계적인 노동을 할 때가 많다.
④ 근면하지 않아도 일을 마무리하는 데는 별다른 지장이 없다고 생각한다.

㉠ ① ② ③ ④
㉡ ① ② ③ ④

61

① 스트레스 때문에 건강을 잃을까 봐 걱정이 되곤 한다.
② 곤경에 빠져도 불안감이나 무기력감을 느끼지 않는다.
③ 자신감 부족, 우울성, 열등감 등은 나의 주요 단점이다.
④ 사물을 희망적으로 보아 좌절과 분노를 거의 느끼지 않는다.

㉠ ① ② ③ ④
㉡ ① ② ③ ④

62

① 타인의 지시를 따르는 일이 익숙하고 편안하다.
② 남들의 인정을 받는 것을 매우 중요하게 생각한다.
③ 타인의 호감을 얻는 것을 매우 가치 있게 여긴다.
④ 자신이 단체나 조직에서 리더가 되는 경우는 거의 없다.

㉠ ① ② ③ ④
㉡ ① ② ③ ④

63

① 발상과 사고의 전환을 반기지 않는 편이다.
② 레트로(복고풍)에서 안정적인 편안함을 느낀다.
③ 현실주의 계열보다는 탐미주의 계열의 작품에 관심이 많다.
④ 노회한 연로자보다는 차라리 몽상적인 연소자가 되고 싶다.

㉠ ① ② ③ ④
㉡ ① ② ③ ④

64

① 귀찮아질까 봐 모른 체를 할 때가 많다.
② 타인이나 조직을 신뢰해 헌신하는 편이다.
③ 사과할 때는 진심을 담아 정중하게 사죄하려고 애쓴다.
④ 타인을 위해 자신의 이익을 양보하지 못하는 것은 인간의 본성이라고 생각한다.

㉠ ① ② ③ ④
㉡ ① ② ③ ④

65

① 직업에는 귀천이 없다는 말에 동의하지 않는다.
② 즉흥적인 것은 게으른 것만큼이나 나쁘다고 생각한다.
③ 일에 대한 자긍심과 성취감은 나에게 별다른 영향을 주지 못한다.
④ 신분이 높을수록 요구되는 노블레스 오블리주도 반드시 커질 것이다.

㉠ ① ② ③ ④
㉡ ① ② ③ ④

66

① 좀처럼 상처받거나 흥분하지 않는다.
② 욕구 충족을 위해 충동적으로 행동할 때가 많다.
③ 적당한 스트레스는 능률을 높일 수 있다고 긍정하는 편이다.
④ 감염 우려 때문에 깨끗하지 않은 것을 몹시 꺼려할 때가 많다.

㉠ ① ② ③ ④
㉡ ① ② ③ ④

67

① 리더십이 있다는 소리를 들은 적이 거의 없다.
② 남들에게 내가 어떤 이미지로 보일지 크게 신경 쓰는 편이다.
③ 리더의 판단을 믿고 따르지만 스스로 의견을 말하는 경우가 드물다.
④ 단체의 행동을 효과적으로 통제하는 능력이 있다는 평가를 받는 편이다.

㉠ ① ② ③ ④
㉡ ① ② ③ ④

68

① '업계의 관례'를 존중해야 한다고 여긴다.
② 확실한 것보다는 불확실한 것에서 흥미를 느낀다.
③ 변화가 많은 직업일수록 내 적성에 맞지 않는 것 같다.
④ 진정한 무지는 지식의 부재가 아니라 지식을 얻는 것을 거부하는 태도이다.

㉠ ① ② ③ ④
㉡ ① ② ③ ④

69

① 타인을 신뢰해 믿고 기다리는 편이다.
② 남들의 자상한 행동이 허위적으로 느껴지곤 한다.
③ 다른 구성원들과 비전을 공유하는 일에 관심이 많다.
④ 이기심은 인간의 자연스러운 본성이므로 타인의 행동을 의심하는 것은 당연하다.

㉠ ① ② ③ ④
㉡ ① ② ③ ④

70

① 말보다는 실천력으로 평가받고 싶다.
② 최악의 상황에 대비한 계획도 꼼꼼하게 세워두는 편이다.
③ 어떤 일을 할 때 충실도보다는 속도를 더욱 중요하게 여긴다.
④ 성공을 위해 수단·방법을 가리지 않고 노력하는 것도 '성실'이 될 수 있을 것이다.

㉠ ① ② ③ ④
㉡ ① ② ③ ④

71

① 격정적인 충동을 느끼는 적이 거의 없다.
② 스트레스에 민감한 것도 나에게는 스트레스가 된다.
③ 환경에 휩쓸리는 사람이 아니라고 자신한다.
④ 먼 과거의 실수를 잊지 못해 불쾌함을 느낄 때가 많다.

㉠ ① ② ③ ④
㉡ ① ② ③ ④

72

① 교제의 범위를 넓히는 일은 나의 관심사가 아니다.
② 자신의 의견을 고집하다가 불필요한 소란을 일으키곤 했다.
③ 보다 큰 흥분을 느낄 수 있는 강렬한 자극을 추구한다.
④ 타인들을 교육하고 감독하는 일이 자신의 적성에 맞지 않다고 생각한다.

㉠ ① ② ③ ④
㉡ ① ② ③ ④

73

① 허황된 꿈도 반드시 의미가 있다고 생각한다.
② 변화에 대한 정보를 수용하는 일에 거의 관심이 없다.
③ 자신의 지성을 갈고닦는 최고의 도구는 개방성일 것이다.
④ 다변화・다양화보다는 단일화・통일화 하는 일에 관심이 많다.

㉠ ① ② ③ ④
㉡ ① ② ③ ④

74

① 타인에게 일부러 쩨쩨하게 굴곤 한다.
② 오로지 상대를 위해 손해를 감수할 수 있다.
③ 남들의 생각과 가치관을 잘 헤아리는 편이다.
④ 사람은 누구나 가면을 쓰고 타인을 대한다고 생각한다.

㉠ ① ② ③ ④
㉡ ① ② ③ ④

75

① 규정을 준수하다가 융통성을 잃기도 한다.
② 시간의 누수 없이 일정을 잡는 데 능숙하다.
③ 품성과 행실이 단정하지 못하며 부주의하다는 소리를 듣곤 한다.
④ 스스로가 융통성이 높다고 생각하지만, 남들은 원칙에 소홀하다고 나를 비판한다.

㉠ ① ② ③ ④
㉡ ① ② ③ ④

76

① 패배감 때문에 급격하게 무기력해지곤 한다.
② 마음이 불안할 때마다 하는 좋지 않은 버릇이 있다.
③ 곤란한 일을 만나도 그저 운수가 나쁠 뿐이라고 생각해 극복할 수 있다.
④ 스스로의 감정과 처한 조건은 자신의 능률에 영향을 거의 끼치지 못한다.

㉠ ① ② ③ ④
㉡ ① ② ③ ④

77

① 혈기가 왕성하며 낙천적인 성향이 강하다.
② 타인으로부터 인정을 얻는 것을 중요하게 여기지 않는다.
③ 다수의 사람들을 이끌며 명령을 하는 사람이 되고 싶지 않다.
④ 구성원에게 해야 할 일과 해서는 안 되는 행동을 지시하는 일에 능숙하다.

㉠ ① ② ③ ④
㉡ ① ② ③ ④

78

① 유일무이한 사람이 되려면 변화에 주력해야 한다.
② 사고와 발상의 전환을 상당히 껄끄럽게 여긴다.
③ 진정한 정체성은 개방성으로써 확실해진다고 생각한다.
④ 영화감독처럼 감수성과 독창성이 필요한 일은 하고 싶지 않다.

㉠ ① ② ③ ④
㉡ ① ② ③ ④

79

① 대인관계에서 좀스럽고 인색하다는 핀잔을 듣곤 한다.
② 매우 절박한 상황에서 남을 구하기 위해 내 목숨을 걸 수 있다.
③ 차등적인 인센티브 지급은 나의 의욕을 높이는 최고의 정책이다.
④ 남들의 칭찬을 받으면 과찬으로 들려 몸 둘 바를 모를 때가 많다.

㉠ ① ② ③ ④
㉡ ① ② ③ ④

80

① 스스로에게 동기부여를 하는 것을 중시한다.
② 말과 행동이 같지 않아 핀잔을 받을 때가 많았다.
③ 자잘한 사무도 내 일이라고 여겨 충실하게 할 수 있다.
④ 같은 실수와 사과를 거듭해 신뢰를 잃는 경우가 많았다.

㉠ ① ② ③ ④
㉡ ① ② ③ ④

81

① 좋지 않은 일이 발생해도 평상심을 잃지 않는다.
② 남의 언행 때문에 마음이 아프거나 괴로움을 겪지 않는다.
③ 내 주변에는 나에게 스트레스를 주는 사람들이 너무 많은 것 같다.
④ 사물을 부정적으로 보아 분노와 좌절을 느끼는 경우가 자주 있다.

㉠ ① ② ③ ④
㉡ ① ② ③ ④

82

① 리더십이 있다는 평가를 자주 받는 편이다.
② 타인들이 받아들이는 나의 이미지에 관심이 많다.
③ 조직에서 의사결정을 할 때 수동적·미온적일 때가 많다.
④ 사람을 사귀는 폭을 확장하는 것은 나에게 상당히 피곤한 일이다.

㉠ ① ② ③ ④
㉡ ① ② ③ ④

83

① 삶이란 무엇인지 궁리할 때가 많다.
② 대체로 평범한 것은 악덕에 가깝다고 생각한다.
③ 업무 매뉴얼에 없는 사안은 잘 대응하지 못할 것 같다.
④ 급변하는 최신의 국제 동향을 파악하는 일에 무관심하다.

㉠ ① ② ③ ④
㉡ ① ② ③ ④

84

① 공평한 분배는 조직의 최고의 활력소일 것이다.
② 구호단체의 일원이 되어 박애 활동을 하고 싶을 때가 있다.
③ 미래에는 국가나 단체 사이의 이익 쟁탈전이 더욱 가속화될 것이다.
④ 인간은 이기적인 심성이 강하므로 사람을 전적으로는 신뢰할 수 없다.

㉠ ① ② ③ ④
㉡ ① ② ③ ④

85

① 꼼꼼히 하느라 너무 늦어질 때가 많다.
② 말보다는 실천력으로 타인을 평가하는 편이다.
③ 성실한 사람도 성공하지 못할 때가 많다고 생각한다.
④ 관성에 따라 또는 윗사람들의 지시 때문에 일을 하곤 한다.

㉠ ① ② ③ ④
㉡ ① ② ③ ④

PART 4

86

① 스트레스를 받아도 집중력이 떨어지지 않는다.
② 하던 일이 좌절되면 극도의 무기력과 분노를 느낀다.
③ 내가 처한 여러 환경에 대해 불만이 별로 없다.
④ 정서적 불안정성이 높아서 행동거지에 악영향을 받을 때가 자주 있다.

㉠ ① ② ③ ④
㉡ ① ② ③ ④

87

① 타인의 생각에 관심이 별로 없다는 핀잔을 듣곤 한다.
② 사교적이지 않아서 낯선 사람들과 쉽게 친해지지 못한다.
③ 유쾌함, 즐거움 등 긍정적 정서를 느끼는 경향이 남들보다 강하다.
④ 주인 의식이 부족해 리더가 이끄는 대로 따라갈 뿐일 때가 많다.

㉠ ① ② ③ ④
㉡ ① ② ③ ④

88

① 사물의 이치를 깊이 궁리하기를 즐긴다.
② 독특한 것보다는 일반적이고 무난한 것을 선호한다.
③ 시스템 개선을 위해 새 아이디어를 내는 일은 잘하지 못할 것 같다.
④ 강대국이 되려면 군사력이나 경제력보다는 포용성과 다양성이 중요하다.

㉠ ① ② ③ ④
㉡ ① ② ③ ④

89

① 남을 위해 자신의 손해를 감내하는 것이 몹시 싫다.
② 거절할 때도 상대가 상심하지 않도록 예의를 갖추는 편이다.
③ 조직체 사이에서 연락·조정·중재하는 업무에 잘 어울린다.
④ 남보다 자신의 이익을 우선하는 것은 사람의 자연스러운 심성이라고 생각한다.

㉠ ① ② ③ ④
㉡ ① ② ③ ④

90

① 나의 책임을 절대 남에게 전가하지 않는다.
② 자기 확신이 높고 동기부여를 강하게 느낀다.
③ 노력해봐야 소용없다는 생각이 들 때가 많다.
④ 나는 자신이 여유롭다고 생각하지만, 남들은 내가 나태하다고 비판할 때가 많다.

㉠ ① ② ③ ④
㉡ ① ② ③ ④

91

① 곤경에 빠지면 아무것도 할 수 없고 불안하다.
② 적당한 위기의식은 성취에 도움이 된다고 긍정한다.
③ 열등감에 거의 휘둘리지 않는다.
④ 주어진 상황에 강제당하거나 억압을 느껴 스트레스를 받을 때가 많다.

㉠ ① ② ③ ④
㉡ ① ② ③ ④

92

① 나에 대한 타인의 관심이 부담스럽게 느껴질 때가 많다.
② 몸가짐이 활기차고 신속하며 열정적인 성향이 강하다.
③ 타인이 내 사적인 공간으로 들어오는 것이 매우 부담스럽다.
④ 주장이 강하며 타인에게 영향을 끼치고 싶은 마음이 강하다.

㉠ ① ② ③ ④
㉡ ① ② ③ ④

93

① 자유분방하고 개방적인 편이다.
② 철학적 주제를 깊이 생각하곤 한다.
③ 현실성, 실용성이 낮은 아이디어를 몹시 비판할 때가 많다.
④ 즉흥적인 감성은 과제를 수행하는 데 결코 도움이 되지 않을 것이다.

㉠ ① ② ③ ④
㉡ ① ② ③ ④

94

① 인간관계에서 가면 뒤로 숨을 때가 많다.
② 빼앗기지 않으려면 반드시 먼저 빼앗아야 한다고 생각한다.
③ 체계, 체제, 조직 등 어떤 시스템에 잘 동화되며 적극 협조한다.
④ 공정성 향상과 이익 확대 중에 하나를 선택하라면 전자를 택할 것이다.

㉠ ① ② ③ ④
㉡ ① ② ③ ④

95

① 남들이 꺼려하는 궂은일도 성실하게 잘할 자신이 있다.
② 권한을 위임할 때는 반드시 책임도 함께 위임해야 한다.
③ 삶에 대한 확고한 비전이나 목적 의식이 남들보다 약한 편이다.
④ 학창 시절에 도서 반납 기일이나 과제 제출 기일을 지키지 못할 때가 많았다.

㉠ ① ② ③ ④
㉡ ① ② ③ ④

96

① 몸이 떨리고 불쾌해져 공포 영화를 보는 일이 거의 없다.
② 닥치지도 않은 일을 두고 미리 걱정부터 할 때가 자주 있다.
③ 다른 사람의 말과 행동으로 인해 심적인 고통을 느끼지 않는다.
④ 열악한 환경에서도 상황을 낙관적으로 보아 자신감을 유지할 수 있다.

㉠ ① ② ③ ④
㉡ ① ② ③ ④

97

① 보다 많은 사람들의 존경을 받는 사람이 되고 싶다.
② 조직이나 단체에서 리더가 되는 경우가 많았다.
③ 거친 육체노동보다는 차분한 정신노동을 선호한다.
④ 수줍음을 많이 타는 편이라 발표 업무를 최대한 피하려 한다.

㉠ ① ② ③ ④
㉡ ① ② ③ ④

98

① 명언집, 금언집 등을 즐겨 읽는다.
② 남들의 새로운 업무 방식을 존중해야 한다고 생각한다.
③ 창의적인 생각으로 변화를 주도하는 일은 나의 적성과 거리가 멀다.
④ 신상품 기획에 필요한 독창적인 기획안을 작성하는 일은 잘하지 못할 것 같다.

㉠ ① ② ③ ④
㉡ ① ② ③ ④

99

① 동료의 부족한 점을 내가 대신 채워주는 것은 당연한 일이다.
② 박애주의는 허영심과 정신적 사치의 그럴듯한 포장일 뿐이다.
③ 타인의 권리나 이익을 침해하지 않으려고 세심히 주의하는 편이다.
④ 물리적인 힘, 경제적인 능력을 갖추지 못하면 경쟁에서 쉽게 도태된다.

㉠ ① ② ③ ④
㉡ ① ② ③ ④

100

① 장래에 하고 싶은 것들, 되고 싶은 것들이 별로 없다.
② 섣불리 판단하지 않기 위해 꼼꼼하게 주의하는 편이다.
③ 계획에 대한 강박 때문에 계획에 없는 즉흥적 행동을 꺼린다.
④ 계획에 없는 것이라도 생각난 것은 바로 행동으로 옮기는 경우가 많다.

㉠ ① ② ③ ④
㉡ ① ② ③ ④

101

① 어떠한 경우에도 감정을 잘 다스리는 편이다.
② 어떠한 위안도 나에게는 힘이 되지 못할 때가 많다.
③ 다소 비관적인 상황에서도 평정심을 지켜 열심히 한다.
④ 고민에 빠지면 일을 처리하는 속도가 급감할 때가 많다.

㉠ ① ② ③ ④
㉡ ① ② ③ ④

102

① 친구를 오래간만에 만나면 거리감을 느껴 불편하다.
② 명령을 내리는 사람과 받는 사람 중에 전자가 되고 싶다.
③ 많은 사람들 앞에 나서서 지시를 하는 사람이 되고 싶다.
④ 혼자서는 살 수 없기 때문에 불가피하게 어울려 산다고 생각한다.

㉠ ① ② ③ ④
㉡ ① ② ③ ④

103

① 새로운 것을 보면 항상 흥미를 느낀다.
② 통일성보다는 차별성을 선호하는 편이다.
③ 독자적 창조보다는 실용적 모방에 능숙하다.
④ 상식적이고 무난한 것과 특이하고 색다른 것 중에 전자를 선택할 것이다.

㉠ ① ② ③ ④
㉡ ① ② ③ ④

104

① 집단의 목표를 따르고 순응하는 것은 구성원의 당연한 일이다. ② 인간이 자신만의 이익을 추구하는 것은 지극히 자연스러운 행동이다. ③ 비슷한 처지에 있는 타인에게서 동료 의식, 연대 의식을 느낄 때가 많다. ④ 나는 목적이 수단을 정당화할 수 있다는 마키아벨리즘을 긍정한다.

㉠ ① ② ③ ④

㉡ ① ② ③ ④

PART

5

면접

CHAPTER 01 면접 유형 및 실전 대책

01 면접 주요사항

면접의 사전적 정의는 면접관이 지원자를 직접 만나보고 인품(人品)이나 언행(言行) 따위를 시험하는 일로, 흔히 필기시험 후에 최종적으로 심사하는 방법이다.

최근 주요 기업의 인사담당자들을 대상으로 채용 시 면접이 차지하는 비중을 설문조사했을 때, 50 ~ 80% 이상이라고 답한 사람이 전체 응답자의 80%를 넘었다. 이와 대조적으로 지원자들을 대상으로 취업 시험에서 면접을 준비하는 기간을 물었을 때, 대부분의 응답자가 2 ~ 3일 정도라고 대답했다.

지원자가 일정 수준의 스펙을 갖추기 위해 자격증 시험과 토익을 치르고 이력서와 자기소개서까지 쓰다 보면 면접까지 챙길 여유가 없는 것이 사실이다. 그리고 서류전형과 인적성검사를 통과해야만 면접을 볼 수 있기 때문에 자연스럽게 면접은 취업시험 과정에서 그 비중이 작아질 수밖에 없다. 하지만 아이러니하게도 실제 채용 과정에서 면접이 차지하는 비중은 절대적이라고 해도 과언이 아니다.

기업들은 채용 과정에서 토론 면접, 인성 면접, 프레젠테이션 면접, 역량 면접 등의 다양한 면접을 실시한다. 1차 커트라인이라고 할 수 있는 서류전형을 통과한 지원자들의 스펙이나 능력은 서로 엇비슷하다고 판단되기 때문에 서류상 보이는 자격증이나 토익 성적보다는 지원자의 인성을 파악하기 위해 면접을 더욱 강화하는 것이다. 일부 기업은 의도적으로 압박 면접을 실시하기도 한다. 지원자가 당황할 수 있는 질문을 던져서 그것에 대한 지원자의 반응을 살펴보는 것이다.

면접은 다르게 생각한다면 '나는 누구인가'에 대한 물음에 해답을 줄 수 있는 가장 현실적이고 미래적인 경험이 될 수 있다. 취업난 속에서 자격증을 취득하고 토익 성적을 올리기 위해 앞만 보고 달려온 지원자들은 자신에 대해서 고민하고 탐구할 수 있는 시간을 평소 쉽게 가질 수 없었을 것이다. 자신을 잘 알고 있어야 자신에 대해서 자신감 있게 말할 수 있다. 대체로 사람들은 자신에게 관대한 편이기 때문에 스스로에 대해서 어떤 기대와 환상을 가지고 있는 경우가 많다. 하지만 면접은 제삼자에 의해 개인의 능력을 객관적으로 평가받는 시험이다. 어떤 지원자들은 다른 사람에게 자신을 표현하는 것을 어려워한다. 평소에 잘 사용하지 않는 용어를 내뱉으면서 거창하게 자신을 포장하는 지원자도 많다. 면접에서 가장 기본은 자기 자신을 면접관에게 알기 쉽게 표현하는 것이다.

이러한 표현을 바탕으로 자신이 앞으로 하고자 하는 것과 그에 대한 이유를 설명해야 한다. 최근에는 자신감을 향상시키거나 말하는 능력을 높이는 학원도 많기 때문에 얼마든지 자신의 단점을 극복할 수 있다.

1. 자기소개의 기술

자기소개를 시키는 이유는 면접자가 지원자의 자기소개서를 압축해서 듣고, 지원자의 첫인상을 평가할 시간을 가질 수 있기 때문이다. 면접을 위한 워밍업이라고 할 수 있으며, 첫인상을 결정하는 과정이므로 매우 중요한 순간이다.

(1) 정해진 시간에 자기소개를 마쳐야 한다.

쉬워 보이지만 의외로 지원자들이 정해진 시간을 넘기거나 혹은 빨리 끝내서 면접관에게 지적을 받는 경우가 많다. 본인이 면접을 받는 마지막 지원자가 아닌 이상, 정해진 시간을 지키지 않는 것은 수많은 지원자를 상대하기에 바쁜 면접관과 대기 시간에 지친 다른 지원자들에게 불쾌감을 줄 수 있다.
또한 회사에서 시간관념은 절대적인 것이므로 반드시 자기소개 시간을 지켜야 한다. 말하기는 1분에 200자 원고지 2장 분량의 글을 읽는 만큼의 속도가 가장 적당하다. 이를 A4 용지에 10point 글자 크기로 작성하면 반 장 분량이 된다.

(2) 간단하지만 신선한 문구로 자기소개를 시작하자.

요즈음 많은 지원자가 이 방법을 사용하고 있기 때문에 웬만한 소재의 문구가 아니면 면접관의 관심을 받을 수 없다. 이러한 문구는 시대적으로 유행하는 광고 카피를 패러디하는 경우와 격언 등을 인용하는 경우, 그리고 지원한 회사의 IC나 경영이념, 인재상 등을 사용하는 경우 등이 있다. 지원자는 이러한 여러 문구 중에 자신의 첫인상을 북돋아 줄 수 있는 것을 선택해서 말해야 한다. 자신의 이름을 문구 속에 적절하게 넣어서 말한다면 좀 더 효과적인 자기소개가 될 것이다.

PART 5

(3) 무엇을 먼저 말할 것인지 고민하자.

면접관이 많이 던지는 질문 중 하나가 지원동기이다. 그래서 성장기를 바로 건너뛰고, 지원한 회사에 들어오기 위해 대학에서 어떻게 준비했는지를 설명하는 자기소개가 대세이다.

(4) 면접관의 호기심을 자극해 관심을 불러일으킬 수 있게 말하라.

면접관에게 질문을 많이 받는 지원자의 합격률이 반드시 높은 것은 아니지만, 질문을 전혀 안 받는 것보다는 좋은 평가를 기대할 수 있다. 지원한 분야와 관련된 수상 경력이나 프로젝트 등을 말하는 것도 좋다. 이는 지원자의 업무 능력과 직접 연결되는 것이므로 효과적인 자기 홍보가 될 수 있다. 일부 지원자들은 자신만의 특별한 경험을 이야기하는데, 이때는 그 경험이 보편적으로 사람들의 공감대를 얻을 수 있는 것인지 다시 생각해봐야 한다.

(5) 마지막 고개를 넘기가 가장 힘들다.

첫 단추도 중요하지만, 마지막 단추도 중요하다. 하지만 왠지 격식을 따지는 인사말은 지나가는 인사말 같고, 다르게 하자니 예의에 어긋나는 것 같은 기분이 든다. 이때는 처음에 했던 자신만의 문구를 다시 한 번 말하는 것도 좋은 방법이다. 자연스러운 끝맺음이 될 수 있도록 적절한 연습이 필요하다.

2. 1분 자기소개 시 주의사항

(1) 자기소개서와 자기소개가 똑같다면 감점일까?

아무리 자기소개서를 외워서 말한다 해도 자기소개가 자기소개서와 완전히 똑같을 수는 없다. 자기소개서의 분량이 더 많고 회사마다 요구하는 필수 항목들이 있기 때문에 굳이 고민할 필요는 없다. 오히려 자기소개서의 내용을 잘 정리한 자기소개가 더 좋은 결과를 만들 수 있다. 하지만 자기소개서와 상반된 내용을 말하는 것은 적절하지 않다. 지원자의 신뢰성이 떨어진다는 것은 곧 불합격을 의미하기 때문이다.

(2) 말하는 자세를 바르게 익혀라.

지원자가 자기소개를 하는 동안 면접관은 지원자의 동작 하나하나를 관찰한다. 그렇기 때문에 바른 자세가 중요하다는 것은 우리가 익히 알고 있다. 하지만 문제는 무의식적으로 나오는 습관 때문에 자세가 흐트러져 나쁜 인상을 줄 수 있다는 것이다. 이러한 습관을 고칠 수 있는 가장 좋은 방법은 캠코더 등으로 자신의 모습을 담는 것이다. 거울을 사용할 경우에는 시선이 자꾸 자기 눈과 마주치기 때문에 집중하기 힘들다. 하지만 촬영된 동영상은 제삼자의 입장에서 자신을 볼 수 있기 때문에 많은 도움이 된다.

(3) 정확한 발음과 억양으로 자신 있게 말하라.

지원자의 모양새가 아무리 뛰어나도, 목소리가 작고 발음이 부정확하면 큰 감점을 받는다. 이러한 모습은 지원자의 좋은 점에까지 악영향을 끼칠 수 있다. 직장을 흔히 사회생활의 시작이라고 말하는 시대적 정서에서 사람들과 의사소통을 하는 데 문제가 있다고 판단되는 지원자는 부적절한 인재로 평가될 수밖에 없다.

3. 대화법

전문가들이 말하는 대화법의 핵심은 '상대방을 배려하면서 이야기하라.'는 것이다. 대화는 나와 다른 사람의 소통이다. 내용에 대한 공감이나 이해가 없다면 대화는 더 진전되지 않는다.

베스트셀러 『카네기 인간관계론』의 작가인 철학자 카네기가 말하는 최상의 대화법은 자신의 경험을 토대로 이야기하는 것이다. 즉, 살아오면서 직접 겪은 경험이 상대방의 관심을 끌 수 있는 가장 좋은 이야깃거리인 것이다. 특히, 어떤 일을 이루기 위해 노력하는 과정에서 겪은 실패나 희망에 대해 진솔하게 얘기한다면 상대방은 어느새 당신의 편에 서서 그 이야기에 동조할 것이다.

독일의 사업가이자 동기부여 트레이너인 위르겐 힐러의 연설법 중 가장 유명한 것은 '시즐(Sizzle)'을 잡는 것이다. 시즐이란, 새우튀김이나 돈가스가 기름에서 지글지글 튀겨질 때 나는 소리이다. 즉, 자신의 말을 듣고 시즐처럼 반응하는 상대방의 감정에 적절하게 대응하라는 것이다.

말을 시작한 지 10 ~ 15초 안에 상대방의 '시즐'을 알아차려야 한다. 자신의 이야기에 대한 상대방의 첫 반응에 따라 말하기 전략도 달라져야 한다. 첫 이야기의 반응이 미지근하다면 가능한 한 그 이야기를 빨리 마무리하고 새로운 이야깃거리를 생각해내야 한다. 길지 않은 면접 시간 내에 몇 번 오지 않는 대답의 기회를 살리기 위해서 보다 전략적이고 냉철해야 하는 것이다.

4. 차림새

(1) 구두

면접에 어떤 옷을 입어야 할지를 며칠 동안 고민하면서 정작 구두는 면접 보는 날 현관을 나서면서 즉흥적으로 신고 가는 지원자들이 많다. 구두를 보면 그 사람의 됨됨이를 알 수 있다고 한다. 면접관 역시 이러한 것을 놓치지 않기 때문에 지원자는 자신의 구두에 더욱 신경을 써야 한다. 스타일의 마무리는 발끝에서 이루어지는 것이다. 아무리 멋진 옷을 입고 있어도 구두가 어울리지 않는다면 전체 스타일이 흐트러지기 때문이다.

정장용 구두는 디자인이 깔끔하고, 에나멜 가공처리를 하여 광택이 도는 페이턴트 가죽 소재 제품이 무난하다. 검정 계열 구두는 회색과 감색 정장에, 브라운 계열의 구두는 베이지나 갈색 정장에 어울린다. 참고로 구두는 오전에 사는 것보다 발이 충분히 부은 상태인 저녁에 사는 것이 좋다. 마지막으로 당연한 일이지만 반드시 면접을 보는 전날 구두 뒤축이 닳지는 않았는지 확인하고 구두에 광을 내 둔다.

(2) 양말

양말은 정장과 구두의 색상을 비교해서 골라야 한다. 특히 검정이나 감색의 진한 색상의 바지에 흰 양말을 신는 것은 시대에 뒤처지는 일이다. 일반적으로 양말의 색깔은 바지의 색깔과 같아야 한다. 또한 양말의 길이도 신경 써야 한다. 바지를 입을 경우, 의자에 바르게 앉거나 다리를 꼬아서 앉을 때 다리털이 보여서는 안 된다. 반드시 긴 정장 양말을 신어야 한다.

(3) 정장

지원자는 평소에 정장을 입을 기회가 많지 않기 때문에 면접을 볼 때 본인 스스로도 옷을 어색하게 느끼는 경우가 많다. 옷을 불편하게 느끼기 때문에 자세마저 불안정한 지원자도 볼 수 있다. 그러므로 면접 전에 정장을 입고 생활해보는 것도 나쁘지는 않다.

일반적으로 면접을 볼 때는 상대방에게 신뢰감을 줄 수 있는 남색 계열의 옷이나 어떤 계절이든 무난하고 깔끔해보이는 회색 계열의 정장을 많이 입는다. 정장은 유행에 따라서 재킷의 디자인이나 버튼의 개수가 바뀌기 때문에 너무 오래된 옷을 입어서 다른 사람의 옷을 빌려 입고 나온 듯한 인상을 주어서는 안 된다.

(4) 헤어스타일과 메이크업

헤어스타일에 자신이 없다면 미용실에 다녀오는 것도 좋은 방법이다. 또한 자신에게 어울리는 메이크업을 하는 것도 괜찮다. 메이크업은 상대에 대한 예의를 갖추는 것이므로 지나치게 화려한 메이크업이 아니라면 보다 준비된 지원자처럼 보일 수 있다.

5. 첫인상

취업을 위해 성형수술을 받는 사람들에 대한 이야기는 더 이상 뉴스거리가 되지 않는다. 그만큼 많은 사람이 좁은 취업문을 뚫기 위해 이미지 향상에 신경을 쓰고 있다. 이는 면접관에게 좋은 첫인상을 주기 위한 것으로, 지원서에 올리는 증명사진을 이미지 프로그램을 통해 수정하는 이른바 '사이버 성형'이 유행하는 것과 같은 맥락이다. 실제로 외모가 채용 과정에서 영향을 끼치는가에 대한 설문조사에서도 60% 이상의 인사담당자들이 그렇다고 답변했다.

하지만 외모와 첫인상을 절대적인 관계로 이해하는 것은 잘못된 판단이다. 외모가 첫인상에서 많은 부분을 차지하지만, 외모 외에 다른 결점이 발견된다면 그로 인해 장점들이 가려질 수도 있다. 이러한 현상은 아래에서 다시 논하겠다.

첫인상은 말 그대로 한 번밖에 기회가 주어지지 않으며 몇 초 안에 결정된다. 첫인상을 결정짓는 요소 중 시각적인 요소가 80% 이상을 차지한다. 첫눈에 들어오는 생김새나 복장, 표정 등에 의해서 결정되는 것이다. 면접을 시작할 때 자기소개를 시키는 것도 지원자별로 첫인상을 평가하기 위해서이다. 첫인상이 중요한 이유는 만약 첫인상이 부정적으로 인지될 경우, 지원자의 다른 좋은 면까지 거부당하기 때문이다. 이러한 현상을 심리학에서는 초두효과(Primacy Effect)라고 한다.

그래서 한 번 형성된 첫인상은 여간해서 바꾸기 힘들다. 이는 첫인상이 나중에 들어오는 정보까지 영향을 주기 때문이다. 첫인상의 정보가 나중에 들어오는 정보 처리의 지침이 되는 것을 심리학에서는 맥락효과(Context Effect)라고 한다. 따라서 평소에 첫인상을 좋게 만들기 위한 노력을 꾸준히 해야만 하는 것이다. 좋은 첫인상이 반드시 외모에만 집중되는 것은 아니다. 오히려 깔끔한 옷차림과 부드러운 표정 그리고 말과 행동 등에 의해 전반적인 이미지가 만들어진다. 누구나 이러한 것 중에 한두 가지 단점을 가지고 있다. 요즈음은 이미지 컨설팅을 통해서 자신의 단점들을 보완하는 지원자도 있다. 특히, 표정이 밝지 않은 지원자는 평소 웃는 연습을 의식적으로 하여 면접을 받는 동안 계속해서 여유 있는 표정을 짓는 것이 중요하다. 성공한 사람들은 인상이 좋다는 것을 명심하자.

02 면접의 유형 및 실전 대책

1. 면접의 유형

과거 천편일률적인 일대일 면접과 달리 면접에는 다양한 유형이 도입되어 현재는 "면접은 이렇게 보는 것이다."라고 말할 수 있는 정해진 유형이 없어졌다. 그러나 대기업 면접에서는 현재까지는 집단 면접과 다대일 면접이 진행되고 있으므로 어느 정도 유형을 파악하여 사전에 대비가 가능하다. 면접의 기본인 단독 면접부터, 다대일 면접, 집단 면접의 유형과 그 대책에 대해 알아보자.

(1) 단독 면접

단독 면접이란 응시자와 면접관이 1대1로 마주하는 형식을 말한다. 면접위원 한 사람과 응시자 한 사람이 마주 앉아 자유로운 화제를 가지고 질의응답을 되풀이하는 방식이다. 이 방식은 면접의 가장 기본적인 방법으로 소요시간은 10~20분 정도가 일반적이다.

① 장점

필기시험 등으로 판단할 수 없는 성품이나 능력을 알아내는 데 가장 적합하다고 평가받아 온 면접방식으로 응시자 한 사람 한 사람에 대해 여러 면에서 비교적 폭넓게 파악할 수 있다. 응시자의 입장에서는 한 사람의 면접관만을 대하는 것이므로 상대방에게 집중할 수 있으며, 긴장감도 다른 면접방식에 비해서는 적은 편이다.

② 단점

면접관의 주관이 강하게 작용해 객관성을 저해할 소지가 있으며, 면접 평가표를 활용한다 하더라도 일면적인 평가에 그칠 가능성을 배제할 수 없다. 또한 시간이 많이 소요되는 것도 단점이다.

단독 면접 준비 Point

단독 면접에 대비하기 위해서는 평소 1대1로 논리 정연하게 대화를 나눌 수 있는 능력을 기르는 것이 중요하다. 그리고 면접장에서는 면접관을 선배나 선생님 혹은 아버지를 대하는 기분으로 면접에 임하는 것이 부담도 훨씬 적고 실력을 발휘할 수 있는 방법이 될 것이다.

(2) 다대일 면접

다대일 면접은 일반적으로 가장 많이 사용되는 면접방법으로 보통 2 ~ 5명의 면접관이 1명의 응시자에게 질문하는 형태의 면접방법이다. 면접관이 여러 명이므로 다각도에서 질문을 하여 응시자에 대한 정보를 많이 알아낼 수 있다는 점 때문에 선호하는 면접방법이다.

하지만 응시자의 입장에서는 질문도 면접관에 따라 각양각색이고 동료 응시자가 없으므로 숨 돌릴 틈도 없게 느껴진다. 또한 관찰하는 눈도 많아서 조그만 실수라도 지나치는 법이 없기 때문에 정신적 압박과 긴장감이 높은 면접방법이다. 따라서 응시자는 긴장을 풀고 한 시험관이 묻더라도 면접관 전원을 향해 대답한다는 기분으로 또박또박 대답하는 자세가 필요하다.

① 장점

면접관이 집중적인 질문과 다양한 관찰을 통해 응시자가 과연 조직에 필요한 인물인가를 완벽히 검증할 수 있다.

② 단점

면접시간이 보통 10 ~ 30분 정도로 좀 긴 편이고 응시자에게 지나친 긴장감을 조성하는 면접방법이다.

다대일 면접 준비 Point

질문을 들을 때 시선은 면접위원을 향하고 다른 데로 돌리지 말아야 하며, 대답할 때에도 고개를 숙이거나 입속에서 우물거리는 소극적인 태도는 피하도록 한다. 면접위원과 대등하다는 마음가짐으로 편안한 태도를 유지하면 대답도 자연스러운 상태에서 좀 더 충실히 할 수 있고, 이에 따라 면접위원이 받는 인상도 달라진다.

(3) 집단 면접

집단 면접은 다수의 면접관이 여러 명의 응시자를 한꺼번에 평가하는 방식으로 짧은 시간에 능률적으로 면접을 진행할 수 있다. 각 응시자에 대한 질문내용, 질문횟수, 시간배분이 똑같지는 않으며, 모두에게 같은 질문이 주어지기도 하고, 각각 다른 질문을 받기도 한다.

또한 어떤 응시자가 한 대답에 대한 의견을 묻는 등 그때그때의 분위기나 면접관의 의향에 따라 변수가 많다. 집단 면접은 응시자의 입장에서는 개별 면접에 비해 긴장감은 다소 덜한 반면에 다른 응시자들과의 비교가 확실하게 나타나므로 응시자는 몸가짐이나 표현력·논리성 등이 결여되지 않도록 자신의 생각이나 의견을 솔직하게 발표하여 집단 속에 묻히거나 밀려나지 않도록 주의해야 한다.

① **장점**

집단 면접의 장점은 면접관이 응시자 한 사람에 대한 관찰시간이 상대적으로 길고, 비교 평가가 가능하기 때문에 결과적으로 평가의 객관성과 신뢰성을 높일 수 있다는 점이며, 응시자는 동료들과 함께 면접을 받기 때문에 긴장감이 다소 덜하다는 것을 들 수 있다. 또한 동료가 답변하는 것을 들으며, 자신의 답변 방식이나 자세를 조정할 수 있다는 것도 큰 이점이다.

② **단점**

응답하는 순서에 따라 응시자마다 유리하고 불리한 점이 있고, 면접위원의 입장에서는 각각의 개인적인 문제를 깊게 다루기가 곤란하다는 것이 단점이다.

집단 면접 준비 Point

너무 자기 과시를 하지 않는 것이 좋다. 대답은 자신이 말하고 싶은 내용을 간단명료하게 말해야 한다. 내용이 없는 발언을 한다거나 대답을 질질 끄는 태도는 좋지 않다. 또 말하는 중에 내용이 주제에서 벗어나거나 자기중심적으로만 말하는 것도 피해야 한다. 집단 면접에 대비하기 위해서는 평소에 설득력을 지닌 자신의 논리력을 계발하는 데 힘써야 하며, 다른 사람 앞에서 자신의 의견을 조리 있게 개진할 수 있는 발표력을 갖추는 데에도 많은 노력을 기울여야 한다.

- 실력에는 큰 차이가 없다는 것을 기억하라.
- 동료 응시자들과 서로 협조하라.
- 답변하지 않을 때의 자세가 중요하다.
- 개성 표현은 좋지만 튀는 것은 위험하다.

(4) 집단 토론식 면접

집단 토론식 면접은 집단 면접과 형태는 유사하지만 질의응답이 아니라 응시자들끼리의 토론이 중심이 되는 면접방법으로 최근 들어 급증세를 보이고 있다. 이는 공통의 주제에 대해 다양한 견해들이 개진되고 결론을 도출하는 과정, 즉 토론을 통해 응시자의 다양한 면에 대한 평가가 가능하다는 집단 토론식 면접의 장점이 널리 확산된 데 따른 것으로 보인다. 사실 집단 토론식 면접을 활용하면 주제와 관련된 지식 정도와 이해력, 판단력, 설득력, 협동성은 물론 리더십, 조직 적응력, 적극성과 대인관계 능력 등을 쉽게 파악할 수 있다.

토론식 면접에서는 자신의 의견을 명확히 제시하면서도 상대방의 의견을 경청하는 토론의 기본자세가 필수적이며, 지나친 경쟁심이나 자기 과시욕은 접어두는 것이 좋다. 또한 집단 토론의 목적이 결론을 도출해 나가는 과정에 있다는 것을 감안하여 무리하게 자신의 주장을 관철시키기보다 오히려 토론의 질을 높이는 데 기여하는 것이 좋은 인상을 줄 수 있다는 점을 알아야 한다. 취업 희망자들은 토론식 면접이 급속도로 확산되는 추세임을 감안해 특히 철저한 준비를 해야 한다. 평소에 신문의 사설이나 매스컴 등의 토론 프로그램을 주의 깊게 보면서 논리 전개방식을 비롯한 토론 과정을 익히도록 하고, 친구들과 함께 간단한 주제를 놓고 토론을 진행해 볼 필요가 있다. 또한 사회·시사문제에 대해 자기 나름대로의 관점을 정립해두는 것도 꼭 필요하다.

(5) PT 면접

PT 면접, 즉 프레젠테이션 면접은 최근 들어 집단 토론 면접과 더불어 그 활용도가 점차 커지고 있다. PT 면접은 기업마다 특성이 다르고 인재상이 다른 만큼 인성 면접만으로는 알 수 없는 지원자의 문제해결 능력, 전문성, 창의성, 기본 실무능력, 논리성 등을 관찰하는 데 중점을 두는 면접으로, 지원자 간의 변별력이 높아 대부분의 기업에서 적용하고 있으며, 확산되는 추세이다.

면접 시간은 기업별로 차이가 있지만, 전문지식, 시사성 관련 주제를 제시한 다음, 보통 20 ~ 50분 정도 준비하여 5분가량 발표할 시간을 준다. 면접관과 지원자의 단순한 질의응답식이 아닌, 주제에 대해 일정 시간 동안 지원자의 발언과 발표하는 모습 등을 관찰하게 된다. 정확한 답이나 지식보다는 논리적 사고와 의사표현력이 더 중시되기 때문에 자신의 생각을 어떻게 설명하느냐가 매우 중요하다.

PT 면접에서 같은 주제라도 직무별로 평가요소가 달리 나타난다. 예를 들어, 영업직은 설득력과 의사소통 능력에 중점을 둘 수 있겠고, 관리직은 신뢰성과 창의성 등을 더 중요하게 평가한다.

PT 면접 준비 Point

- 면접관의 관심과 주의를 집중시키고, 발표 태도에 유의한다.
- 모의 면접이나 거울 면접을 통해 미리 점검한다.
- PT 내용은 세 가지 정도로 정리해서 말한다.
- PT 내용에는 자신의 생각이 담겨 있어야 한다.
- 중간에 자문자답 방식을 활용한다.
- 평소 지원하는 업계의 동향이나 직무에 대한 전문지식을 쌓아둔다.
- 부적절한 용어 사용이나 무리한 주장 등은 하지 않는다.

2. 면접의 실전 대책

(1) 면접 대비사항

① 지원 회사에 대한 사전지식을 충분히 준비한다.

필기시험에서 합격 또는 서류전형에서의 합격통지가 온 후 면접시험 날짜가 정해지는 것이 보통이다. 이때 수험자는 면접시험을 대비해 사전에 자기가 지원한 계열사 또는 부서에 대해 폭넓은 지식을 준비할 필요가 있다.

지원 회사에 대해 알아두어야 할 사항

- 회사의 연혁
- 회장 또는 사장의 이름, 출신학교, 관심사
- 회장 또는 사장이 요구하는 신입사원의 인재상
- 회사의 사훈, 사시, 경영이념, 창업정신
- 회사의 대표적 상품, 특색
- 업종별 계열회사의 수
- 해외지사의 수와 그 위치
- 신 개발품에 대한 기획 여부
- 자기가 생각하는 회사의 장단점
- 회사의 잠재적 능력개발에 대한 제언

② 충분한 수면을 취한다.

충분한 수면으로 안정감을 유지하고 첫 출발의 상쾌한 마음가짐을 갖는다.

③ 얼굴을 생기 있게 한다.

첫인상은 면접에 있어서 가장 결정적인 당락요인이다. 면접관에게 좋은 인상을 줄 수 있도록 화장하는 것도 필요하다. 면접관들이 가장 좋아하는 인상은 얼굴에 생기가 있고 눈동자가 살아 있는 사람, 즉 기가 살아 있는 사람이다.

④ 아침에 인터넷 뉴스를 읽고 간다.

그날의 뉴스가 질문 대상에 오를 수가 있다. 특히 경제면, 정치면, 문화면 등을 유의해서 볼 필요가 있다.

출발 전 확인할 사항

이력서, 자기소개서, 성적증명서, 졸업(예정)증명서, 지갑, 신분증(주민등록증), 손수건, 휴지, 볼펜, 메모지, 예비스타킹 등을 준비하자.

(2) 면접 시 옷차림

면접에서 옷차림은 간결하고 단정한 느낌을 주는 것이 가장 중요하다. 색상과 디자인 면에서 지나치게 화려한 색상이나, 노출이 심한 디자인은 자칫 면접관의 눈살을 찌푸리게 할 수 있다. 단정한 차림을 유지하면서 자신만의 독특한 멋을 연출하는 것, 지원하는 회사의 분위기를 파악했다는 센스를 보여주는 것 또한 코디네이션의 포인트이다.

복장 점검

- 구두는 잘 닦여 있는가?
- 옷은 깨끗이 다려져 있으며 스커트 길이는 적당한가?
- 손톱은 길지 않고 깨끗한가?
- 머리는 흐트러짐 없이 단정한가?

(3) 면접요령

① 첫인상을 중요시한다.

상대에게 인상을 좋게 주지 않으면 어떠한 얘기를 해도 이쪽의 기분이 충분히 전달되지 않을 수 있다. 예를 들어, '저 친구는 표정이 없고 무엇을 생각하고 있는지 전혀 알 길이 없다.'처럼 생각되면 최악의 상태이다. 우선 청결한 복장, 바른 자세로 침착하게 들어가야 한다. 건강하고 신선한 이미지를 주어야 하기 때문이다.

② 좋은 표정을 짓는다.

얘기를 할 때의 표정은 중요한 사항의 하나다. 거울 앞에서 웃는 연습을 해본다. 웃는 얼굴은 상대를 편안하게 하고, 특히 면접 등 긴박한 분위기에서는 천금의 값이 있다 할 것이다. 그렇다고 하여 항상 웃고만 있어서는 안 된다. 자기의 할 얘기를 진정으로 전하고 싶을 때는 진지한 얼굴로 상대의 눈을 바라보며 얘기한다. 면접을 볼 때 눈을 감고 있으면 마이너스 이미지를 주게 된다.

③ 결론부터 이야기한다.

자기의 의사나 생각을 상대에게 정확하게 전달하기 위해서 먼저 무엇을 말하고자 하는가를 명확히 결정해 두어야 한다. 대답을 할 경우에는 결론을 먼저 이야기하고 나서 그에 따른 설명과 이유를 덧붙이면 논지(論旨)가 명확해지고 이야기가 깔끔하게 정리된다.

한 가지 사실을 이야기하거나 설명하는 데는 3분이면 충분하다. 복잡한 이야기라도 어느 정도의 길이로 요약해서 이야기하면 상대도 이해하기 쉽고 자기도 정리할 수 있다. 긴 이야기는 오히려 상대를 불쾌하게 할 수가 있다.

④ 질문의 요지를 파악한다.

면접 때의 이야기는 간결성만으로는 부족하다. 상대의 질문이나 이야기에 대해 적절하고 필요한 대답을 하지 않으면 대화는 끊어지고 자기의 생각도 제대로 표현하지 못하여 면접자로 하여금 수험생의 인품이나 사고방식 등을 명확히 파악할 수 없게 한다. 무엇을 묻고 있는지, 무슨 이야기를 하고 있는지 그 요점을 정확히 알아내야 한다.

면접에서 고득점을 받을 수 있는 성공요령

1. 자기 자신을 겸허하게 판단하라.
2. 지원한 회사에 대해 100% 이해하라.
3. 실전과 같은 연습으로 감각을 익히라.
4. 단답형 답변보다는 구체적으로 이야기를 풀어나가라.
5. 거짓말을 하지 말라.
6. 면접하는 동안 대화의 흐름을 유지하라.
7. 친밀감과 신뢰를 구축하라.
8. 상대방의 말을 성실하게 들으라.
9. 근로조건에 대한 이야기를 풀어나갈 준비를 하라.
10. 끝까지 긴장을 풀지 말라.

CHAPTER 02 GS칼텍스 실제 면접 기출

(1) 1차 면접

팀장, 임원급 전문면접위원이 전담하는 실무면접으로 주로 다대다 면접이며, 면접 시간은 약 30분 정도이다.

(2) 2차 면접

주로 다대다 면접이고 임원면접으로 진행되며 면접 시간은 약 20 ~ 30분 정도이다.

(3) 면접 기출문제

- 자기 PR을 해 보시오.
- 취미는 무엇인가?
- 자신의 성실함을 증명해 보시오.
- 자신의 목표에 대해 말해 보시오.
- 자신의 특기에 대해 말해 보시오.
- 교내 활동이나 동아리 활동을 한 적이 있는가? 있다면 그 경험에 대해 말해 보시오.
- 입사 후 포부는 무엇인가?
- 주량은 얼마나 되는가?
- 부모님 직업은 무엇인가?
- 학창시절, 군대시절, 그리고 현재 자신에 대해 표현해 보시오.
- 준비해 왔는데 아직 하지 못한 말이 있는가? 있다면 해 보시오.
- 30대, 또는 40대가 되었을 때 자신이 어떤 모습일지 말해 보시오.
- 최근에 본 영화가 있는가?
- 살면서 가장 힘들거나 어려웠던 때는 언제인가?
- 당신이 정말 마음을 터놓고 모든 것을 이야기할 수 있는 친구는 몇 명이나 되는가?
- 친구들이 말하는 자신의 장점은 무엇인가?
- GS칼텍스에 지원하기 위해 무엇을 준비하였는가?
- 본인이 지원한 직무가 정확히 어떠한 일을 하는 것인지 알고 있는가?
- 친한 친구가 있는지, 어떤 친구인가?
- 기계 관련하여 일해본 경험이 있는가?
- 존경하는 사람이 누구인가?
- 직무에 대해 아는 것을 말해 보시오.
- 하기 싫은 일을 했던 경험에 대해 말해 보시오.
- 최근에 읽은 책은 무엇인가?

- 상사가 회식을 강요할 때 어떻게 할 것인가?
- 회사의 인재상이 무엇인가?
- 가장 성과가 있었던 경험과 가장 힘들었던 경험은 무엇인가?
- 스트레스 해소법은 무엇인가?
- 주변 동료에게 나쁜 평가를 받아본 적이 있는가?
- 퇴근 후 시간을 어떻게 보내는가?
- 본인 직무에서 가장 필요한 역량은 무엇인가?

교육은 우리 자신의 무지를 점차 발견해 가는 과정이다.

- 윌 듀란트 -

합격에듀 시대에듀

2025
최신판

GS 칼텍스

생산기술직
온라인 필기시험

정답 및 해설

최신기출유형+모의고사 2회

편저 | SDC(Sidae Data Center)

판매량 1위
YES24 GS칼텍스 부문

유형분석 및 모의고사로
최종합격까지
한 권으로
마무리!

SDC
SDC는 시대에듀 데이터 센터의 약자로
약 30만 개의 NCS · 적성 문제 데이터를
바탕으로 최신 출제경향을 반영하여
문제를 출제합니다.

시대에듀

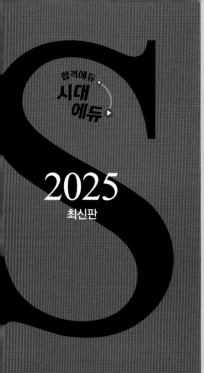

PART

1

직무적성검사

CHAPTER 01 연역적 사고 적중예상문제

01	02	03	04	05	06	07	08	09	10	11	12	13	14	15	16	17	18	19	20
④	①	④	⑤	③	③	①	②	①	④	③	②	①	④	①	⑤	④	①	④	②
21	22	23	24																
⑤	①	④	②																

01

정답 ④

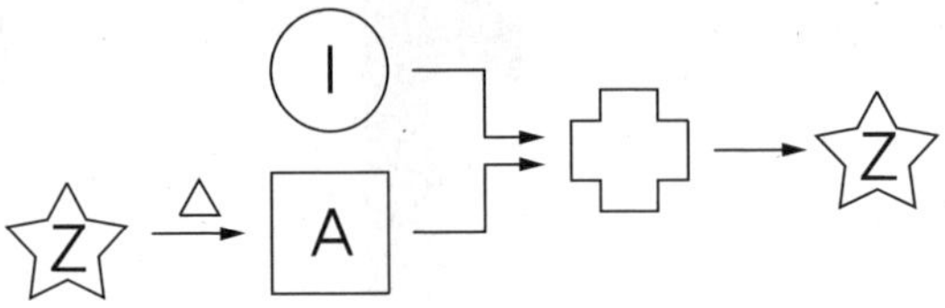

02

정답 ①

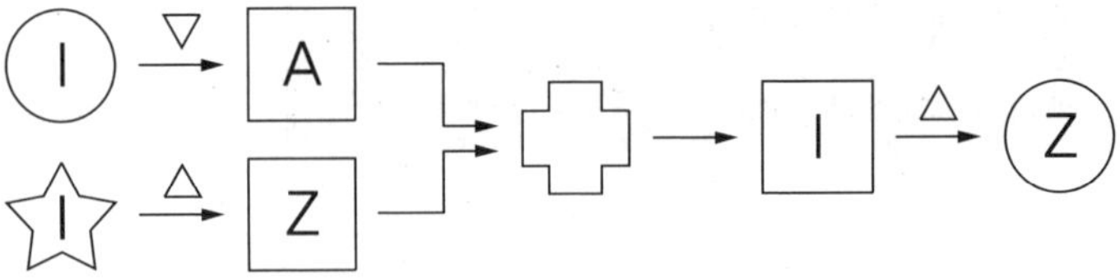

03

정답 ④

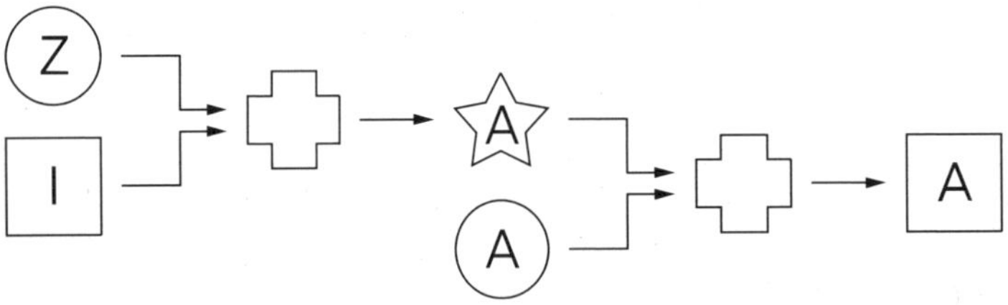

04

정답 ⑤

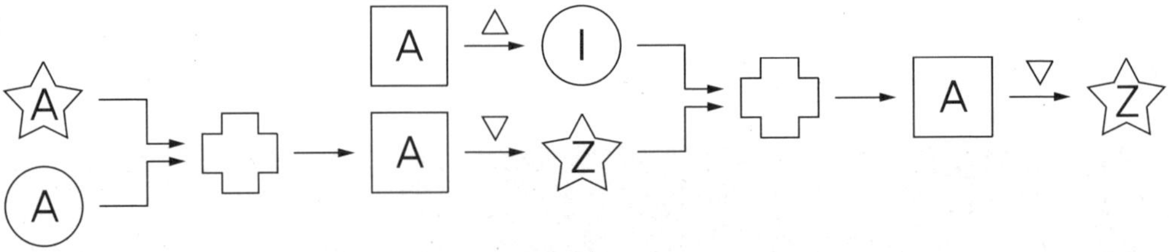

05

정답 ③

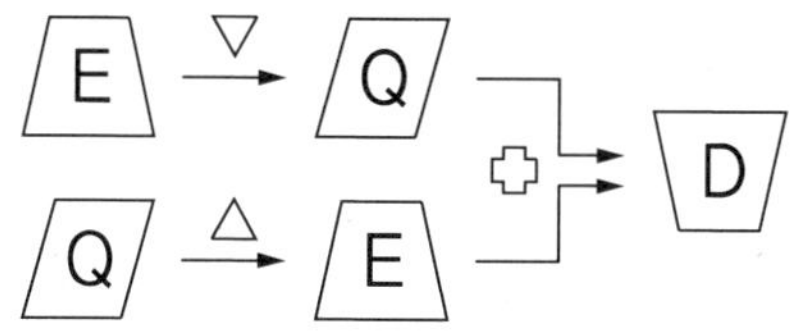

06

정답 ③

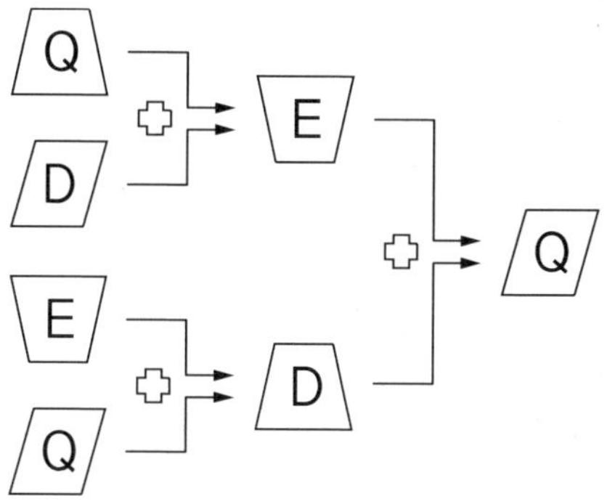

07

정답 ①

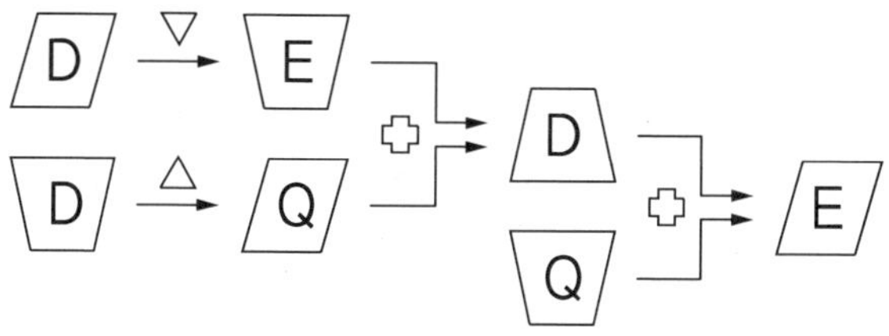

08

정답 ②

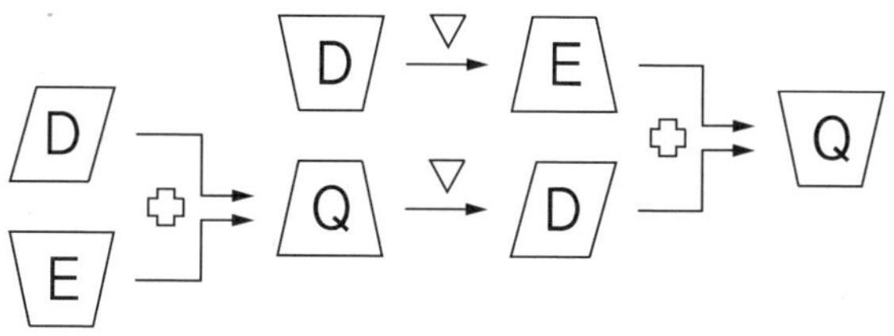

09

정답 ①

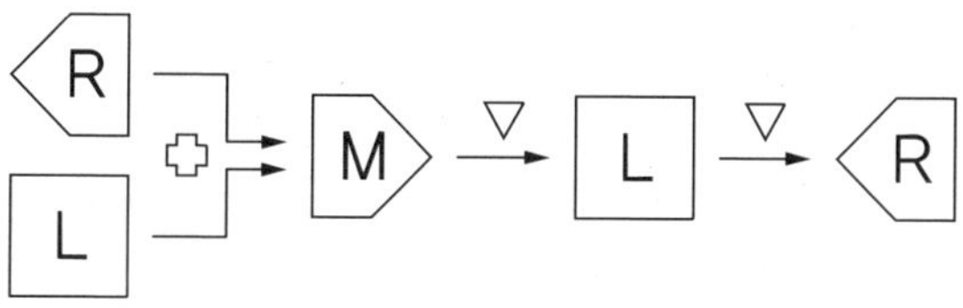

PART 1

10

정답 ④

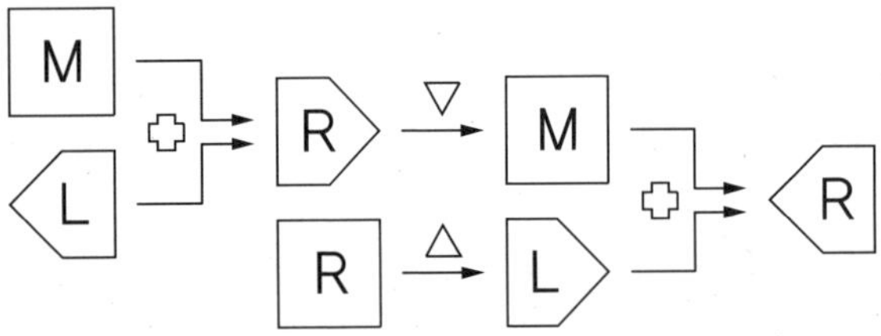

11

정답 ③

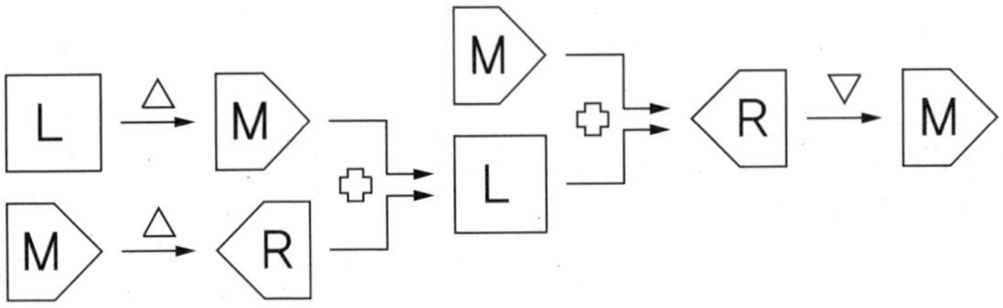

12

정답 ②

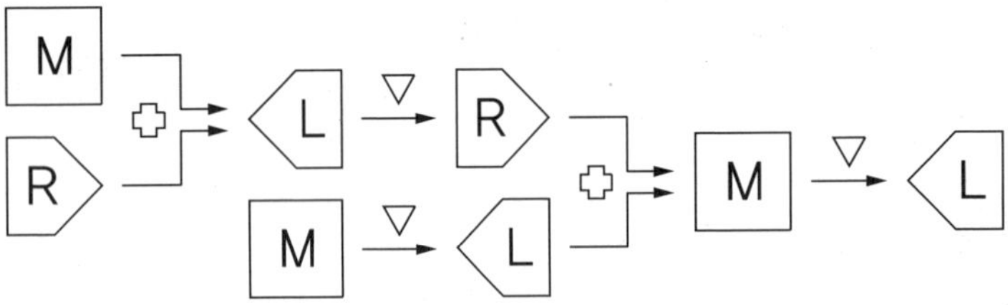

13

정답 ①

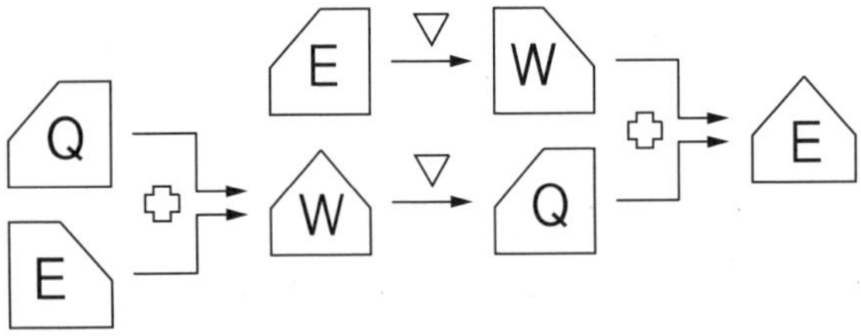

14

정답 ④

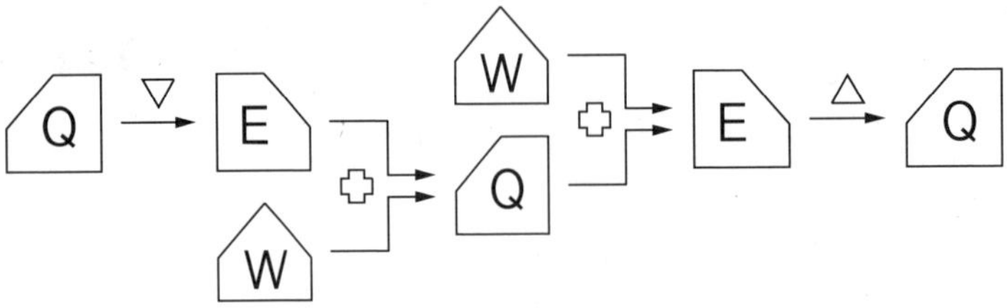

15

정답 ①

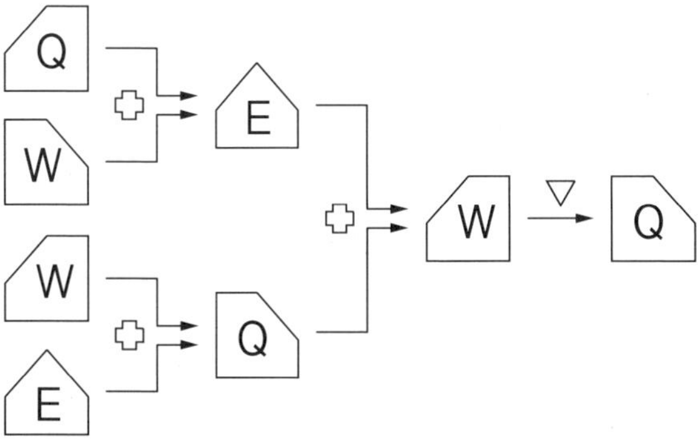

16

정답 ⑤

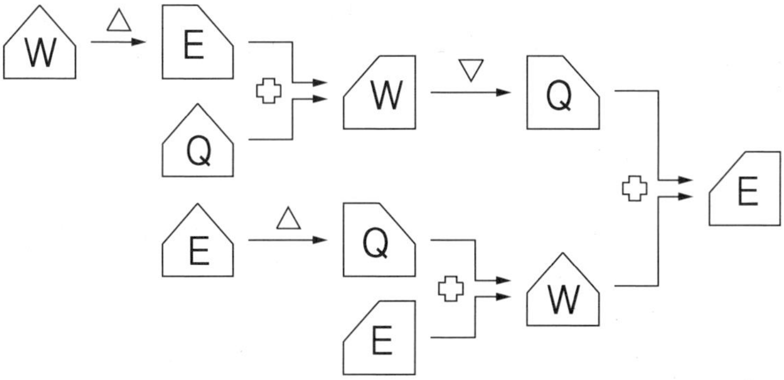

17

정답 ④

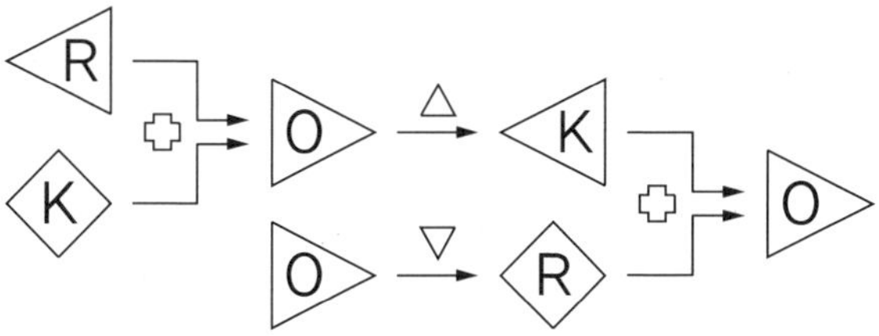

18

정답 ①

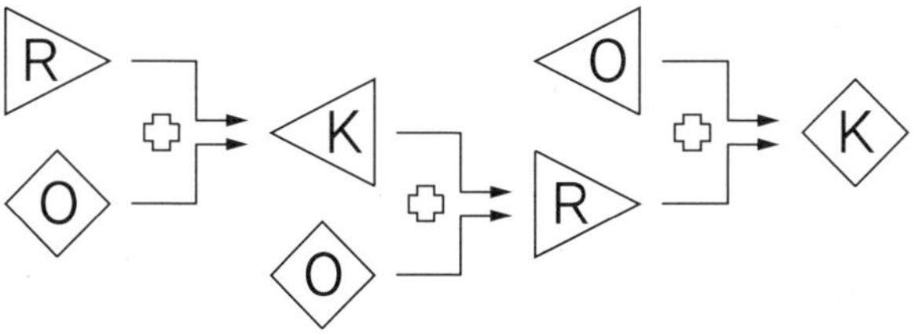

19 정답 ④

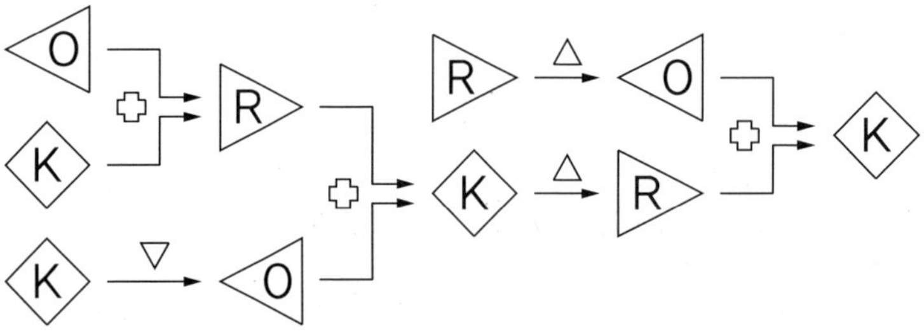

20 정답 ②

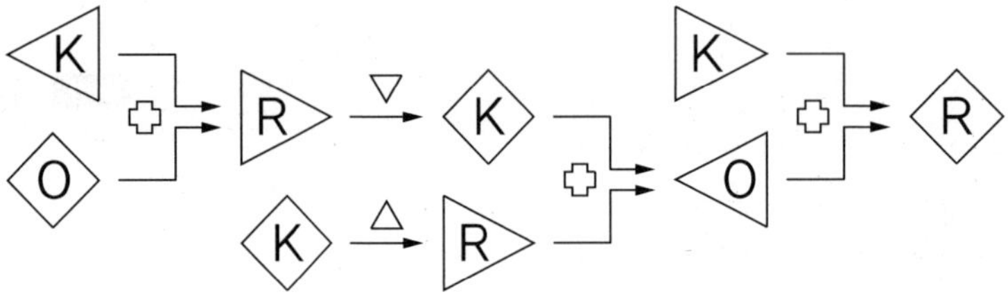

21 정답 ⑤

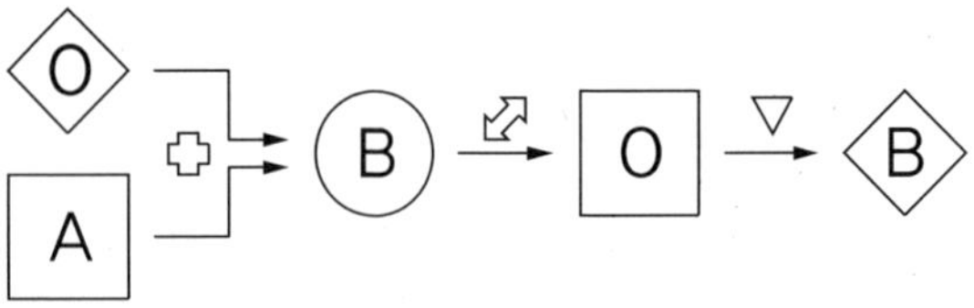

22 정답 ①

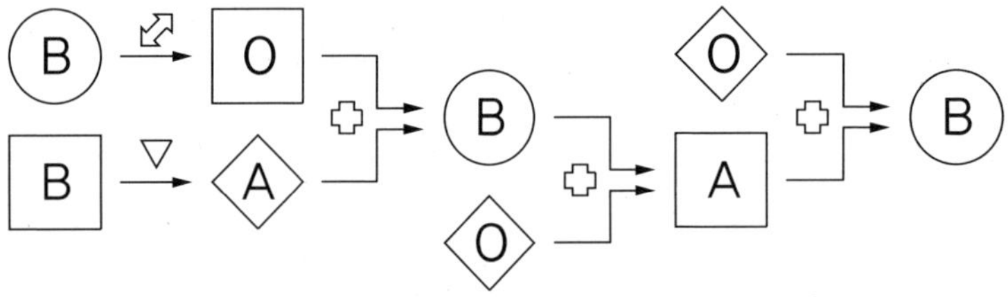

23

정답 ④

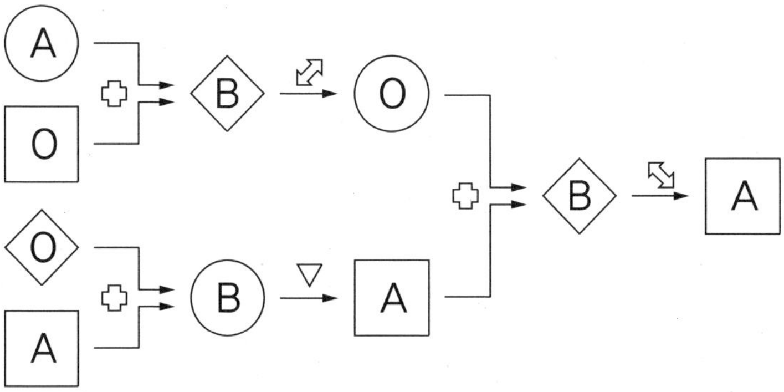

24

정답 ②

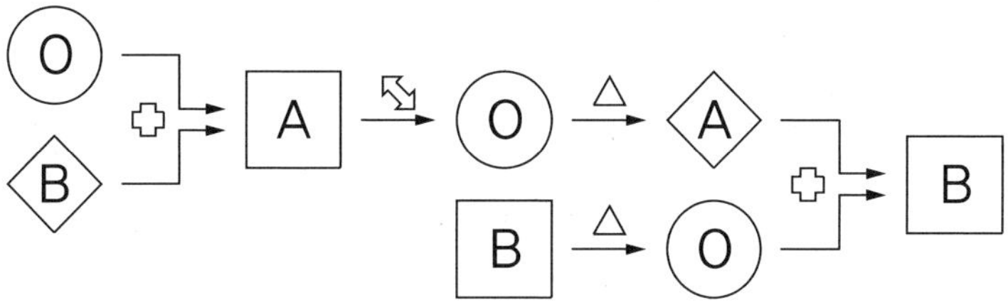

CHAPTER 02 도식추리 적중예상문제

01	02	03	04	05	06	07	08	09	10	11	12	13	14	15	16	17	18	19	20
②	①	③	②	④	①	②	④	①	②	②	②	③	①	⑤	③	②	②	②	①
21	22	23	24	25	26	27	28	29	30	31	32	33	34	35	36	37	38	39	40
①	③	③	②	⑤	④	①	④	①	②	④	②	⑤	④	②	②	①	④	⑤	①

01

정답 ②

• 규칙

△ : 맨 앞의 문자 맨 마지막에 추가
□ : 자음 +2
☆ : 모음 −1
◇ : 마지막 문자 맨 앞에 추가
♡ : 역순으로 나열

우리사이 → 추비자치 → 투이카티 → 후치파히 → 누티가니 → 루히다리
(□) (□) (□) (□) (□)

02

정답 ①

오르골 → 오르골오 → 여류결여
(△) (☆)

03

정답 ③

무미니 → 니무미니 → 니미무니
(◇) (♡)

04

정답 ②

오조담 → 초코맛 → 맛초코맛
(□) (◇)

05

정답 ④

• 규칙

▼ : 첫 번째 문자와 세 번째 문자 자리 교체
⧑ : 첫 번째 문자 맨 끝에 추가
♥ : 각 자릿수 +1
⧓ : 알파벳 소문자를 대문자로 교체

ㅁㅎㅑg → ㅁㅎㅑgㅁ → ㅑㅎㅁgㅁ
(⧑) (▼)

06

정답 ①

ㅋㄱ63ㅈ → ㅌㄴ74ㅊ → ㅍㄷ85ㅋ
♥ ♥

07

정답 ②

ㅣㅠfㅏㅜ → ㅣㅠfㅏㅜㅣ → ㅣㅠFㅏㅜㅣ
⧓ ⧓

08

정답 ④

- 규칙
  - ■ : 1234 → 3412
  - ◎ : 각 자릿수 +1, +2, +3, +4
  - ▲ : 각 자릿수 −1, −2, −1, −2
  - ◇ : 1234 → 4321

2Uㅓㅋ → ㅋㅓU2 → ㅊㅏT0
◇ ▲

09

정답 ①

ㅂ5ㄴ6 → ㄴ6ㅂ5 → ㄷ8ㅈ9
■ ◎

10

정답 ②

4ㅜDH → 3ㅗCF → FCㅗ3 → GEㅠ7
▲ ◇ ◎

11

정답 ②

- 규칙
  - ♪ : 첫 번째 문자 맨 앞에 추가
  - ♧ : 첫 번째 문자 맨 끝에 추가
  - ◎ : 첫 번째 문자 삭제
  - ☆ : 첫 번째 문자와 마지막 문자 자리 교체

MD4R → MMD4R
♪

PART 1

12

정답 ②

HKLU → UKLH → KLH
☆ ◎

13

정답 ③

SWQX → SWQXS → SSWQXS
♧ ♪

14

정답 ①

NB5R → NB5RN → NB5RN → B5RN
♧ ☆ ◎

15

정답 ⑤

• 규칙

◘ : 각 자릿수 +1, −1, −2, +2

▣ : 1234 → 1324

▲ : 1234 → 4231

ㅇPㄱㅎ → ㅇㄱPㅎ → ㅎㄱPㅇ
▣ ▲

16

정답 ③

2ㅂㅌㄷ → ㄷㅂㅌ2 → ㄹㅁㅊ4
▲ ◘

17

정답 ②

ㅁㄹbㅍ → ㅍㄹbㅁ → ㅎㄷzㅅ → ㅎzㄷㅅ
▲ ◘ ▣

18

정답 ②

ㅈㅊㄴㅎ → ㅈㄴㅊㅎ → ㅊㄱㅇㄴ → ㅊㅇㄱㄴ
▣ ◘ ▣

19

정답 ②

• 규칙

▲ : 각 자릿수 +2, +3, +2, +3

□ : 1234 → 4321

☆ : 각 자릿수 +1, +4, +1, +4

○ : 1234 → 1324

P3T7 → R6V0 → RV60
　　▲　　　○

20

정답 ①

ㅎ49ㅇ → ㅎ94ㅇ → ㄱ35ㅌ
　　○　　　☆

21

정답 ①

• 규칙
 ◎ : 1234 → 12344
 ♣ : 12345 → 1245
 ■ : 각 자릿수 −1
 ▽ : 1234 → 2143

D5N8 → 5D8N → 5D8NN
　　▽　　　◎

22

정답 ③

WB16 → WB166 → WB66 → VA55
　　◎　　　♣　　　■

23

정답 ③

XQ5M → WP4L → WP4LL
　　■　　　◎

24

정답 ②

RS94 → SR49 → SR499 → RQ388
　　▽　　　◎　　　■

25

정답 ⑤

• 규칙
 ☆ : 각 자릿수 +1
 □ : −2, +2, −2, +2
 ● : 1234 → 4321
 ▲ : 숫자는 문자로, 문자는 숫자로 변환

89ㅂㄱ → 61ㄹㄷ → ㄷㄹ16 → ㄹㅁ27
　　□　　　●　　　☆

26

정답 ④

E7HH6 → 5G8F → 3I6H

　　　▲　　　　□

27

정답 ①

KㅂㄹH → HㄹㅂK → IㅁㅅL

　　　●　　　　☆

28

정답 ④

75J1 → 57H3 → 68I4 → FH9D

　　　□　　　☆　　　▲

29

정답 ①

• 규칙

⊕ : 각 자릿수 +2, +0, +0, +2

⊖ : 각 자릿수 −1, +1, +1, −1

◉ : 1234 → 2143

● : 1234 → 4123

BUS8 → UB8S → WB8U

　　　◉　　　　⊕

30

정답 ②

IU93 → UI39 → 9UI3 → 8VJ2

　　　◉　　　●　　　⊖

31

정답 ④

NWRB → MXSA → XMAS

　　　⊖　　　　◉

32

정답 ②

OHMJ → QHML → PINK

　　　⊕　　　　⊖

33

정답 ⑤

• 규칙

○ : 각 자릿수 +0, +1, +2, +3

◑ : 1234 → 4231

◐ : 1234 → 1324

● : 각 자릿수 −3, −2, −1, −0

BE13 → 3E1B → 0C0B
◑ ●

34

정답 ④

RABI → RBAI → RCCL
◐ ○

35

정답 ②

BITE → BJVH → BVJH
○ ◐

36

정답 ②

LIFE → LFIE → IDHE
◐ ●

37

정답 ①

• 규칙

▼ : 1234 → 4321

△ : 각 자릿수 −1, +1, −1, +1

● : 각 자릿수 0, −1, 0, −1

□ : 1234 → 1324

ㅅㄴㄹㅁ → ㅁㄹㄴㅅ → ㅁㄴㄹㅅ
▼ □

38

정답 ④

isog → irof → hsng
● △

39

정답 ⑤

wnfy → yfnw → yenv
▼ ●

40

정답 ①

ㅈㄹㅋㄷ → ㅈㅋㄹㄷ → ㅇㅌㄷㄹ
□ △

PART 1

CHAPTER 03 기계이해 적중예상문제

01	02	03	04	05	06	07	08	09	10
①	④	①	④	③	④	①	④	③	⑤
11	12	13	14	15	16	17	18	19	20
②	①	②	①	②	③	④	①	④	①
21	22	23	24	25	26	27	28	29	30
①	③	②	④	③	③	③	③	②	①
31	32	33	34	35	36	37	38	39	40
④	⑤	④	②	③	④	③	②	③	④
41	42	43	44	45	46	47	48	49	50
②	①	④	①	⑤	①	①	⑤	②	③

01

정답 ①

평형 상태를 유지한 추에 작용하는 알짜힘은 0이다. 따라서 $k\Delta x-w=0$이므로 $w=k\Delta x=150\times0.15=22.5\text{N}$이다.

02

정답 ④

같은 높이에서는 위치 에너지가 같으며, 위치 에너지가 가장 낮은 C점에서 운동 에너지가 가장 크다.

오답분석

㉠ 각 점에서의 역학적 에너지는 마찰을 무시했으므로 모두 같다.

03

정답 ①

속력$=\frac{\text{이동거리}}{\text{시간}}\left(v=\frac{S}{t}\right)$로서 그래프의 기울기를 뜻한다.

따라서 기울기가 가장 큰 A가 속력이 제일 빠르다.

04

정답 ④

추의 무게는 지구가 추를 당기는 힘이다. 이의 반작용은 추가 지구를 당기는 힘이다.

05

정답 ③

모든 저항이 병렬로 연결되어 있으므로

$\frac{1}{R_{total}}=\frac{1}{R_1}+\frac{1}{R_2}+\frac{1}{R_3}$이다.

따라서 $\frac{1}{R_{total}}=\frac{1}{10}+\frac{1}{20}+\frac{1}{10}=\frac{2+1+2}{20}=\frac{5}{20}$이므로

$R_{total}=\frac{20}{5}=4\Omega$이다.

06

정답 ④

구간 A～C까지는 위치 에너지가 점점 커지고 구간 D부터는 위치 에너지에서 운동 에너지로 전환된다.

07

정답 ①

받침점에서 작용점까지의 거리 : 받침점에서 힘점까지의 거리 =지레에 가해주는 힘 : 물체의 무게

20cm : 40cm=F : 10N

∴ F=5N

08

정답 ④

문제에서 설명하는 내용은 케플러 법칙 중에 하나인 제2법칙 면적 속도 일정의 법칙이다. 행성과 태양을 연결한 선이 같은 시간 동안 움직여 만드는 부채꼴 면적은 언제나 같다. 즉, 행성은 태양에 가장 가까울 때 가장 빠르게 움직인다.

09

정답 ③

강력은 강한 핵력을 뜻하며, 원자핵의 양성자와 중성자를 강하게 결합하는 힘이다.

오답분석

① 중력 : 지구의 만유인력과 자전에 의한 원심력을 합한 힘
② 전자기력 : 전기나 자기에 바탕을 둔 힘의 총칭
④ 약력 : 핵의 붕괴에서 나타나는 짧은 거리에서 작용하는 힘
⑤ 만유인력 : 우주상의 모든 물체 사이에 작용하는 서로 끌어당기는 힘

10
정답 ⑤

건물 옥상에서 수평으로 던진 공은 위치 에너지와 운동 에너지가 계속 변화하지만 위치 에너지와 운동 에너지의 합은 항상 일정한 값을 유지한다. 또한, 역학적 에너지는 변하지 않고 보존된다.

11
정답 ②

1N의 힘을 가할 때 2cm 늘어난다. 따라서 10cm 늘어나려면 5N의 힘이 작용해야 한다.

12
정답 ①

오답분석

ㄴ・ㄷ. 베르누이 법칙에 의하면 유체가 흐르는 관의 지름이 좁아지면 유체의 속도는 빨라지고 압력은 낮아진다.

13
정답 ②

오답분석

ㄱ. 물체는 움직이지 않으므로 물체의 합력은 0이다.

ㄴ. 물체에 작용하는 힘은 철수가 물체를 당기는 힘과 영수가 물체를 당기는 힘으로써 서로 작용점이 같고 힘의 평형 관계에 있다.

14
정답 ①

역학적 에너지는 보존되므로 위치 에너지가 가장 작은 A지점의 운동 에너지가 가장 크다.

15
정답 ②

회로 전체의 저항은 $\frac{1}{R_{\text{total}}}=\frac{1}{10+2}+\frac{1}{3+1}=\frac{4}{12}=\frac{1}{3}$ 이므로 $R_{\text{total}}=3\Omega$이다. 회로 전체에 흐르는 전류의 세기는 $I_{total}=\frac{V}{R_{\text{total}}}=\frac{24}{3}=8\text{A}$이다.

따라서 10Ω에 흐르는 전류의 세기는

$I_{10\Omega}=I_{\text{total}}\times\frac{R_2}{R_1+R_2}=8\times\frac{10+2}{(10+2)+(1+3)}=8\times\frac{4}{16}=2\text{A}$이다.

16
정답 ③

그래프에서 세 물체에 같은 크기의 힘을 가할 때 속도가 가장 빠른 것은 A, 가장 느린 것은 C이다. 따라서 질량이 가장 큰 것은 C이다.

17
정답 ④

관성의 법칙은 힘이 작용하지 않으면 물체는 현재 상태를 유지하려고 한다는 것이다. 즉, 정지한 물체는 계속 정지해 있고, 운동하고 있는 물체는 현재의 속도를 유지한 채 일정한 속도로 운동을 한다.

18
정답 ①

먼저 병렬로 연결되어 있는 3개(2Ω, 4Ω, 6Ω)의 저항들 중 윗부분의 직렬로 연결된 두 전구 저항 합은 R=2+4=6 Ω이며, 이 두 저항과 6Ω 전구의 저항 합은 $R'=\frac{6\times6}{6+6}=3\Omega$이다.

따라서 4개의 전구 전체 저항은 $R''=1+3=4\Omega$이 된다.

19
정답 ④

자기 기록 카드에서 자기 기록 매체에 정보가 기록(저장)될 때에는 전자석의 원리가 이용되며, 기록(저장)된 정보의 재생은 전자기 유도 현상이 이용된다.

20
정답 ①

정류 작용은 통전 방향에 따라 전류가 잘 흐르는 정도가 달라지는 성질로, 좁은 의미로 한쪽 방향으로는 전류가 잘 흐르지만 반대 방향으로는 전류가 흐르지 않게 하는 성질을 말한다.

21
정답 ①

가속도는 시간에 대한 속도 변화의 비율을 나타내는 양으로, 질량을 m, 가속도를 a, 힘을 F라고 하면 운동 방정식 F=ma가 성립한다. 그림에서 질량은 1kg이므로, 가속도 a는 힘 F와 같고, 서로 반대 방향으로 작용하는 힘 때문에 F=8N−4N=4N이므로 가속도의 크기는 4m/s^2가 된다.

22
정답 ③

단위 면적당 작용하는 힘을 감지하고, 터치스크린이나 디지털 저울에 이용되는 센서는 '압력 센서'이다. 영어로는 'Pressure Sensor'라고 한다.

23
정답 ②

행성의 공전 속도는 태양과 가까워지면 빨라지고 멀어지면 느려지므로 이 행성의 공전 속도는 B에서 가장 빠르고, D에서 가장 느리다.

24

정답 ④

그림은 자기장의 변화로 전류를 발생시키는 것이다. 전자기 센서는 금속 탐지기, 지하철 출입문 등이 그 예인데, 자기장의 영향으로 물질의 성질이 변하는 것을 이용하여 자기장을 측정하는 센서이므로, 그림과 같은 원리라고 할 수 있다.

25

정답 ③

$$e=-N\frac{d\Phi}{dt}=-500\times\frac{0.04}{10\times10^{-3}}=-2{,}000\text{V}$$

따라서 코일에 의해 유도되는 기전력의 크기는 2,000V이다.

26

정답 ③

양성자는 중성자와 함께 원자핵을 구성하며 업 쿼크 2개, 다운 쿼크 1개로 양의 전하를 가지고 있다.

오답분석

① 광자 : 빛을 포함한 모든 전자기파를 구성하는 전자기력의 매개 입자이다.
② 보손 : 입자들 사이에 상호작용을 전달하는 역할을 하며 게이지 보손과 힉스 입자가 이에 속한다.
④ 중성자 : 양성자와 함께 원자핵을 구성하며 업 쿼크 1개와 다운 쿼크 2개로 전기적으로 중성을 띈다.
⑤ 전자 : 원자에서 원자핵과 함께 원자를 구성하며 다운 쿼크 3개로 음의 전하를 가지고 있다.

27

정답 ③

막대의 중점은 15cm 지점이므로 받침점에서 5cm 떨어진 지점이다. 왼쪽 힘과 오른쪽 힘의 균형에 관한 식은 다음과 같다.

40N×10cm=(막대무게)×5cm+10N×20cm

따라서 막대무게는 40N임을 알 수 있다.

28

정답 ③

일은 W=F×s=2N×4m=8J이다.

29

정답 ②

회로에서의 전체저항은 $R=\frac{20V}{2A}=10\Omega$이다.

$$8+\frac{1}{\frac{1}{4}+\frac{1}{R_A}}=10 \rightarrow \frac{1}{4}+\frac{1}{R_A}=\frac{1}{2} \rightarrow \frac{1}{R_A}=\frac{1}{4}$$

따라서 $R_A=4\Omega$이다.

30

정답 ①

ㄱ·ㄷ. 작용·반작용의 예이다.

오답분석

ㄴ. 중력의 예이다.
ㄹ. 관성력의 예이다.

31

정답 ④

b의 길이와 한 일의 양은 관계없으므로 한 일의 양은 변함이 없다.

오답분석

①·⑤ ㉠은 작용점으로 a, b의 길이와 관계없다.
② b가 길어질수록 힘은 적게 든다.

32

정답 ⑤

ㄱ. 3부터 8초 사이에는 엘리베이터가 등속운동을 하고 있다. 따라서 혜린이의 몸무게는 원래 몸무게를 유지한다.
ㄴ. 8부터 10초 사이에 가속도 a는 $\frac{0-10}{2}=-5\text{m/s}^2$이다. 따라서 저울이 가리키는 눈금은 50×(10−5)=250N이다.
ㄷ. 엘리베이터가 1층부터 맨 위층까지 이동한 거리는 그래프의 면적과 같다.
$\left(3\times10\times\frac{1}{2}\right)+(5\times10)+\left(2\times10\times\frac{1}{2}\right)=75\text{m}$이므로 이 건물의 높이는 70m 이상이다.

33

정답 ④

열기구는 대류 현상에 따라 발생하는 상승기류를 활용하여 하늘로 떠오른다.

34

정답 ②

제시된 그래프의 운동은 8초와 12초에서 방향이 변화하였다.

35

정답 ③

오답분석

ㄴ. '중력=수직항력+탄성력'이며 현재 0.1m 늘어난 상태에서 지면에 멈춰 있으므로 위로 수직항력과 함께 탄성력이 작용하고 있다.

36

정답 ④

핀셋은 대표적인 3종 지레 중 하나로 힘점이 작용점과 받침점 사이에 있다. 따라서 힘점은 B, 받침점은 C, 작용점은 A이다.

지레의 종류

- 1종 지레 : 받침점이 힘점과 작용점 사이에 있는 지레
힘점에 작용하는 힘의 방향과 작용점에 작용하는 힘의 방향이 달라 장도리 등에 적용된다.
- 2종 지레 : 작용점이 힘점과 받침점 사이에 있는 지레
힘점에 작용하는 힘의 방향과 작용점에 작용하는 힘의 방향이 같으며 병따개 등에 적용된다.
- 3종 지레 : 힘점이 작용점과 받침점 사이에 있는 지레
1종 지레, 2종 지레에 비해 일을 하기 위해 필요한 힘은 항상 더 크지만, 정교한 작업을 할 때 더욱 유리하며 핀셋, 집게, 젓가락 등에 적용된다.

37

정답 ③

달리고 있을 때의 자동차의 운동 에너지$=\frac{1}{2}\times 1,000\times 10^2$

$=50,000\text{J}$

힘의 방향과 운동 방향이 반대이므로 마찰력 F는 다음과 같다.

$50,000\text{J}-F\times 10=0$

$\therefore\ F=5,000\text{N}$

38

정답 ②

초전도 현상은 어떤 물질이 특정 온도 이하에서 저항이 0이 되는 현상이며, 이러한 물질을 초전도체라고 한다. 초전도체에서는 열에너지의 손실 없이 많은 양의 전류가 흐를 수 있는데, 이러한 초전도체로 만든 전선을 송전선으로 사용하면 전기 에너지가 열로 손실되는 것을 막을 수 있어 많은 양의 전기 에너지를 절약할 수 있다. 자기 부상 열차는 자기력을 이용하여 열차가 레일 위에 뜬 상태로 운행되므로 열차와 레일 사이 마찰 없이 고속으로 달릴 수 있는 점을 이용한 것으로 대표적인 초전도체의 이용 사례이다.

39

정답 ③

전자기파는 전자기적인 진동이 주변으로 퍼지는 파동으로서 매질이 없어도 파동이 전파되고 무선전화, 라디오, 텔레비전 방송 등 무선통신에 이용된다.

오답분석

ㄴ. 물결파는 횡파의 한 종류로 잔잔한 수면에 돌을 떨어뜨리면 물결파가 물을 따라 진행한다.

40

정답 ④

스피커는 전기신호를 진동판의 진동으로 바꾸어 공기에 소밀파를 발생시켜 음파를 복사한다.

41

정답 ②

뉴턴의 운동 제2법칙(가속도의 법칙)은 $F=ma$이고 $a=\frac{F}{m}$이다.

따라서 $a_A=F$이고 $a_B=\frac{F}{2}$이므로 $a_A : a_B=2:1$이다.

42

정답 ①

$I=\frac{V}{R}=\frac{10}{5}=2\text{A}$

43

정답 ④

전자기파는 전하를 띤 물체가 진동할 때 발생하는 것으로 매질이 없는 공간에서도 전파되며, 파장에 따라 전파, 가시광선, 적외선, X선으로 분류된다.

44

정답 ①

지구 자전에 의한 현상으로 낮과 밤이 생기며, 낮과 밤에 기온차가 생긴다.

오답분석

②·③·④·⑤ 지구 공전에 의한 현상이다.

45

정답 ⑤

지레는 막대의 한 점을 물체에 받쳐 고정시키고, 한쪽에는 물체를 올려놓고 다른 한쪽에 힘을 가하여 적은 힘을 들여 무거운 물체를 들어 올리는 도구이다. 힘점과 받침점 사이의 거리가 작용점과 받침점 사이의 거리보다 길어야 가한 힘보다 더 큰 힘이 작용점에 작용하게 된다. 지레의 원리를 활용한 생활 속 도구로는 병따개, 가위, 손톱깎이, 젓가락, 펀치, 핀셋 등이 있다.

46

정답 ①

진공상태에서 자유 낙하하는 물체는 그 물체의 질량, 모양, 종류와 관계없이 가속도가 일정하다. 따라서 질량이 다르더라도 지표면에 동시에 도달한다.

오답분석

ㄴ. 위치 에너지는 물체의 질량과 높이에 비례한다.

47

정답 ①

오답분석

② 간섭 : 둘 또는 그 이상의 파동이 서로 만났을 때, 중첩의 원리에 의해 서로 더해지면서 나타나는 현상을 말한다.

③ 회절 : 파동이 장애물 뒤쪽으로 돌아들어 가는 현상으로, 입자가 아닌 파동에서만 나타나는 성질이다. 담장 너머의 사람이 보이지는 않아도 말하는 소리는 들을 수 있는 것이 예이다.

④ 굴절 : 파동이 서로 다른 매질의 경계면을 지나면서 진행 방향이 바뀌는 현상이다. 물컵 속의 연필이 굽어 보이는 현상, 수조 바닥에 놓인 동전이 실제보다 가깝게 떠 보이는 현상 등이 예이다.

⑤ 베르누이의 정리 : 임의의 한 지점에서 일정한 시간 동안 흘러가는 유량은 어느 곳이나 일정하다는 것으로, 비행기의 날개, 골프공의 딤플, 자동차 스포일러, 야구공의 실밥, 분무기 등에 적용된다.

48

정답 ⑤

피겨스케이팅 선수들이 스핀 시 회전속도를 올릴 때 사용되는 원리는 각운동량 보존의 법칙이다. 이는 계의 외부로부터 힘이 작용하지 않는다면 계 내부의 전체 각운동량이 항상 일정한 값으로 보존된다는 법칙으로 반지름과 회전속도는 반비례한다.

49

정답 ②

외접 기어는 회전 방향이 반대이고, 내접 기어는 회전 방향이 같다.

50

정답 ③

- 열렸을 때 전압 $V=IR=2\times(15+30)=90$
- 닫혔을 때 저항 $R=15+\dfrac{1}{\dfrac{1}{30}+\dfrac{1}{30}}=30$

$\therefore\ 90\div30=3\text{A}$

PART 2

한국사

PART 2 한국사 적중예상문제

01	02	03	04	05	06	07	08	09	10
④	④	①	⑤	④	⑤	②	④	⑤	④
11	12	13	14	15	16	17	18	19	20
②	②	①	④	③	①	⑤	①	④	②
21	22	23	24	25	26	27	28	29	30
②	①	①	④	③	④	②	④	③	③
31	32	33	34	35	36	37	38	39	40
①	⑤	①	⑤	⑤	②	④	④	②	②
41	42	43	44	45	46	47	48	49	50
③	②	②	①	②	③	②	④	⑤	①
51	52	53	54	55	56	57	58	59	60
③	③	②	⑤	③	③	③	⑤	①	⑤
61	62	63	64	65	66	67	68	69	70
③	⑤	④	②	①	⑤	④	④	⑤	①
71	72	73	74	75	76	77	78	79	80
②	⑤	①	①	③	②	②	⑤	⑤	②
81	82	83	84	85	86	87	88	89	90
⑤	⑤	⑤	②	①	⑤	④	②	④	①

01

정답 ④

신석기시대에 농경이 시작되었지만 사냥과 고기잡이는 그대로 행해져 생계를 유지하였다.

02

정답 ④

고조선 세력의 범위는 청동기시대로 알 수 있는 비파형 동검이나 고인돌이 출토된 지역과 일치하고 있다.

03

정답 ①

탄화미는 한반도에서 벼농사가 시작되었음을 반영한다.

오답분석

② 청동기시대 유적은 만주와 한반도 일대에 폭넓게 분포되어 있다.
③ 조개껍데기 가면은 신석기시대의 예술품이다.
④ 이른민무늬 토기와 덧무늬 토기는 신석기시대의 토기이다.
⑤ 가락바퀴를 이용하여 원시적인 수공업이 이루어진 것은 신석기시대이다.

04

정답 ⑤

제시된 나라는 고조선으로, 고조선은 중국 한나라의 공격으로 멸망하였고 그 자리에 한사군이 설치되었다.

오답분석

① 고조선은 노예가 존재하는 신분제 사회이다.
② 고조선의 8조법에 남의 물건을 훔친 사람은 그 물건의 주인집의 노예가 되어야 한다고 되어 있어 사유재산을 보호하였음을 알 수 있다.
③ 고조선은 중국의 철기 문화를 받아들였다.
④ 고조선은 한나라와 남쪽의 진국 등이 직접 통교하는 것을 막고 중계무역을 하였다.

05

정답 ④

한 무제는 고조선의 경제적·군사적 성장에 위협을 느껴 수도 왕검성을 공격하였으나, 고조선은 약 1년간 완강하게 저항하였다. 그러나 장기간의 전쟁으로 지배층의 내분이 일어나 왕검성이 함락되어 멸망하였다(B.C. 108).

오답분석

① 임신서기석에는 신라의 화랑들이 3년 동안 유교경전을 공부할 것을 하늘 앞에 맹세한 내용이 적혀 있다.
② 졸본에서 건국된 고구려는 2대 유리왕 재위 후반에 국내성으로 수도를 옮겼다(A.D. 3).
③ 백제왕이 일본왕에게 하사한 것으로 알려진 칠지도의 양면에는 60여 자의 명문(銘文)이 새겨져 있다.
⑤ 신라 원성왕 4년(788)에 유교 경전을 얼마나 잘 이해하고 있는지에 따라 국학의 졸업생을 상·중·하의 3등급으로 구분하는 졸업 시험인 '독서삼품과'를 실시하였다.

06 정답 ⑤

제시된 사료는 부여에 대한 기록이다. 부여는 왕 아래 마가, 우가, 저가, 구가 등의 부족이 있었고, 이들은 독자적인 세력 기반을 가지고 있어 각기의 읍락들을 통솔하였다.

오답분석

① 책화는 동예의 제도이다.
② 제천행사로 영고가 있었다. 무천은 동예의 제천행사이다.
③ 민며느리제는 옥저의 결혼 풍습이다.
④ 제사장이 관리하는 소도가 있는 국가는 삼한이다.

07 정답 ②

부여는 12월에 열리는 제천 행사인 영고가 있었고, 지배 계급이 죽었을 때 부인이나 노비 등의 산 사람을 함께 묻던 순장이라는 풍습이 있었다. 또한 왕 아래 가축의 이름을 딴 마가, 우가, 저가, 구가가 행정 구역인 사출도를 다스렸고, 왕이 통치하는 중앙과 합쳐 5부를 구성하였다.

08 정답 ④

밑줄 친 '그 땅'은 '금관가야'이며, 해당 사료는 금관가야의 마지막 왕인 김구해가 신라 법흥왕 때 나라를 바치면서 항복하는 모습을 보여주고 있다.

ㄴ. 김무력은 금관가야의 마지막 왕인 김구해의 아들로 투항 후 관산성 전투에서 백제의 성왕을 전사시키는 큰 공을 세웠다. 신라의 삼국통일에 공헌한 김유신이 그의 손자이다.
ㄷ. 금관가야는 지금의 경남 김해 지역을 중심으로 발전하였으며, 낙동강 하류의 이점을 살려서 바다를 통한 중계무역과 문화적 발전을 하였다.

오답분석

ㄱ. 후기 가야연맹의 맹주로서 등장한 가야연맹체의 국가는 금관가야가 아닌 대가야이다.

09 정답 ⑤

ㄷ. 백제 근초고왕은 재위 26년(371)에 고구려의 평양성을 공격하여 고국원왕을 전사시켰다.
ㄴ. 백제 침류왕이 즉위한 384년에 인도의 승려 마라난타가 동진으로부터 불교를 들여왔다.
ㄱ. 백제 성왕은 재위 16년(538)에 사비로 수도를 옮기고 남부여로 국호를 개칭하였다. 이는 백제 건국 설화에서처럼 백제의 출발점이 부여였음을 강조하는 것이었다.

10 정답 ④

제시문은 1971년 공주 송산리에서 발굴된 무령왕릉에 대한 설명이다. 무령왕릉은 백제 웅진시대에 조성된 고분으로 중국 남조의 영향을 받은 벽돌무덤이다.

오답분석

① 사신도 벽화가 그려져 있는 것은 고구려의 강서대묘이다.
② 12지 신상은 통일신라 고분 양식의 특징이다.
③ 모줄임 구조의 천장은 고구려와 발해 고분의 특징이다.
⑤ 천마도가 발견된 것은 신라 고분인 경주의 천마총이다.

11 정답 ②

백제는 고이왕 때 6좌평제 16관등 제도를 만들었으며, 수도와 지방의 특수행정구역을 5부 · 5방 · 22담로로 나누었다.

12 정답 ②

ㄴ. 4C 백제 근초고왕 → ㄹ. 5C 고구려 장수왕 → ㄱ. 6C 신라 진흥왕 → ㄷ. 7C 백제 의자왕

13 정답 ①

고구려의 동맹에 대한 사료로 동맹은 동명이라고도 한다. 전 부족이 한자리에 모여 국정을 의논하고 시조인 주몽신 등을 모시는 제천의식을 한다.

오답분석

②·③·④·⑤ 삼국시대 이전 국가의 제천행사에는 동예의 무천, 부여의 영고, 삼한의 수릿날 · 계절제 등이 있다.

14 정답 ④

상수리제도는 신라시대 중앙정부가 지방의 향리 또는 지방 향리의 자제를 일종의 볼모로 삼아 지방 세력을 통제하던 제도이다.

15 정답 ③

국학은 통일신라 신문왕 때 설립된 국립 유교 교육기관으로 경덕왕 때 태학감으로 개칭되었다가, 혜공왕 때 다시 국학으로 개칭되었다.

오답분석

① 주자감 : 발해의 교육기관
② 서당 : 조선의 사립 초등교육기관
④ 서원 : 조선의 사설 교육기관이자 향촌 자치운영기구
⑤ 경당 : 고구려의 민간 교육기관

16

정답 ①

ㄱ. 문무 관료전 지급(신문왕, 687년) → ㄴ. 관료의 녹읍 폐지(신문왕, 689년) → ㄷ. 백성에게 정전 지급(성덕왕, 722년) → ㄹ. 녹봉 폐지 및 녹읍 부활(경덕왕, 757년)

17

정답 ⑤

최초의 진골 출신왕은 무열왕으로 삼국 통일 이전이다. 통일 이후 신문왕 때 9주 5소경 제도와 9서당 10정 군사제도를 갖추었고, 녹읍을 폐지하고 국학을 설립하였다.

18

정답 ①

(가) 장보고의 반란은 845년이고, (나) 후고구려 건국은 901년이다. 따라서 (가)와 (나) 사이에 있었던 사건은 견훤의 후백제 건국(900)이다. 후백제 건국 후 후고구려가 잇따라 건국되면서 남북국시대가 끝나고 후삼국시대가 열렸다.

19

정답 ④

밑줄 친 그는 '대조영'으로 발해를 건국하였다. 발해는 9세기 무렵 국력이 강해져 당나라로부터 해동성국이라 불렸다.

오답분석

① 태학은 고구려의 교육기관이다.
② 발해는 926년 요나라(거란)에 의해 멸망하였다.
③ 3성 6부제의 중앙제도를 마련하였다.
⑤ 고구려를 계승하였다고 일본에 보낸 국서에 적혀있다.

20

정답 ②

㉠은 '궁예'이고, ㉡은 '견훤'이다.
송악에 후고구려를 건국한 궁예는 영토를 확장하여 철원으로 천도하고 국호를 마진으로 바꾸었다.

21

정답 ②

(가) 문왕은 발해의 제3대 왕으로 무왕의 아들이며, 이름은 대흠무이다.
(나) 발해가 해동성국이라고 불리는 시기에 재위한 왕은 선왕(9세기 초)이다.
ㄱ. 문왕은 동모산에서 중경으로, 중경에서 상경으로, 상경에서 동경으로 수차례에 걸쳐 천도하였다.
ㄹ. 선왕은 일본과의 사신 교류를 활발히 하였는데, 일본은 발해 사신을 영접하는 데 많은 비용을 소비하였다. 이에 부담을 느껴 827년에는 12년마다 한 번씩 사신을 교환하기로 사신 왕래를 제한하였다.

오답분석

ㄴ. 무왕 재위시기에 장문휴가 수군을 이끌고 당의 산동지방을 공격하였다(732).
ㄷ. 당으로부터 율령을 받아들이고 당의 문물을 적극적으로 수용한 것은 문왕이다.

22

정답 ①

(가)는 고구려의 서옥제, (나)는 옥저의 민며느리제에 해당한다. 이 두 제도는 농경사회에서 노동력 확보를 중시하였기 때문에 만들어진 제도로 볼 수 있다.

23

정답 ①

태학은 소수림왕 2년(372년)에 설립된 우리나라 최초의 관학이다.

오답분석

② 향학은 고려 성종 6년(987)에 지방에 설치된 교육 기관이다.
③ 국자감은 고려 성종 11년(992)에 설치되었는데, 충렬왕 원년(1275)에 이름을 국학으로 고치고, 동왕 24년(1298)에는 성균관으로, 공민왕 5년(1356)에는 다시 국자감으로, 동왕 11년(1362)에 다시 성균관으로 고쳐, 조선으로 이어져왔다.
④ 성균관은 조선시대 최고 국립종합대학으로 그 명칭은 고려 충렬왕 때에 국학을 성균관으로 개명한 데서 비롯되었다.
⑤ 서원은 조선시대에 유교의 성현에 대한 제사를 지내고 학자를 키우기 위해 전국 곳곳에 설립한 사설 교육 기관이다.

24

정답 ④

신라는 한반도의 동남쪽에 치우쳐 있어 중국의 선진 문물을 받아들이는 데 불리하였고, 여러 세력 집단이 연합하여 이루어진 나라였기 때문에 체제의 정비와 국가의 통합이 고구려나 백제에 비해 늦었다.

25

정답 ③

밑줄 친 '왕'은 '고려 인종'으로, 고려 인종 때 권력을 장악하고 있던 외척 세력인 이자겸은 척준경과 함께 난을 일으켜 스스로 왕위를 찬탈하고자 하였으나 실패하였다(1126). 이후 인종은 왕권을 회복시키기 위한 정치 개혁을 단행하였고, 이 과정에서 김부식을 중심으로 한 개경 세력과 묘청, 정지상을 중심으로 한 서경 세력 간의 대립이 발생하였다.

26
정답 ④

오답분석

① 구분전은 하급 관리나 군인들의 유가족의 생계를 보장해 주기 위해 지급한 토지이다.
② 개정 전시과는 전·현직 관직자의 관품만을 고려하여 지급하였다. 관품과 함께 인품까지 고려한 것은 역분전이다.
③ 외역전은 고려시대 향리에게 지급한 영업전이다.
⑤ 내장전은 왕실의 경비 마련을 위해 지급한 토지이다.

27
정답 ②

경정 전시과는 관품만 고려하여 지급하였다.

전시과
역분전(공신, 인품) → 시정 전시과(전·현직관료, 관품+인품) → 개정 전시과(전·현직관료, 관품) → 경정 전시과(현직관료, 관품)

28
정답 ④

12목에 지방관을 파견한 것은 고려 성종 때이다.

오답분석

① 광종은 독자적인 광덕 연호를 사용하였다.
② 노비안검법을 시행하여 억울하게 노비가 된 사람을 양인이 될 수 있게 하였다.
③ 후주 출신 쌍기의 제안을 받아들여 과거제도를 시행하였다.
⑤ 공복(公服)을 4가지로 제정하였다.

29
정답 ③

오답분석

㉢ 정방은 무신정권기 최우가 자기 집에 설치한 인사담당 기관이다. 고려시대 최고위 무신 합좌기구는 중방이다.

30
정답 ③

제시된 사료는 신돈이 권력을 잡은 후 죽임을 당하는 내용으로 밑줄 친 왕은 고려 공민왕이다. 국자감을 성균관으로 개편한 것은 충렬왕 때이다.

오답분석

① 1356년 원의 고려 내정 간섭 기구인 정동행성 이문소를 폐지하였다.
② 1356년 무력으로 원에 빼앗겼던 쌍성총관부를 수복하였다.
④ 1352년 무신 정권기에 설치된 정방을 폐지하였다.
⑤ 1356년 원의 연호를 폐지하고, 관제를 복구하였으며 몽고풍을 폐지하는 등 반원 자주 정책을 펼쳤다.

31
정답 ①

ㄴ. 호족 : 건국 초 집권세력으로 시간이 흐르면서 문벌을 형성하였다.
ㅁ. 문벌귀족 : 고려 중기 성종 이후로 문벌귀족이 형성되었으며, 음서로 관직을 독점하고 공음전의 혜택을 받았다.
ㄱ. 무신 : 고려 중기 문벌귀족을 몰아내고 정권을 차지하였으며, 중방과 교정도감 등을 통해 정치를 하였다.
ㄷ. 권문세족 : 원 간섭기에 성장한 세력으로 친원파이며, 대농장을 보유하였다.
ㄹ. 신진사대부 : 고려 말의 집권 세력으로 친명파이며 성리학을 공부하였다. 조선 건국을 주도하였다.

32
정답 ①

ㄷ. 해동 천태종을 창시하여 불교계를 통합하고, 폐단을 없애려 했던 의천이 죽은 뒤 교단은 다시 분열되어 귀족 중심의 불교가 지속되게 되었다.
ㄹ. 요세는 백련사 결사운동을 통해 자신의 행동을 진정으로 참회하는 법화사상, 정토신앙을 강조하였다.

오답분석

ㄱ. 지눌은 조계종을 창시한 승려이다. 선종 중심으로 교종을 포용하는 선교일치를 주장한 것은 옳다.
ㄴ. 유·불일치설을 주장한 승려는 지눌의 제자인 혜심이다.

33
정답 ①

밑줄 친 왕은 고려시대 광종이다. 광종은 황제를 칭하고 독자적인 연호(광덕, 준풍)를 사용하는 '칭제건원'을 통해 왕권을 강화하였다.

오답분석

② 2성 6부의 중앙관제가 마련된 것은 성종 때이다.
③ 교정도감은 무신 최충헌이 설치하였다.
④·⑤ 태조 왕건에 대한 설명이다.

34
정답 ⑤

(라) 동북 9성 축조 : 1107년
(다) 무신정권 시기 : 1170 ~ 1270년
(가) 삼별초 항쟁 : 1270 ~ 1273년
(나) 조선 건국 : 1392년

35

정답 ⑤

강감찬은 거란의 소배압이 이끄는 10만 대군에 맞서 귀주에서 대승을 거두었다(1019). 이후 고려는 개경에 나성을 쌓아 도성 주변 수비를 강화하고, 압록강에서 동해안 도련포에 이르는 천리장성을 쌓아 거란과 여진의 침략에 대비하였다.

36

정답 ②

첫 번째 사건은 고려 명종 3년(1173)에 문신 출신 김보당이 무신정권에 대항해 일으킨 '김보당의 난'이고, 두 번째 사건은 고려 명종 4년(1174)에 서경유수로 있던 조위총이 무신정권에 반대하는 민중들의 기세를 이용해 정권을 탈취하기 위해 일으킨 '조위총의 난'이다. 그리고 세 번째 사건은 고려 왕실 및 귀족의 보호 하에 특권을 누렸던 불교 세력이 무신 집권 이후 그 특권을 박탈당하고, 정권의 횡포가 극심해져 일으킨 '개경 승도의 난'이다. 이 세 사건 모두 무신의 정권 침탈에 반발하여 발생하였다.

37

정답 ④

제시된 지도에 표시된 곳은 서울이고, 고구려 장수왕이 남진정책을 위해 천도한 곳은 평양이다.

38

정답 ④

광군사는 고려시대 광군을 통제하던 관서로 정종 때 개경에 설치되었다.

39

정답 ②

국자감은 성종 때 설치된 국립교육기관으로 고려 최고의 교육기관이다.

오답분석

① 주창수렴법은 주마다 창고를 설치한 것으로 구휼제도인 의창을 확대하였다.
③ 현종 때 전국을 5도(행정적, 안찰사 파견)와 양계(국경선 부근, 병마사 파견)로 개편하였다.
④ 초조대장경은 거란의 침입을 불심으로 막고자 조판하였다.
⑤ 주현공거법은 주현마다 과거 합격자를 할당하는 제도로 향리의 자제가 과거에 응시할 수 있게 되었다.

40

정답 ②

ㄱ. 『삼국사기』 : 1145년 경 김부식 등이 고려 인종의 명을 받아 편찬한 삼국시대의 정사로 본기 28권(고구려 10권, 백제 6권, 신라·통일신라 12권), 지(志) 9권, 표 3권, 열전 10권으로 구성되어 있다. 기전체이며 우리나라의 현존하는 역사서 중 가장 오래된 것이다. 유교적 사관에 입각하여 기술되었으며, 신라 계승 의식이 드러나 있다.
ㄴ. 『삼국유사』 : 고려 충렬왕 때 보각국사 일연이 삼국(고구려·백제·신라)의 유사(遺事)를 모아 지은 역사서이다. 단군조선부터 통일신라까지 다루고 있으며, 불교에 관한 내용과 설화가 많은 것이 특징이다. 또한, 이 책이 전하는 향가 14수는 우리나라 고대 문학을 연구하는 데 귀중한 자료가 되고 있다.

오답분석

ㄷ. 『동명왕편』 : 고려 후기 이규보가 고구려 동명왕(東明王)에 관해 쓴 장편의 서사시로 그의 문집 『동국이상국집(東國李相國集)』 제3권에 수록되어 있다. 서장(序章)에서는 동명왕 탄생 이전의 계보를, 본장(本章)에서는 출생과 건국 과정을, 그리고 종장(終章)에서는 동명왕의 후계자인 유리왕의 경력과 작가의 느낌을 노래하였다. 이는 당시 중화중심의 역사관에서 탈피하여 우리 민족의 우월성 및 고구려 계승 국가로서의 자부심을 보여주고 있으며, 외적에 대한 항거정신이 잘 나타나 있다.
ㄹ. 『조선상고사』 : 신채호가 쓴 역사서로 단군조선부터 고구려·백제·신라의 삼국시대까지 다루고 있다. 이 책의 내용은 본래 '조선일보'에 연재되던 신채호의 '조선사'의 일부였는데, 연재가 상고사 부분에서 끝난 채로 1948년 단행본으로 출판되면서 제목이 『조선상고사』가 되었다. 제1편 총론에서 신채호는 역사를 '아(我)와 비아(非我)의 투쟁'으로 밝히고 있으며, 조선민족과 타민족·민족적인 것과 비민족적인 것·주체적인 것과 사대적인 것·혁신적인 것과 보수적인 것 사이의 투쟁을 구명하는 방식으로 연사연구를 진행하였다.

41

정답 ③

제시문은 최승로 시무 28조의 일부로 성종은 이를 받아들여 유교를 통치의 근본이념으로 하였다. 또한 성종은 당의 3성 6부제를 받아들여 2성 6부제로 제도를 개편하였다.

오답분석

① 성종 때 지방에 12목을 설치하고, 지방관을 파견하였다.
② 광종 때 노비안검법으로 억울한 노비들이 해방되었으나, 성종 때 노비환천법을 시행해 다시 노비로 되돌렸다.
④ 성종 때 최초의 철전인 건원중보를 제조하였다.
⑤ 성종 때 압록강의 여진족을 몰아내고, 강동 6주를 확보함으로써 압록강을 경계로 하는 영토를 차지하게 되었다.

42

정답 ②

고려 백정은 일반 주・부・군・현에 거주하면서 주로 농업에 종사하는 농민층을 말한다.

오답분석

ㄴ. 고려 백정은 일반적인 국역 의무를 가졌지만, 국가에 대한 특정한 직역이 없었기 때문에 백정이라 불렸다.
ㄹ. 고려 백정은 일반 농민층이다. 반면, 조선시대 백정은 천민에 속하였다.

43

정답 ②

제시문과 관련된 인물은 고려시대 최우이다. 최우는 몽골이 침입하자 강화도로 천도를 하고 대항하였다.

오답분석

① 최충헌은 이의민을 죽이고 정권을 장악하였다.
③ 만적은 최충헌의 사노로 난을 일으켰으나, 밀고자로 인하여 실패하였다.
④ 망이・망소이의 난은 정중부 집권기에 일어나 민중봉기이다.
⑤ 전민변정도감은 공민왕 때 개혁 기구이다.

44

정답 ①

밑줄 친 승려는 고려시대에 활동한 지눌이다. 지눌은 정혜쌍수를 제창하였으며, 수선사 결사운동 등을 하였다.

오답분석

② 고려 승려인 요세가 개창한 결사이다.
③ 교선일치는 의천 등이 시도하였고, 지눌은 선교일치를 시도하였다.
④ 고려 승려인 혜심이 처음 주장하였다.
⑤ 교관겸수는 고려 승려인 의천이 주장하였다.

45

정답 ②

고려 숙종 때 부족을 통일한 여진족이 고려의 국경을 자주 침입하자 윤관이 왕에게 건의하여 별무반을 편성하였다(1104). 예종 때 별무반은 여진족을 물리치고 동북 9성을 설치하였다(1107).

46

정답 ③

제시된 사료는 김부식이 고려 왕 인종에게 『삼국사기』를 바치면서 올린 글의 일부로, '고려시대의 사료', '신 부식은 아뢰옵니다.', '삼장을 갖춘 인재를 …' 등에서 알 수 있다. 『삼국사기』는 현존하는 가장 오래된 사서이다.

오답분석

① 『삼국유사』 : 고려 충렬왕 때 일연이 지은 사서로 정사 외에도 설화, 신화 등을 수록하였다.
② 『고려사절요』 : 고려시대의 역사를 편년체로 정리한 사서로 조선 문종 때 김종서 등이 편찬하였다.
④ 『제왕운기』 : 충렬왕 때 이승휴가 지은 역사책으로 7언시와 5언시로 지어졌다.
⑤ 『고려사』 : 조선 세종 때 편찬을 시작해 문종 때 완성된 고려시대 사서이다.

47

정답 ②

제시문의 왕은 북벌을 계획했던 효종이다. 효종 때 러시아가 만주 지역까지 침략해오자 청은 조선에 원병을 요청하였고, 조선에서는 두 차례에 걸쳐 조총 부대를 출병시켰다(1654, 1658).

48

정답 ④

조선시대의 광산은 정부가 독점하여 필요한 광물을 채굴하였으나, 17세기 중엽 민간인에게 광산 채굴을 허용하고 세금을 받는 설점수세제를 시행하였다. 이에 따라 조선 후기에 광업 활동이 활발하게 전개되었다.

ㄴ. 조선 후기에는 상업이 발달하여 다양한 상품의 유통이 활발해졌다. 이에 따라 농민들은 담배, 면화, 인삼 등의 상품 작물을 재배하였다.
ㄹ. 18세기 이후 상업의 발전으로 사상(私商)이 전국 각지에서 활발한 상업 활동을 전개하였다. 개성의 송상은 전국에 송방이라는 지점을 설치하고, 청과 일본 사이의 중계무역으로 많은 부를 축적하였다.

오답분석

ㄱ・ㄷ. 고려시대의 경제 모습이다.

49

정답 ⑤

제시문은 임진왜란 이후 조선 후기 사회상에 대한 내용으로 선혜청은 광해군 때 대동법을 관리하기 위해 설치된 관서이다. 해동통보와 건원중보는 고려시대의 금속화폐이다.

오답분석

① 조선 후기에는 천인도 공명첩을 사서 양인이 될 수 있었다.
② 조선 후기에 공물 대신 쌀로 바치는 대동법이 시행되었다.
③ 조선 후기에 시장에 내다 팔기 위한 작물인 상품 작물이 재배되었다.
④ 조선 후기에 실증적인 학문인 실학이 등장하였다.

50

정답 ①

인종의 뒤를 이어 명종이 어린 나이로 즉위하자, 명종의 어머니 문정왕후가 수렴청정을 하였다. 인종의 외척인 윤임을 중심으로 한 대윤 세력과 명종의 외척인 윤원형을 중심으로 한 소윤 세력의 대립으로 을사사화(1545)가 발생하여 윤임을 비롯한 대윤 세력과 사림들이 큰 피해를 입었다.

51

정답 ③

제시문의 '조선의 실정에 맞는 농법'을 소개한 이 농서는 세종 때 간행된 『농사직설』이다. 성현이 『악학궤범』을 편찬한 때는 성종 때의 일이다.

오답분석

① 세종은 훈민정음을 반포한 이후 훈민정음을 이용한 서적들을 편찬하기 시작하였는데, 대표적인 것이 바로 『용비어천가』, 『석보상절』, 『월인천강지곡』 등이다.
② 세종 때 만들어진 새로운 역법인 『칠정산』 내·외편에 대한 설명이다.
④ 1441년(세종 23년) 서운관에서 측우기가 제작되었고, 다음해인 1442년(세종 24년) 5월에 측우에 대한 제도를 신설하고 한양과 각 도의 군현에 설치하였다.
⑤ 세종 때 기존 계미자를 보완한 경자자(세종 2년), 갑인자(세종 16년), 병진자(세종 18년)와 같이 다양한 금속활자가 주조되어 인쇄술이 크게 발전하였다.

52

정답 ③

제시문의 '이것'은 조선왕조실록으로, 조선시대에 일어난 사건을 고르면 된다. 직전법은 세조가 실시한 토지 제도로, 관리의 토지 세습 등을 지급할 토지가 부족하게 되자 국가 재정확보의 목적과 중앙 집권화의 일환으로 직전법을 시행하였다.

오답분석

① 제가 회의를 열어 죄인을 처벌한 국가는 고구려이다.
② 고려 경종 때에 해당하는 설명이다.
④ 신라시대의 화랑도에 해당하는 설명이다.
⑤ 고려시대의 팔만대장경에 해당하는 설명이다.

53

정답 ②

제시문은 균역법에 대한 내용으로 균역법은 영조 때 시행하였다. 영조는 노비종모법을 시행하여 노비 소생의 자녀의 경우 어머니의 신분을 따르게 하였다.

오답분석

① 『속대전』은 1746년(영조 22년) 『경국대전』 시행 이후에 공포된 법령 중에서 시행할 법령만을 추려서 편찬한 통일 법전이다.
③ 영조는 사사로이 건립한 서언을 철폐할 것과 이후 사사로이 서원을 건립하는 자는 처벌한다고 명하였다.
④ 영조는 신문고 제도를 다시 시행하였다.
⑤ 영조는 홍수 시 큰 피해가 나타나는 등의 문제점을 해결하기 위해 청계천 준설을 시행하였다.

54

정답 ⑤

제시된 내용은 조선 후기 신분 구조의 변동과 관련된 것이다.

55

정답 ③

제시된 설명의 부서는 조선시대의 호조(戶曹)이다. 호조는 오늘날의 기획재정부에 해당하며 호구(戶口)·공부(貢賦) 및 식량과 기타 재화에 대한 정무(政務)를 맡아보던 중앙관청이다.

오답분석

① 이조(吏曹) : 오늘날의 행정자치부에 해당하며 육조 가운데 문관의 선임과 훈봉, 관원의 성적 고사(考査), 포폄(褒貶)에 대한 일을 맡아보던 관아이다.
② 병조(兵曹) : 오늘날의 국방부에 해당하며 육조 가운데 무선(武選), 군무(軍務), 의위(儀衛)에 대한 일을 맡아보던 관아이다.
④ 공조(工曹) : 오늘날의 국토교통부와 교육부의 과학 분야에 해당하며 육조 가운데 산택(山澤)·공장(工匠)·영조(營造)를 맡아보던 관아이다.
⑤ 예조(禮曹) : 오늘날의 교육부, 문화체육관광부, 외교부 등에 해당하며 육조 가운데 의례(儀禮), 제향(祭享), 조회(朝會), 교빙(交聘), 학교(學校), 과거(科擧) 등 방대한 행정 업무를 맡아보던 관아이다.

56

정답 ③

제시된 내용은 조선 중기 명종 대에 일어난 임꺽정의 난(1559~1562)에 대한 것이다. 이들은 황해도 구월산을 근거지로 하여 활동하였으며, 구성원은 주로 신분제에 불만을 품은 천민과 불합리한 수취 체제로 인해 생활이 어려워진 농민이었다. 양반 및 관청을 공격하고 왕에게 바치는 공물을 빼앗기도 하였다.

오답분석

① 만적은 고려의 무신집권기 최고의 권력자인 최충헌의 사노비로 왕후장상의 씨가 따로 없다는 주장을 펼쳤으며, 신분 해방 운동을 추진하였다.
② 최우는 최충헌의 아들로 팔만대장경 재조를 완성하게 하였고, 강화도 천도를 단행하였다.
④ 김사미는 고려 무신집권기인 1193년 7월 경상도 운문(현재의 청도)의 운문사를 거점으로 농민봉기를 일으켰다.
⑤ 홍경래는 1811년(순조 11년)에 조선 순조 11년(1811) 평안도 일대에서 지역 차별 철폐를 내세워 봉기를 일으켰다.

57

정답 ③

㉠ 준론탕평은 정조의 탕평책이고, ㉡ 완론탕평은 영조의 탕평책이다. 1771년 영조는 신문고제도를 부활시켜 백성의 목소리를 듣고자 하였다.

오답분석

① 환국을 시도한 왕은 숙종이다.
② 서원을 대폭 정리한 왕은 영조이다.
④·⑤ 초계문신제 실시와 화성 건설은 정조의 업적이다.

58

정답 ⑤

제시된 내용의 여당과 야당은 각각의 정치적 견해가 비슷한 사람끼리 모여 집단을 이룬 것이다. 이와 가장 비슷한 형태의 과거 정치 형태는 붕당정치라고 할 수 있다.

59

정답 ①

제시된 자료의 인물은 흥선대원군이다. 흥선대원군은 전국 600여 개소의 서원 가운데 47개소만 남긴 채 모두 철폐하였다. 대원군은 이 과정으로 서원에 딸린 토지와 노비를 몰수하여 국가 재정을 확충하고자 했으며, 동시에 백성에 대한 양반과 유생들의 횡포를 막고자 했다. 또한 환정을 개혁하여 사창제를 실시하고, 군정을 개혁하여 호포제를 시행하였다.

오답분석

ㄷ. 정조
ㄹ. 고종

60

정답 ⑤

제시된 작품은 조선 후기의 실학자 박지원이 지은 『양반전』으로, 양반의 횡포와 허례허식을 풍자하는 내용을 담고 있다. 이 작품이 지어진 조선 후기에는 서민문화가 발전하여 판소리와 탈춤 등의 공연이 성행하였다.

오답분석

① 임진왜란 시기인 조선 중기에 대한 설명이다.
② 고려에 대한 설명이다.
③ 병자호란 직후인 조선 중기에 대한 설명이다.
④ 조선 전기에 대한 설명이다.

61

정답 ③

자료는 위정척사운동에 대한 내용이다. 연대순으로 하여 표로 정리하면 다음과 같다.

1860년대	이항로, 기정진	병인양요가 일어난 후 서양과의 교역을 반대하며 대원군의 통상 거부 정책을 지지하였다.
1870년대	최익현	일본과의 강화도 조약 체결에 대해 상소문을 올려 왜를 서양과 다를 바가 없다고 비평하며 개항에 반대하였다.
1880년대	이만손	일본에 수신사로 파견되었던 김홍집이 돌아와 『조선책략』을 소개하며 미국과 수교할 것을 건의하자 이에 대한 반발로 이만손 등은 상소 운동을 벌였다.
1890년대	유인석, 이소응	을미사변으로 명성황후가 일본에 의해 시해되고 을미개혁으로 단발령이 내려지자 이에 대한 반발로 유인석, 이소응 등이 의병 운동을 일으켰다.

㉢에 해당하는 것은 『조선책략』으로, 『조선책략』은 청의 황쭌센이 러시아를 견제하기 위해 쓴 것이며 조선은 청, 일, 미국과 교섭해야 한다고 주장하고 있다.

62

정답 ⑤

제시된 내용은 조선 중기의 문신 유성룡이 임진왜란 동안에 경험한 사실을 기록한 전란사인 『징비록』에 대한 설명이다. 『징비록』은 임진왜란(1592)의 발발부터 정유재란(1597)까지를 기록하고 있으며 임진왜란 때, 권율은 행주산성에서 크게 승리하였다(1593).

63

정답 ④

조선 후기에는 상품 화폐 경제가 진전되면서 시장 판매를 위한 수공업 제품의 생산이 활발했다. 이 시기 민간 수공업자들은 작업장과 자본의 규모가 소규모여서 자금과 원료를 미리 받아 제품을 생산하는 선대제 수공업이 유행했다. 또한, 장인세만 부담하면 비교적 자유롭게 생산 활동에 종사할 수 있었으며, 관영 수공업장에서 만든 제품에 비해 경쟁력도 높았다.

오답분석

ㄱ. 고려 전기
ㄷ. 조선 전기

64

정답 ②

제시문의 (가) 왕은 효종이다. 효종은 병자호란 후 소현세자와 함께 심양에 인질로 잡혀가 8년 동안이나 머물러 있다가 귀국하였으며 형 소현세자가 귀국 후 2달 만에 병사하자 세자로 책봉되어, 인조 사후 조선 제17대 임금이 되었다. 효종은 병자호란의 치욕을 씻고자 북벌계획을 세워 군비를 정비하고, 송준길·송시열 등 서인의 영향력 있는 선비들을 대거 등용시켜 군정에 힘써 북벌을 위해 각고의 노력을 기울였지만 뜻을 이루지 못한 채 재위 10년 만에 세상을 떠났다. 효종의 재위 기간 당시 청나라의 요청으로 만주 일대에 출몰한 러시아 군을 공격하는 나선 정벌에 참여하였다(제1차 1654년, 제2차 1658년).

65

정답 ①

1712년 조선 숙종 때 간도 지역을 두고 청과 국경 분쟁이 발생하자 조선과 청의 두 나라 대표가 백두산 일대를 답사하고 국경을 확정하여 백두산정계비를 세웠다.

66

정답 ⑤

ㄴ. 미륵사지 석탑(백제 7세기) → ㄱ. 쌍봉사 철감선사탑(통일신라 9세기) → ㅁ. 봉천리 오층석탑(고려 전기 11세기) → ㄷ. 경천사지 십층석탑(고려 후기 14세기) → ㄹ. 원각사지 십층석탑(조선 전기 15세기)

67

정답 ④

조선 세종 때 북쪽 국경 지대에 최윤덕과 김종서를 보내 여진을 토벌하고 4군 6진을 설치하여 남방의 백성을 북방으로 이주시키는 사민 정책을 실시하여 국경 지대를 공고히 하였다.

68

정답 ④

보기는 조선 정조의 업적으로 정조는 왕권 호위 강화를 위해 장용위를 설치하고, 이후 장용영으로 개칭하였다.

오답분석

① 인조 때 창설된 북벌 담당 기병 조직
② 인조 때 창설된 경기 지역 수비 부대
③ 숙종 때 창설된 한성 수비 기병 조직
⑤ 선조 때 설치된 수도 수비 부대

69

정답 ⑤

제시된 연보는 김좌진과 함께 청산리 전투를 이끌었던 홍범도에 대한 내용이다. 홍범도의 대한 독립군은 봉오동 전투를 승리로 이끌었다.

70

정답 ①

흥선대원군은 임진왜란 때 불탄 경복궁을 재건하여 왕실의 위엄을 높이고자 하였다.

오답분석

② 흥선대원군이 안동 김씨 세력을 숙청하면서 세도 정치가 종식되었다.
③ 흥선대원군은 양반과 평민 구분 없이 모두 군역을 지는 호포제를 시행하였다.
④ 흥선대원군은 비변사를 폐지하고 삼군부를 두어 군사 업무를 맡게 하였다.
⑤ 흥선대원군은 폐단이 심한 환곡을 개혁하여 사창제를 실시하였다.

71

정답 ②

ㄱ. 병인박해(1866. 1) – ㅁ. 제너럴셔먼호 사건(1866. 7) – ㄷ. 병인양요(1866. 9) – ㄴ. 신미양요(1871) – ㄹ. 강화도 조약(1876)

72

정답 ⑤

흥사단은 1913년 5월 13일 도산 안창호 선생이 미국 샌프란시스코에서 유학 중인 청년 학생들을 중심으로 조직한 민족운동 단체로, 설립 목표는 민족 부흥을 위한 실력 양성이었다.

오답분석

① 의열단은 1919년 11월 만주 지린성에서 조직된 무력 독립운동 단체로, 1920년대에 일본 고관 암살과 관공서 폭파 등의 활발한 활동을 하였다.
② 대한 광복회는 1915년 7월 대구에서 결성된 독립운동 단체로, 1910년대 독립을 목적으로 무장투쟁을 전개해 독립을 달성하려 했던 대표적인 국내 독립운동 단체이다.
③ 신민회는 1907년 조직된 항일 비밀결사 조직으로, 전국적인 규모로서 국권을 회복하는 데 목적을 두었다.
④ 한인 애국단은 1931년 상항이에서 조직된 항일 독립운동 단체로, 일본의 주요인물 암살을 목적으로 하였다.

73

정답 ①

일제는 산미증식계획이 계획대로 되지 않자 이를 대체할 새로운 수탈의 수단으로서 남면북양정책을 생각해냈다. 남면북양정책은 당시 조선의 값싼 노동력을 이용해 한반도를 일제의 공업원료 공급지로 활용하려는 정책으로, 남쪽에서는 목화와 누에고치 재배를, 북쪽에서는 면양(緬洋) 사육을 강요한 정책이다. 이는 1930년대 내내 계속되었다.

74

정답 ①

김옥균은 1880년대 초 조사시찰단의 파견을 주선하고 국내 혁신세력을 모아 개화당의 세력 확장을 도모했다. 임오군란 이후, 1882년 9월 수신사 박영효의 고문이 되어 함께 일본으로 떠나 『치도약론』을 쓰기도 했다. 또한 1884년 우정국 준공 축하연을 계기로 친청 세력이었던 민씨 수구파의 대신들을 처단하고 갑신정변을 단행했다.

오답분석

② 유관순은 일제강점기 때의 독립운동가로 1919년 3·1 운동을 주도했다.

③ 김원봉은 일제강점기 때의 독립운동가이다. 그는 의열단을 조직하여 국내의 일제 수탈 기관 파괴, 요인 암살 등 아나키즘적 투쟁을 주도했다.

④ 신채호는 일제강점기의 독립운동가·사학자·언론인이다. 민족사관을 수립, 한국 근대사학의 기초를 확립했다.

⑤ 윤봉길은 일제강점기의 독립운동가로 1932년 4월 29일 일왕의 생일 행사장에 도시락 폭탄을 던져 일본 상하이 파견군 대장 등을 처단했다.

75

정답 ③

제시문은 을사늑약(1905)으로 이를 계기로 을사의병이 전개되었다. 을사의병 때 평민 의병장 신돌석 등이 등장하여 활약하였고, 최익현은 쓰시마에 유배되어 순국하였다.

오답분석

①·② 을미사변과 단발령을 계기로 전개된 을미의병의 특징이다.

④·⑤ 고종의 강제 퇴위와 군대 해산을 계기로 전개된 정미의병의 특징이다.

76

정답 ②

제시된 자료에서 설명하는 우리나라 최초의 민간신문은 서재필이 창간한 독립신문이다. 독립신문보다 먼저 한성순보와 한성주보가 있었지만, 이 둘은 정부가 발행한 신문이며 한문으로 이루어져 있었다. 이에 반해 독립신문은 한글로 발행되어 민중 계몽에 앞장섰으며, 이후 언론의 중요성을 인식시켜 매일신문, 제국신문, 황성신문 등 여러 민간신문이 창간되는 계기를 마련했다.

77

정답 ②

제시문은 헌병 경찰제도로 1910년대의 통치 방식이다. 조선어, 조선역사 과목이 폐지된 것은 1930년 이후 민족 말살 통치 기간의 교육정책이고, 1910년대에는 역사·지리 과목은 존재했지만 교육이 사실상 금지되었다.

78

정답 ⑤

ㄴ. 4·19 혁명(1960) – ㅁ. 제1차 경제개발 5개년 계획(1962) – ㄱ. 국민건강보험 실시(1977) – ㄹ. 남북한 유엔 동시 가입(1991) – ㄷ. IMF 외환위기(1997)

79

정답 ⑤

박은식은 『한국통사』에서 민족정신을 '조선혼'으로 강조하였다.

오답분석

①·③ 신채호

② 정인보

④ 손진태, 이병도

80

정답 ②

ㄱ. 정미조약(1547년) : 사량진 왜변 이후 단절되었던 일본과의 국교를 47년에 다시 허용한 조약

ㄴ. 정축조약(1637년) : 병자호란 후에 청에 항복하면서 맺어진 조약

ㅁ. 톈진조약(1858년) : 애로호 사건 이후 청나라가 서양의 여러 나라와 맺은 불평등 조약

ㄷ. 강화도조약(1876년) : 조선과 일본 간에 체결된 수호조약

ㄹ. 한성조약(1884년) : 갑신정변 뒤처리를 마무리 짓기 위하여 일본과 맺은 조약

81

정답 ⑤

제시된 내용은 대한매일신보에 대한 설명이다. 1904년(대한제국 광무 8) 7월 18일 양기탁이 영국인 베델과 함께 한글과 영문으로 발간한 항일 신문으로 1910년 일제의 손에 넘어가기 전까지 외국인의 치외법권을 이용하여 꾸준히 대중을 계몽하고 항일사상을 고취시키는 등 민족지로서의 역할을 하였다.

82

정답 ⑤

제시문은 국채 보상 운동에 대한 내용이다. 국채 보상 운동은 일본이 조선에 빌려 준 국채를 갚아 경제적으로 독립하자는 운동으로 1907년 2월 서상돈 등에 의해 대구에서 시작되었다. 대한매일신보, 황성신문 등 언론기관이 자금 모집에 적극 참여했으며 남자들은 금연운동, 부녀자들은 비녀와 가락지를 팔아서 이에 호응했다. 일제는 친일 단체인 일진회를 내세워 국채 보상 운동을 방해하였고, 통감부에서 국채보상회의 간사인 양기탁을 횡령이라는 누명을 씌워 구속하는 등 적극적으로 탄압했다. 결국 국채보상운동은 좌절되었다.

83

정답 ⑤

3·1 운동은 3단계로 구분할 수 있다. 첫 번째는 시위운동을 점화하는 단계이다. 두 번째는 시위운동이 대도시에서 중소도시로 확산된 단계로, 상인, 노동자들까지 시위운동에 가세하였다. 세 번째는 중소도시에서 읍면 단위의 농촌으로 파급되는 시기로 주도 세력은 농민이었다. 이들은 일제의 수탈을 가장 극심하게 받은 계층으로 일제에 대한 증오심이 강력하였고, 일제가 무력으로 무자비하게 탄압하자 시위도 무력 저항의 형태로 변화하였다.

84

정답 ②

대한민국 임시 정부는 1920년대 중엽을 고비로 활동에 어려움을 겪게 되었다. 일제의 집요한 감시와 탄압으로 연통제와 교통국의 조직이 철저하게 파괴되었고, 이로 인해 국내로부터의 지원이 대폭 줄어들어 자금난과 인력난을 겪게 되었다. 또한 사회주의 사상이 유입되면서 이념의 갈등이 증폭되었고, 투쟁 방법에 있어서도 무장 투쟁론, 외교 독립론, 실력 양성론 등으로 대립되었다. 그러나 이를 극복하기 위하여 상하이에서 국민대표회의(1923)가 열렸지만, 창조파와 개조파로 갈라져 대립이 심화되었다.

85

정답 ①

물산 장려 운동은 조만식 등의 주도로 평양에서 시작되어 전국적으로 단체가 설립되었다. 구호는 '내 살림 내 것으로', '조선 사람 조선 것'이며, 민족 기업의 지원과 민족 경제의 자립 달성이 목적이었다.

86

정답 ⑤

조선태형령은 1912년에 시행되어 1920년에 폐지된 제도로 치안 유지 명목으로 조선 사람을 재판 없이 태형(笞刑)으로 처벌할 수 있는 제도이다. 치안유지법은 1925년에 시행된 사회주의 운동이나 식민 체제를 반대하는 반정부·반체제 운동을 탄압하기 위한 법이다.

오답분석

① 토지 조사 사업 : 1910 ~ 1918년 일제가 한국의 식민지적 토지소유관계를 공고히 하기 위하여 시행한 대규모의 국토조사사업
② 3·1 운동 : 1919년 3월 1일을 기점으로 일어난 항일독립운동
③ 헌병 경찰제 : 1910년대 일제가 우리나라를 지배하기 위해 실시한 경찰제도(군인이 경찰 역할)로 3·1 만세운동 이후 폐지
④ 회사령 : 1910 ~ 1920년 한국에서 회사를 설립할 경우에 조선총독부의 허가를 받도록 규정한 법령

87

정답 ④

제시문은 한용운의 대표작인 『님의 침묵』이다. 한용운은 조선불교유신론에서 불교의 쇄신을 주장하여 불교의 자주성 회복과 근대화를 위한 운동을 추진하였다. 특히 한국 불교를 일본 불교에 예속시키려는 총독부 정책에 맞서 민족 종교의 전통을 지키려고 노력하였다.

88

정답 ②

한국전쟁은 1950년 6월 25일 새벽에 북한군이 남북군사분계선이던 38도선 전역에 걸쳐 기습 남침함으로써 일어났다.

89

정답 ④

3·15 부정선거는 1960년 3월 15일, 4·19 혁명은 1960년 4월 19일, 5·16 군사정변은 1961년 5월 16일에 일어났다.

오답분석

① 헌법 제정 : 1948년 5월
② 발췌 개헌 : 1952년 7월
③ 사사오입 개헌 : 1954년 11월
⑤ 베트남 파병 : 1964 ~ 1973년

90

정답 ①

6·15 남북 공동선언은 2000년 김대중 대통령이 북한의 김정일 국방위원장과 정상회담을 통해 합의된 내용을 발표한 것으로 통일 문제의 자주적 해결, 1국가 2체제 통일방안, 이산가족 문제의 인도적 해결, 남북 간 교류 활성화 등을 합의 하였다.

오답분석

② 88 서울 올림픽 개최 : 노태우 대통령 때인 1988년 서울에서 제24회 올림픽을 개최하였다.
③ 남북한 동시 UN가입 : 노태우 대통령 때인 1991년 남북한 UN 동시가입을 하였다.
④ 한반도 비핵화 선언 : 노태우 대통령 때인 1991년 남북한이 한반도 비핵화를 선언하였다.
⑤ 소련과 수교 : 노태우 대통령 때인 1990년에 한국과 소련이 공식 수교하였다.

PART 3

최종점검 모의고사

최종점검 모의고사

01 연역적 사고

01	02	03	04	05	06	07	08	09	10	11	12	13	14	15	16	17	18	19	20
⑤	②	②	①	④	②	①	③	④	②	①	③	③	⑤	②	⑤	⑤	①	③	⑤
21	22	23	24																
②	③	④	④																

01 정답 ⑤

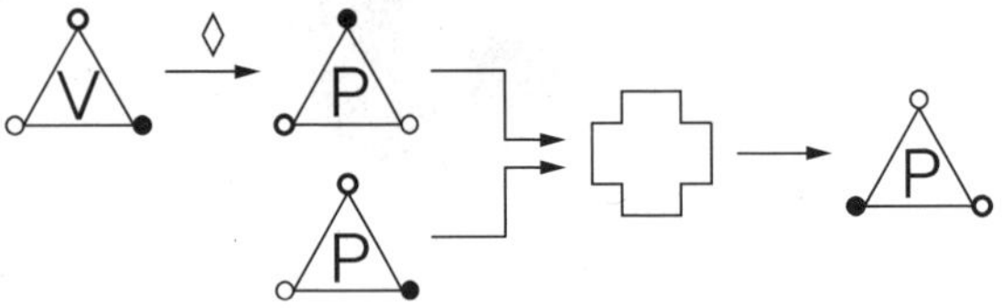

02 정답 ②

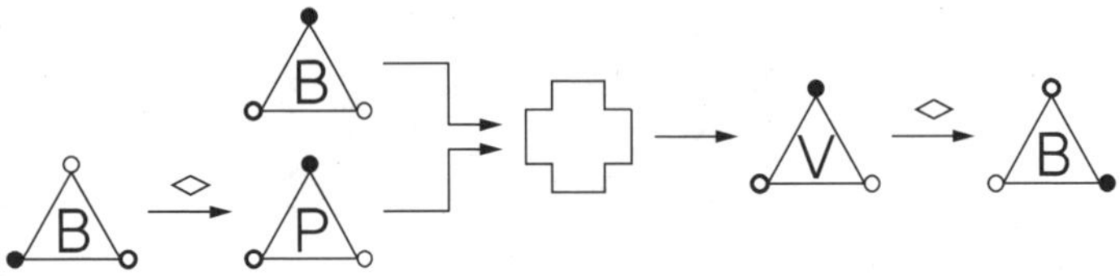

03 정답 ②

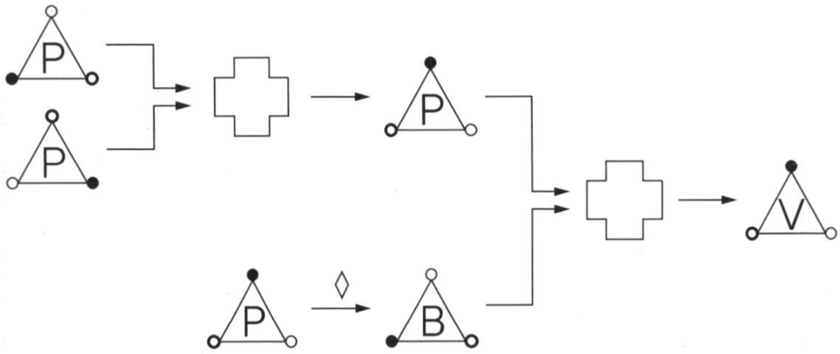

04 정답 ①

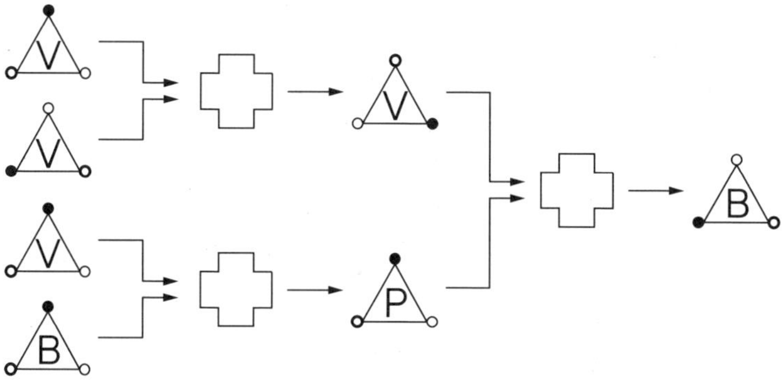

05 정답 ④

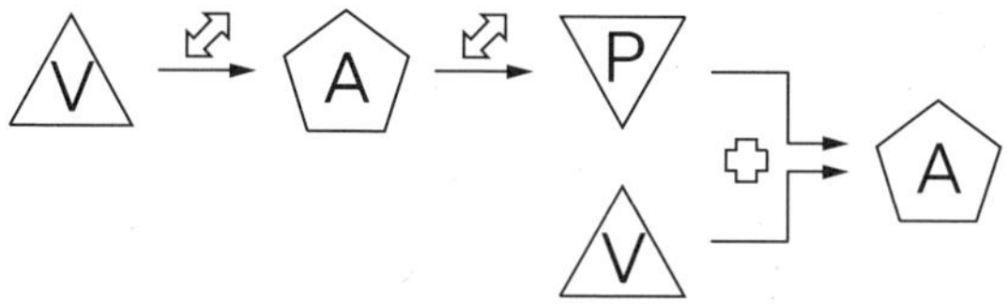

06 정답 ②

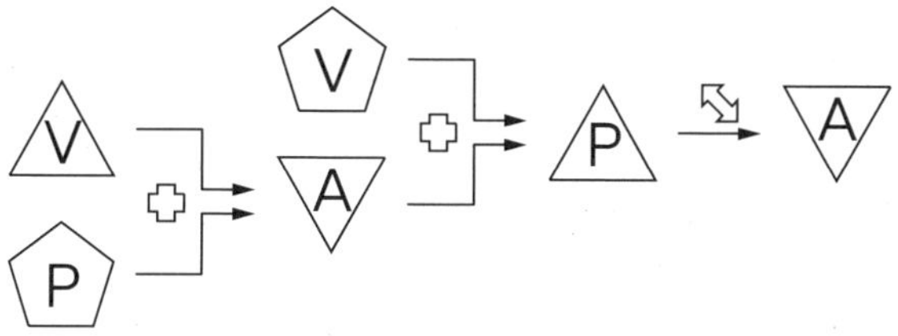

07 정답 ①

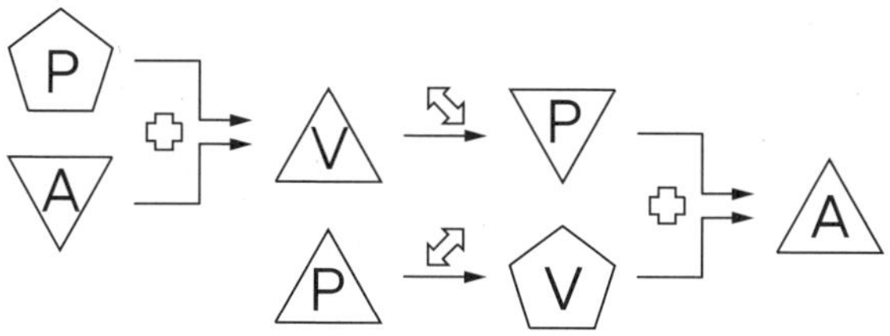

08 정답 ③

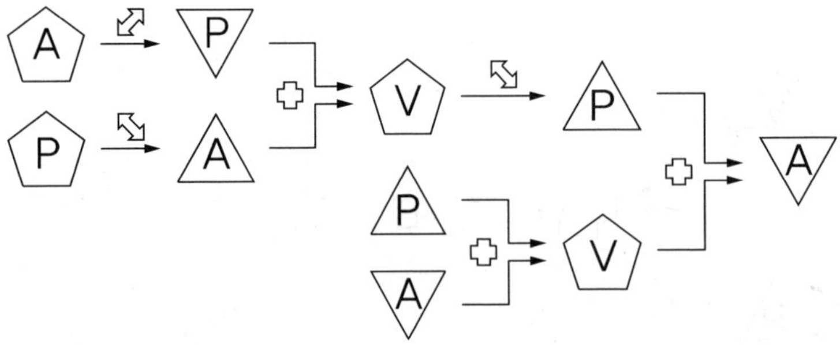

09 정답 ④

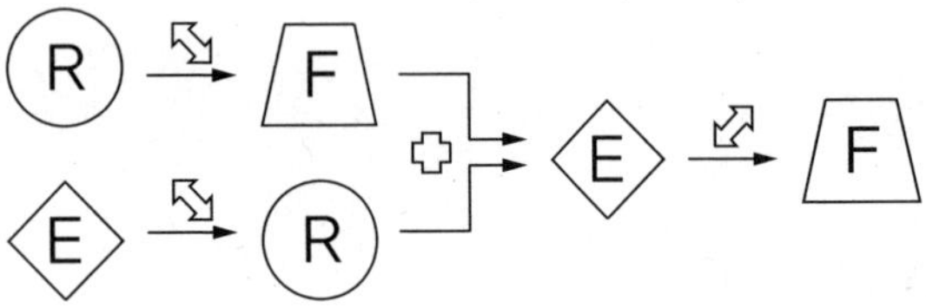

10 정답 ②

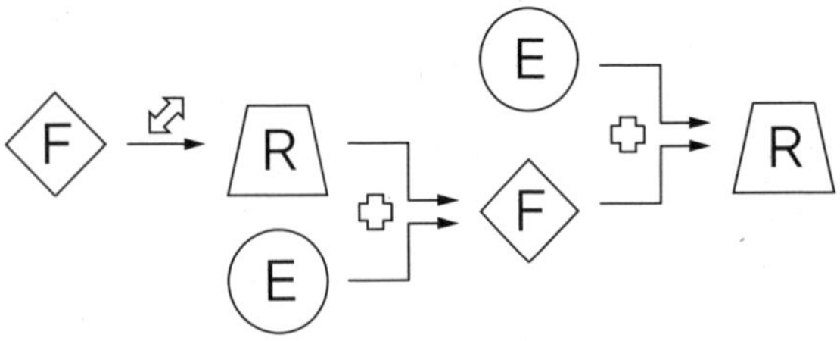

11 정답 ①

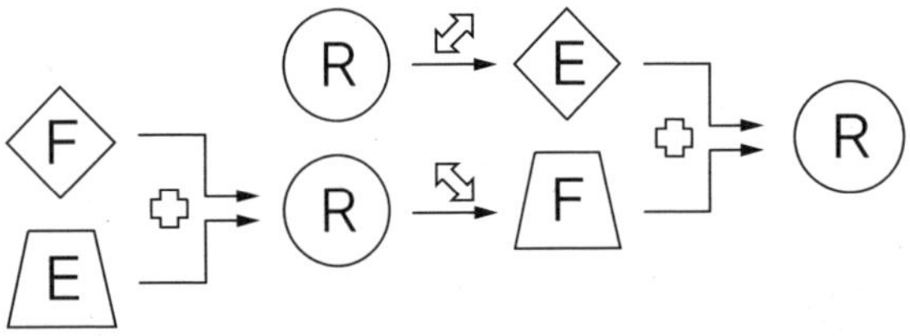

12 정답 ③

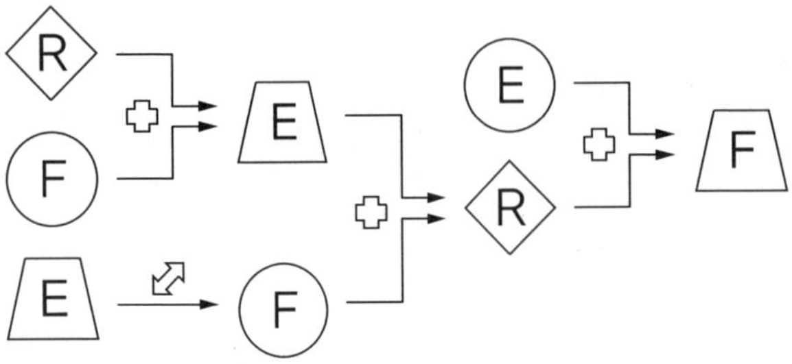

13 정답 ③

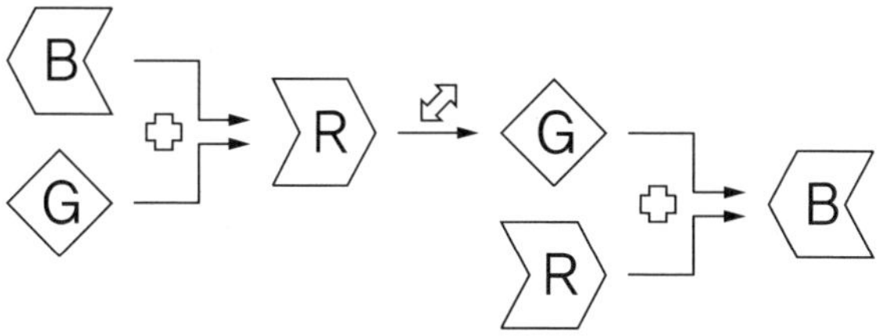

14 정답 ⑤

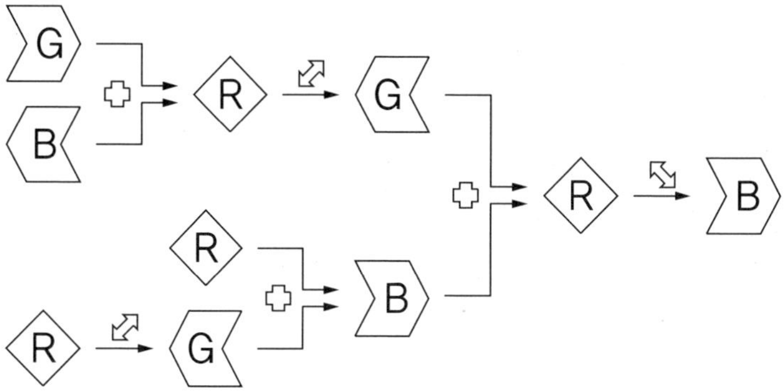

15 정답 ②

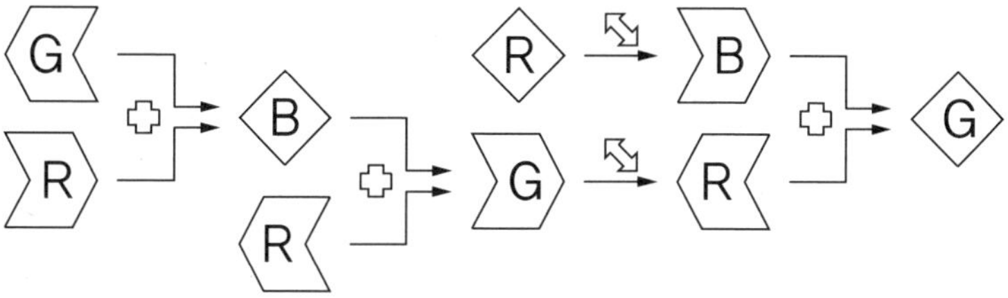

16 정답 ⑤

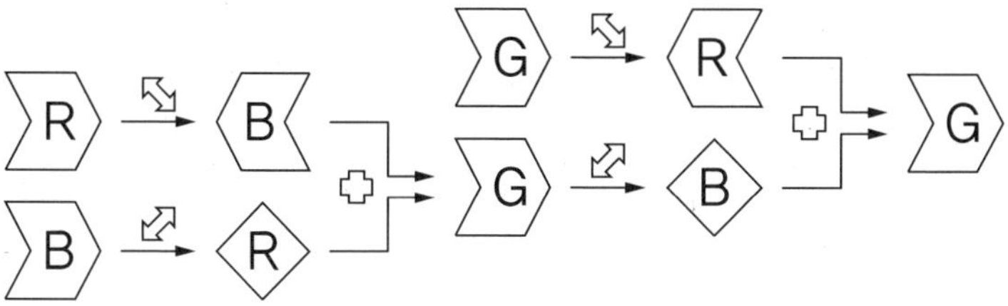

17 정답 ⑤

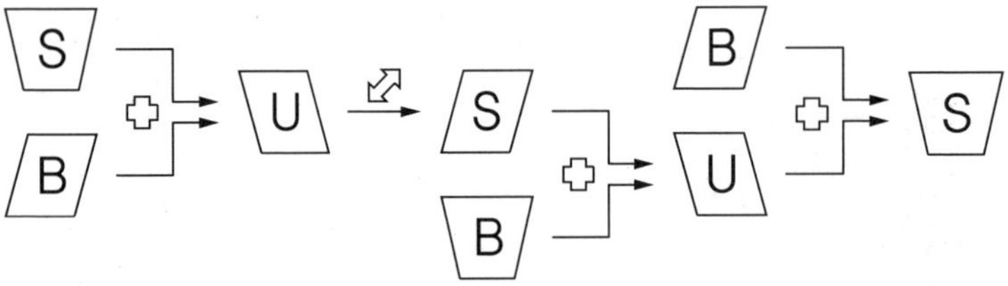

18 정답 ①

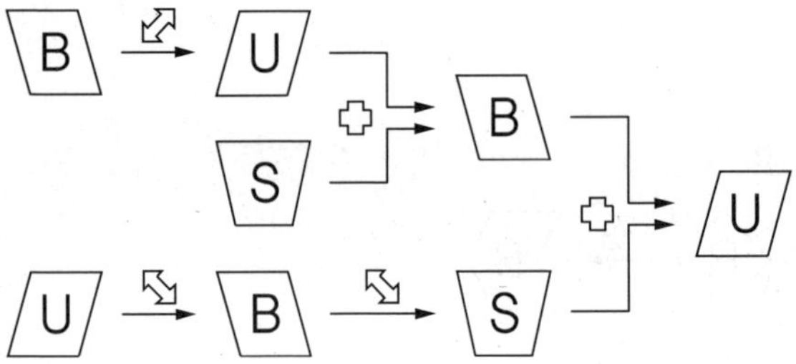

19 정답 ③

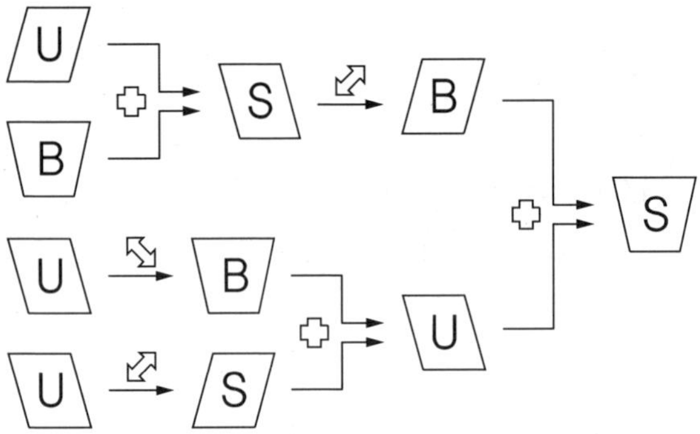

20 정답 ⑤

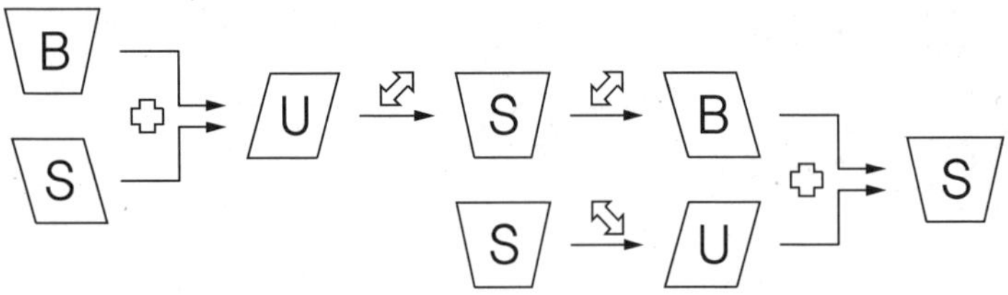

21 정답 ②

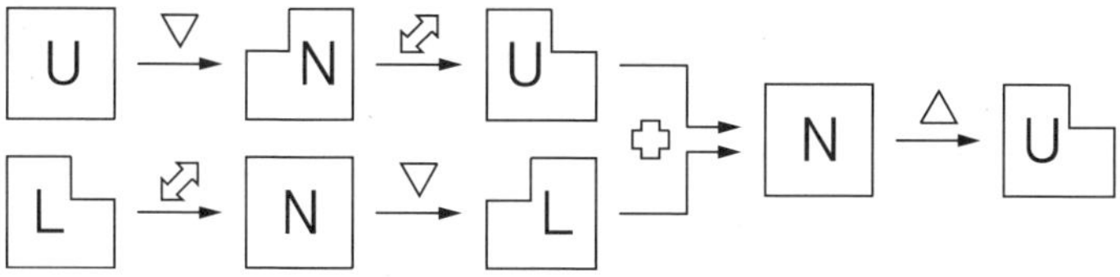

22 정답 ③

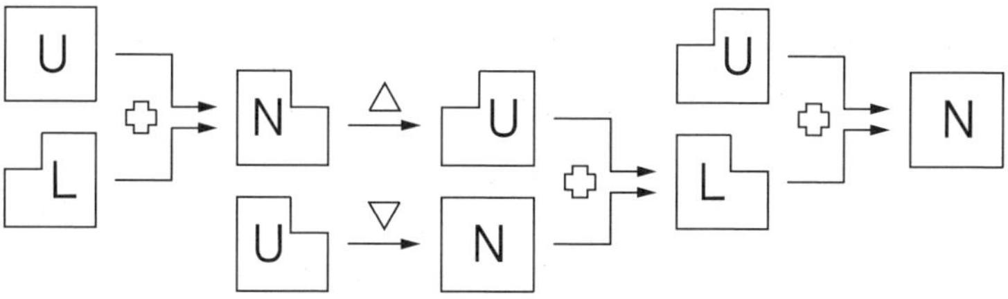

23 정답 ④

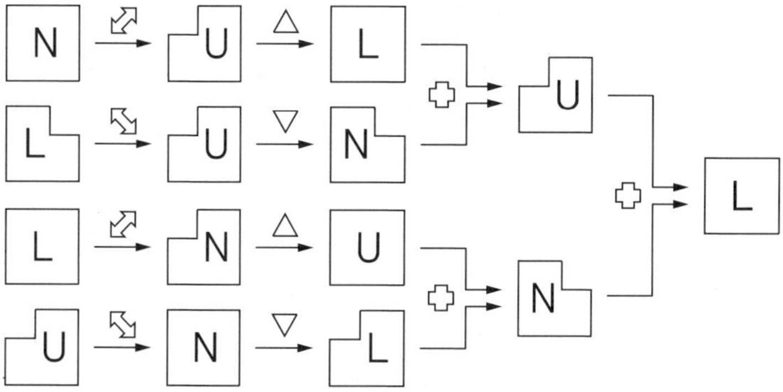

24 정답 ④

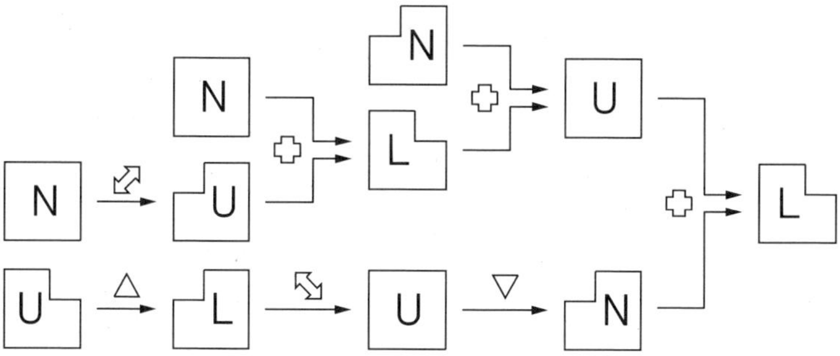

PART 3

02 도식추리

01	02	03	04	05	06	07	08	09	10	11	12	13	14	15	16	17	18	19	20
①	②	③	④	①	③	④	④	②	⑤	④	③	③	②	③	①	①	①	④	③

01 정답 ①

• 규칙

◇ : 맨 앞의 문자를 맨 앞에 하나 더 만든다.

□ : 맨 뒤의 문자를 맨 앞에 하나 더 만든다.

★ : 뒤에서 첫 번째 문자와 두 번째 문자의 순서를 바꾼다.

▽ : 문자열 전체의 순서를 좌우 대칭으로 바꾼다 (12345 → 54321)

PLM → PPLM → MPPLM
(◇, □)

02 정답 ②

RDFT → TRDFT → TRDTF
(□, ★)

03 정답 ③

8KT1 → 1TK8 → 11TK8
(▽, ◇)

04 정답 ④

FS275 → FS257 → 7FS257 → 752SF7
(★, □, ▽)

05 정답 ①

• 규칙

◘ : 각 자릿수에서 차례대로 +1, −1, −2, +2

▣ : 첫 번째와 두 번째 문자 자리 바꾸기

▲ : 맨 앞과 마지막 문자 자리 바꾸기

652P → 562P → P625
(▣, ▲)

06 정답 ③

AT3C → CT3A → DS1C
(▲, ◘)

07 정답 ④

S4F3 → 34FS → 43DU → 34DU

▲ ◘ ▣

08 정답 ④

1EB7 → E1B7 → F0Z9 → 0FZ9

▣ ◘ ▣

09 정답 ②

• 규칙

☎ : 각 자릿수에서 차례대로 +2, +3, +1, −1

💻 : 역순으로 재배열

🗁 : 각 자릿수마다 −2

🕮 : 두 번째와 세 번째 문자 자리 바꾸기

ㅁ2D4 → ㅁD24 → 42Dㅁ

🕮 💻

10 정답 ⑤

Ghㅈㅊ → Efㅅㅇ → Giㅇㅅ

🗁 ☎

11 정답 ④

5ㅎㅎN → 3ㅌㅌL → 3ㅌㅌL

🗁 🕮

12 정답 ③

x123 → 321x → 552w

💻 ☎

13 정답 ③

• 규칙

▼ : 첫 번째와 세 번째 문자 자리 바꾸기

⋈ : 두 번째 문자를 맨 뒤에 추가

♥ : 각 자릿수마다 +1

⧓ : 알파벳 대문자를 소문자로 바꾸기

ㄱKㄷㅣ → ㄱKㄷㅣK → ㄷKㄱㅣK

⋈ ▼

14 정답 ②

ㅏHㄹㅌ → ㅑIㅁㅍ → ㅓJㅂㅎ
♥ ♥

15 정답 ③

Jㅋㅎ E → Jㅋㅎ Eㅋ → jㅋㅎeㅋ
⋈ ⋈

16 정답 ①

EGㅈㄴ → egㅈㄴ → ㅈgeㄴ → ㅊhfㄷ
⋈ ▼ ♥

17 정답 ①

• 규칙
 Σ : 세 번째 문자를 맨 뒤에 추가
 Δ : 역순으로 재배열
 Φ : 각 자릿수마다 −1
 Ω : 맨 뒤 문자를 맨 앞으로 보내기

ㅏㅑㅓㅕ → ㅕㅏㅑㅓ → ㅓㅣㅏㅑ
Ω Φ

18 정답 ①

073g → 962f → 962f2
Φ Σ

19 정답 ④

rIN9 → 9NIr → 9NIrI
Δ Σ

20 정답 ③

ㅂㅌㅎㅁ → ㅁㅋㅍㄹ → ㄹㅁㅋㅍ
Φ Ω

03 기계이해

01	02	03	04	05	06	07	08	09	10
④	②	④	②	③	②	②	②	④	③
11	12	13	14	15	16	17	18	19	20
②	⑤	③	③	④	④	①	④	②	③
21	22	23	24	25	26	27	28	29	30
②	④	④	①	③	⑤	②	④	④	①
31	32	33	34	35	36	37	38	39	40
③	②	②	①	③	④	①	⑤	④	①
41	42	43	44	45	46				
③	②	①	①	①	④				

01 정답 ④

자전은 지구가 남극과 북극을 잇는 선을 축으로 반시계 방향으로 회전하는 현상이다.

오답분석

① 지구의 자전 속도는 약 1,600km/h로, 태양을 기준으로 24시간마다 한 바퀴 회전한다.
② 우리나라에서는 조선 숙종 때 김석문이 지구가 회전한다는 지전설을 처음으로 주장하였다.
③ 지구의 자전은 지구에 밤과 낮이 발생하는 원인이 되며, 별이 북극을 중심으로 반시계 방향으로 동심원을 그리며 움직이는 일주운동 역시 지구의 자전 운동으로 인해 나타나는 현상이다.
⑤ 푸코는 진자 실험을 통해 지구의 자전을 과학적으로 증명하였다.

02 정답 ②

$F = m \times a$

질량이 2kg이고, 가속도가 2m/s^2이므로 힘의 크기는 4N이다.

03 정답 ④

㉠ 관성의 법칙
㉡ 중력의 법칙
㉢·㉣ 작용·반작용의 법칙

〈작용·반작용의 법칙〉

A물체가 B물체에게 힘을 가하면(작용) B물체 역시 A물체에 똑같은 크기의 힘을 가한다는 것이다(반작용). 즉, A물체가 B물체에 주는 작용과 B물체가 A물체에 주는 반작용은 크기가 같고 방향이 반대이다.

오답분석

- 관성의 법칙
  뉴턴의 운동법칙 중 제1법칙으로, 외부에서 힘이 가해지지 않는 한 모든 물체는 자기의 상태를 그대로 유지하려고 하는 법칙이다.
- 중력의 법칙
  질량이 있는 모든 물체는 다른 물체를 끌어당기며, 그 힘은 물체들의 질량의 곱에 비례하고 그 사이의 거리의 제곱과는 반비례한다는 법칙이다. 쉽게 말하면 지표 근처의 물체를 아래 방향으로 당기는 힘이다.

04 정답 ②

$a = F/m$

가속도는 힘의 크기에 비례하고 질량의 크기에 반비례한다. 이 문제에서는 힘의 크기가 같다고 가정하였고 A와 B의 가속도의 비가 3 : 1이므로, 질량비는 1/3 : 1이 되므로 답은 1 : 3이 된다.

05 정답 ③

오답분석

ㄱ. 도구를 이용하면 힘에는 이득을 얻을 수 있지만 일에서는 이득을 얻을 수 없다(일의 원리).
ㄴ. 구조물은 무게 중심이 낮을수록 안정된다.

06 정답 ②

오답분석

ㄷ. 유체 속에서 작용하는 압력도 압력의 단위인 Pa(파스칼) 또는 N/m^2을 사용한다.

07 정답 ②

오답분석

ㄷ. 물체에 작용한 알짜힘은 질량에 비례하므로 물체에 작용한 알짜힘은 질량에 비례하므로 물체 A에 작용하는 알짜힘은 4N, 물체 B에 작용하는 알짜힘은 6N이다.

08 정답 ②

골프공 딤플의 원리는 홈을 파서 바람에 의한 공기 저항을 줄여 더 잘 날아가도록 하는 것이다. 상어 아가미는 이 원리와는 상관이 없다.

09 정답 ④

(역학적 에너지)=(운동 에너지)+(위치 에너지)

$=\frac{1}{2}mv^2+mgh$

$=\frac{1}{2}\times 2kg\times(3m/s)^2+2kg\times 10m/s^2\times 5m$

∴ 109J

10 정답 ③

원자력 발전은 핵에너지를 이용한 것으로 핵분열을 통해 에너지를 발생시킨다. 이로 인해 방사성 폐기물이 발생하게 된다.

11 정답 ②

반도체는 전기가 잘 통하는 도체와 전기가 잘 통하지 않는 절연체 사이의 중간적인 특성을 갖는다. 반도체에 불순물을 첨가하거나 특정한 조작을 하면 전기 전도가 생기기도 한다. 고체 또는 액체일 수 있는데, 보통은 고체이다.

12 정답 ⑤

관성의 법칙이란 외부에서 힘이 가해지지 않는 한 모든 물체는 자기의 상태를 그대로 유지하려고 하는 것을 말한다. 즉, 정지한 물체는 영원히 정지한 채로 있으려고 하며 운동하던 물체는 등속 직선운동을 계속하려고 한다.

13 정답 ③

비행기 날개윗면에서 흐르는 공기는 아랫면에서 흐르는 공기보다 빠르며 압력이 낮아 날개는 위쪽으로 힘을 받게 된다. 이 힘을 '양력'이라고 한다.

14 정답 ③

외접 기어는 회전 방향이 반대이고, 내접기어는 회전 방향이 같다.

15 정답 ④

모든 마찰과 저항을 무시할 경우 경사면과 상관없이 공이 지면에 도달하는 순간 속력은 모두 동일하다. 역학적 에너지 보존 법칙(역학적 에너지=위치 에너지+운동 에너지)에 따라 처음 출발할 때는 운동 에너지가 0이고, 나중 지면에 도달한 순간은 위치 에너지가 0이 된다(h=0m). 따라서 처음 위치 에너지는 지면에 도달한 순간 모두 운동 에너지로 전환되어 물체의 무게와 상관없이 같은 높이에서 속력이 같음을 알 수 있다.

16 정답 ④

가속도 센서는 이동하는 물체의 가속도나 충격의 세기를 측정하는 센서로, 자동차, 선박, 기차 등 각종 운송 수단, 공장자동화 및 로봇 등의 제어시스템에 사용된다.

17 정답 ①

물체에 힘이 작용할 때, 가속도는 힘의 크기에 비례하고, 질량에 반비례하므로 $\frac{4}{2}=2m/s^2$이다.

18 정답 ④

역학적 에너지를 전기 에너지로 전환시켜주는 장치는 발전기이다.

19 정답 ②

저항의 연결에서 병렬연결일 경우는 다음과 같은 식이 성립한다.

$$\frac{1}{R}=\frac{1}{R_1}+\frac{1}{R_2}+\frac{1}{R_3}=\frac{1}{2}+\frac{1}{2}+\frac{1}{2}$$

따라서 R(합성저항)$=\frac{3}{2}\Omega$이 된다.

20 정답 ③

운동 에너지$\left(\frac{1}{2}mv^2\right)$는 질량에 비례한다. 따라서 질량이 가장 큰 C의 운동 에너지가 가장 크다.

21 정답 ②

재생 에너지원은 사용해도 없어지지 않고 다시 생겨나는 에너지원으로 태양, 지열, 바람, 파도 등이 해당된다.

22 정답 ④

오답분석

ㄴ. 열기관은 고열원에서 저열원으로 이동한다. 저열원에서 고열원으로 이동시키는 기관은 열펌프이다.

23 정답 ④

$F=m\times a$

$\therefore m=\frac{F}{a}=\frac{8}{2}=4kg$

24 정답 ①

오답분석

ㄴ. 유리판 속에서의 속력은 A가 B보다 더 빠르다.
ㄷ. 진동수의 차이는 공기 중과 유리판이 같고 파장의 차이가 생기게 된다.

25 정답 ③

지레의 원리로부터 $100\times1=F\times4$에서 $F=25\text{N}$이다.

지레의 원리	서로 반대 방향으로 회전하려는 돌림힘의 크기가 같다면 지레는 회전하지 않음 $F\times a=w\times b$
일의 원리	지레와 같은 도구를 사용하여 일을 할 때, 힘의 크기가 줄어드는 대신 힘을 작용한 거리가 길어져 전체적인 일의 양은 변하지 않음 $F\times s=w\times h$

26 정답 ⑤

고온의 물체가 잃어버린 열량만큼 저온의 물체가 열을 얻어 온도가 같아지면 열의 이동이 없는 열평형 상태에 이르게 된다.

27 정답 ②

합성저항$=4+\dfrac{4\times4}{4+4}=6\Omega$

$12V=I\times6\Omega$

$\rightarrow I=2\text{A}$

28 정답 ④

탄성력은 $F=kx$이므로 탄성계수 k는 $\dfrac{4N}{5cm}=0.8\text{N/cm}$이다. 따라서 용수철에 가해진 힘은 $0.8\text{N/cm}\times8\text{cm}=6.4\text{N}$이다.

29 정답 ④

직렬연결 전체 저항은 $5\Omega+5\Omega=10\Omega$이며, 회로에 흐르는 전체 전류는 $\text{I}=\dfrac{V}{R}=\dfrac{6V}{10\Omega}=0.6\text{A}$이다.

30 정답 ①

8초 후 속도는 $5\text{m/s}+4\text{m/s}^2\times8\text{s}=37\text{m/s}$이며, 평균 속도는 $\dfrac{\text{처음 속도}+\text{나중 속도}}{2}=\dfrac{5m/s+37m/s}{2}=21\text{m/s}$이다.

31 정답 ③

역학적 에너지 보존 법칙으로 감소한 운동 에너지는 증가한 위치 에너지와 같다.
따라서 (위치 에너지)=(질량)×(중력가속도)×(높이)$=2\text{kg}\times9.8\text{m/s}^2\times3\text{m}=58.8\text{J}$이다.

32 정답 ②

그림과 같은 상황에서 손을 대면, 손에서 검전기로 전자가 들어오면서 금속박이 오므라든다. 따라서 전자는 금속판에서 금속박으로 이동하며, 금속박 사이에서는 척력이 사라지게 되므로 금속박이 오므라든다.

33 정답 ②

CT는 원통이 회전하면서 인체의 한 단면을 향해 여러 방향에서 X선을 쏘아 반사되거나 투과된 정보에 따라 인체를 영상화한다.

34 정답 ①

제시된 그림은 열 에너지를 전기 에너지로 전환하는 지열 발전 방식에 해당한다. 지열 발전은 좁은 면적에 설비·설치가 가능하며, 날씨의 영향을 받지 않는 반면, 설치 장소에는 제한이 있고, 설치비용이 많이 들며 장기적인 보수를 필요로 한다.

35 정답 ③

분자의 상대적 질량이 작은 기체일수록 분자의 평균 운동 속력이 크다. 분자량이 가장 작으면 평균 속도가 가장 크므로, 평균 속도가 가장 큰 수소가 분자량이 가장 작다.

36 정답 ④

엔트로피는 무질서한 상태 또는 물리량의 단위다. 세상의 모든 물질은 반드시 엔트로피가 증대되는 방향으로 나아가며 이를 열역학 제2법칙이라고도 한다.

오답분석

① 모멘트 : 어떤 점을 중심으로 회전하려고 하는 힘을 뜻한다.
② 보손 : 스핀이 정수고, 보스 – 아인슈타인 통계를 따르는 매개 입자다. 인도의 물리학자 사티엔드라 나트 보스의 이름에서 유래되었다.

③ 라그랑지언 : 라그랑주 역학에서 계의 동역학을 나타내는 함수를 뜻한다.

⑤ 스펙트럼 : 흔히 빛을 프리즘 등의 도구로 색깔에 따라 분해해서 살펴보는 것을 일컫는다. 넓은 의미로는 어떤 복합적인 신호를 가진 것을 1 ~ 2가지 신호에 따라 분해해서 표시하는 기술을 일컫는다.

37 정답 ①

중력은 지구가 물체를 지구 중심방향으로 끌어당기는 힘으로 물체의 질량에 비례한다.

38 정답 ⑤

카오스 이론은 예측이 불가능한 무질서한 상태 속에서 질서정연함을 밝히는 것이 목적인 이론이다.

39 정답 ④

작용 · 반작용의 법칙

- 물체 A가 물체 B에 힘을 미치면(작용) 물체 B도 물체 A에 힘을 미친다(반작용).
- 두 물체 사이에 작용과 반작용은 크기가 같고 방향은 반대이며, 동일 직선상에서 서로 다른 물체에 작용한다.

40 정답 ①

블랙홀 이론은 아인슈타인의 일반상대성 이론을 기반으로 출발하였으며, 스티븐 호킹이 최초로 입자물리학 이론을 통해 거시적인 블랙홀의 양태를 증명하였다.

41 정답 ③

저항이 30Ω일 때, $4=\frac{V}{30}$이므로 $V=120$이다. 따라서 저항이 20Ω일 때 전류 I는 $\frac{120}{20}=6\text{A}$이다.

42 정답 ②

$-10\text{N}+4\text{N}=-6\text{N}$[(−)는 힘의 방향을 뜻한다]

뉴턴의 운동 제2법칙(가속도의 법칙)에 따라 $F=m\times a$이다.

$\therefore\ a=\frac{F}{m}=\frac{6}{3}=2\text{m/s}^2$

43 정답 ①

열효율(e)은 열기관에 공급된 열량에 대해 일로 전환된 비율이다.

$\text{e}=\frac{W}{Q_1}=\frac{Q_1-Q_2}{Q_1}\times100$($Q_1$: 열기관에 공급된 열량, Q_2 : 외부로 방출한 열량)

따라서 열효율(e)$=\frac{100-80}{100}\times100=20\%$이다.

44 정답 ①

(가)는 닫힌 우주, (나)는 열린 우주, (다)는 평평한 우주로서 닫힌 우주에서 우주의 밀도는 임계밀도보다 크며, 평평한 우주는 팽창하다가 멈춘다.

45 정답 ①

주기와 진동수는 역수의 관계에 있다. 따라서 0.5초의 주기를 가지고 있으면 진동수는 $\frac{1}{0.5}=2\text{Hz}$이다.

오답분석

ㄴ. 매질은 위아래로 진동만 하게 된다. 현재 P의 위치는 잠시 후 아래쪽으로 움직이는 것을 유추할 수 있다.

ㄷ. 파동의 전파 속도는 $\frac{(\text{파장})}{(\text{주기})}=\frac{2}{0.5}=4\text{m/s}$가 된다.

46 정답 ④

핵분열을 이용한 발전 방식은 원자력 발전이다.

04 한국사

01	02	03	04	05	06	07	08	09	10
③	④	④	④	①	③	③	④	②	③

01 정답 ③

698년 고구려 유민 출신인 대조영은 당나라군을 격파하고, 고구려 유민과 말갈인을 모아 지린성(길림성)의 동모산 근처에 도읍을 정하고 발해를 세웠다. 발해는 중국에서 볼 때 바다 동쪽에 있으므로 '해동성국'이라고 불렸으며 이는 9세기 무렵 전성기를 맞이한 발해의 국력을 높이 평가하여 붙인 이름이다.

02 정답 ④

근초고왕은 고구려의 평양성까지 쳐들어가 '고국원왕'을 전사시켰다.

03 정답 ④

삼한은 제정이 분리되어 있었기 때문에 정치적 지배자인 군장과 제사장인 천군이 지배하는 지역을 구분했다. 그 중 소도는 제사장인 천군이 다스리는 곳으로 국법이 미치지 못하는 지역이었기 때문에 죄인들이 숨어도 잡아갈 수 없었다.

04 정답 ④

오답분석

ㄱ. 상수리 제도는 신라시대 중앙 정부가 지방 세력을 통제하던 방식이다.

ㄷ. 경재소는 조선시대 중앙 정부의 관리가 자기 출신 지역 유향소들을 관리·감독하던 기구이다.

05 정답 ①

밑줄 친 왕은 고려 말 공민왕이다. 공민왕은 성균관을 순수한 유교 교육기관으로 개편하고 유교 교육을 강화하였다.

오답분석

② 문헌공도(9재 학당)를 세운 최충이 활약한 시기는 고려 문종 때이다.

③ 상감청자는 12세기 중엽에 생산되기 시작하여 원간섭기인 13세기 후반에 퇴화하였다.

④ 상정고금예문을 인쇄한 시기는 최씨 무신정권기이다.

⑤ 민중의 미의식이 반영된 민화가 유행한 것은 조선 후기이다.

06 정답 ③

제시문은 조선 후기의 상품 작물 재배에 대한 것이다. 조선 후기에는 장시가 점차 증가하여 인삼·담배·쌀·목화·채소·약재 등을 재배하여 팔았는데 특히, 쌀의 상품화가 활발하였다. 또한, 상공업의 발달에 따라 전국적으로 장시가 크게 늘어났다.

07 정답 ③

6조 직계제는 태종 때 처음 시행하였으며, 세종 때 의정부 서사제로 바뀌었다가, 세조 때 6조 직계제로 다시 부활하였다.

08 정답 ④

조선은 병자호란 이후 청과 군신 관계를 맺었다.

오답분석

① 임진왜란 중 훈련도감 설치하여 포수, 사수, 살수 등의 군병을 개편하였다.

② 임진왜란 중 속오법(양반에서 천민)을 실시하여 지방군 편제를 개편하였다.

③ 왜란 이후 공명첩이 발급되고, 군공으로 신분을 올리는 등 신분제가 동요하였다.

⑤ 임진왜란으로 비변사의 권한이 강화되어 국방문제뿐만 아니라 국정의 전반을 비변사 회의에서 토의·결정하게 되었다.

09 정답 ②

보기는 원산학사에 대한 설명으로 1883년에 설립되었다. 보빙사는 외국에 보빙(報聘)을 명목으로 파견하는 사절단으로 미국과 조미수호통상조약(1882)을 체결 한 후 1883년 친선을 위해 파견하였다. 박문국은 편찬, 인쇄 등을 맡은 출판기관으로 1883년 김옥균, 박영효 등이 설치하였다.

오답분석

ㄴ. 임오군란은 1882년 구식 군대가 일으킨 군란이다.

ㄹ. 갑신정변은 1884년 급진개화파가 일으킨 정변이다.

10 정답 ③

한·미 원조 협정은 1948년 12월 10일 한미 정부 간에 체결된 미국의 원조 관련 협정으로, 1950년대에는 미국의 원조에 기반을 두고 밀가루, 설탕, 면직물을 중심으로 한 삼백 산업이 활성화되어 소비재 공업이 성장하였다.

많이 보고 많이 겪고 많이 공부하는 것은 배움의 세 기둥이다.

– 벤자민 디즈라엘리 –

2025 최신판 시대에듀 GS칼텍스 생산기술직
온라인 필기시험 최신기출유형 + 모의고사 2회

개정9판1쇄 발행	2024년 10월 30일 (인쇄 2024년 09월 04일)
초 판 발 행	2017년 05월 25일 (인쇄 2017년 04월 21일)
발 행 인	박영일
책 임 편 집	이해욱
편 저	SDC(Sidae Data Center)
편 집 진 행	안희선 · 김지영
표지디자인	박수영
편집디자인	장하늬 · 장성복
발 행 처	(주)시대고시기획
출 판 등 록	제10-1521호
주 소	서울시 마포구 큰우물로 75 [도화동 538 성지 B/D] 9F
전 화	1600-3600
팩 스	02-701-8823
홈 페 이 지	www.sdedu.co.kr

I S B N	979-11-383-7812-3(13320)
정 가	22,000원

이 책의 목차

CONTENTS

3과목 직업정보론(78～94)

4과목 노동시장론(95～114)

부 록

PART 1

문제편

행운이란 100%의 노력 뒤에 남는 것이다.

– 랭스턴 콜먼(Langston Coleman)

제 1 과목 직업상담학

☆ : 1회 이상 기출	★ : 2회 이상 기출
★☆ : 3회 이상 기출	★★ : 4회 이상 기출
★★☆ : 5회 이상 기출	★★★ : 6회 이상 기출
★★★☆ : 7회 이상 기출	★★★★ : 8회 이상 기출
★★★★☆ : 9회 이상 기출	★★★★★ : 10회 이상 기출
★★★★★☆ : 11회 이상 기출	★★★★★★ : 12회 이상 기출
★★★★★★☆ : 13회 이상 기출	★★★★★★★ : 14회 이상 기출

정신분석적 상담 I ★★★★

001

☑ 확인 Check!

○	△	X
□	□	□

정신분석적 상담은 내담자의 자각을 증진시키고 행동에 대한 지적 통찰을 얻도록 돕는다. 내담자는 직업적인 방법으로 불안을 통제할 수 없을 때 무의식적으로 방어기제를 사용하는데, 내담자가 사용하는 방어기제의 종류를 3가지 쓰고, 각각에 대해 설명하시오.

정신분석적 상담 II ★☆

002

☑ 확인 Check!

○	△	X
□	□	□

역전이의 의미와 해결방안을 기술하시오.

특성-요인 상담 I ★

003

☑ 확인 Check!

○	△	X
□	□	□

파슨스(Parsons)의 특성-요인 상담에서 상담자가 해야 할 일 3가지를 쓰시오.

특성-요인 상담 II ★★★★☆

004

☑ 확인 Check!

○	△	X
□	□	□

윌리암슨(Williamson)의 특성-요인 직업상담에서 변별진단의 4가지 범주를 쓰고 설명하시오.

특성-요인 상담 Ⅲ ★★★

005

☑ 확인 Check!

○	△	X
□	□	□

윌리암슨(Williamson)의 특성-요인이론에서 검사의 해석단계에서 이용할 수 있는 상담기법 3가지를 쓰고, 각각에 대해 설명하시오.

특성-요인 상담 Ⅳ ★★

006

☑ 확인 Check!

○	△	X
□	□	□

윌리암슨(Williamson)의 특성-요인이론 중 인간본성에 대한 기본가정을 3가지만 쓰시오.

내담자중심 상담 I ★★

007

☑ 확인 Check!

○	△	X
□	□	□

로저스(Rogers)의 인간중심(내담자중심) 상담의 철학적 가정을 5가지 쓰시오.

내담자중심 상담 II ★★★★★

008

☑ 확인 Check!

○	△	X
□	□	□

로저스(Rogers)는 내담자중심 상담을 성공적으로 이끄는 데 있어서 상담자의 능동적 성향을 강조하였으며, 패터슨(Patterson)도 내담자중심 직업상담은 기법보다는 태도가 필수적이라고 보았다. 내담자중심 접근법을 사용할 때 직업상담자가 갖추어야 할 3가지 기본 태도에 대해 설명하시오.

내담자중심 상담 Ⅲ ★

009

☑ 확인 Check!

○	△	X
□	□	□

내담자중심 직업상담에서 직업정보 활용의 원리는 검사해석의 원리와 같다. 패터슨(Patterson)은 이를 어떻게 설명하고 있는지 3가지를 쓰시오.

내담자중심 직업상담과 특성-요인 직업상담의 차이점 ★☆

010

☑ 확인 Check!

○	△	X
□	□	□

내담자중심 직업상담과 특성-요인 직업상담의 차이점을 2가지 설명하시오.

정신역동 상담 I ★★★★★★

011

☑ 확인 Check!

○	△	X
□	□	□

보딘(Bordin)은 정신역동적 직업상담을 체계화하면서 직업문제의 진단에 관한 새로운 관점을 제시하였다. 그가 제시한 직업문제의 심리적 원인 3가지를 쓰고, 각각에 대해 설명하시오.

정신역동 상담 II ★★★★

012

☑ 확인 Check!

○	△	X
□	□	□

정신역동적 직업상담 모형을 구체화시킨 보딘(Bordin)의 직업상담 과정을 쓰고, 각각에 대해 설명하시오.

발달적 직업상담 I ★★★

013

☑ 확인 Check!

○	△	X
□	□	□

수퍼(Super)가 제안한 발달적 직업상담의 6단계를 쓰고 설명하시오.

발달적 직업상담 II ★★☆

014

☑ 확인 Check!

○	△	X
□	□	□

발달적 직업상담에서 Super는 '진단' 대신 '평가'라는 용어를 사용했다. Super가 제시한 3가지 평가를 쓰고, 각각에 대해 설명하시오.

행동주의 상담이론 ★

015

☑ 확인 Check!

○	△	X
□	□	□

행동주의 상담이론의 기본적인 가정 3가지를 쓰시오.

행동주의 상담기법 ★★★★★☆

016

☑ 확인 Check!

○	△	X
□	□	□

행동주의 직업상담의 상담기법은 크게 불안감소기법과 학습촉진기법의 유형으로 구분할 수 있다. 각 유형별 대표적인 방법을 각각 3가지씩 쓰시오.

행동주의 상담의 구체적인 기술 ★★★★★

017

☑ 확인 Check!

○	△	X
□	□	□

체계적 둔감화의 의미를 쓰고, 그 단계를 설명하시오.

인지 · 정서 · 행동적 상담 Ⅰ ★★☆

018

☑ 확인 Check!

○	△	X
□	□	□

인지 · 정서적 상담이론에서 개인을 파멸로 몰아가는 근본적인 문제는 개인의 비합리적 신념 때문이다. 비합리적 신념의 뿌리를 이루고 있는 3가지 당위성을 예를 들어 설명하시오.

인지 · 정서 · 행동적 상담 II ★★★★★☆

019

☑ 확인 Check!

○	△	X
□	□	□

인지 · 정서 · 행동적 상담의 기본개념으로서 A-B-C-D-E-F 모델의 의미를 쓰시오.

인지치료 ★★★☆

020

☑ 확인 Check!

○	△	X
□	□	□

벡(Beck)의 인지치료에서 인지적 오류의 유형을 3가지만 쓰고, 각각에 대해 설명하시오.

포괄적 직업상담 ★★★

021

☑ 확인 Check!

○	△	X
□	□	□

크라이티스(Crites)의 포괄적 직업상담의 상담과정 3단계를 단계별로 설명하시오.

개인주의 상담 ★★☆

022

☑ 확인 Check!

○	△	X
□	□	□

아들러(Adler)의 개인주의 상담에서 개인주의 상담과정의 목표를 4가지 쓰시오.

실존주의 상담 ★★★☆

023

☑ 확인 Check!

○	△	X
□	□	□

실존주의 상담자들이 내담자의 궁극적 관심사와 관련하여 중요하게 고려한 요인 3가지를 쓰고 설명하시오.

형태주의(게슈탈트) 상담 ★★★★

024

☑ 확인 Check!

○	△	X
□	□	□

게슈탈트 상담기법 중 3가지를 쓰고, 각각에 대해 설명하시오.

교류분석 상담 Ⅰ ★★

025

☑ 확인 Check!

○	△	X
□	□	□

의사교류분석 상담의 제한점 3가지를 설명하시오.

교류분석 상담 Ⅱ ★★

026

☑ 확인 Check!

○	△	X
□	□	□

교류분석적 상담에서 주장하는 자아의 3가지 형태를 쓰고 각각에 대해 간략히 설명하시오.

내담자의 정보 및 행동에 대한 이해와 해석 ★★★★☆

027

☑ 확인 Check!

○	△	X
□	□	□

내담자의 정보 및 행동에 대한 이해기법 중 가정 사용하기, 왜곡된 사고 확인하기, 변명에 초점 맞추기에 대해 간략히 설명하시오.

집단직업상담 Ⅰ ★★★★★☆

028

☑ 확인 Check!

○	△	X
□	□	□

부처(Butcher)의 집단직업상담을 위한 3단계 모델을 쓰고, 각 단계에 대해 설명하시오.

집단직업상담 II ★★☆

029

☑ 확인 Check!

○	△	X
□	□	□

톨버트(Tolbert)가 제시한 것으로 집단직업상담의 과정에서 나타나는 5가지 활동유형을 제시하시오.

집단직업상담 III ★★★★★★

030

☑ 확인 Check!

○	△	X
□	□	□

집단상담의 장점을 5가지를 쓰시오.

생애진로사정(LCA) Ⅰ ★★☆

031

☑ 확인 Check!

○	△	X
□	□	□

생애진로사정(LCA)의 평가 의미와 그로 인해 알 수 있는 정보 3가지를 쓰시오.

생애진로사정(LCA) Ⅱ ★★

032

☑ 확인 Check!

○	△	X
□	□	□

생애진로사정(LCA ; Life Career Assessment)의 구조 4가지와 이를 통해 알 수 있는 정보 3가지를 쓰시오.

가치사정 ★★☆

033

☑ 확인 Check!

○	△	X
□	□	□

'자기보고식 가치사정하기'에서 가치사정법 6가지를 쓰시오.

흥미사정 ★★★☆

034

☑ 확인 Check!

○	△	X
□	□	□

내담자의 흥미사정기법을 3가지만 쓰고, 각각에 대해 설명하시오.

침 묵 ★☆

035

☑ 확인 Check!

○	△	X
□	□	□

상담에서 대화의 중단 또는 내담자의 침묵은 자주 일어나는 일이다. 내담자의 침묵의 발생원인 3가지만 쓰시오.

상담의 주요 기법 ★★

036

☑ 확인 Check!

○	△	X
□	□	□

상담자가 갖추어야 할 기본기술인 적극적 경청, 공감, 명료화, 직면에 대해 설명하시오.

실업(직)과 관련된 고용상태의 잠재효과(Jahoda) ★★☆

037

☑ 확인 Check!

○	△	X
□	□	□

실업과 관련된 Jahoda의 박탈이론에 따르면 일반적으로 고용상태에 있게 되면 실직상태에 있는 것보다 여러 가지 잠재적 효과가 있다고 한다. 고용으로 인한 잠재효과를 3가지만 쓰시오.

제 2 과목 직업심리학

홀랜드(Holland)의 직업발달이론 I ★★★★★★★★★

038

☑ 확인 Check!

○	△	X
□	□	□

홀랜드(Holland)의 인성이론에서 제안된 6가지 성격 유형을 쓰고, 각각에 대해 설명하시오.

홀랜드(Holland)의 직업발달이론 II ★★☆

039

☑ 확인 Check!

○	△	X
□	□	□

홀랜드(Holland) 이론의 개인과 개인 간의 관계, 개인과 환경 간의 관계, 환경과 환경 간의 관계를 설명하는 개념 3가지를 쓰고, 각각에 대해 설명하시오.

데이비스와 롭퀴스트(Dawis & Lofquist)의 직업적응이론 ★★☆

040

확인 Check!

○	△	X
□	□	□

직업적응이론에서 직업성격 차원의 4가지 성격유형 요소들을 쓰고, 각각에 대해 설명하시오.

긴즈버그(Ginzberg)의 직업발달이론 ★★

041

확인 Check!

○	△	X
□	□	□

긴즈버그(Ginzberg)의 진로발달단계 중 현실기의 3가지 하위단계를 쓰고, 각각에 대해 설명하시오.

고트프레드슨(Gottfredson)의 직업발달이론 ★★☆

042

☑ 확인 Check!

○	△	X
□	□	□

고트프레드슨(Gottfredson)의 직업과 관련된 개인발달의 4단계를 쓰고, 각 단계에 대해 설명하시오.

크롬볼츠(Krumboltz)의 사회학습이론 ★★★

043

☑ 확인 Check!

○	△	X
□	□	□

크롬볼츠(Krumboltz)의 사회학습이론에서 개인의 진로선택에 영향을 미치는 것으로 가정한 요인 3가지를 쓰시오.

심리검사의 이해 I ★★★☆

044

☑ 확인 Check!

○	△	X
□	□	□

직업상담에서 검사선정시 고려해야 할 사항 3가지를 쓰시오.

심리검사의 이해 II ★★

045

☑ 확인 Check!

○	△	X
□	□	□

심리검사 제작을 위한 예비문항 제작시 고려해야 할 3가지를 설명하시오.

심리검사의 일반적 분류 ★★★☆

046

☑ 확인 Check!

○	△	X
□	□	□

직업심리검사의 분류에서 극대수행검사와 습관적 수행검사에 대해 설명하고, 각각의 대표적인 유형 2가지를 쓰시오.

객관적 검사 ★★★★☆

047

☑ 확인 Check!

○	△	X
□	□	□

심리검사에는 선다형이나 '예, 아니요' 등 객관적 형태의 자기보고형 검사(설문지 형태의 검사)가 가장 많이 사용된다. 이런 형태의 검사가 가지는 장점을 5가지 쓰시오.

투사적 검사 ★★★☆

048 심리검사 유형 중 투사적 검사의 장점 및 단점을 각각 3가지 쓰시오.

☑ 확인 Check!

○	△	X
□	□	□

심리검사 결과의 해석 ★★

049 Tinsley와 Bradley가 제시한 검사 결과 검토의 2단계를 설명하시오.

☑ 확인 Check!

○	△	X
□	□	□

심리검사 사용의 윤리적 문제 ★★

050

심리검사 사용의 윤리적 문제와 관련하여 주의하여야 할 사항을 6가지 쓰시오.

☑ 확인 Check!

○	△	X
□	□	□

검사의 표준화 Ⅰ ★★★★★★★★

051

규준의 유형 중 백분위 점수, 표준점수, 표준등급의 의미를 간략히 설명하시오.

☑ 확인 Check!

○	△	X
□	□	□

검사의 표준화 II ★

052

☑ 확인 Check!

○	△	X
□	□	□

직업상담사가 구직자 A와 B에게 각각 동형검사인 직무능력검사(I 형)과 직무능력검사(II형)을 실시한 결과, A는 115점, B는 124점을 얻었으나 검사유형이 다르기 때문에 두 사람의 점수를 직접 비교할 수 없다. A와 B 중 누가 더 높은 직무능력을 갖추었는지 각각 표준점수인 Z점수를 산출하고 이를 비교하시오(각각의 Z점수는 반올림하여 소수점 둘째 자리까지 산출하며, 계산과정을 반드시 기재하시오).

A : 직무능력검사(I 형) 표준화 집단 평균 : 100, 표준편차 : 7
B : 직무능력검사(II형) 표준화 집단 평균 : 100, 표준편차 : 15

검사의 표준화 III ★★★★

053

☑ 확인 Check!

○	△	X
□	□	□

심리검사는 사용목적에 따라 규준참조검사와 준거참조검사로 구분할 수 있다. 규준참조검사와 준거참조검사의 의미를 각각 예를 들어 설명하시오.

척 도 ★★★

054

☑ 확인 Check!

○	△	X
□	□	□

직업심리검사에서 측정의 기본단위인 척도의 4가지 유형을 쓰고, 각각에 대해 설명하시오.

검사 관련 주요 개념 ★★

055

☑ 확인 Check!

○	△	X
□	□	□

어떤 집단의 심리검사 점수가 분산되어 있는 정도를 판단하기 위하여 사용되는 기준 3가지를 쓰고 그 의미를 설명하시오.

측정의 표준오차(*SEM*) ★

056

측정의 표준오차(*SEM*)를 예를 들어 설명하시오.

☑ 확인 Check!

○	△	X
□	□	□

표본추출(표집) ★★★☆

057

규준 제작시 사용되는 확률표집방법 3가지를 쓰고 각 방법에 대해 설명하시오.

☑ 확인 Check!

○	△	X
□	□	□

신뢰도 Ⅰ ★★★★★

058

☑ 확인 Check!

○	△	X
□	□	□

신뢰도 검증방법 중 검사-재검사법의 단점 4가지를 쓰시오.

신뢰도 Ⅱ ★★★★

059

☑ 확인 Check!

○	△	X
□	□	□

심리검사의 신뢰도에 영향을 주는 요인을 4가지만 쓰고 설명하시오.

신뢰도 Ⅲ ★★★★

060

☑ 확인 Check!

○	△	X
□	□	□

직업심리검사의 신뢰도를 추정하는 방법을 3가지 쓰고, 각각에 대해 설명하시오.

신뢰도 Ⅳ ★★☆

061

☑ 확인 Check!

○	△	X
□	□	□

측정의 신뢰성(Reliability)을 높이기 위해서는 측정오차(Measurement Error)를 최대한 줄여야 한다. 측정오차를 최대한 줄이기 위한 구체적인 방법을 3가지 기술하시오.

타당도 Ⅰ ★★★

062

☑ 확인 Check!

○	△	X
□	□	□

심리검사에서 준거타당도 계수의 크기에 영향을 미치는 요인을 3가지만 쓰고, 각각에 대해 설명하시오.

타당도 Ⅱ ★★★★★★

063

☑ 확인 Check!

○	△	X
□	□	□

다음 물음에 답하시오.

(1) 준거타당도의 종류 2가지를 쓰고 설명하시오.

(2) 여러 가지 타당도 중 특히 직업상담에서 준거타당도가 중요한 이유 2가지를 설명하시오.

(3) 실제 연구에서 타당도 계수가 낮아지는 이유를 3가지 설명하시오.

타당도 Ⅲ ★★☆

064

☑ 확인 Check!

○	△	X
□	□	□

준거타당도의 의미를 쓰고, 준거타당도가 낮은 검사를 사용하는 것이 왜 문제가 되는지 설명하시오.

타당도 Ⅳ ★★★★★★★★☆

065

☑ 확인 Check!

○	△	X
□	□	□

구성타당도를 분석하는 방법 3가지를 제시하고, 각 방법에 대해 설명하시오.

타당도 V ★★★★★☆

066

☑ 확인 Check!

○	△	X
□	□	□

예언타당도와 공인타당도를 예를 들어 설명하시오.

심리검사 결과 ★★

067

☑ 확인 Check!

○	△	X
□	□	□

부정적인 심리검사 결과가 나온 내담자에게 검사결과를 통보하는 방법을 4가지 기술하시오.

미네소타 다면적 인성검사(MMPI) ★★

068

MMPI의 타당성 척도 중 ?척도, L척도, K척도에 대해 설명하시오.

마이어스-브릭스 성격유형검사(MBTI) ★

069

☑ 확인 Check!

○	△	X
□	□	□

마이어스-브릭스 유형지표(MBTI)는 자기보고식의 강제선택 검사이다. 이 검사에서 나타나는 4가지 양극 차원의 선호 부분에 대해 쓰시오.

일반 직업적성검사(GATB) ★★

070

☑ 확인 Check!

○	△	X
□	□	□

일반 직업적성검사(GATB)에서 사용하는 적성 항목을 3가지만 쓰고, 간략히 설명하시오.

직업흥미검사 ★★★

071

☑ 확인 Check!

○	△	X
□	□	□

스트롱(Strong) 직업흥미검사의 하위척도 3가지를 쓰시오.

직업성숙검사 ★★★

072

☑ 확인 Check!

○	△	X
□	□	□

진로성숙도검사(CMI)는 태도척도와 능력척도로 구분된다. 태도척도와 능력척도의 측정내용을 각각 3가지씩 쓰시오.

진로시간전망검사 ★★

073

☑ 확인 Check!

○	△	X
□	□	□

진로시간전망검사 중 코틀(Cottle)의 원형검사에서 시간전망 개입의 3가지 측면을 쓰고, 각각에 대해 설명하시오.

직무분석과 직무평가 I ★★

074

☑ 확인 Check!

○	△	X
□	□	□

직무분석은 직무기술서나 작업자 명세서를 만들고 이로부터 얻어진 정보를 여러모로 활용하는 것을 목적으로 한다. 이와 같은 직무분석으로 얻어진 정보의 용도를 4가지만 쓰시오.

직무분석과 직무평가 II ★★★☆

075

☑ 확인 Check!

○	△	X
□	□	□

직무분석방법 중 최초분석법에 해당하는 방법을 3가지만 쓰고, 각각에 대해 설명하시오.

직무분석과 직무평가 Ⅲ ★★☆

076

☑ 확인 Check!

○	△	X
□	□	□

직무분석방법 중 결정적 사건법의 단점을 3가지 쓰시오.

직무분석과 직무평가 Ⅳ ★

077

☑ 확인 Check!

○	△	X
□	□	□

직무분석방법 중 구조적 면접법과 비구조적 면접법의 의미를 쓰고, 각각의 장단점을 설명하시오.

문제편

제3과목 직업정보론

직업정보의 이해 ★★★☆

078

☑ 확인 Check!

○	△	X
□	□	□

특성-요인의 직업상담이론에서 브레이필드(Brayfield)가 제시한 직업정보의 기능을 3가지 쓰고, 각각에 대해 설명하시오.

민간직업정보와 공공직업정보 ★★

079

☑ 확인 Check!

○	△	X
□	□	□

공공직업정보의 특성 3가지를 쓰시오.

한국직업사전 ★★★★

080

☑ 확인 Check!

○	△	X
□	□	□

한국직업사전에 수록된 부가 직업정보를 6가지만 쓰시오.

한국표준직업분류 I ★★★★★☆

081

☑ 확인 Check!

○	△	X
□	□	□

한국표준직업분류(KSCO)에서 직업으로 보지 않는 활동 5가지를 쓰시오.

한국표준직업분류 II ★★★

082

☑ 확인 Check!

○	△	X
□	□	□

한국표준직업분류(KSCO)에서 직업(활동)으로 규명되기 위한 요건 4가지를 쓰고, 각각에 대해 간략히 설명하시오.

한국표준직업분류 III ★☆

083

☑ 확인 Check!

○	△	X
□	□	□

한국표준직업분류에서 직능수준을 정규교육과정에 따라 정의하시오.

한국표준직업분류 Ⅳ ★★★★

084

☑ 확인 Check!

○	△	X
□	□	□

한국표준직업분류(KSCO)의 직업분류 원칙 중 포괄적인 업무에 대한 직업분류 원칙 3가지를 쓰고, 각각에 대해 간략히 설명하시오.

한국표준직업분류 Ⅴ ★★★★★

085

☑ 확인 Check!

○	△	X
□	□	□

한국표준직업분류(KSCO)상 '다수 직업 종사자'란 무엇인지 그 의미를 설명하고, 이의 직업을 분류하는 일반적인 원칙을 순서대로 쓰시오.

한국표준산업분류 I ★★★☆

086

☑ 확인 Check!

○	△	X
□	□	□

한국표준산업분류(KSIC)에서 산업, 산업활동, 산업활동의 범위를 각각 설명하시오.

한국표준산업분류 II ★★★☆

087

☑ 확인 Check!

○	△	X
□	□	□

한국표준산업분류(KSIC)의 산업분류기준 3가지를 쓰시오.

한국표준산업분류 Ⅲ ★

088 다음은 한국표준산업분류(KSIC)의 통계단위이다. A, B, C에 들어갈 용어를 쓰시오.

☑ 확인 Check!

○	△	X
□	□	□

구 분	하나 이상의 장소	단일 장소
하나 이상의 산업 활동	A	B
	기업체 단위	
단일 산업 활동	C	사업체 단위

한국표준산업분류 Ⅳ ★★★★☆

089 한국표준산업분류(KSIC)에서 통계단위의 산업을 결정하는 방법을 3가지 쓰시오.

☑ 확인 Check!

○	△	X
□	□	□

경제활동참가율 ★☆

090

☑ 확인 Check!

○	△	X
□	□	□

특정 시기의 고용동향이 다음과 같을 때 경제활동참가율을 구하시오(단, 소수점 셋째 자리에서 반올림하고, 계산과정을 제시하시오).

- 만 15세 이상 인구 수 : 35,986천명
- 비경제활동인구 수 : 14,716천명
- 취업자 수 : 20,149천명(자영업자 : 5,646천명, 무급가족종사자 : 1,684천명, 상용근로자 : 6,113천명, 임시근로자 : 4,481천명, 일용근로자 : 2,225천명)

실업률 ★★★★☆

091

☑ 확인 Check!

○	△	X
□	□	□

다음 보기의 조건을 보고 실업률을 구하시오(단, 소수점 둘째 자리에서 반올림하고, 계산과정을 제시하시오).

- 만 15세 이상 인구 수 : 35,986천명
- 비경제활동인구 수 : 14,716천명
- 취업자 수 : 20,149천명(자영업자 : 5,646천명, 무급가족종사자 : 1,684천명, 상용근로자 : 6,113천명, 임시근로자 : 4,481천명, 일용근로자 : 2,225천명)

고용률 ★☆

092

☑ 확인 Check!

○	△	X
□	□	□

다음의 경제활동참가율, 실업률, 고용률을 구하시오(단, 소수점 둘째 자리에서 반올림하고, 계산과정을 제시하시오).

[단위 : 천명]

- 전체 인구 수 : 500
- 15세 이상 인구 수 : 400
- 취업자 수 : 200
- 실업자 수 : 20
- 정규직 직업을 구하려고 하는 단시간근로자 수 : 10

구인배수와 취업률 ★

093

☑ 확인 Check!

○	△	X
□	□	□

다음의 표를 보고 답하시오(단, 소수점 발생시 반올림하여 둘째 자리까지 표시하고 계산식도 함께 작성하시오).

구 분	신규구인	신규구직	알선건수	취업건수
A	103,062	426,746	513,973	36,710
B	299,990	938,855	1,148,534	119,020

(1) A기간과 B기간의 구인배수는?

(2) A기간과 B기간의 취업률은?

입직률 ★

094

☑ 확인 Check!

○	△	X
□	□	□

A회사의 9월말 사원수는 1,000명이었다. 신규채용인원수는 20명, 전입인원수는 80명일 때, 10월의 입직률을 계산하시오.

제4과목 노동시장론

노동의 수요 ☆

095

☑ 확인 Check!

○	△	X
□	□	□

노동수요에 영향을 미치는 요인을 5가지 쓰시오.

기업의 이윤극대화 노동수요 ★★☆

096

☑ 확인 Check!

○	△	X
□	□	□

완전경쟁시장에서 A제품을 생산하는 어떤 기업의 단기 생산함수가 다음과 같을 때, 이 기업의 이윤극대화를 위한 최적고용량을 도출하고 그 근거를 설명하시오(단, 생산물 단가는 100원, 단위당 임금은 150원).

노동투입량	0단위	1단위	2단위	3단위	4단위	5단위	6단위
총생산량	0개	2개	4개	7개	8.5개	9개	9개

노동의 한계생산량 ★☆

097

☑ 확인 Check!

○	△	X
□	□	□

다음의 물음에 답하시오(계산식도 함께 작성하시오).

K제과점의 종업원 수와 하루 케이크 생산량은 다음과 같다.

종업원 수	0	1	2	3	4
케이크 생산량	0	10	18	23	27

(단, 케이크 가격은 10,000원)

(1) 종업원 수가 2명인 경우 노동의 한계생산은?

(2) 종업원 수가 3명인 경우 한계수입생산은?

(3) 종업원 1인당 임금이 80,000원일 때 이윤극대화가 이루어지는 제과점의 종업원 수와 케이크 생산량은?

노동수요의 탄력성 및 노동공급의 탄력성 ★★

098

☑ 확인 Check!

○	△	X
□	□	□

노동수요의 탄력성 및 노동공급의 탄력성을 산출하는 공식을 각각 쓰시오.

노동수요의 탄력성 Ⅰ ★★★★

099

☑ 확인 Check!

○	△	X
□	□	□

노동수요의 탄력성에 영향을 미치는 요인을 3가지 쓰시오.

노동수요의 탄력성 Ⅱ ★☆

100

☑ 확인 Check!

○	△	X
□	□	□

시간당 임금이 500원일 때 1,000명을 고용하던 기업에서 시간당 임금이 400원으로 감소하였을 때 1,100명을 고용할 경우, 이 기업의 노동수요 탄력성을 계산하시오(단, 소수점 발생시 반올림하여 소수 첫째 자리로 표현).

노동공급의 결정요인 ★★☆

101 노동공급을 결정하는 요인 4가지를 쓰고 설명하시오.

☑ 확인 Check!

○	△	X
□	□	□

기혼여성의 경제활동참가율을 결정하는 요인 ★★★★★

102 기혼여성의 경제활동참가율을 결정하는 요인 6가지와 그 상관관계를 설명하시오.

☑ 확인 Check!

○	△	X
□	□	□

대체효과와 소득효과 ★★☆

103

☑ 확인 Check!

○	△	X
□	□	□

여가와 소득의 선택 모형에서 여가의 대체효과와 소득효과의 의미를 쓰고, 여가가 열등재일 때 소득증대에 따른 노동공급의 변화를 설명하시오.

내부노동시장의 형성요인 ★★★★

104

☑ 확인 Check!

○	△	X
□	□	□

내부노동시장의 형성요인을 3가지 쓰고, 각각에 대해 간략히 설명하시오.

노동시장의 분석이론 ★☆

105

☑ 확인 Check!

○	△	X
□	□	□

노동시장의 분석이론 중 내부노동시장이론, 이중노동시장이론, 인적자본이론의 의미를 간략히 설명하시오.

교육의 사적 수익률과 사회적 수익률 ★

106

☑ 확인 Check!

○	△	X
□	□	□

교육의 사적 수익률이 사회적 수익률보다 낮을 경우 정부의 개입방법을 쓰시오.

최저임금제 ★★★★☆

107

☑ 확인 Check!

○	△	X
□	□	□

최저임금제의 기대효과(장점)를 4가지 쓰시오.

임금의 하방경직성 ★★★★☆

108

☑ 확인 Check!

○	△	X
□	□	□

임금의 하방경직성의 의미를 설명하고, 임금의 하방경직성이 되는 이유 5가지를 쓰시오.

부가급여 ★★★

109

☑ 확인 Check!

○	△	X
□	□	□

부가급여의 의미를 설명하고, 사용자와 근로자가 선호하는 이유를 각각 2가지 쓰시오.

보상적 임금격차 ★★★

110

☑ 확인 Check!

○	△	X
□	□	□

보상적 임금격차의 발생원인을 3가지만 쓰고 설명하시오.

생산성 임금제 ★★

111

☑ 확인 Check!

○	△	X
□	□	□

생산성 임금제에 의하면 명목임금의 상승률을 결정할 때 부가가치 노동생산성 상승률과 일치시키는 것이 적정하다고 하였다. 어떤 기업의 2010년 근로자 수가 40명, 생산량이 100개, 생산물단가는 10원, 자본비용이 150원이었으나, 2011년에는 근로자 수는 50명, 생산량은 120개, 생산물단가는 12원, 자본비용은 200원으로 올랐다고 가정하자. 생산성 임금제에 근거할 때 이 기업의 2011년 적정임금상승률을 계산하시오(단, 소수점 발생시 반올림하여 소수 첫째 자리로 표현하시오).

실업의 유형 ★★

112

☑ 확인 Check!

○	△	X
□	□	□

실업의 유형 중 경기적 실업, 마찰적 실업, 구조적 실업에 대하여 각각 설명하시오.

노동조합 ★

113

☑ 확인 Check!

○	△	X
□	□	□

노동조합의 단결강제 형태로서 숍(Shop) 제도가 있다. 노동조합의 숍(Shop) 종류를 3가지 쓰고, 각각에 대해 설명하시오.

단체교섭이론 ☆

114

☑ 확인 Check!

○	△	X
□	□	□

Hicks의 단체교섭이론을 그래프로 그리고 간략히 설명하시오.

PART 2

해설편

아이들이 답이 있는 질문을 하기 시작하면
그들이 성장하고 있음을 알 수 있다.

– 존 J. 플롬프

제 1 과목 직업상담학

정신분석적 상담 I

001 정신분석적 상담은 내담자의 자각을 증진시키고 행동에 대한 지적 통찰을 얻도록 돕는다. 내담자는 직업적인 방법으로 불안을 통제할 수 없을 때 무의식적으로 방어기제를 사용하는데, 내담자가 사용하는 방어기제의 종류를 3가지 쓰고, 각각에 대해 설명하시오.

점 수	• 5~6점 배점 문제로 출제됩니다. • 문제에서 요구하는 방어기제의 수에 따라 부분점수가 채점될 수 있습니다. • 3가지를 쓰고, 설명하라는 문제의 경우 한 가지 답안당 2점씩 채점되며, 설명을 누락하거나 틀리게 되면 감점처리됩니다.
문제해결 키워드	• 프로이트(Freud)의 주요 방어기제 중 어떤 것이든지 문제에서 요구하는 개수대로 답안으로 작성하세요. • 방어기제에 관한 문제는 일반적으로 널리 알려진 이야기 또는 속담 등을 예로 제시하는 경우가 많습니다.
기출데이터 ★★★★	2022년 1회 3번, 2021년 2회 1번, 2021년 3회 3번, 2019년 2회 2번, 2017년 1회 3번, 2012년 2회 9번, 2009년 1회 18번, 2004년 1회 6번

※ 기출데이터에서 밑줄은 동일한 문제가 출제된 회차를 의미합니다.

>> 모범답안

① **억압** : 죄의식이나 수치스러운 생각 등을 무의식으로 밀어내는 것
② **부인(부정)** : 고통이나 욕구를 무의식적으로 부정하는 것
③ **합리화** : 자신의 말이나 행동에 대해 정당화하는 것
④ **반동형성** : 무의식적 소망이나 충동을 본래의 의도와 달리 반대방향으로 바꾸는 것
⑤ **투사** : 자신의 행동과 생각을 마치 다른 사람의 것인 양 생각하고 남을 탓하는 것

>> 유사문제유형

• 프로이트(Freud)의 방어기제 3가지를 쓰고, 이를 설명하시오.
• 정신분석적 상담에서 필수적인 개념인 불안의 3가지 유형을 쓰고 각각에 대해 설명하시오.
• 정신분석적 상담은 내담자의 자각을 증진시키고 행동에 대한 지적 통찰을 얻도록 돕는다. 내담자는 직접적인 방법으로 불안을 통제할 수 없을 때 무의식적으로 방어기제를 사용하는데, 내담자가 사용하는 방어기제의 종류를 5가지만 쓰시오.

⊕ PLUS　주요 방어기제

억 압 (Repression)	죄의식이나 괴로운 경험, 수치스러운 생각을 의식에서 무의식으로 밀어내는 것으로서 선택적인 망각을 의미한다. 예 부모의 학대에 대한 분노심을 억압하여 부모에 대한 이야기를 무의식적으로 꺼리는 경우
부인 또는 부정 (Denial)	의식화되는 경우 감당하기 어려운 고통이나 욕구를 무의식적으로 부정하는 것이다. 예 자신의 애인이 교통사고로 사망했음에도 불구하고 그의 죽음을 인정하지 않은 채 여행을 떠난 것이라고 주장하는 경우
합리화 (Rationalization)	현실에 더 이상 실망을 느끼지 않기 위해 또는 정당하지 못한 자신의 행동에 그럴듯한 이유를 붙이기 위해 자신의 말이나 행동에 대해 정당화하는 것이다. 예 여우가 먹음직스런 포도를 발견하였으나 먹을 수 없는 상황에 처해 "저 포도는 신 포도라서 안 먹는다."고 말하는 경우
반동형성 (Reaction Formation)	자신이 가지고 있는 무의식적 소망이나 충동을 본래의 의도와 달리 반대되는 방향으로 바꾸는 것이다. 예 "미운 놈에게 떡 하나 더 준다."
투 사 (Projection)	사회적으로 인정받을 수 없는 자신의 행동과 생각을 마치 다른 사람의 것인 양 생각하고 남을 탓하는 것이다. 예 자기가 화가 난 것을 의식하지 못한 채 상대방이 자기에게 화를 낸다고 생각하는 경우
퇴 행 (Regression)	생의 초기에 성공적으로 사용했던 생각이나 감정, 행동에 의지하여 자기 자신의 불안이나 위협을 해소하려는 것이다. 예 대소변을 잘 가리던 아이가 동생이 태어난 후 밤에 오줌을 싸는 경우
전위 또는 전치 (Displacement)	자신이 어떤 대상에 대해 느낀 감정을 보다 덜 위협적인 다른 대상에게 표출하는 것이다. 예 직장상사에게 야단맞은 사람이 부하직원이나 식구들에게 트집을 잡아 화풀이를 하는 경우, "종로에서 뺨 맞고 한강에서 눈 흘긴다."
대 치 (Substitution)	받아들여질 수 없는 욕구나 충동 에너지를 원래의 목표에서 대용 목표로 전환시킴으로써 긴장을 해소하는 것이다. 예 "꿩 대신 닭"
격 리 (Isolation)	과거의 고통스러운 기억에서 그에 동반된 부정적인 감정을 의식으로부터 격리시켜 무의식 속에 억압하는 것이다. 예 직장상사와 심하게 다툰 직원이 자신의 '상사살해감정'을 무의식 속으로 격리시킨 채 업무에 있어서 잘못된 것이 없는지 서류를 강박적으로 반복하여 확인하는 경우
보 상 (Compensation)	어떤 분야에서 탁월하게 능력을 발휘하여 인정을 받음으로써 다른 분야의 실패나 약점을 보충하여 자존심을 고양시키는 것이다. 예 "작은 고추가 맵다."
승 화 (Sublimation)	정서적 긴장이나 원시적 에너지의 투입을 사회적으로 인정될 수 있는 행동방식으로 표출하는 것이다. 예 예술가가 자신의 성적 욕망을 예술로 승화하는 경우
동일시 (Identification)	자기가 좋아하거나 존경하는 대상과 자기 자신 또는 그 외의 대상을 같은 것으로 인식하는 것이다. 예 자신이 좋아하는 연예인의 옷차림을 따라하는 경우
주지화 (Intellectualization)	위협적이거나 고통스러운 정서적 문제를 피하기 위해 또는 그것을 둔화시키기 위해 사고, 추론, 분석 등의 지적 능력을 사용하는 것이다. 예 죽음에 대한 불안감을 덜기 위해 죽음의 의미와 죽음 뒤의 세계에 대해 추상적으로 사고하는 경우

002 역전이의 의미와 해결방안을 기술하시오.

점 수	• 3~5점 배점의 문제로 출제됩니다. • 의미와 해결방안을 각각 구분하여 답안을 작성해야 합니다. • '의미'를 누락하면 감점처리되므로 유의해야 합니다. '해결방안'이 완전히 생각나지 않더라도 부분점수를 위해 아는 대로 답안을 작성해야 합니다.
문제해결 키워드	'전이'와 '역전이'의 의미와 그 해결방안을 묻는 문제가 출제되므로, 이 두 가지를 구분하여 학습해야 합니다.
기출데이터 ★☆	2022년 1회 2번, 2009년 2회 19번, 2006년 3회 9번

>> 모범답안

① 의 미

내담자의 태도 및 외형적 행동에 대한 상담자의 개인적인 정서적 반응이자 투사이다.

② 해결방안

- 자기분석을 통해 과거 경험이 현재에 미치는 영향을 분석한다.
- 교육분석을 통해 자기분석 결과 및 경험 내용을 지속적으로 축적한다.
- 슈퍼바이저의 지도 · 감독을 받는다.

>> 유사문제유형

- 내담자가 상담자에게 지나치게 의존하려는 전이(Transference)가 일어났을 때 그 의미와 해결방안*을 쓰시오.
- 역전이의 의미와 해결책 3가지를 쓰시오.

★ ① 전이의 의미

과거에 충족되지 못한 욕구를 현재의 상담자를 통해 해결하고자 하는 일종의 투사현상이다.

② 전이의 해결방안

- 내담자가 과거 중요한 대상에게 가졌던 애정, 욕망, 기대, 적개심 등의 복잡한 감정들을 상담자에게 표현하도록 격려한다.
- 전이 분석과 훈습(Working Through)을 통해 내담자로 하여금 유아기에서 비롯된 대인관계를 통찰하도록 함으로써 자아통합을 돕는다.

003 파슨스(Parsons)의 특성-요인 상담에서 상담자가 해야 할 일 3가지를 쓰시오.

점 수	• 주로 6점 배점의 문제로 출제됩니다. • 문제에서 요구한 답안은 총 3가지이므로, 한 가지 답안당 2점씩 채점될 수 있습니다.
문제해결 키워드	• Williamson이 Parsons의 직업이론 원리를 토대로 발전시킨 것으로 '지시적 상담'이라고도 합니다. • 특성(Trait) : 성격, 적성, 흥미, 가치관 등 → 개인 특징 • 요인(Factor) : 책임감, 성실성, 직업성취도 → 성공적인 직업수행을 위해 요구되는 특징
기출데이터 ★	2011년 3회 9번, 2004년 1회 11번

>> 모범답안

① 자신(개인)에 대한 이해 : 내담자 특성의 객관적인 분석
② 직업세계에 대한 이해 : 직업세계에 대한 체계적인 분석
③ 자신과 직업의 합리적 연결 : 과학적 조언을 통한 매칭

>> 유사문제유형

• Parsons의 직업상담 3요인설에 대해 설명하시오.

PLUS 주요 방어기제

파슨스(Parsons)가 제안한 특성-요인이론(상담)의 3가지 요소와 상담자가 해야 할 3가지 일은 내용상 별다른 차이가 없습니다. 따라서 이를 다른 문제로 간주하여 중복학습을 하기보다는 동일한 문제로 간주하여 학습의 효율을 높이는 것이 바람직합니다.

004 윌리암슨(Williamson)의 특성-요인 직업상담에서 변별진단의 4가지 범주를 쓰고 설명하시오.

점 수	• 주로 4~6점 배점의 문제로 출제됩니다. • 문제에서 요구한 4가지 중 한 가지라도 누락되거나 틀린 답안이 있으면 감점될 수 있습니다.
문제해결 키워드	• 교재나 학자에 따라 다양한 용어로 답안이 작성될 수 있습니다. 이해를 하면서 학습해야 이런 문제들에 효율적으로 대처할 수 있습니다. • 꾸준히 중복하여 출제되고 있는 문제이므로 반드시 내 것으로 만들고 시험장에 들어가야 합니다.
기출데이터 ★★★★☆	2022년 2회 2번, 2021년 3회 2번, 2020년 4회 3번, 2018년 1회 2번, 2016년 2회 9번, 2015년 1회 13번, 2014년 3회 5번, 2010년 1회 4번, 2009년 2회 18번

>> 모범답안

① **직업 무선택 또는 미선택 :** 내담자가 직접 직업을 결정한 경험이 없거나, 선호하는 몇 가지의 직업이 있음에도 불구하고 어느 것을 선택할지를 결정하지 못하는 경우

② **직업선택의 확신부족(불확실한 선택) :** 직업을 선택하기는 하였으나, 자신의 선택에 대해 자신감이 없고 타인으로부터 자기가 성공하리라는 위안을 받고자 추구하는 경우

③ **흥미와 적성의 불일치(모순 또는 차이) :** 흥미를 느끼는 직업에 대해서 수행능력이 부족하거나, 적성에 맞는 직업에 대해서 흥미를 느끼지 못하는 경우

④ **현명하지 못한 직업선택(어리석은 선택) :** 자신의 능력보다 훨씬 낮은 능력이 요구되는 직업을 선택하거나 안정된 직업만을 추구하는 경우

>> 유사문제유형

• 윌리암슨(Williamson)의 특성-요인 직업상담에서 직업의사결정과 관련하여 나타나는 여러 문제들에 대한 변별진단 결과를 분류하는 4가지 범주*를 쓰고, 각각에 대해 설명하시오.

• 윌리암슨(Williamson)의 특성-요인 직업상담에서 변별진단의 4가지 범주를 쓰시오.

• 윌리암슨(Williamson)의 직업상담 문제유형의 4가지 분류를 쓰시오.

• 윌리암슨(Williamson)이 분류한 직업상담의 문제유형을 3가지 쓰고, 각각에 대해 설명하시오.

★ 직업상담이론에서 사용하는 개념 혹은 용어들 중에는 영문을 우리말로 번역한 것들이 많아 교재마다 다양하게 번역되어 제시되기도 합니다. 윌리암슨(Williamson)의 직업선택 문제유형 분류(변별진단, Diagnosis)와 관련하여 직업상담사 1차 필기시험 및 직업상담 관련 교재에서 사용하는 용어들은 다음과 같습니다.

Uncertain Choice	• 직업선택의 확신부족 • 불확실한 선택 • 진로선택 불확실 • 확신이 없는 선택 • 선택에 대해 불확실한 태도	Discrepancy between Interests and Aptitudes	• 흥미와 적성의 불일치 • 흥미와 적성의 차이 • 흥미와 적성의 모순 • 흥미와 적성 간에 모순이 되는 선택
No Choice	• 직업 무선택 • 진로 무선택 • 미선택 • 미결정 • 선택하지 않음 • 전혀 선택하지 못함	Unwise Choice	• 현명하지 못한 직업선택 • 현명하지 못한 선택 • 현명하지 않은 선택 • 어리석은 선택 • 잘못된 선택

005 윌리암슨(Williamson)의 특성-요인이론에서 검사의 해석단계에서 이용할 수 있는 상담기법 3가지를 쓰고, 각각에 대해 설명하시오.

점 수	• 6점 배점의 문제로 출제됩니다. • 주로 3가지를 쓰고, 이를 설명하는 형태의 문제가 출제되므로, 반드시 간단한 설명을 덧붙여 답안을 작성해야 합니다.
문제해결 키워드	특성-요인 직업상담의 검사 해석단계에서의 상담기법은 상담자가 검사 결과를 내담자에게 전달하는 방식과 연관됩니다. 따라서 검사 해석단계에서는 해석보다 설명의 상담기법이 강조됩니다.
기출데이터 ★★★	2017년 1회 1번, 2015년 3회 18번, 2012년 3회 8번, 2010년 4회 3번, 2008년 3회 17번, 2003년 3회 11번

>> 모범답안

① 직접충고(Direct Advising)
검사결과를 토대로 상담자가 내담자에게 자신의 견해를 솔직하게 표명하는 것이다.

② 설득(Persuasion)
상담자가 내담자에게 합리적이고 논리적인 방법으로 검사자료를 제시하는 것이다.

③ 설명(Explanation)
상담자가 검사자료 및 비검사자료들을 해석하여 내담자의 진로선택을 돕는 것이다.

>> 유사문제유형

• 윌리암슨(Williamson)의 상담 중 검사해석 과정(단계)에서 사용할 수 있는 상담기법 3가지를 설명하시오.
• 다음 보기는 특성-요인 직업상담의 과정★이다. 빈칸에 들어갈 내용을 순서대로 쓰고, 각각에 대해 설명하시오.

★ 분석(제1단계) → 종합(제2단계) → 진단(제3단계) → 예측(제4단계) → 상담(제5단계) → 추수지도(제6단계)

⊕ PLUS Williamson의 특성-요인 직업상담에서 상담의 기술

• 촉진적 관계형성(Rapport)
• 자기이해의 신장
• 행동(실행)계획의 권고나 설계
• 계획의 수행
• 위임 또는 의뢰

특성-요인 상담 Ⅳ

006 윌리암슨(Williamson)의 특성-요인이론 중 인간본성에 대한 기본가정을 3가지만 쓰시오.

점 수	• 5~6점 배점의 문제로 출제됩니다. • 3가지를 쓰라고 하는 문제의 경우 작성한 답안당 2점씩 계산하여 6점으로 채점될 수 있습니다. • 5가지 답안을 작성해야 할 경우 작성한 답안당 1점씩 계산하여 5점으로 채점될 수 있습니다.
문제해결 키워드	Williamson의 특성-요인 중 인간본성에 대한 기본가정을 묻는 문제는 2차 실기시험에 주로 출제되는 문제입니다.
기출데이터 ★★	2017년 2회 1번, 2013년 2회 6번, 2010년 2회 8번, 2008년 1회 15번

>> 모범답안

① 인간은 선과 악의 잠재력을 모두 지니고 있는 존재이다.
② 인간은 선을 실현하는 과정에서 타인의 도움을 필요로 하는 존재이다.
③ 인간의 선한 생활을 결정하는 것은 바로 자기 자신이다.

>> 유사문제유형

• 윌리암슨(Williamson)에 의한 특성요인이론 중 인간본성에 대한 5가지 기본가정★을 기술하시오.

★ 모범답안의 3가지 기본가정에 다음 2가지를 추가하여 답안을 작성할 수 있습니다.
- 선의 본질은 자아의 완전한 실현이다.
- 우주와 인간의 관계, 즉 세계관은 개인적인 것으로, 인간은 누구나 그 자신만의 독특한 세계관을 가진다.

⊕ PLUS 특성-요인이론의 기본적인 가설(Klein & Weiner)

- 인간은 신뢰롭고 타당하게 측정할 수 있는 독특한 특성을 지니고 있다.
- 다양한 특성을 지닌 개인들이 주어진 직무를 성공적으로 수행해낸다 할지라도, 직업은 그 직업에서의 성공을 위한 매우 구체적인 특성을 지닐 것을 요구한다.
- 진로선택은 다소 직접적인 인지과정이므로 개인의 특성과 직업의 특성을 짝짓는 것이 가능하다.
- 개인의 특성과 직업의 요구사항이 서로 밀접한 관계를 맺을수록 직업적 성공의 가능성은 커진다.

007 로저스(Rogers)의 인간중심(내담자중심) 상담의 철학적 가정을 5가지 쓰시오.

점 수	5~6점 배점의 문제로 출제됩니다.
문제해결 키워드	• 내담자중심 상담은 로저스(Rogers)의 상담 경험에서 비롯된 것으로, '비지시적 상담' 또는 '인간중심 상담'으로도 불립니다. • 상담의 기본목표는 '완전히(충분히) 기능하는 사람'이 되도록 환경을 마련하는 것입니다. • 현상학적 이론의 주요 개념 : 자기(Self), 자기실현경향, 현상학적 장
기출데이터 ★★	2023년 1회 2번, 2018년 3회 3번, 2014년 3회 1번, 2010년 4회 15번

>> 모범답안

① 개인은 가치를 지닌 독특한 존재이다.
② 개인은 적극적인 성장력을 지닌 존재이다.
③ 개인은 선하고 이성적이며, 믿을 수 있는 존재이다.
④ 개인의 주관적 생활에 초점을 두어야 한다.
⑤ 개인에게는 결정과 선택의 권리가 있다.

>> 유사문제유형

• 로저스(Rogers)의 인간중심(내담자중심) 상담의 철학적 가정을 4가지 쓰시오.

⊕ PLUS

내담자중심 직업상담의 기법으로서 스나이더(Snyder)는 상담자가 상담 동안 나타내 보일 수 있는 반응들을 구분하였다. 그 4가지 범주들을 쓰고, 각각에 대해 설명하시오.

① 안내를 수반하는 범주(Lead-taking Categories)
면접의 방향을 결정짓는 범주로서, 상담자가 내담자로 하여금 이야기해야 할 것이 무엇인지를 제시해 주는 것이다.

② 감정에 대한 비지시적 반응범주(Nondirective Response-to-feeling Categories)
해석이나 충고, 비평이나 제안 없이 내담자가 표현하는 감정을 재진술하는 범주이다.

③ 감정에 대한 준지시적 반응범주(Semidirective Response-to-feeling Categories)
내담자의 감정에 대해 해석하는 범주로서, 내담자의 정서나 반응에 대한 상담자의 의미부여 또는 해석 등의 반응이 포함된다.

④ 지시적 상담범주(Directive Counseling Categories)
상담자가 내담자의 생각을 변화시키려 시도하거나 내담자의 생각에 상담자의 가치를 주입하려 하는 범주이다.

008

로저스(Rogers)는 내담자중심 상담을 성공적으로 이끄는 데 있어서 상담자의 능동적 성향을 강조하였으며, 패터슨(Patterson)도 내담자중심 직업상담은 기법보다는 태도가 필수적이라고 보았다. 내담자중심 접근법을 사용할 때 직업상담자가 갖추어야 할 3가지 기본태도에 대해 설명하시오.

점 수	3~6점 배점의 문제로 출제됩니다.
문제해결 키워드	• 촉진적 관계형성을 위한 상담자의 바람직한 태도는 교재마다 다양하게 제시되고 있으나, 사실상 내용적인 측면의 큰 차이점은 없습니다. 일반적으로 내담자에 대한 무조건적 수용과 존중, 공감적 반영, 적극적 경청, 진실성(진실한 태도), 관심 기울이기, 구체화 등이 거론되고 있습니다. • 과년도부터 최근까지 출제비율이 높은 문제입니다. 반드시 내 것으로 만들어야 할 문제입니다.
기출데이터 ★★★★★	2023년 3회 1번, 2020년 1회 3번, 2016년 1회 5번, 2015년 1회 14번, 2015년 3회 5번, 2009년 2회 1번, 2009년 3회 4번, 2008년 3회 12번, 2007년 3회 15번, 2006년 1회 10번

>> 모범답안

① 일치성과 진실성 : 진실하고 개방적이어야 한다.
② 공감적 이해 : 내담자의 내면세계를 마치 자신의 내면세계인 것처럼 느껴야 한다.
③ 무조건적 수용 : 내담자를 아무런 조건 없이 무조건적이고 긍정적으로 존중해야 한다.

>> 유사문제유형

• 상담자와 내담자 간의 촉진적 관계형성을 위해 사용해야 하는 상담자의 바람직한 태도 3가지를 설명하시오.
• 내담자중심 상담을 성공적으로 이끌기 위해 직업상담사가 갖추어야 할 3가지 기본태도를 쓰시오.
• 내담자중심 접근법을 사용할 때, 직업상담자가 갖추어야 할 기본태도 3가지를 설명하시오.
• 내담자중심 접근법을 사용할 때 직업상담사가 갖추어야 할 기본적인 태도 3가지를 쓰시오.

⊕ PLUS

인간중심 진로상담은 내담자의 자아개념을 직업적 자아개념으로 전환시키고 내담자의 경험을 풍부히 하는 것을 목표로 한다. 이와 같은 목표를 달성하기 위해 상담자가 사용해야 하는 방법 4가지를 쓰시오.

① 안 내
상담자는 지시적 · 비지시적인 안내와 질문을 통해 상담 과정을 구조화하고 이를 내담자에게 이해시킨다.

② 반 영
재진술, 명료화, 해석, 충고, 정보제공 등의 방법이 이에 포괄적으로 포함된다.

③ 지 지
상담자는 내담자의 정서와 감정을 지지하고 도움을 제공한다.

④ 주의환기
상담자는 내담자의 주의를 환기시키고, 내담자의 불만이나 욕구에 대해 주의를 집중하게 한다.

내담자중심 상담 III

009

내담자중심 직업상담에서 직업정보 활용의 원리는 검사해석의 원리와 같다. 패터슨(Patterson)은 이를 어떻게 설명하고 있는지 3가지를 쓰시오.

점 수	6점 배점의 문제로 출제됩니다.
문제해결 키워드	내담자중심 상담은 상담자가 아무런 조건 없이 수용적인 태도로써 내담자를 존중해야 한다고 주장합니다.
기출데이터 ★	2013년 3회 8번, 2008년 1회 10번

>> 모범답안

① 내담자의 입장에서 필요하다고 인정할 때에만 상담과정에 도입한다.
② 내담자에게 영향을 주거나 내담자를 조작하기 위해 사용하지 않는다.
③ 내담자 스스로 자신에게 필요한 정보를 찾도록 격려한다.
④ 내담자에게 직업에 대한 생각, 태도, 감정을 자유롭게 표현하도록 한다.

⊕ PLUS **상담에 대한 올바른 이해(Patterson)**

- 상담에서의 정보 제공은 가능하나 정보 제공 자체가 곧 상담은 아니다.
- 상담에서의 충고, 제언, 권장은 가능하나 그 자체가 곧 상담은 아니다.
- 설득, 유도, 권고에 의해 내담자의 신념, 태도, 행동을 변화시키는 것이 곧 상담은 아니다.
- 상담은 훈육이나 협박, 위협이나 경고 등을 통해 행동상의 변화를 이끌어내는 것이 아니다.
- 상담은 어떠한 일이나 활동을 내담자에게 지시하는 것이 아니다.
- 상담에서 면담이 중요한 부분을 차지하나 직접적인 대화나 면담이 곧 상담은 아니다.

내담자중심 직업상담과 특성-요인 직업상담의 차이점

010 내담자중심 직업상담과 특성-요인 직업상담의 차이점을 2가지 설명하시오.

점 수	6점 배점의 문제로 출제됩니다.
문제해결 키워드	• 특성-요인 직업상담은 개인의 심리적 특성과 성공적 작업행동 요인에 중점을 두는 상담 방법으로서, 상담자가 내담자에 대해 지시적 입장에 서기 때문에 '지시적 상담'이라고도 불립니다. • 내담자중심 직업상담은 내담자의 잠재된 능력을 인정하여 내담자 스스로 자신이 나아가야 할 방향을 찾도록 하므로 '비지시적 상담'이라고도 불립니다.
기출데이터 ★☆	2014년 2회 2번, 2010년 2회 3번, 2001년 1회 5번

>> 모범답안

① 특성-요인 접근법은 각 개인의 특성과 요인에 따른 분류 및 비교에 초점을 둔 반면, 내담자중심 접근법은 각 개인의 개별성 · 독특성을 강조하는 데 초점을 둔다.

② 특성-요인 접근법은 물리적 현상으로서 외부세계를 강조한 반면, 내담자중심 접근법은 개인적 경험으로서 내적 세계를 강조한다.

⊕ PLUS 내담자중심 상담(인간중심 상담) VS 특성-요인 상담

내담자중심 상담(인간중심 상담)	특성-요인 상담
• 내담자는 문제를 스스로 해결할 수 있는 능력이 있다. • 내담자는 자유롭고 신뢰할 수 있는 존재이므로, 상담자는 보조자로서 내담자 스스로 당면한 문제를 해결하도록 돕는다. • 상담은 비지시적 · 수용적인 분위기에서 이루어진다. • 내담자의 주관적 · 감정적 측면을 강조하는 반면, 객관적 자료의 중요성을 간과하는 경향이 있다. • 상담 과정에서 내담자와의 관계형성이 절대적이다. • 상담 이전에 심리진단이 필요하지 않다.	• 내담자는 문제를 스스로 해결할 수 없는 나약한 존재이다. • 상담자는 주도자로서 내담자의 문제를 종합 · 진단하며, 문제해결을 위한 정보를 제공한다. • 상담은 내담자에 대한 충고와 설득을 통한 지시적인 방식으로 이루어진다. • 내담자의 주관적 · 감정적 측면을 소홀히 한 채 객관적인 자료에만 의존하는 경향이 있다. • 상담 과정에서 내담자와의 관계형성이 절대적인 것은 아니다. • 상담 이전에 심리진단이 필요하다.

011

보딘(Bordin)은 정신역동적 직업상담을 체계화하면서 직업문제의 진단에 관한 새로운 관점을 제시하였다. 그가 제시한 직업문제의 심리적 원인 3가지를 쓰고, 각각에 대해 설명하시오.

점 수	• 5~6점 배점의 문제로 출제됩니다. • '설명하시오' 문제이므로 원인을 간단히 쓰고 설명을 더해서 답안을 작성해야 감점 없이 점수를 받을 수 있습니다.
문제해결 키워드	• 다양한 형태로 문제가 제시되고 있지만 핵심은 '보딘(Bordin)이 제시한 직업문제의 심리적 원인'을 묻고 있는 문제입니다. • 보딘의 정신역동적 직업상담모형에 의한 직업 문제의 심리적 원인은 1차 필기시험은 물론 2차 실기시험에도 종종 출제되고 있으므로 각각의 원인과 그 내용도 꼼꼼하게 학습해야 실수를 피할 수 있습니다. • 과년도부터 최근까지 출제비율이 높은 문제입니다. 반드시 내 것으로 만들어야 할 문제입니다.
기출데이터 ★★★★★★	2023년 2회 1번, 2021년 1회 2번, 2019년 2회 1번, 2018년 3회 1번, 2015년 3회 4번, 2014년 1회 12번, 2014년 3회 15번, 2013년 3회 6번, 2011년 1회 1번, 2010년 2회 17번, 2009년 2회 15번, 2006년 1회 9번

>> 모범답안

① 의존성 : 생애 발달과업에 대한 구체적인 계획 및 독자적인 수행상의 어려움
② 정보의 부족 : 진로선택 및 직업 결정과 관련된 정보의 부족
③ 자아갈등(내적 갈등) : 진로선택 및 직업 결정 상황에서의 내적인 갈등
④ 직업(진로)선택의 불안 : 자신의 선택과 사회적인 요구 간의 충돌에 따른 불안
⑤ 확신의 부족(결여) : 진로선택 및 직업 결정에 대한 확신의 부족

>> 유사문제유형

• 보딘(Bordin)이 제시한 직업문제의 심리적 원인에 따른 직업선택의 문제유형을 3가지만 쓰시오.
• 보딘(Bordin)은 정신역동적 직업상담을 체계화하면서 직업문제의 진단에 관한 새로운 관점을 제시하였다. 그가 분류한 직업문제의 심리적 원인 5가지를 쓰시오.
• 보딘(Bordin)은 정신분석적 직업상담에서 직업문제를 진단할 때 심리적 원인이 드러나도록 해야 한다고 주장했다. 그가 제시한 직업문제의 심리적 원인을 3가지만 쓰시오.
• 보딘(Bordin)은 정신역동적 직업상담을 체계화하면서 직업문제의 진단에 관한 새로운 관점을 제시하였다. 그가 분류한 직업문제의 심리적 원인 3가지를 쓰시오.
• 보딘(Bordin)은 정신역동적 직업상담을 체계화하면서 직업문제의 진단에 관한 새로운 관점을 제시하였다. 그가 제시한 직업문제의 심리적 원인 3가지를 설명하시오.

⊕ PLUS 보딘과 코플린(Bordin & Kopplin)의 새로운 진단체계에서 나타나는 일반적인 문제점

• 종합의 곤란
• 정체감 문제
• 만족 갈등
• 변화 지향
• 표출된 증상
• 분류 불가

012 정신역동적 직업상담 모형을 구체화시킨 보딘(Bordin)의 직업상담 과정을 쓰고, 각각에 대해 설명하시오.

점 수	• 6점 배점의 문제로 출제됩니다. • '설명하시오' 문제이므로 원인을 간단히 쓰고 설명을 더해서 답안을 작성해야 감점 없이 점수를 받을 수 있습니다.
문제해결 키워드	정신역동적 직업상담에서 보딘(Bordin)이 제시한 직업상담의 3단계는 교재에 따라 약간씩 명칭이 다르게 제시되어 있습니다. 예를 들어, 2단계 '핵심결정'은 '중대한 결정' 또는 '비판적 결정'으로 제시되기도 합니다.
기출데이터 ★★★★	2023년 3회 3번, 2020년 3회 1번, 2018년 2회 2번, 2017년 3회 1번, 2015년 3회 3번, 2013년 2회 1번, 2012년 1회 17번, 2009년 1회 10번

>> 모범답안

① 탐색과 계약설정(제1단계) : 내담자의 정신역동적 상태에 대한 탐색 및 상담전략에 대한 합의가 이루어진다.
② 핵심결정(제2단계) : 내담자는 중대한 결정을 통해 자신의 목표를 성격 변화 등으로 확대할 것인지 고민한다.
③ 변화를 위한 노력(제3단계) : 내담자는 자아 인식 및 자아 이해를 확대해 나가며, 지속적인 변화를 모색한다.

>> 유사문제유형

- 정신역동적 직업상담 모형을 구체화시킨 Bordin의 직업상담 과정을 쓰고 각각에 대해 설명하시오.
- 정신역동적 직업상담 모형을 구체화시킨 보딘(Bordin)은 직업상담 과정을 3단계로 구분하였다. 그 3단계를 각각 쓰고 설명하시오.

⊕ PLUS

정신역동적 직업상담으로부터 기대할 수 있는 결과를 2가지 설명하시오.

① 내담자의 문제해결을 통한 직업결정
정신역동적 직업상담은 내담자로 하여금 직업을 결정하도록 돕는 것을 목표로 한다. 특히 내담자가 보이는 문제들은 진단을 통해 나타난 것이므로, 상담은 이와 같은 내담자의 여러 가지 문제들을 해결하는 것이 될 것이다.

② 내담자의 성격구조 변화
내담자의 직업결정은 일시적인 성과에 불과할 수 있다. 따라서 내담자의 직업결정에 있어서 문제해결이 지속적으로 이루어지도록 하기 위해서는 내담자의 성격구조상의 변화가 어느 정도 적극적으로 일어나야 한다. 그러므로 직업상담사는 내담자의 직업문제와 성격구조상의 문제를 동시에 다루어야 하며, 내담자에 대한 개인상담을 통해 직업을 강조하지 않음으로써 불안을 감소시키고 성격구조의 변화를 도모해야 한다.

013 수퍼(Super)가 제안한 발달적 직업상담의 6단계를 쓰고 설명하시오.

점 수	• 3~6점 배점의 문제로 출제됩니다. • '설명하시오' 문제이므로 원인을 간단히 쓰고 설명을 더해서 답안을 작성해야 감점 없이 점수를 받을 수 있습니다.
문제해결 키워드	• 수퍼(Super)의 발달적 직업상담에 관한 문제는 1차 필기시험에서는 물론 2차 실기시험에서도 종종 출제되고 있습니다. • 발달적 직업상담은 내담자의 생애단계를 통한 진로발달의 측면에 중점을 두는 접근법으로서 주요 학자로는 Super, Tiedeman, Gottfredson 등이 있습니다.
기출데이터 ★★★	2018년 1회 7번, 2018년 3회 2번, 2015년 2회 1번, 2011년 1회 18번, 2011년 2회 4번, 2008년 3회 19번

>> 모범답안

① 제1단계 : 문제탐색 및 자아(자기)개념 묘사 → 비지시적 방법으로 문제를 탐색하고 자아(자기)개념을 묘사한다.
② 제2단계 : 심층적 탐색 → 지시적 방법으로 심층적 탐색을 위한 주제를 설정한다.
③ 제3단계 : 자아수용 및 자아통찰 → 비지시적 방법으로 사고와 느낌을 반영하고 명료화한다.
④ 제4단계 : 현실검증 → 심리검사, 직업정보, 과외활동 경험 등을 통해 수집된 사실적 자료들을 지시적으로 탐색한다.
⑤ 제5단계 : 태도와 감정의 탐색과 처리 → 현실검증에서 얻어진 태도와 감정을 비지시적으로 탐색하고 처리한다.
⑥ 제6단계 : 의사결정 → 대안적 행위들에 대한 비지시적 고찰을 통해 자신의 직업을 결정한다.

>> 유사문제유형

• 수퍼(Super)의 발달적 직업상담 6단계를 쓰시오.
• 수퍼(Super)의 발달적 직업상담 6단계를 순서대로 쓰시오.
• 수퍼(Super)의 진로발달 5단계를 순서대로 쓰고, 각각에 대해 간략히 설명하시오.

⊕ PLUS

수퍼(Super)의 경력개발이론에서 경력개발 5단계를 쓰고, 각 단계에 대해 설명하시오. (2023년 2회 6번, 2020년 4회 4번, 2017년 1회 7번, 2003년 3회 2번)

① 성장기(출생~14세) : 욕구와 환상이 지배적이나 사회참여와 현실검증력의 발달로 점차 흥미와 능력을 중시하게 된다.
② 탐색기(15~24세) : 학교생활, 여가활동, 시간제 일을 통해 자아검증, 역할수행, 직업탐색을 시도한다.
③ 확립기(25~44세) : 자신에게 적합한 분야를 발견해서 생활의 터전을 마련하고자 한다.
④ 유지기(45~64세) : 개인은 비교적 안정된 만족스러운 삶을 살아간다.
⑤ 쇠퇴기(65세 이후) : 직업전선에서 은퇴하여 새로운 역할과 활동을 찾게 된다.

014 **발달적 직업상담에서 Super는 '진단' 대신 '평가'라는 용어를 사용했다. Super가 제시한 3가지 평가를 쓰고, 각각에 대해 설명하시오.**

점 수	• 6점 배점의 문제로 출제됩니다. • '설명하시오' 문제이므로 원인을 간단히 쓰고 설명을 더해서 답안을 작성해야 감점 없이 점수를 받을 수 있습니다.
문제해결 키워드	Super의 발달이론에서 직업행동에 관한 가장 중요한 부분은 자아개념이며, 이는 개인의 속성과 직업에서 요구되는 속성을 고려하여 연결시켜 주는 이론이라고 제안했습니다.
기출데이터 ★★☆	2021년 3회 5번, 2020년 4회 5번, 2013년 1회 10번, 2013년 3회 12번, 2010년 1회 3번

>> 모범답안

① **문제의 평가** : 내담자가 경험한 어려움, 진로상담에 대한 기대가 평가된다.
② **개인의 평가** : 내담자의 신체적 · 심리적 · 사회적 상태에 대한 통계자료 및 사례연구에의 분석이 이루어진다.
③ **예언평가(예후평가)** : 내담자에 대한 직업적 · 개인적 평가를 토대로 내담자가 성공하고 만족할 수 있는 것에 대한 예언이 이루어진다.

>> 유사문제유형

• 수퍼(Super)의 발달적 직업상담에서 진단을 위한 평가유형 3가지를 쓰고 설명하시오.

⊕ PLUS

수퍼(Super)는 인간이 이성적인 동시에 정서적인 존재이므로 가장 바람직한 진로상담은 이론상의 양극단을 적절히 조화시킨 것이어야 한다고 보았다. 이와 같은 접근법과 관련하여 상담자가 내담자의 문제해결을 도울 수 있는 유용한 질문을 6가지 제시하시오.

• 나는 어떤 종류의 사람인가?
• 나는 나 자신에 대해 어떻게 느끼는가?
• 나는 어떤 가치관과 욕구를 가지고 있는가?
• 나의 적성과 흥미는 어떠한가?
• 나는 현실적 자아와 이상적 자아를 어떻게 조화시킬 것인가?
• 나는 욕구, 가치, 흥미, 적성 등을 어떤 방식으로 표출하고 있는가?

015 행동주의 상담이론의 기본적인 가정 3가지를 쓰시오.

점 수	• 6점 배점의 문제로 출제됩니다. • 행동주의 상담의 기본적인 가정을 3가지 또는 5가지 요구하는 문제가 주로 출제되며, 경우에 따라 답안 작성 하나당 1~2점이 배점됩니다.
문제해결 키워드	• 행동주의 상담이론은 비정상적 · 부적응적인 행동이 학습에 의해 획득되고 유지된다고 보며, 이를 수정하기 위해 학습의 원리를 적용하는 상담방법입니다. • 이 문제는 출제자 또는 채점자의 의도에 따라 서로 다른 답안이 도출될 가능성이 있습니다. 그 이유는 행동주의 상담이론 혹은 행동주의 상담 접근의 기본가정에 대해 학자마다 혹은 교재마다 매우 다양하게 제시되고 있기 때문입니다.
기출데이터 ★	2012년 1회 15번, 2009년 1회 9번

>> 모범답안

① 인간행동의 대부분은 학습된 것이므로 수정이 가능하다.
② 특정한 환경의 변화는 개인의 행동을 적절하게 변화시키는 데 도움이 된다.
③ 강화나 모방 등의 사회학습 원리는 상담기술의 발전을 위해 이용될 수 있다.

>> 유사문제유형

• 행동주의 상담이론의 기본적인 가정 5가지★를 쓰시오.

★ 모범답안에서 제시한 3가지 가정에 다음을 추가하여 답안을 작성할 수 있습니다.
④ 상담의 효율성 및 효과성은 상담 밖에서의 내담자의 구체적인 행동 변화에 의해 평가된다.
⑤ 상담방법은 정적이거나 고정된 것 또는 사전에 결정된 것이 아니므로, 내담자의 특수한 문제를 해결하기 위해 독특한 방식으로 고안될 수 있다.

⊕ PLUS 행동수정의 기본 가정

• 행동수정은 관찰 가능한 행동을 연구대상으로 한다.
• 인간행동은 대부분 학습된 것이다.
• 행동의 형성 · 유지 · 제거의 제반 과정은 환경자극에 의해 크게 영향을 받는다.
• 학습은 정상행동이나 이상행동 모두에서 동일한 원리에 의해 이루어진다.
• 모든 행동은 개별적 환경자극의 배열에 따라 고유하게 학습된다.
• 문제행동을 치료하는 데 있어서 과거보다는 현재가 더욱 중요하다.
• 행동수정은 객관적 자료를 토대로 실험을 통한 검증방법을 활용한다.

행동주의 상담기법

016

행동주의 직업상담의 상담기법은 크게 불안감소기법과 학습촉진기법의 유형으로 구분할 수 있다. 각 유형별 대표적인 방법을 각각 3가지씩 쓰시오.

점 수	• 3~6점 배점의 문제로 출제됩니다. • 불안감소기법 3가지, 학습촉진기법 3가지를 각각 답안으로 작성해야 합니다.
문제해결 키워드	행동주의 상담의 기법을 '불안감소기법 vs 학습촉진기법'과 '내적 행동변화 촉진방법 vs 외적 행동변화 촉진방법'으로 구분할 수 있어야 합니다.
기출데이터 ★★★★★☆	2023년 1회 3번, 2023년 3회 4번, 2022년 1회 5번, 2021년 2회 3번, 2016년 1회 3번, 2016년 3회 2번, 2015년 1회 16번, 2015년 2회 2번, 2014년 2회 12번, 2012년 3회 5번, 2011년 1회 12번

>> 모범답안

(1) 불안감소기법
① 체계적 둔감법 : 불안위계목록을 작성한 다음 낮은 수준의 자극에서 높은 수준의 자극으로 상상을 유도한다.
② 금지조건형성(내적 금지) : 충분히 불안을 일으킬 수 있을만한 단서를 추가적인 강화 없이 지속적으로 제시한다.
③ 반조건형성(역조건형성) : '조건-반응'의 연합을 끊기 위해 새로운 자극을 함께 제시한다.

(2) 학습촉진기법
① 강화 : 내담자의 행동에 대해 긍정적 반응이나 부정적 반응을 보임으로써 바람직한 행동을 강화시킨다.
② 변별학습 : 검사도구들을 사용하여 자신의 능력과 태도 등을 변별하고 비교해 보도록 한다.
③ 사회적 모델링과 대리학습 : 타인의 행동에 대한 관찰 및 모방에 의한 학습을 하도록 한다.

>> 유사문제유형

- 행동주의 상담기법인 불안감소기법과 학습촉진기법★1에 대해 각각 3가지 방법을 쓰고 설명하시오.
- 행동주의 상담기법인 불안감소기법과 학습촉진기법에 해당하는 방법을 각각 2가지씩 쓰고, 그에 대해 설명하시오.
- 행동주의 상담에서 내적인 행동변화를 촉진시키는 방법과 외적인 행동변화를 촉진시키는 방법★2을 각각 3가지씩 쓰시오.
- 행동주의 상담에서 외적 행동변화를 촉진시키는 방법 5가지를 쓰시오.
- 행동주의 상담에서 외적인 행동변화를 촉진시키는 방법 중 주장훈련의 정의를 쓰고 그 절차★3를 기술하시오.(2017년 1회 5번)
- 행동주의 상담의 기법으로 적응행동을 증진시키는 방법이 있다. 적응행동 증진기법 3가지★4를 쓰고 설명하시오.

★1 행동주의 상담의 기술 구분 – 상담 및 치료의 목표

불안감소기법	학습촉진기법
• 체계적 둔감법(체계적 둔감화) • 금지조건형성(내적 금지) • 반조건형성(역조건형성) • 홍수법 • 혐오치료 • 주장훈련(주장적 훈련) • 자기표현훈련	• 강 화 • 변별학습 • 사회적 모델링과 대리학습 • 행동조성(조형) • 토큰경제(상표제도)

★2 행동주의 상담의 기술 구분 – 행동변화 촉진의 양상

내적 행동변화 촉진기술	외적 행동변화 촉진기술
• 체계적 둔감법(체계적 둔감화) • 근육이완훈련 • 인지적 모델링 • 인지적 재구조화 • 사고중지(사고정지) • 정서적 심상법(정서적 상상) • 스트레스 접종 등	• 토큰경제(상표제도) • 모델링(대리학습) • 주장훈련(주장적 훈련) • 역할연기 • 행동계약 • 혐오치료 • 자기관리 프로그램 • 바이오피드백 등

★3 (1) 정 의

자신을 긍정적으로, 솔직하게, 자신감 있게 표현할 수 있도록 돕는 훈련

(2) 절 차

① 자기주장훈련에 대해 설명한다.
② 자기주장의 구체적인 목표를 설정한다.
③ 행동과제를 부여한다.
④ 감정이 담긴 대화를 주고받는 연습을 한다.
⑤ 요청 및 거절을 하는 연습을 한다.
⑥ 역할연기를 통해 행동시연을 해 보도록 한다.

★4 행동주의 상담은 내담자의 문제를 학습에 의해 습득된 부적응행동이라고 보고, 부적응 행동을 상담과정을 통해 밝혀서 이를 제거하는 동시에 적절한 새로운 행동을 학습하도록 하는 것을 목표로 합니다. 따라서 '행동주의 상담의 과정 = 학습의 과정'에 해당하며, '적응행동을 증진시키기 위한 방법 = 학습을 촉진시키기 위한 기법'으로 간주할 수 있습니다. 여기에는 Skinner의 조작적 조건형성에 의한 강화기법과 Bandura의 사회학습이론에 의한 모델링 등의 기법들이 모두 포함됩니다.

017 체계적 둔감화의 의미를 쓰고, 그 단계를 설명하시오.

점 수	• 5~6점 배점의 문제로 출제됩니다. • 체계적 둔감화의 '의미'도 답안으로 작성해야 감점 없이 점수를 획득할 수 있습니다.
문제해결 키워드	• 행동주의 상담의 기법에는 몇 가지 종류가 있으며, 관련 문제는 1차 필기, 2차 실기 모두 매해 출제되고 있습니다. 그중 체계적 둔감화가 가장 자주 출제되므로 유의해서 학습해야 합니다. • 체계적 둔감화는 고전적 조건형성의 원리를 이용한 것으로서, 특정 대상에 대한 불안이나 공포 증상을 치료하는 데 효과적인 기법으로 널리 알려져 있습니다. • 과년도부터 최근까지 출제비율이 높은 문제입니다. 반드시 내 것으로 만들어야 할 문제입니다.
기출데이터 ★★★★★	2017년 3회 3번, 2016년 2회 7번, 2015년 1회 2번, 2013년 2회 8번, 2010년 3회 13번, 2008년 1회 8번, 2008년 3회 15번, 2005년 1회 5번, 2004년 3회 9번, 2000년 3회 5번

>> 모범답안

(1) 체계적 둔감화의 의미

특정한 상황이나 상상에 의해 조건형성된 불안이나 공포에 대해 불안(공포)자극을 단계적으로 높여가며 노출시킴으로써 내담자의 불안(공포)반응을 경감 또는 제거시키는 행동수정기법이다.

(2) 체계적 둔감화의 단계

① 근육이완훈련(제1단계) : 근육이완훈련을 통해 몸의 긴장을 풀도록 한다.

② 불안위계목록 작성(제2단계) : 낮은 수준의 자극에서 높은 수준의 자극으로 불안위계목록을 작성한다.

③ 불안위계목록에 따른 둔감화(제3단계) : 불안유발상황을 단계적으로 상상하도록 유도하여 불안반응을 점진적으로 경감 또는 제거시킨다.

>> 유사문제유형

• 체계적 둔감화*의 표준절차 3단계를 쓰고, 각 단계에 대해 설명하시오.
• 체계적 둔감화의 표준절차 3단계를 설명하시오.

★ 체계적 둔감화(Systematic Desensitization) 유사 용어
• 체계적 둔감법
• 체계적 탈감화
• 체계적 탈감법
• 단계적 둔감화
• 단계적 둔감법
• 단계적 둔화법
• 체계적 감강법
• 체계적 감도 감강법

⊕ PLUS

행동주의 상담기법으로서 체계적 둔감화의 장점 및 유의점을 각각 2가지씩 기술하시오.

• 장 점
  – 특별한 도구가 필요 없으므로 경제적이다.
  – 내담자로 하여금 불안에 대처할 수 있는 자신의 독자적인 적응전략을 형성할 수 있도록 한다.
  – 내담자의 주의집중력을 증진시킬 수 있다.

• 유의점
  – 상담자(치료자)의 많은 훈련경험이 요구된다.
  – 자극을 상상하기 위해 내담자에게도 어느 정도의 지적 능력이 요구된다.
  – 상상된 자극에 대해 불안이 감소되었더라도 실제 상황에서 일반화되지 않는 경우도 있다.

018 인지 · 정서적 상담이론에서 개인을 파멸로 몰아가는 근본적인 문제는 개인의 비합리적 신념 때문이다. 비합리적 신념의 뿌리를 이루고 있는 3가지 당위성을 예를 들어 설명하시오.

점 수	4~6점 배점의 문제로 출제됩니다.
문제해결 키워드	• 인지-정서적 상담이론은 인지이론과 행동주의적 요소가 결합된 것으로서, 인지과정의 연구로부터 도출된 개념과 함께 행동주의 및 사회학습이론으로부터 나온 개념들을 통합하여 적용한 것입니다. • Ellis의 합리적 · 정서적 행동치료와 Beck의 인지치료가 대표적입니다.
기출데이터 ★★☆	2019년 3회 2번, 2013년 1회 7번, 2011년 3회 3번, 2010년 2회 16번, 2009년 2회 5번

>> 모범답안

① 자신에 대한 당위성 : 나는 반드시 훌륭하게 일을 수행해 내야 한다.
② 타인에 대한 당위성 : 타인은 반드시 나를 공정하게 대우해야 한다.
③ 세상(조건)에 대한 당위성 : 세상의 조건들은 내가 원하는 방향으로 돌아가야만 한다.

>> 유사문제유형

• 인지-정서적 상담이론에서는 개인을 파멸로 몰아넣는 근본적인 문제를 개인이 갖고 있는 비합리적 신념 때문이라고 보았다. 대체적으로 비합리적 신념의 뿌리를 이루고 있는 것은 3가지 당위성과 관련되어 있다. 이 3가지 당위성을 각각의 예★를 들어 설명하시오.

★ ① 자신에 대한 당위성
나는 반드시 훌륭하게 일을 수행해 내야하며, 중요한 타인들로부터 인정받아야만 한다. 만약 그렇지 못하다면 끔찍하고 참을 수 없는 일이며, 나는 썩어빠진 하찮은 인간이다.
② 타인에 대한 당위성
타인은 반드시 나를 공정하게 대우해야 한다. 만약 그렇지 못하다면 끔찍하고 참을 수 없는 일이며, 나 또한 그러한 상황을 참아낼 수 없다.
③ 세상에 대한 당위성(조건에 대한 당위성)
세상의 조건들은 내가 원하는 방향으로 돌아가야만 한다. 만약 그렇지 못하다면 끔찍하고 참을 수 없는 일이며, 나 또한 그와 같은 끔찍한 세상에서 살아갈 수 없다.

⊕ PLUS 비합리적 신념의 특징(Ellis & Dryden)

• 당위적 사고 : 경직된 사고로서 "반드시 ~해야 한다"로 표현된다.
• 파국화(재앙화) : 지나친 과장으로서 "~하는 것은 끔찍한 일이다"로 표현된다.
• 좌절에 대한 인내심 부족 : 좌절을 유발하는 상황을 잘 견디지 못하는 것이다.
• 자기 및 타인에 대한 비하 : 자기 및 타인을 비하함으로써 파멸적인 사고를 하는 것이다.

인지 · 정서 · 행동적 상담 II

019 인지 · 정서 · 행동적 상담의 기본개념으로서 A–B–C–D–E–F 모델의 의미를 쓰시오.

점 수	4~6점 배점의 문제로 출제됩니다.
문제해결 키워드	• 직업상담사 시험에 출제되는 '인지적 · 정서적 상담', '합리적 · 정서적 상담', '인지 · 정서 · 행동적 상담', '합리적 · 정서적 치료' 등은 우리말 번역상의 차이에서 비롯되며, 사실상 동일한 상담(치료)방법을 가리킵니다. • 엘리스(Ellis)가 제안한 'ABCDEF 모델'은 직업상담사 시험에서 'ABCD 모델' 혹은 'ABCDE 모델'로 제시되기도 합니다.
기출데이터 ★★★★☆	2022년 2회 3번, 2021년 2회 2번, 2021년 3회 4번, 2020년 2회 4번, 2020년 3회 2번, 2018년 3회 4번, 2016년 2회 8번, 2008년 1회 18번, 2007년 3회 18번, 2004년 3회 1번, 2003년 1회 5번

>> 모범답안

① A(선행사건) : 내담자의 정서나 행동에 영향을 미치는 사건
② B(비합리적 신념체계) : 해당 사건에 대한 비합리적 신념
③ C(결과) : 부적응적인 정서적 · 행동적 결과
④ D(논박) : 비합리적 신념을 논리성 · 실용성 · 현실성에 비추어 반박하는 것
⑤ E(효과) : 논박으로 인해 비합리적 신념이 합리적 신념으로 대체되는 것
⑥ F(감정) : 자신에 대한 수용적인 태도와 긍정적인 감정을 가지게 되는 것

>> 유사문제유형

• 인지 · 정서 · 행동적 상담에서 ABCDE 모델의 의미를 쓰시오.
• 인지 · 정서 · 행동적 상담의 기본개념으로서 A–B–C–D–E–F의 의미를 쓰시오.
• 인지 · 정서 · 행동적 상담(REBT)의 기본개념으로서 ABCDE 모형에 대해 설명하시오.
• 인지적–정서적 상담(RET)의 기본개념으로서 A–B–C–D–E–F의 의미를 쓰시오.

⊕ PLUS ABCDEF 모델의 예

A(선행사건)	B(비합리적 신념체계)	C(결과)
남편과 이혼함	이혼에 대한 비합리적 신념	우울증, 자살 시도 등

D(논박)	E(효과)	F(감정)
이혼하는 것이 과연 자신이 무가치한 존재임을 의미하는가?	이혼은 누구나 할 수 있다. 설령 이혼했다고 해서 자신이 무가치한 존재임을 의미하지는 않는다. 이제 나의 인생을 새롭게 설계해야겠다.	자신에 대한 새로운 긍정적 태도 및 감정

020 벡(Beck)의 인지치료에서 인지적 오류의 유형을 3가지만 쓰고, 각각에 대해 설명하시오.

점 수	4~6점 배점의 문제로 출제됩니다.
문제해결 키워드	인지적 오류의 유형과 관련된 예는 반드시 어느 하나의 정답이 있는 것은 아닙니다. 경우에 따라 2가지 이상의 오류가 혼합된 것일 수도 있으며, 내용상 어느 하나로 명확히 구분하기 어려운 것도 있습니다.
기출데이터 ★★★☆	2022년 2회 4번, 2020년 1회 4번, 2018년 3회 6번, 2014년 2회 14번, 2011년 2회 16번, 2011년 3회 2번, 2010년 3회 9번

>> 모범답안

① **임의적 추론** : 어떤 결론을 지지하는 증거가 없거나 그 증거가 결론에 위배됨에도 불구하고 그와 같은 결론을 내린다.

예 남자친구가 사흘 동안 전화를 하지 않은 것은 자신을 사랑하지 않고 이미 마음이 떠났기 때문이라고 자기 멋대로 추측하는 경우

② **선택적 추상화** : 다른 중요한 요소들은 무시한 채 사소한 부분에 초점을 맞추고, 그 부분적인 것에 근거하여 전체 경험을 이해한다.

예 아내가 자신의 장단점을 이야기해 주었을 때 약점에 대해서만 집착한 나머지 아내의 진심을 왜곡하고 아내가 자신을 비웃고 헐뜯는 것으로 받아들이는 경우

③ **과도한 일반화** : 한두 가지의 고립된 사건에 근거해서 일반적인 결론을 내리고 그것을 서로 관계없는 상황에 적용한다.

예 평소 자신을 배려하고 도와주던 남편이 어느 특정한 때에 배려하지 않으면, 그가 자신에게 무심하다는 결론을 내리는 경우

>> 유사문제유형

- 인지치료에서 인지적 오류의 유형 4가지★를 쓰고 각각에 대해 간략히 설명하시오.
- 벡(Beck)의 인지치료에서 인지적 오류의 유형을 4가지 쓰시오.

★ 모범답안에서 제시한 것 외에 다음을 추가하여 답안을 작성할 수 있습니다.

④ 개인화 : 자신과 관련시킬 근거가 없는 외부사건을 자신과 관련시키는 성향으로서, 실제로는 다른 것 때문에 생긴 일에 대해 자신이 원인이고 자신이 책임져야 할 것으로 받아들인다.

예 친구가 오늘 기분이 나쁜 것이 내게 화가 나 있기 때문인 것으로 간주하는 경우

⑤ 흑백논리 : 모든 경험을 한두 개의 범주로만 이해하고 중간지대가 없이 흑백논리로써 현실을 파악한다.

예 100점이 아니면 0점과 다를 바 없다고 보는 경우

⑥ 의미확대 / 의미축소 : 어떤 사건 또는 한 개인이나 경험이 가진 특성의 한 측면을 그것이 실제로 가진 중요성과 무관하게 과대평가하거나 과소평가한다.

예 시험을 잘 보았을 때 운이 좋아서 혹은 시험이 쉽게 출제되어서 좋은 결과에 이르렀다고 보는 경우

⑦ 긍정 격하 : 자신의 긍정적인 경험이나 능력을 객관적으로 평가하지 않은 채 그것을 부정적인 경험으로 전환하거나 자신의 능력을 낮추어 본다.

예 누군가 자신이 한 일에 대해 칭찬을 할 때 그 사람들이 착해서 아무것도 아닌 일에 칭찬을 하는 것이라 생각하는 경우

⑧ 잘못된 명명 : 과잉일반화의 극단적인 형태로서, 내담자가 어느 하나의 단일사건이나 극히 드문 일에 기초하여 완전히 부정적으로 상상하는 것이다.

예 한 차례 지각을 한 학생에 대해 지각대장이라는 이름표를 붙이는 경우

021 크라이티스(Crites)의 포괄적 직업상담의 상담과정 3단계를 단계별로 설명하시오.

점 수	3~6점 배점의 문제로 출제됩니다.
문제해결 키워드	• Crites는 특성-요인 이론, 정신분석이론, 행동주의이론, 인간중심이론 등 다양한 상담이론을 절충 · 통합하여 포괄적 진로상담을 고안했습니다. • 'Crites'는 교재에 따라 '크라이티스' 또는 '크릿츠'라고 부르기도 합니다. • 크라이티스의 직업선택 문제유형 분류는 윌리암슨(Williamson)의 변별진단 4가지 범주에 해당하는 '불확실한 선택 / 직업 무선택 / 흥미와 적성의 불일치 / 어리석은 선택'을 보완한 것입니다.
기출데이터 ★★★	2022년 3회 4번, 2019년 1회 4번, 2014년 2회 10번, 2011년 3회 14번, 2008년 3회 7번, 2005년 3회 8번

>> 모범답안

① 진단(제1단계)
내담자의 진로문제 진단을 위해 심리검사 자료와 상담을 통한 자료가 수집된다.

② 명료화 또는 해석(제2단계)
상담자와 내담자가 협력해서 의사결정 과정을 방해하는 태도와 행동을 확인하며 대안을 탐색한다.

③ 문제해결(제3단계)
내담자가 자신의 문제를 확인하고 적극적으로 참여하여 문제해결을 위해 어떤 행동을 실제로 취해야 하는가를 결정한다.

>> 유사문제유형

• 크라이티스(Crites)의 포괄적 직업상담의 상담과정을 단계별로 설명하시오.
• 크라이티스(Crites)의 포괄적 직업상담의 상담과정 3단계를 쓰고, 각 단계에 대해 설명하시오.

⊕ PLUS

Crites는 직업상담의 문제유형 분류에서 흥미와 적성을 3가지 변인들과 관련지어 분류하였다. 3가지 변인을 쓰고 설명하시오.

① 적응성(적응 문제)
- **적응형** : 흥미와 적성이 일치하는 분야를 발견한 유형
- **부적응형** : 흥미와 적성이 일치하는 분야를 찾지 못한 유형

② 결정성(우유부단 문제)
- **다재다능형** : 재능(가능성)이 많아 흥미와 적성에 맞는 직업 사이에서 결정을 내리지 못하는 유형
- **우유부단형** : 흥미와 적성에 관계없이 어떤 직업을 선택할지 결정을 내리지 못하는 유형

③ 현실성(비현실성 문제)
- **비현실형** : 자신의 적성수준보다 높은 성적을 요구하는 직업을 선택하거나, 흥미를 느끼는 분야가 있지만 그 분야에 적성이 없는 유형
- **강압형** : 적성 때문에 직업을 선택했지만 그 직업에 흥미가 없는 유형
- **불충족형** : 흥미와는 일치하지만 자신의 적성수준보다 낮은 적성을 요구하는 직업을 선택하는 유형

개인주의 상담

022 아들러(Adler)의 개인주의 상담에서 개인주의 상담과정의 목표를 4가지 쓰시오.

점 수	• 4~6점 배점의 문제로 출제됩니다. • 개인주의 상담과정의 목표를 3~4가지를 쓰는 문제로 출제됩니다.
문제해결 키워드	개인주의 상담(과정)의 목표는 아들러(Adler)에게서 영향을 받은 학자들에 따라 약간씩 다르게 제시될 수 있으나 내용상 차이는 없습니다.
기출데이터 ★★☆	2022년 3회 2번, 2020년 1회 2번, 2018년 2회 1번, 2016년 1회 1번, 2013년 3회 10번

>> 모범답안

① 사회적 관심을 갖도록 돕는다.
② 패배감을 극복하고 열등감을 감소시킬 수 있도록 돕는다.
③ 잘못된 가치와 목표를 수정하도록 돕는다.
④ 잘못된 동기를 바꾸도록 돕는다.
⑤ 타인과 동질감을 갖도록 돕는다.
⑥ 사회의 구성원으로서 기여하도록 돕는다.

>> 유사문제유형

• 아들러(Adler)의 개인주의 상담과정의 목표를 3가지만 쓰시오.
• 아들러(Adler)의 개인주의 상담에서 개인주의 상담과정의 목표를 5가지 쓰시오.

실존주의 상담

023 실존주의 상담자들이 내담자의 궁극적 관심사와 관련하여 중요하게 고려한 요인 3가지를 쓰고 설명하시오.

점 수	6점 배점의 문제로 출제됩니다.
문제해결 키워드	• 실존주의 상담은 인본주의 심리학에 기초를 두며, 인간의 가장 직접적인 경험으로서 자기 자신의 존재에 초점을 둡니다. • 이 문제는 다양한 답안이 도출될 수 있습니다. 그 이유는 이 문제가 사실상 실존주의 상담의 주요 개념들을 다루고 있으며, 이는 학자 혹은 교재에 따라 다양하게 제시되고 있기 때문입니다. 모범답안과 유사문제유형을 통해 두 가지 방법으로 답안을 제시하였습니다.
기출데이터 ★★★☆	2023년 1회 4번, 2023년 2회 2번, 2020년 2회 2번, 2017년 2회 5번, 2012년 3회 17번, 2010년 2회 5번, 2009년 3회 16번

>> 모범답안

① **죽음** : 죽음의 불가피성과 삶의 유한성은 삶을 더욱 가치 있게 만든다.
② **자유** : 인간은 스스로 선택하고 자신의 삶에 대해 책임을 진다.
③ **고립 또는 소외** : 인간은 자신의 실존적 소외에 대해 인정하고 직면함으로써 타인과 성숙한 관계를 맺을 수 있다.
④ **무의미** : 인간은 자신의 삶과 인생에서 끊임없이 어떤 의미를 추구한다.

>> 유사문제유형

• 실존주의적 상담은 실존적 존재로서 인간이 갖는 궁극적 관심사에 대한 자각이 불안을 야기한다고 본다. 실존주의 상담자들이 내담자의 궁극적 관심사와 관련하여 중요하게 생각하는 주제★를 4가지 제시하고 각각에 대해 설명하시오.
• 실존주의적 상담은 실존적 존재로서 인간이 갖는 궁극적 관심사에 대한 자각이 불안을 야기한다고 본다. 실존주의 상담자들이 내담자의 궁극적 관심사와 관련하여 중요하게 생각하는 주제 3가지를 쓰고, 각각에 대해 설명하시오.

★ ① 자유와 책임 : 인간은 자기결정적인 존재로서, 자신의 삶의 방향을 결정하고 그에 대해 책임진다.
② 삶의 의미 : 인간은 자신의 삶의 목적과 의미를 찾기 위해 노력한다.
③ 죽음과 비존재 : 인간은 자신이 죽는다는 것을 스스로 자각한다.
④ 진실성 : 인간은 자신을 정의하고 긍정하는 데 필수적인 어떤 것이든지 한다.

※ '모범답안'은 얄롬(Yalom)의 관점인 반면, '유사문제유형'의 답안은 실존주의 연구자들의 비교적 공통된 관점에 해당합니다. 이 두 가지 답안의 내용들이 사실상 서로 유사하며, 특히 자유와 책임, 삶의 의미, 죽음과 비존재가 양쪽 모두에서 비중 있게 다루어지고 있는 점을 눈여겨 볼 필요가 있습니다.

⊕ PLUS 실존주의 상담의 인간본성에 대한 철학적 기본가정

• 인간은 자각하는 능력을 가지고 있다.
• 인간은 정적인 존재가 아닌 항상 변화하는 상태에 있는 존재이다.
• 인간은 자유로운 존재인 동시에 자기 자신을 스스로 만들어 가는 존재이다.
• 인간은 즉각적인 상황과 과거 및 자기 자신을 초월할 수 있는 능력을 가지고 있다.
• 인간은 장래의 어느 시점에서 무존재가 될 운명을 지니고 있으며, 자기 스스로 그 사실을 자각하고 있는 존재이다.

형태주의(게슈탈트) 상담

024 게슈탈트 상담기법 중 3가지를 쓰고, 각각에 대해 설명하시오.

점 수	4~6점 배점의 문제로 출제됩니다.
문제해결 키워드	• 펄스(Perls)에 의해 개발 · 보급되었으며, 내담자가 '여기-지금'의 현실에서 자신이 무엇을 어떻게 보고 느끼는지, 무엇이 경험을 방해하는지 '자각 또는 각성'하도록 합니다. • '형태주의 상담'은 '게슈탈트 상담'이라고도 합니다.
기출데이터 ★★★★	2023년 2회 3번, 2019년 3회 1번, 2018년 2회 3번, 2015년 3회 7번, 2013년 2회 11번, 2012년 1회 18번, 2011년 1회 7번, 2010년 4회 14번

>> 모범답안

① 욕구와 감정의 자각 : '여기-지금' 내담자가 경험한 욕구와 감정을 자각하도록 돕는다.
② 신체 자각 : 신체 감각을 통해 내담자가 자신의 욕구와 감정을 자각하도록 돕는다.
③ 환경 자각 : 환경과의 접촉을 증진시키며, 주위 환경에서 체험하는 것을 자각하도록 돕는다.
④ 언어 자각 : 언어적 표현을 바꾸어 말하게 함으로써 행동에 대한 자신의 책임을 자각하도록 돕는다.
⑤ 꿈 작업(꿈을 이용한 작업) : 꿈을 현실로 재현하도록 하여 꿈의 각 부분들과 동일시해 보도록 한다.
⑥ 빈 의자 기법 : 특정 인물이 빈 의자에 앉아 있다고 상상하도록 하여 그에게 하고 싶은 말과 행동을 하도록 유도한다.
⑦ 과장하기 : 내담자의 감정 자각을 돕기 위해 특정 행동이나 언어를 과장하여 표현하게 한다.

>> 유사문제유형

• 게슈탈트 상담기법★1 중 3가지를 쓰고 설명하시오.
• 게슈탈트 상담기법 중 4가지만 쓰고 설명하시오.
• 형태주의 상담에서 내담자들이 자신에 대해 더 잘 자각하고, 내적 갈등을 충분히 경험하며, 미해결된 감정을 해결할 수 있도록 돕기 위해 사용하는 기법을 4가지만 쓰시오.
• 형태주의 상담의 목표★2를 6가지 쓰시오.(2022년 2회 5번)

★1 게슈탈트 상담기법

• 욕구와 감정의 자각
• 신체 자각
• 환경 자각
• 언어 자각
• 역할연기(실연)
• 감정에 머무르기(머물러 있기)
• 직 면
• 빈 의자 기법
• 꿈 작업하기
• 실험하기(대화실험)

★2 ① 개인의 체험 영역을 확장하도록 한다.
② 인격이 통합되도록 한다.
③ 독립적 · 자립적인 사람이 되도록 한다.
④ 자신에 대한 책임감을 가지도록 한다.
⑤ 증상의 제거보다 성장하도록 한다.
⑥ 실존적인 삶을 살도록 한다.

025 의사교류분석 상담의 제한점 3가지를 설명하시오.

점 수	• 6점 배점의 문제로 출제됩니다. • 문제에서 요구하는 답안 수에 따라 부분점수가 부과됩니다.
문제해결 키워드	• 교류분석 상담은 '의사교류분석 상담' 또는 '의사거래분석 상담'이라고도 합니다. • 번(Berne)에 의해 개발된 집단치료방법으로서, 인간의 약점이나 결함보다는 강점에 초점을 두었습니다.
기출데이터 ★★	2022년 1회 6번, 2018년 1회 13번, 2014년 1회 11번, 2011년 3회 5번

>> 모범답안

① 주요 개념들이 인지적이므로 지적 능력이 낮은 내담자의 경우 부적절할 수 있다.
② 주요 개념들이 추상적이고 용어들이 모호하므로 실제 적용에 어려움이 있다.
③ 상담의 개념 및 절차에 대한 실증적인 연구 결과를 과학적인 증거로 간주하기 어렵다.

>> 유사문제유형

• 의사교류분석 상담의 제한점 3가지를 쓰시오.
• 의사교류분석 상담의 제한점 2가지를 설명하시오.

PLUS

의사교류분석 상담의 공헌점 3가지를 설명하시오.

• 의사소통 단절 문제의 구체적인 해결방안을 제시하며, 의사소통의 질적 향상을 도모하였다.
• 형식적인 상담에서 벗어나 내담자 스스로 자신을 변화시킬 수 있는 방법을 제시하였다.
• 상담자와 내담자 간의 특수한 계약을 강조함으로써 상담의 효과성 향상에 기여하였다.

교류분석 상담 II

026 교류분석적 상담에서 주장하는 자아의 3가지 형태를 쓰고 각각에 대해 간략히 설명하시오.

점 수	• 6점 배점의 문제로 출제됩니다. • 문제에서 요구하는 답안 수에 따라 부분점수가 부과됩니다.
문제해결 키워드	• Berne은 인간이 태어나면서부터 타인과의 상호작용을 통해 자극을 받으려는 '자극-기아'를 느끼고 있다고 주장하였습니다. 이는 스트로크(Stroke)를 어떻게 주고받는가에 따라 인간관계가 결정된다는 의미이기도 합니다. • 부모 자아는 기능상 '비판적 부모 자아 / 양육적 부모 자아'로 구분됩니다. • 아동 자아는 기능상 '자유로운 아동 자아 / 순응적인 아동 자아 / 어린이 교수 자아'로 구분됩니다.
기출데이터 ★★	2020년 2회 3번, 2016년 2회 2번, 2009년 3회 9번, 2003년 3회 9번

>> 모범답안

① 부모 자아(P ; Parent)

출생에서부터 5년간 주로 부모를 통해 모방 또는 학습하게 되는 태도 및 행동으로 구성되며, '비판적 부모 자아'와 '양육적 부모 자아'로 구분된다.

② 성인 자아 또는 어른 자아(A ; Adult)

대략 18개월부터 발달하기 시작하여 12세경에 정상적으로 기능하는 자아로서, 합리적 · 현실지향적 사고 및 타산적 행동을 특징으로 한다.

③ 아동 자아 또는 어린이 자아(C ; Child)

나이와 상관없이 실제적인 행동 및 사고가 아동과 유사한 자아로서, '자유로운 아동 자아'와 '순응적인 아동 자아'로 구분되며, 더 나아가 성인 자아의 축소판으로서 '어린이(아동) 교수 자아'로 삼분하기도 한다.

>> 유사문제유형

• 의사교류분석(TA) 상담기법에서 역동적(열정적) 자아상태 3가지에 대해 쓰시오.

• 교류분석 상담이론에서 상담자가 내담자의 이해를 위해 사용하는 분석 유형★ 3가지를 쓰시오.(2018년 2회 4번, 2013년 2회 4번)

★ ① 구조분석 : 내담자의 사고, 감정, 행동을 세 가지 자아상태, 즉 부모 자아, 성인 자아, 아동 자아와 결부시켜 자아상태에 대한 이해 및 적절한 활용을 돕는다.

② 교류분석 : 두 사람 간의 의사소통 과정에서 나타나는 세 가지 교류 유형, 즉 상보교류, 교차교류, 이면교류를 파악하여 효율적인 교류가 이루어지도록 돕는다.

③ 라켓 및 게임 분석 : 부적응적 · 비효율적인 라켓 감정과 함께 이를 유발하는 게임을 파악하여 긍정적인 자아상태로 전환하도록 돕는다.

④ 각본분석 : 내담자의 자율성을 저해하는 자기제한적 각본신념을 변화시켜 효율적인 신념으로 대체하도록 돕는다.

내담자의 정보 및 행동에 대한 이해와 해석

027 내담자의 정보 및 행동에 대한 이해기법 중 가정 사용하기, 왜곡된 사고 확인하기, 변명에 초점 맞추기에 대해 간략히 설명하시오.

점 수	• 5~6점 배점의 문제로 출제됩니다. • 문제에서 요구하는 답안 수에 따라 부분점수가 부과됩니다.
문제해결 키워드	• 내담자의 정보 및 행동에 대한 이해기법에는 9가지가 있습니다. 그중 일부만 답안으로 요구하는 경우도 있고, '몇 가지를 쓰시오' 형태로 문제가 제시되기도 합니다. • 과년도부터 최근까지 출제비율이 높은 문제입니다. 반드시 내 것으로 만들어야 할 문제입니다.
기출데이터 ★★★★☆	2021년 2회 6번, 2016년 1회 7번, 2013년 1회 3번, 2012년 1회 1번, 2011년 1회 9번, 2010년 1회 6번, 2007년 1회 14번, 2007년 3회 11번, 2004년 1회 6번

>> 모범답안

① 가정 사용하기 : 내담자의 방어를 최소화하기 위해 특정 행동에 대한 가정을 사용하여 질문을 한다.
② 왜곡된 사고 확인하기 : 내담자의 극단적 생각이나 과도한 일반화 등 왜곡된 사고에 주의를 기울인다.
③ 변명에 초점 맞추기 : 내담자의 책임 회피나 변형, 결과의 재구성 등으로 나타나는 변명에 주의를 기울인다.

>> 유사문제유형

• 내담자와 관련된 정보를 수집하고 내담자의 행동을 이해 · 해석하는 데 기본이 되는 상담기법 5가지를 쓰시오.
• 내담자와 관련된 정보를 수집하고 내담자의 행동을 이해하고 해석하는 데 기본이 되는 상담기법*을 6가지만 쓰시오.
• 내담자의 정보 및 행동에 대한 이해 기법 6가지를 적으시오.

★ 내담자의 정보 및 행동에 대한 이해와 해석을 위한 9가지 기법
① 가정 사용하기
② 의미 있는 질문 및 지시 사용하기
③ 전이된 오류 정정하기
④ 분류 및 재구성하기
⑤ 저항감 재인식하기 및 다루기
⑥ 근거 없는 믿음(신념) 확인하기
⑦ 왜곡된 사고 확인하기
⑧ 반성의 장 마련하기
⑨ 변명에 초점 맞추기

028 부처(Butcher)의 집단직업상담을 위한 3단계 모델을 쓰고, 각 단계에 대해 설명하시오.

점 수	6점 배점의 문제로 출제됩니다.
문제해결 키워드	• 부처(Butcher)의 집단직업상담을 위한 3단계 모델은 실기시험뿐만 아니라 필기시험에도 종종 출제되고 있습니다. • Butcher의 3단계 모델 중 '탐색단계'와 '행동단계'의 내용을 별도로 물어보는 경우도 있으므로, 해당 단계에서 이루어지는 사항들을 살펴보아야 합니다.
기출데이터 ★★★★★☆	2022년 3회 1번, 2021년 1회 1번, 2021년 3회 1번, 2020년 2회 1번, 2017년 1회 2번, 2017년 2회 2번, 2015년 2회 8번, 2014년 1회 10번, 2013년 3회 13번, 2010년 3회 12번, 2004년 1회 8번

>> 모범답안

① 탐색단계(제1단계)
자기개방, 흥미와 적성에 대한 측정 및 결과의 피드백 등이 이루어진다.

② 전환단계(제2단계)
일과 삶의 가치에 대한 조사, 자신의 가치에 대한 피드백 등이 이루어진다.

③ 행동단계(제3단계)
목표설정 및 목표달성을 위한 정보수집, 즉각적 및 장기적인 의사결정 등이 이루어진다.

>> 유사문제유형

- Butcher의 집단상담을 위한 3단계 모델에 대해서 쓰시오.
- 부처(Butcher)의 집단직업상담을 위한 3단계 모델을 쓰고 설명하시오.
- A직업상담사는 고등학교 졸업을 앞둔 청소년들을 대상으로 진로 및 직업에 관한 집단상담을 실시하려고 한다. A직업상담사가 체계적인 상담 진행을 위해 적용할 수 있는 부처(Butcher)의 집단직업상담을 위한 3단계 모델을 쓰고 각 단계에 대해 설명하시오.
- 부처(Butcher)의 집단직업상담을 위한 3단계 모델 중 탐색단계와 행동단계에서 이루어져야 하는 것★을 각각 3가지씩 쓰시오.

★ 탐색단계와 행동단계에서 이루어져야 하는 것

① 탐색단계
- 자기개방
- 흥미와 적성에 대한 측정
- 측정 결과에 대한 피드백
- 불일치의 해결

② 행동단계
- 목표설정
- 행동계획의 개발
- 목표달성을 촉진시키기 위한 자원의 탐색
- 정보의 수집과 공유
- 즉각적 및 장기적 의사결정

029 톨버트(Tolbert)가 제시한 것으로 집단직업상담의 과정에서 나타나는 5가지 활동유형을 제시하시오.

점 수	5점 배점의 문제로 출제됩니다.
문제해결 키워드	Tolbert의 집단직업상담의 과정에서 나타나는 활동유형 : 자기탐색, 상호작용, 개인적 정보 검토, 직업적 · 교육적 정보 검토, 합리적인 의사결정
기출데이터 ★★	2019년 1회 2번, 2015년 2회 9번, 2014년 3회 6번, 2010년 1회 9번, 2005년 3회 6번

>> 모범답안

① 자기탐색
② 상호작용
③ 개인적 정보 검토
④ 직업적 · 교육적 정보 검토
⑤ 합리적인 의사결정

>> 유사문제유형

- 톨버트(Tolbert)가 제시한 것으로 집단직업상담의 과정에서 나타나는 활동유형을 3가지 쓰시오.
- 톨버트(Tolbert)가 제시한 것으로 집단직업상담의 과정에서 나타나는 5가지 활동유형★을 설명하시오.

★ **집단직업상담의 과정에서 나타나는 5가지 활동유형**

① 자기탐색 : 집단성원들은 수용적인 분위기 속에서 각자 자신의 가치, 감정, 태도 등을 탐색한다.
② 상호작용 : 집단성원들은 각자 자신의 직업계획 및 목표에 대해 이야기하며, 그것에 대해 다른 집단성원들로부터 피드백을 받는다.
③ 개인적 정보 검토 : 집단성원들은 자기탐색 및 다른 집단성원들과의 상호작용을 통해 확보한 자신과 관련된 개인적 정보들을 체계적으로 면밀히 검토하며, 이를 자신의 직업적 목표와 연계한다.
④ 직업적 · 교육적 정보 검토 : 집단성원들은 각자 자신의 관심직업에 대한 최신의 정보들과 함께 다양한 교육적 자료들을 면밀히 검토한다.
⑤ 합리적인 의사결정 : 집단성원들은 개인적 정보와 직업적 · 교육적 정보들을 토대로 자신에게 적합한 직업에 대해 합리적인 의사결정을 내린다.

⊕ PLUS

톨버트(Tolbert)가 제시한 것으로 성공적인 집단직업상담의 일반적인 가정 3가지를 쓰시오.

- 직업계획 및 의사결정을 위해서는 직업에 대한 많은 정보가 필요하다.
- 올바른 결정을 위해서는 자신의 적성, 흥미, 가치관 등에 대한 정확한 자료가 필요하다.
- 집단직업상담의 절차는 집단성원들이 자신의 주관적 측면들에 대해 탐색하며, 다른 성원들로부터 피드백을 받고 여러 역할들을 시도해 볼 수 있는 기회를 제공해 준다.

집단직업상담 Ⅲ

030 집단상담의 장점을 5가지를 쓰시오.

점 수	• 4~6점 배점의 문제로 출제됩니다. • 문제에서 요구하는 답안 수에 따라 부분점수가 부과됩니다. 틀린 답안이 있으면 아무리 많이 답안을 작성해도 감점되므로 유의해야 합니다.
문제해결 키워드	• 집단상담의 장단점에 대한 내용은 교재에 따라 다양하게 제시되고 있으나 내용상 큰 차이점은 없습니다. 더욱이 문제 자체를 직업상담 장면에서의 집단상담으로 한정한 것이 아닌 일반상담 장면에서의 집단상담으로 제시하고 있으므로 보다 융통적인 답안이 가능합니다. • 과년도부터 최근까지 출제비율이 높은 문제입니다. 반드시 내 것으로 만들어야 할 문제입니다.
기출데이터 ★★★★★★	2023년 1회 1번, 2020년 4회 2번, 2019년 1회 1번, 2017년 3회 2번, 2015년 1회 17번, 2013년 3회 7번, 2011년 3회 16번, 2010년 1회 17번, 2010년 4회 7번, 2009년 1회 3번, 2005년 1회 6번, 2001년 3회 6번

>> 모범답안

① 시간과 경제적인 측면에서 효율적이다.
② 내담자들이 개인상담보다 더 쉽게 받아들이는 경향이 있다.
③ 개인적 탐색을 도와 개인의 성장과 발달을 촉진시킨다.
④ 구체적인 실천의 경험 및 현실검증의 기회를 가진다.
⑤ 타인과 상호교류를 할 수 있는 능력이 개발된다.
⑥ 개인상담이 줄 수 없는 풍부한 학습 경험을 제공한다.

>> 유사문제유형

• 집단상담의 장점 4가지를 쓰시오.
• 개인상담과 비교할 때, 집단상담의 장점 3가지를 쓰시오.
• 집단상담의 장단점★을 3가지씩 쓰시오.
• 집단상담의 장점과 단점을 각각 3가지씩 쓰시오.
• 집단상담의 장점을 6가지 쓰시오.

★ 모범답안의 집단상담의 장점을 작성하고, 단점을 추가로 작성해야 합니다.

집단상담의 장점	집단상담의 단점
• 시간 및 비용의 절감 • 편안함 및 친밀감 • 구체적 실천의 경험 • 현실검증의 기회 제공 • 소속감 및 동료의식 • 풍부한 학습 경험 • 지도성의 확대 • 관찰 및 경청 • 개인상담으로의 연결	• 대상의 부적합성 • 목적전치 • 집단의 압력 • 비밀보장의 어려움 • 지도자의 전문성 부족 • 변화에 따른 부작용

⊕ PLUS　집단상담의 형태

- **지도집단(가이던스집단)** : 구조적인 형태의 집단상담으로서, 정보제공을 목표로 집단지도자에 의한 강의, 교수 등의 방법이 활용된다.
- **상담집단** : 특정 주제나 문제보다는 사람에 초점을 두는 집단상담으로서, 안정감과 신뢰감이 있는 집단분위기에서 정의적이고 개인적인 내용들을 다룬다.
- **치료집단** : 주로 정상적인 기능을 할 수 없는 사람들을 대상으로 하는 집단상담으로서, 전문적인 기술을 가진 집단지도자에 의해 치료활동이 이루어진다.
- **자조집단** : 서로 유사한 문제나 공동의 관심사를 가진 사람들이 자발적으로 구성하여 각자의 경험을 공유하는 형태의 집단상담이다.
- **감수성집단(감수성훈련집단)** : 심리사회적 문제나 정신적 장애의 해결보다는 집단성원들의 의식화 또는 일정한 훈련을 통한 효과를 목표로 하는 집단상담이다.
- **T집단** : 소집단을 통한 훈련을 프로그램의 핵심으로 하는 훈련집단으로서, 집단성원으로서의 역할학습, 커뮤니케이션 및 피드백의 구체적인 행동기술 습득을 주된 목표로 한다.
- **참만남집단(대면집단)** : T집단의 한계를 보완하기 위한 것으로서, 개인의 성장과 함께 개인 간 의사소통 및 대인 관계의 발전을 도모함으로써 궁극적으로 자아실현에 이를 수 있도록 하는 것을 목표로 한다.

⊕ PLUS

집단직업상담은 여러 가지 장점들이 있으나 집단직업상담을 통해 모든 사람들이 똑같이 이득을 경험하는 것은 아니다. 집단직업상담에서 집단 구성시 고려해야 할 사항을 2가지 제시하시오.

① 구성원의 직업성숙도를 고려한다.

- 집단직업상담은 일반적으로 직업성숙도가 낮고 많은 도움을 빠른 시간 내에 필요로 하는 사람들에게 더욱 효과적이다. 반면, 개인직업상담은 직업성숙도가 높은 사람들에게 더욱 효과적이다.
- 예를 들어, 프레츠(Fretz)의 연구에서 진로발달 패턴이 불명확하고 일관적이지 않은 학생들이 명확하고 일관적인 학생들에 비해 집단직업상담 후 직업성숙도의 향상이 더욱 두드러진 것으로 나타났다.

② 구성원의 성별을 고려한다.

- 남성과 여성은 집단직업상담에 임할 때의 목표가 서로 다를 수 있으므로 성별을 고려해야 한다.
- 특히 남성의 경우 자신이 이미 내린 선택과 결정에 대한 확신을 얻는 데 일차적인 관심을 두는 반면, 여성의 경우 자신의 선택의 폭을 확장하고 새로운 가능성을 찾는 데 보다 더 관심을 두는 경향이 있다.

031 생애진로사정(LCA)의 평가 의미와 그로 인해 알 수 있는 정보 3가지를 쓰시오.

점 수	• 5점 배점의 문제로 출제됩니다. • 문제에서 요구하는 것은 두 가지입니다. 첫째, 생애진로사정의 의미, 둘째, 그로 인해 알 수 있는 정보 모두 답안으로 작성해야 합니다.
문제해결 키워드	• 생애진로사정은 상담자가 내담자와 처음 만났을 때 이용할 수 있는 구조화된 면접기법으로서, 내담자에 대한 가장 기초적인 직업상담 정보를 얻는 질적인 평가절차입니다. • 생애진로사정시 사용되는 직업가계도와 관련된 문제가 출제됩니다. PLUS를 통해 보충학습하세요.
기출데이터 ★★☆	2020년 2회 5번, 2018년 1회 6번, 2016년 2회 10번, 2014년 1회 16번, 2010년 3회 18번

>> 모범답안

(1) 생애진로사정의 평가 의미

내담자의 생애에 대한 접근을 통해 내담자에 대한 기초적인 직업상담 정보를 얻는 질적인 평가 절차이다.

(2) 생애진로사정을 통해 알 수 있는 정보

① 내담자의 직업경험과 교육수준을 나타내는 객관적인 사실
② 내담자의 기술과 유능성에 대한 자기평가 및 상담자의 평가 정보
③ 내담자의 가치관 및 자기인식 정도

⊕ PLUS 생애진로사정시 사용되는 직업가계도의 의미와 활용

• **직업가계도(Genogram)의 의미**

내담자의 직업관련 태도에 영향을 줄 수 있는 가족의 직업계보를 도표로 보여주기 위한 것으로, 개인이 가족성원들과의 관계에서 직업선택에 대한 관점을 발전시키는 과정을 설명한다.

• **직업가계도의 활용**

– 직업가계도는 보통 직업상담의 초기과정에서 내담자에 대한 정보수집을 위해 사용된다.
– 내담자의 직업에 대한 제한적인 고정관념, 다양한 직업기회에 대한 기대들, 직업가치와 흥미에 대한 근본원인 등을 측정하는 데 활용한다.
– 내담자의 직업의식과 직업태도에 대한 가족의 영향력을 분석할 수 있다.
– 내담자의 직업적 지각 및 선택에 영향을 미친 모델이 누구인지 탐색하며, 자기지각의 근거를 밝히는 데 사용한다.

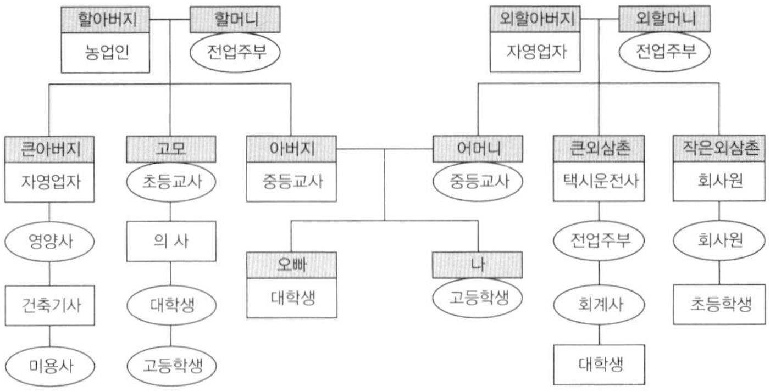

생애진로사정(LCA) II

032 생애진로사정(LCA ; Life Career Assessment)의 구조 4가지와 이를 통해 알 수 있는 정보 3가지를 쓰시오.

점 수	• 4~7점 배점의 문제로 출제됩니다. • 반드시 '생애진로사정의 구조 4가지'와 '이를 통해 알 수 있는 정보'를 구분하여 답안으로 작성해야 감점을 피할 수 있습니다.
문제해결 키워드	생애진로사정의 각 구조에 대해 구체적으로 설명하라는 문제가 출제된 경우도 있으므로 꼼꼼히 학습하셔야 합니다.
기출데이터 ★★	2020년 1회 5번, 2019년 3회 4번, 2011년 2회 6번, 2009년 1회 4번

>> 모범답안

(1) 생애진로사정(LCA)의 구조

① 진로사정
② 전형적인 하루
③ 강점과 장애
④ 요 약

(2) 생애진로사정을 통해 알 수 있는 정보

① 내담자의 직업경험과 교육수준을 나타내는 객관적인 사실
② 내담자의 기술과 유능성에 대한 자기평가 및 상담자의 평가 정보
③ 내담자의 가치관 및 자기인식 정도

>> 유사문제유형

• 직업상담의 구조화된 면담법으로 생애진로사정의 구조 4가지★1에 대하여 설명하시오.
• 생애진로사정(LCA)의 구조 중 진로사정의 3가지★2 부분을 쓰고, 각각에 대해 설명하시오. (2021년 3회 6번, 2019년 2회 6번)
• 생애진로사정(LCA)을 통해 알 수 있는 정보를 3가지 쓰시오.

★1 ① 진로사정 : 내담자의 직업경험, 교육 또는 훈련과정과 관련된 문제들, 여가활동 등에 대해 사정한다.
② 전형적인 하루 : 내담자가 생활을 어떻게 조직하는지를 시간의 흐름에 따라 체계적으로 기술한다.
③ 강점과 장애 : 내담자가 스스로 생각하는 주요 강점 및 장애에 대해 질문한다.
④ 요약 : 내담자가 스스로 자신에 대해 알게 된 내용을 요약해보도록 함으로써 자기인식을 증진시킨다.

★2 ① 직업경험 : 내담자의 일의 경험과 관련하여 가장 좋았던 점과 가장 싫었던 점에 대해 사정한다.
② 교육 또는 훈련과정과 관련된 문제들 : 내담자의 훈련과정 및 관심사와 관련하여 어떤 훈련 경험이 좋았는지 혹은 싫었는지에 대해 사정한다.
③ 여가활동 : 내담자의 오락 및 여가시간 활용에 대해 사정한다.

가치사정

033 '자기보고식 가치사정하기'에서 가치사정법 6가지를 쓰시오.

점 수	• 6점 배점의 문제로 출제됩니다. • 문제에서 요구하는 답안의 수에 따라 부분점수가 부과됩니다.
문제해결 키워드	• 가치사정은 내담자의 자기인식을 발전시키고 현재 직업적 상황에 대한 불만족의 근원을 발견할 수 있게 합니다. • 가치사정은 개인의 흥미나 성격에 대한 예비사정 용도 및 진로의 선택이나 전환의 기틀을 제시하기 위한 용도로 활용할 수 있습니다.
기출데이터 ★★☆	2019년 3회 5번, 2016년 3회 4번, 2012년 3회 10번, 2011년 1회 17번, 2010년 3회 11번

>> 모범답안

① 체크목록 가치에 순위 매기기
② 과거의 선택 회상하기
③ 절정경험 조사하기
④ 자유시간과 금전의 사용
 * 자신에게 자유시간이 주어지는 경우 또는 예상치 못한 돈이 주어지는 경우 이를 어떠한 목적으로 어떻게 사용할 것인지 상상하도록 하는 것을 의미합니다.
⑤ 백일몽 말하기
⑥ 존경하는 사람 기술하기

>> 유사문제유형

• 자기보고식 가치사정법 3가지를 쓰시오.
• 자기보고식 가치사정법 6가지를 쓰시오.

⊕ PLUS

가치사정과 관련하여 일부 내담자는 경험의 부재, 모순되는 학습경험, 자기탐구에의 어려움 등으로 인해 가치에 대한 목록을 명확히 정하지 못한다. 이를 위해 가치명료화 작업이 요구되는데, 가치명료화의 과정을 돕는 6단계의 기본과정을 기술하시오.

• 제1단계 : 직업선택과 관련된 가치의 발견
• 제2단계 : 과거 유사한 문제와의 대조를 통한 해결 가능성 탐색
• 제3단계 : 자신의 입장과 가치의 연결
• 제4단계 : 다른 입장에서의 주장
• 제5단계 : 명확한 사고를 위한 시간적 여유
• 제6단계 : 가치와 관련된 최선의 선택

034 내담자의 흥미사정기법을 3가지만 쓰고, 각각에 대해 설명하시오.

점 수	• 6~7점 배점의 문제로 출제됩니다. • 문제에서 요구하는 답안의 수에 따라 부분점수가 부과됩니다.
문제해결 키워드	• 이 문제는 다양한 답안이 도출될 수 있으며, 출제자의 의도에 따라 다르게 채점될 수도 있습니다. • '흥미사정의 방법'과 '흥미사정의 기법'은 사실 내용상 유사합니다. 문제에서 수퍼(Super)가 주장한 것이라고 제시되는 경우 '흥미사정의 방법'을 답안으로 작성하고(PLUS 참고), 특별한 조건 없이 "3가지만 쓰시오" 등으로 제시되는 경우 '흥미사정의 기법'을 답안으로 작성하는 것을 추천합니다.
기출데이터 ★★★☆	2021년 2회 5번, 2020년 3회 6번, 2016년 2회 4번, 2014년 1회 6번, 2013년 3회 2번, 2010년 2회 12번, 2009년 2회 20번

>> 모범답안

① **흥미평가기법** : 종이에 쓰인 알파벳에 따라 흥밋거리를 기입하도록 한 후 과거 그와 관련된 주제와 흥미를 떠올리도록 한다.
② **작업경험 분석** : 과거 작업경험을 분석하여 내담자의 가치, 기술, 생활방식 및 직업관련 선호도 등을 규명한다.
③ **직업카드분류** : 일련의 직업카드를 제시하여 이를 선호군, 혐오군, 미결정 중성군으로 분류하도록 한다.

>> 유사문제유형

• 개인의 관심이나 호기심을 자극하는 어떤 것을 흥미라고 한다. 내담자가 흥미를 사정하려고 할 때 사용할 수 있는 사정기법★을 3가지만 쓰고, 각각에 대해서 설명하시오.

★ 흥미사정의 기법
- 표현된 흥미와 조작된 흥미 유발하기
- 흥미평가기법
- 작업경험 분석
- 직업카드분류
- 직업선호도검사 실시
- 로(Roe)의 분류체계 이용

⊕ PLUS Super의 흥미사정방법

• **표현된 흥미** : 어떤 활동이나 직업에 대해 좋고 싫음을 간단하게 말하도록 요청한다.
• **조작된 흥미** : 특정 활동에 대해 질문하거나 해당 활동에 참여하는 사람들이 어떻게 시간을 보내는지를 관찰하는 것으로 사람들이 자신이 좋아하거나 즐기는 활동과 연관된다는 것을 가정한다.
• **조사된 흥미** : 개인은 다양한 활동에 대해 좋고 싫음을 묻는 표준화된 검사를 완성하는데, 대부분의 검사에서 개인의 반응은 특정 직업에 종사하는 사람들의 흥미와 유사점이 있는지 비교된다.

침 묵

035 상담에서 대화의 중단 또는 내담자의 침묵은 자주 일어나는 일이다. 내담자의 침묵의 발생원인 3가지만 쓰시오.

점 수	6점 배점의 문제로 출제됩니다.
문제해결 키워드	• 대개의 경우 내담자가 자기 자신을 음미해보거나 머릿속으로 생각을 간추리는 과정에서 침묵이 발생하므로, 이때의 침묵은 유익한 필요조건이 됩니다. • 상담자는 '조용한 관찰자'의 태도로써 내담자의 침묵을 섣불리 깨뜨리려 하지 말고, 인내심을 가지고 어느 정도 기다려 보는 것이 바람직합니다.
기출데이터 ★☆	2016년 2회 5번, 2012년 1회 9번, 2009년 3회 15번

>> 모범답안

① 내담자가 상담자에게 적대감을 가지고 저항하는 경우
② 내담자가 자신의 말에 대한 상담자의 재확인이나 해석을 기대하고 있는 경우
③ 내담자가 자신의 감정 상태에서 생긴 피로를 회복하고 있는 경우

⊕ PLUS 침묵의 발생원인

• 내담자가 상담 초기 관계형성에서 두려움을 느끼는 경우
• 상담 중 논의된 것에 대해 내담자가 이를 음미하고 평가하며 정리해보고자 하는 경우
• 내담자가 상담자에게 적대감을 가지고 저항하는 경우
• 내담자가 자신의 말에 대한 상담자의 재확인이나 해석을 기대하고 있는 경우
• 내담자가 자신의 감정 상태에서 생긴 피로를 회복하고 있는 경우
• 내담자가 다음에 무엇을 논의할 것인지 상담자로 하여금 결정해 주기를 기다리고 있는 경우
• 내담자가 할 말이 더 이상 생각나지 않거나 무슨 말을 해야 할지 모르는 경우
• 내담자가 자신의 생각이나 느낌을 표현하고자 노력하고 있음에도 불구하고 적절한 표현이 떠오르지 않는 경우

036 상담자가 갖추어야 할 기본기술인 적극적 경청, 공감, 명료화, 직면에 대해 설명하시오.

점 수	• 4~8점 배점의 문제로 출제됩니다. • 문제에서 요구하는 답안의 수에 따라 부분점수가 부과됩니다.
문제해결 키워드	• 상담의 주요 기법으로는 적극적 경청, 공감(감정에 대한 반영), 명료화, 직면 외에도 수용, 요약과 재진술(내용에 대한 반영), 해석, 탐색적 질문 등이 있습니다. • 상담의 기법에 대한 설명은 다양하므로, 무조건적 암기보다는 이해를 기반으로 한 키워드 중심 학습이 효율적입니다.
기출데이터 ★★	2020년 1회 6번, 2007년 1회 16번, 2004년 3회 6번, 2001년 1회 4번

>> 모범답안

① 적극적 경청 : 내담자가 표현하는 언어적인 의미 외에 비언어적인 의미까지 이해할 수 있도록 내담자의 입장에서 내담자의 이야기를 충분히 주의 깊게 듣는 것이다.
② 공감 : 내담자가 전달하려는 내용에서 한 걸음 더 나아가 그 내면적 감정에 대해 반영하는 것이다.
③ 명료화 : 내담자의 말 속에 포함되어 있는 불분명한 측면을 상담자가 분명하게 밝히는 것이다.
④ 직면 : 내담자에게 문제를 있는 그대로 확인시켜 주어 문제와 맞닥뜨리도록 함으로써, 내담자로 하여금 현실적인 대처방안을 찾을 수 있도록 도전시키는 것이다.

>> 유사문제유형

• 직업상담을 효과적으로 진행하기 위해서는 상담의 기본 원리와 기법을 따라야 한다. 상담분야를 막론하고 상담자가 갖추어야 할 기본 기술을 5가지★ 쓰시오.

★ 모법답안에서 제시한 것 외에 다음을 추가하여 답안을 작성할 수 있습니다.
① 해석 : 내담자가 새로운 방식으로 자신의 문제들을 볼 수 있도록 사건들의 의미를 설정해 주는 것이다. 내담자로 하여금 문제에 대한 통찰력을 갖도록 하며, 생활 속의 사건들을 그들 스스로 해석하도록 돕는다.
② 요약과 재진술 : 내담자가 전달하는 이야기의 표면적 의미를 상담자가 다른 말로 바꾸어서 말하는 것이다. 상담자는 내담자가 전달하려는 내용을 다른 말과 용어를 사용하여 내담자에게 되돌려 준다.
③ 수용 : 상담자가 내담자의 이야기에 주의를 집중하고 있고, 내담자를 인격적으로 존중하고 있음을 보여 주는 것이다. 수용에 대한 표현은 "예", "계속 말씀하십시오" 등 주로 간단한 언어적 표현을 통해 이루어진다.
④ 탐색적 질문 : 상담자가 자신의 관심을 충족시키기 위해 하는 질문이 아니라 내담자로 하여금 자신과 자신의 문제를 자유롭게 탐색하도록 허용함으로써 내담자의 이해를 증진시키는 개방적인 질문이다.

⊕ PLUS

진로상담 과정에서 내담자와 관계를 수립하고, 내담자의 문제를 파악하는 데 사용되는 기본 상담기술을 5가지 쓰시오. (2023년 1회 6번, 2023년 3회 6번, 2005년 3회 11번)

① 공 감
② 적극적 경청
③ 명료화
④ 요약과 재진술
⑤ 수 용
⑥ 탐색적 질문

실업(직)과 관련된 고용상태의 잠재효과(Jahoda)

037 실업과 관련된 Jahoda의 박탈이론에 따르면 일반적으로 고용상태에 있게 되면 실직상태에 있는 것보다 여러 가지 잠재적 효과가 있다고 한다. 고용으로 인한 잠재효과를 3가지만 쓰시오.

점 수	• 5~6점 배점의 문제로 출제됩니다. • 문제에서 요구하는 답안의 수에 따라 부분점수가 부과됩니다.
문제해결 키워드	• 야호다(Jahoda)는 실직이 개인의 삶에 일어날 수 있는 외상적인 사건 중의 하나로 간주하여 그로 인한 스트레스 사건에 대해 개인이 어떻게 반응하는지 심리적 · 임상의학적 측면에서 연구하였습니다. • 야호다는 개인이 실직으로 인해 우울, 불안, 적대감, 편집증, 신체화 증상, 약물남용, 가족 간 불화 등의 반응을 보임으로써 정신건강에 악영향을 미친다고 보았습니다. 따라서 문제상의 고용으로 인한 잠재효과는 이를 글자 그대로 '고용', 즉 직업 활동의 측면으로 제시할 수 있으나, 야호다 이론의 정신건강의 측면으로도 설명할 수 있습니다.
기출데이터 ★★☆	2023년 2회 12번, 2017년 2회 7번, 2012년 2회 1번, 2005년 3회 9번, 2001년 1회 2번

>> 모범답안

① 시간의 구조화 : 일상의 시간을 구조화하도록 해준다.
② 사회적인 접촉 : 핵가족 밖의 다른 사람들과 접촉하도록 해준다.
③ 공동의 목표 : 개인적인 목표 이상의 것들을 추구하도록 해준다.

>> 유사문제유형

• 실업과 관련된 Jahoda의 박탈이론에 따르면 일반적으로 고용상태에 있게 되면 실직상태에 있는 것보다 여러 가지 잠재효과가 있다고 한다. 5가지의 잠재효과★를 기술하시오.

★ 모범답안의 3가지 잠재효과에 다음 2가지를 추가하여 답안을 작성할 수 있습니다.
• 사회적 정체감과 지위 : 사회적인 정체감과 지위를 확인시켜 준다.
• 활동성 : 유의미한 정규적 활동을 수행하도록 해준다.

⊕ PLUS 정신건강의 조건(Jahoda)

• 자아에 대한 태도(자아정체감)
• 성장 및 발달(자아실현)
• 통합력
• 자율성
• 현실지각 및 환경조정
• 환경적응 능력

제 2 과목 직업심리학

홀랜드(Holland)의 직업발달이론 Ⅰ

038 홀랜드(Holland)의 인성이론에서 제안된 6가지 성격 유형을 쓰고, 각각에 대해 설명하시오.

점 수	• 6점 배점 문제로 출제됩니다. • 문제에서 요구하는 성격유형의 수에 따라 부분점수가 채점될 수 있습니다. • 6가지 성격유형을 쓰고 간단한 설명을 덧붙여 작성해야 감점 없이 점수를 받을 수 있습니다.
문제해결 키워드	• 홀랜드(Holland)의 이론에서 6가지 유형의 특성은 빈번히 출제되니 충분히 이해해두시는 것이 좋습니다. • 6가지 유형을 제시하고 간단한 설명과 예를 덧붙입니다.
기출데이터 ★★★★★★ ★★	2023년 1회 12번, 2023년 2회 4번, 2023년 3회 7번, 2022번 1회 9번, 2021년 1회 7번, 2020년 1회 13번, 2020년 3회 5번, 2020년 4회 6번, 2019년 2회 8번, 2018년 2회 7번, 2016년 1회 4번, 2014년 3회 10번, 2009년 1회 7번, 2008년 1회 9번, 2007년 1회 5번, 2004번 1회 2번

>> 모범답안

① 현실형 : 현장에서 수행하는 활동을 선호하며, 구체적 · 실질적인 것을 지향한다.
예 기술직 · 토목직, 자동차엔지니어, 농부 등

② 탐구형 : 과학적 · 탐구적인 성향이 강하며, 정보수집 및 자료해석을 즐긴다.
예 화학자, 생물학자, 물리학자 등

③ 예술형 : 심미적 · 창조적인 성향이 강하며, 자유롭고 상징적인 활동을 선호한다.
예 문학가, 작곡가, 미술가 등

④ 사회형 : 사람들과 함께 어울리며 집단 속에서 일하는 것을 선호한다.
예 사회복지사, 교사, 상담사 등

⑤ 진취형 : 진취적 · 경쟁적인 성향이 강하며, 적극적인 활동을 선호한다.
예 기업실무자, 영업사원, 보험설계사 등

⑥ 관습형 : 자료의 조직화나 세밀하고 정확한 주의가 요구되는 활동을 선호한다.
예 사무직근로자, 경리사원, 비서 등

>> 유사문제유형

- 홀랜드(Holland)의 모형을 기초로 개발된 직업흥미검사의 6가지 흥미유형을 쓰시오.
- Holland의 6가지 직업적 성격의 특징을 기술하시오.
- 고용노동부-흥미검사는 Holland의 개인-환경 간 적합성 모형을 토대로 개발한 것이다. Holland에 의하면 개인과 작업환경은 각각 6가지 흥미유형으로 구분될 수 있으며 개인은 자신의 흥미유형과 일치하는 작업환경을 추구하는 경향이 있고, 이런 환경에서 일할 때 잠재력을 최대한 발휘할 수 있다고 보았다. 이 6가지 유형을 쓰시오.
- 홀랜드(Holland)의 흥미유형에 따라 각 유형의 직업 특성에 대해서 기술하시오.
- 홀랜드(Holland)의 인성이론에서 제안된 6가지 성격유형을 쓰시오.
- 홀랜드(Holland)의 흥미이론에서 개인의 흥미유형 6가지를 쓰시오.

039 홀랜드(Holland) 이론의 개인과 개인 간의 관계, 개인과 환경 간의 관계, 환경과 환경 간의 관계를 설명하는 개념 3가지를 쓰고, 각각에 대해 설명하시오.

점 수	• 6점 배점 문제로 출제됩니다. • 3가지를 쓰고, 설명하라는 문제의 경우 한 가지 답안당 2점씩 채점되며, 설명을 누락하거나 틀리게 되면 감점처리됩니다.
문제해결 키워드	• 홀랜드(Holland) 이론의 개인과 개인 간의 관계, 개인과 환경간의 관계, 환경과 환경 간의 관계 중 어떤 것이든지 문제에서 요구하는 개수대로 답안을 작성하세요. • 개념 3가지를 쓰고 간단한 설명을 덧붙입니다.
기출데이터 ★★☆	2021년 3회 9번, 2016년 2회 3번, 2016년 3회 6번, 2013년 3회 11번, 2010년 2회 2번

>> 모범답안

① **일관성** : 개인의 흥미 하위유형 간의 내적 일관성을 말하는 것으로서, 개인의 흥미유형이 얼마나 서로 유사한가를 의미한다.
② **변별성** : 특정 흥미유형의 점수가 다른 흥미유형의 점수보다 높은 경우 변별성도 높지만, 이들의 점수가 대부분 비슷한 경우 변별성이 낮다.
③ **정체성** : 개인의 정체감은 그의 목표, 흥미, 재능에 의해 명확해지며, 환경유형은 조직의 투명성, 안정성, 목표 · 일 · 보상의 통합에 의해 확고해진다.
④ **일치성** : 개인의 흥미유형과 개인이 몸담고 있거나 소속되고자 하는 환경의 유형이 서로 부합하는 정도를 말한다.
⑤ **계측성** : 육각형 모델에서의 유형들 간의 거리는 그 이론적인 관계에 반비례한다.

>> 유사문제유형

• 홀랜드 육각형 모델과 관련된 해석 차원 중에서 일관성, 변별성, 정체성에 대해 설명하시오.

⊕ PLUS

홀랜드(Holland)의 육각형 모델에 대한 해석차원은 일관성, 변별성(차별성), 정체성, 일치성, 계측성(타산성) 등 5가지로 구분됩니다. 직업상담사 2차 실무시험에서는 그중 막연히 3가지를 쓰도록 요구하거나 아예 '일관성, 변별성, 정체성'을 구체적으로 제시하여 답안을 작성하도록 하고 있습니다. 따라서 위의 5가지 중 특히 '일관성, 변별성, 정체성'을 반드시 기억해 두시기 바랍니다.

데이비스와 롭퀴스트(Dawis & Lofquist)의 직업적응이론

040 직업적응이론에서 직업성격 차원의 4가지 성격유형 요소들을 쓰고, 각각에 대해 설명하시오.

점 수	• 4~6점 배점의 문제로 출제됩니다. • '설명하시오' 문제이므로 요소와 설명을 더해서 답안을 작성해야 감점 없이 점수를 받을 수 있습니다.
문제해결 키워드	직업적응이론은 개인과 환경 간의 상호작용을 통한 욕구충족(요구충족)을 강조하는 이론으로, 최근에는 '개인-환경 조화 상담(Person-Environment Correspondence Counseling)'으로도 불리고 있습니다.
기출데이터 ★★☆	2022년 3회 5번, 2020년 2회 6번, 2016년 2회 6번, 2015년 2회 14번, 2010년 3회 17번

>> 모범답안

① **민첩성** : 정확성보다는 속도를 중시한다.
② **역량** : 작업자의 평균 활동수준을 의미한다.
③ **리듬** : 활동에 대한 다양성을 의미한다.
④ **지구력** : 다양한 활동수준의 기간을 의미한다.

>> 유사문제유형

- 직업적응이론에서 직업성격 차원의 4가지 성격유형 요소들 중 3가지를 쓰고, 각각에 대해 설명하시오.
- 직업적응이론(TWA ; Theory of Work Adjustment)에서 개인이 환경과 상호작용하는 특성을 나타내는 성격양식 차원의 4가지 성격유형 요소들을 쓰고, 각각에 대해 설명하시오.
- 직업적응이론(TWA)에서 중요하게 다루는 직업가치*를 5가지 쓰시오.(2022년 3회 6번, 2013년 1회 2번)

★ ① 성 취
② 이타심 또는 이타주의
③ 자율성 또는 자발성
④ 안락함 또는 편안함
⑤ 안정성 또는 안전성
⑥ 지 위

⊕ PLUS

Lofquist와 Dawis의 직업적응이론에서 적응방식 차원의 4가지 성격유형 요소들을 쓰고, 각각에 대해 설명하시오. (2023년 2회 5번, 2019년 1회 6번)

① **융통성 또는 유연성** : 개인이 작업환경과 개인적 환경 간의 부조화를 참아내는 정도를 의미한다.
② **끈기 또는 인내** : 환경이 자신에게 맞지 않아도 개인이 얼마나 오랫동안 견뎌낼 수 있는지의 정도를 의미한다.
③ **적극성** : 개인이 작업환경을 개인적 방식과 좀 더 조화롭게 만들어가려고 노력하는 정도를 의미한다.
④ **반응성** : 개인이 작업성격의 변화로 인해 작업환경에 반응하는 정도를 의미한다.

긴즈버그(Ginzberg)의 직업발달이론

041 긴즈버그(Ginzberg)의 진로발달단계 중 현실기의 3가지 하위단계를 쓰고, 각각에 대해 설명하시오.

점 수	• 6점 배점 문제로 출제됩니다. • 3가지를 쓰고, 설명하라는 문제의 경우 한 가지 답안당 2점씩 채점되며, 설명을 누락하거나 틀리게 되면 감점처리됩니다.
문제해결 키워드	• 긴즈버그(Ginzberg)의 직업발달단계는 환상기, 잠정기, 현실기로 구분됩니다. • 발달이론은 긴즈버그(환 · 잠 · 현, 흥 · 능 · 가 · 전 · 탐 · 구 · 특), 수퍼(성 · 탐 · 확 · 유 · 쇠) 등으로 전체적 단계를 무조건 외워두시는 게 좋습니다.
기출데이터 ★★	2018년 2회 8번, 2014년 1회 4번, 2012년 3회 11번, 2010년 2회 18번

>> 모범답안

① **탐색단계** : 직업선택의 다양한 가능성을 탐색하며, 직업선택의 기회와 경험을 가지기 위해 노력한다.
② **구체화 단계** : 직업목표를 구체화하며, 자신의 결정과 관련된 내적 · 외적 요인들을 종합한다.
③ **특수화 단계** : 자신의 결정에 대해 세밀한 계획을 세우며, 고도로 세분화 · 전문화된 의사결정을 하게 된다.

>> 유사문제유형

• 긴즈버그(Ginzberg)의 진로발달단계 중 현실기의 3가지 하위단계를 쓰고 설명하시오.

⊕ PLUS 긴즈버그(Ginzberg)의 진로(직업)발달단계

• 환상기(Fantasy Period, 6~11세 또는 11세 이전)
  – 이 시기에 아동은 자기가 원하는 직업이면 무엇이든 하고 싶고, 하면 된다는 식의 환상 속에서 비현실적인 선택을 하는 경향이 있다.
  – 직업선택과 관련하여 자신의 능력이나 가능성, 현실여건 등을 고려하지 않은 채 자신의 욕구를 중시한다.
• 잠정기(Tentative Period, 11~17세)
  – 이 시기에 아동 및 청소년은 자신의 흥미나 취미에 따라 직업선택을 하는 경향이 있다.
  – 후반기에 가면 능력과 가치관 등의 요인도 어느 정도 고려하지만, 현실 상황을 그다지 고려하지 않으므로 직업선택의 문제에서 여전히 비현실적인, 즉 잠정적인 성격을 띤다.
  – 흥미단계 → 능력단계 → 가치단계 → 전환단계
• 현실기(Realistic Period, 17세 이후~성인 초기 또는 청 · 장년기)
  – 이 시기에 청소년은 자신의 개인적 요구 및 능력을 직업에서 요구하는 조건과 부합함으로써 현명한 선택을 시도한다.
  – 능력과 흥미의 통합단계로서, 가치의 발달, 직업적 선택의 구체화, 직업적 패턴의 명료화가 이루어진다.
  – 탐색단계 → 구체화 단계 → 특수화(정교화) 단계

고트프레드슨(Gottfredson)의 직업발달이론

042 고트프레드슨(Gottfredson)의 직업과 관련된 개인발달의 4단계를 쓰고, 각 단계에 대해 설명하시오.

점 수	• 4점 배점 문제로 출제됩니다. • 문제에서 요구한 4단계 중 한 단계라도 누락되거나 틀린 답안이 있으면 1점이 감점될 수 있습니다.
문제해결 키워드	• 고트프레드슨(Gottfredson)의 직업과 관련된 개인발달 단계를 순서에 맞게 작성하세요. • 발달 4단계를 쓰고 간단한 설명을 덧붙입니다.
기출데이터 ★★☆	2023년 2회 7번, 2016년 3회 5번, 2015년 3회 10번, 2011년 2회 12번, 2011년 3회 6번

>> 모범답안

① 힘과 크기 지향성(3~5세) : 사고과정이 구체화되며, 어른이 된다는 것의 의미를 알게 된다.
② 성역할 지향성(6~8세) : 자기개념(자아개념)이 성의 발달에 의해서 영향을 받게 된다.
③ 사회적 가치 지향성(9~13세) : 사회계층 및 사회질서에 대한 개념의 발달과 함께 '상황 속 자기'를 인식하기에 이른다.
④ 내적, 고유한 자기(자아) 지향성(14세 이후) : 자아성찰과 사회계층의 맥락에서 직업적 포부가 더욱 발달하게 된다.

>> 유사문제유형

• 고트프레드슨(Gottfredson)이 제시한 직업포부 4단계를 연령별로 설명하시오.
• 고트프레드슨(Gottfredson)의 직업포부 발달단계 4단계 중 '내적, 고유한 자아지향성'을 제외한 나머지 3단계를 쓰고 설명하시오.
• 고트프레드슨(Gottfredson)의 직업과 관련된 개인발달의 4단계를 순서대로 쓰시오.

⊕ PLUS

고트프레드슨(Gottfredson)은 제한–타협이론(제한–절충이론)에서 제한을 통해 선택된 선호하는 직업대안들 중 자신이 극복할 수 없는 문제를 가진 직업을 포기하는 과정으로 타협(절충)을 제시하였다. 고트프레드슨이 제시한 타협 과정의 기본원리를 3가지 기술하시오.

① 자아개념(자기개념)의 어떤 측면은 다른 측면보다 중요하며, 그로 인해 진로목표를 타협해 나가는 과정에서 이와 같은 측면이 우선권을 가지게 된다.
② 진로선택의 과정은 반드시 최상의 대안선택에서 종료되는 것이 아닌 만족할 만한 선택에서 종료된다.
③ 진로선택 이후에는 그와 같은 진로선택을 위해 자신이 취한 타협에 심리적으로 적응하게 된다.

크롬볼츠(Krumboltz)의 사회학습이론

043 크롬볼츠(Krumboltz)의 사회학습이론에서 개인의 진로선택에 영향을 미치는 것으로 가정한 요인 3가지를 쓰시오.

점 수	• 6점 배점 문제로 출제됩니다. • 문제에서 요구한 답은 3가지이므로 한 문제당 2점씩 계산하여 6점으로 채점될 수 있습니다.
문제해결 키워드	• 크롬볼츠(Krumboltz)의 진로발달과정에 영향을 미치는 요인 4가지 중 3가지를 작성합니다. • 크롬볼츠는 학습이론의 원리를 직업선택의 문제에 적용하여 행동주의 방법을 통해 진로선택을 도와야 한다고 주장했습니다.
기출데이터 ★★★	2022년 3회 7번, 2018년 2회 9번, 2014년 1회 13번, 2012년 3회 16번, 2010년 2회 4번, 2010년 4회 1번

>> 모범답안

① 유전적 요인과 특별한 능력 : 인종, 성별, 지능 등 타고난 특질
② 환경적 조건과 사건 : 기술개발, 진로 선호 등에 영향을 미치는 환경 및 사건
③ 학습경험 : 도구적 학습 경험 및 연상적 학습 경험
④ 과제접근기술 : 문제해결 기술, 일하는 습관, 정보수집 능력 등

>> 유사문제유형

• 크롬볼츠(Krumboltz)의 사회학습이론에서 개인의 진로에 영향을 미치는 것으로 가정한 요인 3가지를 쓰시오.
• 크롬볼츠(Krumboltz)의 사회학습이론에서 개인의 진로선택에 영향을 미치는 것으로 가정한 요인 4가지를 쓰시오.
• 진로선택이론 중 사회학습이론에서 크롬볼츠(Krumboltz)가 제시한 진로선택에 영향을 주는 요인을 3가지 쓰시오.
• 크롬볼츠(Krumboltz)는 진로발달과정에 영향을 미치는 요인으로서 환경적 요인과 심리적 요인들을 제시하였다. 그와 같은 진로결정 요인들이 상호작용하여 나타나는 결과 4가지를 쓰고 설명하시오.

⊕ PLUS 환경적 요인과 심리적 요인

크롬볼츠(Krumboltz)는 진로발달 과정에 영향을 미치는 요인으로서 환경적 요인과 심리적 요인을 제시하였으며, 환경적 요인으로 '유전적 요인과 특별한 능력' 및 '환경적 조건과 사건'을, 심리적 요인으로 '학습경험' 및 '과제접근기술'을 제시하였습니다. 여기서 환경적 요인은 개인에게 영향을 미치지만 일반적으로 개인이 통제하기 어려우므로 상담을 통해 변화시키는 것이 불가능한 영역인 반면, 심리적 요인은 개인의 생각과 감정과 행동을 결정하며, 상담을 통해 변화가 가능한 영역에 해당합니다.

044 직업상담에서 검사선정시 고려해야 할 사항 3가지를 쓰시오.

점 수	• 5~6점 배점 문제로 출제됩니다. • 문제에서 요구한 답은 3가지이므로 한 문제당 2점씩 계산하여 6점으로 채점될 수 있습니다.
문제해결 키워드	상담장면에서 검사도구를 선택할 때 고려해야 할 사항에 대해서는 교재마다 약간씩 다르게 제시되고 있습니다. 물론 내용상 큰 차이점은 없으나, 문제상에서 고려사항 3가지를 명시한 것에 착안하여 '김병숙, 『직업상담심리학』, 시그마프레스 刊'을 참고하여 답안을 작성하였습니다.
기출데이터 ★★★☆	2023년 1회 8번, 2020년 1회 11번, 2013년 2회 10번, 2010년 1회 10번, 2007년 1회 10번, 2007년 3회 6번, 2000년 3회 4번

>> 모범답안

① 검사의 사용여부
② 내담자의 목표 및 특성과 연관된 검사도구의 심리측정적 속성
③ 검사선택에 내담자 포함시키기(내담자와 함께 검사를 선택하기)

>> 유사문제유형

• 사용할 검사를 선정할 때 고려해야 하는 기준★1 5가지를 설명하시오.
• 심리검사 선정시 고려해야 할 기준을 4가지 제시하고, 그 의미를 설명★2하시오.(2020년 2회 12번)
• 직업상담에서 검사 선택 시 고려해야 할 사항 3가지를 쓰시오.

★1 **심리검사 선택시 일반적인 고려사항**
- 검사 목적에의 적합성 : 검사선정은 검사 결과의 사용목적에 적합한 것이어야 한다.
- 내담자 특성에의 적합성 : 검사는 내담자의 특성에 적합해야 하며, 이를 토대로 검사의 사용여부가 결정되어야 한다.
- 신뢰도와 타당도 : 검사는 신뢰도와 타당도가 충분히 높아야 한다. 부득이 신뢰도와 타당도가 낮은 검사를 사용하는 경우 그에 대한 근거를 제시하고 검사 결과의 해석에 있어서 제약이 있다는 점을 명시하여야 한다.
- 표준화 절차 : 표준화 검사의 경우 적법한 표준화 절차에 의해 제작되었는지, 규준 설정에 있어서 표본의 크기 및 대표성에 문제가 없는지 확인하여야 한다.
- 내담자의 참여 : 검사과정은 내담자의 협조 아래 이루어지므로, 검사선정 과정에 내담자를 포함시켜야 한다.
- 검사의 실용성 : 검사는 간편하고 경제적이어야 하며, 검사의 실시 · 채점 · 해석이 용이해야 한다. 또한 검사 수행시 시간 및 장소상의 큰 제약이 없어야 한다.

★2
- 신뢰도 : 동일한 대상에 대해 같거나 유사한 측정도구를 사용하여 반복 측정할 경우 동일하거나 비슷한 결과를 얻을 수 있는가를 말한다.
- 타당도 : 측정하고자 하는 개념이나 속성을 얼마나 실제에 가깝게 정확히 측정하고 있는가를 말한다.
- 객관도 : 검사자의 채점이 어느 정도 신뢰할만하고 일관성이 있는가를 말한다.
- 실용도 : 검사도구가 얼마나 적은 시간과 비용, 노력을 투입하여 얼마나 많은 목표를 달성할 수 있는가를 말한다.

045 심리검사 제작을 위한 예비문항 제작시 고려해야 할 3가지를 설명하시오.

점 수	• 5~6점 배점 문제로 출제됩니다. • 문제에서 요구한 답은 3가지이므로 한 문제당 2점씩 계산하여 6점으로 채점될 수 있습니다.
문제해결 키워드	'심리검사 선택시 고려사항' 및 '심리검사 제작을 위한 예비문항 작성시 고려사항'은 교재에 따라 약간씩 다르게 제시되어 있으나 내용상 큰 차이점은 없습니다. 정해진 답이 있는 것은 아니므로 무조건적인 암기보다는 이해를 필요로 합니다.
기출데이터 ★★	2021년 2회 9번, 2010년 1회 11번, 2007년 3회 3번, 2004년 3회 11번

>> 모범답안

① 문항의 적절성 : 특정집단에게 유리하지 않도록 제작되어야 한다.
② 문항의 난이도 : 수검자의 수준에 따른 난이도를 고려해야 한다.
③ 문항의 구조화 : 질문 내용이 구체적이고 명확해야 한다.

>> 유사문제유형

• 심리검사 제작을 위한 예비문항 제작시 가장 바람직한 태도 3가지를 기술하시오.
• 심리검사 제작을 위한 예비문항 작성시 고려해야 할 사항을 5가지 쓰시오.

⊕ PLUS 심리검사 제작을 위한 예비문항 제작시 고려사항

① 문항의 적절성
문항은 성별, 인종, 종교, 지역, 문화 등의 차이에 따라 특정집단에게 유리하지 않도록 제작되어야 한다.
② 문항의 난이도
문항은 수검자의 수준에 따라 난이도를 고려하여 적절하게 구성되어야 한다.
③ 문항의 구조화
문항의 질문 내용은 모호하거나 중의적이어서는 안 되며, 구체적이고 명확해야 한다.
④ 문항의 동기유발
문항은 수검자로 하여금 학습동기를 유발할 수 있는 것이어야 한다.
⑤ 문항의 추상성
문항은 구체적으로 열거한 사실들을 요약하며, 추상화가 가능한 내용들을 포함하는 것이 바람직하다.
⑥ 문항의 참신성
문항은 내용 및 형식에 있어서 참신하며, 기존의 검사 문항들과 차별화하여 수검자에게 새로운 경험을 줄 수 있어야 한다.
⑦ 문항의 복합성
문항은 수검자의 고등정신능력을 유효하게 측정할 수 있을 만큼 질적으로 우수해야 한다.

046 직업심리검사의 분류에서 극대수행검사와 습관적 수행검사에 대해 설명하고, 각각의 대표적인 유형 2가지를 쓰시오.

점 수	• 4~6점 배점 문제로 출제됩니다. • 2가지 유형과 설명을 요구했기 때문에 유형 1가지당 2~3점으로 채점될 수 있습니다.
문제해결 키워드	'극대수행검사'는 '최대수행검사', '성능검사', '능력검사', '인지적 검사'에 해당합니다. 또한, '습관적 수행검사'는 '전형적 수행검사', '성향검사', '정서적 검사'에 해당합니다. 이들은 명칭만 서로 다를 뿐 사실상 동일한 것으로 간주되므로 혼동 없으시기 바랍니다.
기출데이터 ★★★☆	2020년 4회 8번, 2013년 3회 4번, 2012년 1회 5번, 2010년 3회 8번, 2009년 2회 17번, 2006년 1회 11번, 2001년 3회 4번

>> 모범답안

(1) 극대수행검사

① 의의 : 일정한 시간 내에 자신의 능력을 최대한 발휘하도록 하는 인지적 검사

② 대표적 유형 : 지능검사, 적성검사, 성취도검사 등

(2) 습관적 수행검사

① 의의 : 일상생활에서의 습관적인 행동을 검토하는 정서적 검사

② 대표적 유형 : 성격검사, 흥미검사, 태도검사 등

>> 유사문제유형

• 성능검사와 성향검사★에 해당하는 검사명을 각각 3가지씩 쓰시오.(2020년 4회 9번, 2018년 1회 8번, 2012년 1회 5번)

★ • 성능검사 : 웩슬러 성인용 지능검사(WAIS), 일반 직업적성검사(GATB), 학업성취도검사
• 성향검사 : 마이어스-브릭스 성격유형검사(MBTI), 직업선호도검사(VPI), 직무만족도검사

객관적 검사

047 심리검사에는 선다형이나 '예, 아니요' 등 객관적 형태의 자기보고형 검사(설문지 형태의 검사)가 가장 많이 사용된다. 이런 형태의 검사가 가지는 장점을 5가지 쓰시오.

점 수	• 5점 배점 문제로 출제됩니다. • 한 가지 답안당 1점씩 채점되며, 누락시 부분점수가 감점됩니다.
문제해결 키워드	• '객관적 검사'는 '자기보고형(자기보고식) 검사', '구조적 검사', '비투사 검사'라고도 합니다. • 투사적 검사와 달리 강제선택 방식의 구조적 과제를 활용하며, 보통 개인의 독특성을 측정하기보다는 개인마다 공통적으로 지니고 있는 특성이나 차원을 기준으로 하여 개인들을 상대적으로 비교하는 것을 목적으로 합니다.
기출데이터 ★★★★☆	2022년 3회 11번, 2019년 2회 12번, 2019년 3회 11번, 2014년 3회 3번, 2009년 3회 10번, 2006년 3회 5번, 2002년 1회 4번, 2001년 3회 9번, 2000년 3회 6번

>> 모범답안

① 검사 실시의 간편성
② 시간과 노력의 절약
③ 객관성의 증대
④ 신뢰도 및 타당도의 확보
⑤ 부적합한 응답의 최소화

>> 유사문제유형

• 심리검사 중 선다형이나, '예, 아니요' 등 객관적 형태의 자기보고형 검사(설문지 형태의 검사)가 가지는 4가지 장점을 설명하시오.
• 투사적 검사와 비교하여 객관적 검사의 장점을 3가지 설명하시오.
• 심리검사에는 선다형이나 '예, 아니요' 등 객관적 형태의 자기보고형 검사(설문지 형태의 검사)가 가장 많이 사용된다. 이런 형태의 검사가 가지는 단점★을 3가지 쓰시오.

★ ① 사회적 바람직성, 반응 경향성, 묵종 경향성 등의 영향을 받는다.
② 심리내적 특성을 다루는 데 한계가 있다.
③ 응답의 범위가 제한된다.

⊕ PLUS 객관적 형태의 자기보고형 심리검사의 단점

• **사회적 바람직성** : 문항의 내용이 사회적으로 바람직한 내용인가가 문항에 대한 응답 결과에 영향을 미친다.
• **반응 경향성** : 개인의 응답 방식에서 나타나는 일정한 흐름이 결과에 영향을 미친다.
• **묵종 경향성** : 자기 이해와 관계없이 협조적인 대답으로 일관함으로써 결과에 영향을 미친다.
• **문항 제한성** : 검사문항이 개인의 주요 특성을 중심으로 전개됨으로써 특정 상황에서의 특성과 상황 간의 상호작용 내용을 밝히기 어렵다.
• **응답 제한성** : 응답의 범위가 제한되어 있으므로 개인의 독특한 문제에 대한 진술 기회가 상대적으로 적으며, 수집된 자료에 개인의 문제가 노출되지 않을 수 있다.

투사적 검사

048 심리검사 유형 중 투사적 검사의 장점 및 단점을 각각 3가지 쓰시오.

점 수	• 6점 배점 문제로 출제됩니다. • 문제에서 요구한 답은 각각 3가지이므로 1가지라도 누락되면 점수가 감점됩니다.
문제해결 키워드	• '투사적 검사'는 '비구조적 검사'라고도 합니다. • 객관적 검사와 투사적 검사의 장 · 단점은 확실하게 숙지하고 있어야 합니다. • 풀어쓰지 않고 간단하게 한 문장으로 적을 수 있도록 합니다.
기출데이터 ★★★☆	2020년 3회 11번, 2018년 1회 11번, 2016년 1회 9번, 2014년 2회 17번, 2013년 1회 12번, 2010년 3회 14번, 2008년 3회 5번

>> 모범답안

(1) 장 점

① 내담자의 독특한 반응을 통해 내담자 개인을 더 잘 이해할 수 있도록 한다.
② 내담자의 의도적인 방어적 반응을 방지한다.
③ 내담자의 다양한 표현을 유도하며, 풍부한 심리적 특성을 반영한다.

(2) 단 점

① 검사의 신뢰도가 전반적으로 부족하다.
② 검사 결과의 해석에 대한 타당도 검증이 빈약하다.
③ 여러 상황적 요인들이 검사반응에 강한 영향을 미친다.

>> 유사문제유형

• 심리검사의 유형 중 투사적 검사의 장점 3가지를 쓰시오.
• 직업심리검사 중 투사적 검사의 장단점을 각각 3가지 쓰시오.

⊕ PLUS 투사적 심리검사의 종류

• 로샤 검사 또는 로샤 잉크반점 검사(RIT ; Rorschach Inkblot Test)
• 주제통각검사(TAT ; Thematic Apperception Test)
• 문장완성검사(SCT ; Sentences Completion Test)
• 집-나무-사람 그림검사(HTP ; House-Tree-Person)
• 인물화 검사(DAP ; Draw-A-Person)

심리검사 결과의 해석

049 Tinsley와 Bradley가 제시한 검사 결과 검토의 2단계를 설명하시오.

점 수	• 4~8점 배점 문제로 출제됩니다. • 1단계당 2~4점으로 채점됩니다.
문제해결 키워드	• Tinsley와 Bradley가 제시한 검사 결과 검토의 2단계뿐만 아니라 4단계도 숙지해 놓도록 합니다. • '설명하시오' 문제이므로 간략히 풀어서 답안을 작성합니다.
기출데이터 ★★	2023년 2회 11번, 2020년 4회 12번, 2012년 1회 11번, 2007년 3회 8번

>> 모범답안

① 이해(제1단계) : 내담자의 검사 결과 해석을 위해 우선적으로 규준을 참조하여 검사점수의 의미를 충분히 이해한다.
② 통합(제2단계) : 이해를 통해 얻어진 정보들을 이전에 수집한 내담자에 대한 개인적 · 상황적 정보들과 통합한다.

>> 유사문제유형

• Tinsley와 Bradley가 제시한 심리검사 결과 해석의 4단계★를 설명하시오.

★ 심리검사 결과 해석의 4단계(Tinsley & Bradley)

• 1단계 – 해석 준비하기
상담자는 내담자가 검사 자체의 의도와 함께 그 결과가 나타내는 의미를 충분히 이해하고 있는지 숙고한다. 또한 검사 결과가 교육수준, 가정환경 등의 주요 개인정보들과 더불어 통합적인 해석이 이루어진다는 사실을 내담자가 명확히 알고 있는지 숙고한다.

• 2단계 – 내담자 준비시키기
상담자는 내담자로 하여금 검사 결과 및 해석을 받아들일 수 있도록 준비시켜야 한다. 이 경우 상담자는 검사 결과를 제시하기 전에 먼저 내담자에게 검사의 목적을 다시 한 번 상기시키며, 검사 과정에서의 느낀 점이나 예상되는 결과를 이야기해보도록 요구할 수 있다.

• 3단계 – 정보(결과) 전달하기
상담자는 검사 결과 및 그와 관련된 정보들을 내담자에게 전달한다. 이 경우 상담자는 단순히 검사 점수만을 이야기하는 것이 아닌 측정오차 등의 문제를 쉬운 용어로써 설명해 주며, 점수 자체보다는 그것이 의미하는 바가 더욱 중요하다는 사실을 인식시킨다. 또한 내담자가 솔직하게 반응하도록 격려하며, 내담자가 의미 있는 결과를 잘 수용할 수 있도록 가급적 긍정적인 말로 전달한다.

• 4단계 – 추후활동
상담자는 상담 결과에 대해 내담자와 이야기를 나누면서 내담자가 그것을 어떻게 이해했는지 확인한다. 또한 검사 결과를 통해 알게 된 내용들을 비롯하여 관련 자료들을 내담자가 잘 통합할 수 있도록 돕는다.

심리검사 사용의 윤리적 문제

050 심리검사 사용의 윤리적 문제와 관련하여 주의하여야 할 사항을 6가지 쓰시오.

점 수	• 6점 배점 문제로 출제됩니다. • 한 가지 답안당 1점씩 채점되며, 누락시 부분점수가 감점됩니다.
문제해결 키워드	• 심리검사 사용의 윤리적 문제에 관한 주의사항은 학자마다 혹은 교재마다 다양하게 제시되고 있습니다. • '김병숙, 『직업심리학』, 시그마프레스 刊'에서는 심리검사 사용의 윤리적 문제에 관한 내용으로 미국의 심리학회가 제정한 '심리학자 윤리강령'에 제시된 내용을 소개하고 있습니다.
기출데이터 ★★	2022년 2회 9번, 2019년 3회 12번, 2016년 2회 8번, 2010년 2회 11번

>> 모범답안

① 평가기법을 이용할 때 그에 대해 고객에게 충분히 설명해 주어야 한다.
② 새로운 기법을 개발하고 표준화할 때 기존의 과학적 절차를 충분히 따라야 한다.
③ 평가 결과를 보고할 때 신뢰도 및 타당도에 관한 모든 제한점을 지적한다.
④ 평가 결과가 시대에 뒤떨어질 수 있음을 인정한다.
⑤ 검사 사용 과정과 프로그램의 타당도에 대한 적절한 증거를 갖출 수 있도록 한다.
⑥ 적절한 훈련이나 교습, 후원이나 감독을 받지 않은 사람들이 심리검사 기법을 이용하지 않도록 한다.

>> 유사문제유형

• 심리검사의 사용목적★ 3가지를 쓰고, 이를 간략히 설명하시오.(2022년 2회 8번, 2020년 1회 7번, 2007년 1회 9번, 2003년 3회 1번)

★ ① 분류 및 진단 : 내담자의 적성 · 흥미 · 동기 등에 관한 자료를 수집하여 문제의 원인을 파악한다.
② 자기이해의 증진 : 내담자로 하여금 자신에 대한 올바른 이해를 통해 현명한 의사결정을 내리도록 돕는다.
③ 예측 : 내담자의 특성을 밝힘으로써 장래 행동이나 성취 등을 예측하고 그에 대한 대안을 마련한다.

⊕ PLUS

심리검사의 사용을 적절히 통제해야만 하는 이유를 2가지 쓰시오.

① 첫째, 자격을 갖춘 검사자만이 사용할 수 있도록 하기 위해서이다.
② 둘째, 검사내용에 대한 친숙성을 사전에 방지함으로써 특정의 검사가 쓸모없는 것이 되지 않도록 하기 위해서이다.

051 규준의 유형 중 백분위 점수, 표준점수, 표준등급의 의미를 간략히 설명하시오.

점 수	• 6점 배점 문제로 출제됩니다. • 문제출제자 및 채점자 입장에서 생각해 보면, 부분점수를 책정하기에 유리한 문제형태입니다. 6점 배점의 문제라면, 백분위 점수, 표준점수, 표준등급의 의미당 2점을 책정할 수 있습니다.
문제해결 키워드	• 해당 문제는 규준의 유형을 이미 제시하고 있는 친절한 문제로, '집단 내 규준의 종류 3가지를 쓰고 설명하시오'라는 문제가 가장 많이 출제되었습니다. • '설명하시오' 문제이므로 간략히 풀어서 답안을 작성합니다. • 과년도부터 최근까지 출제비율이 높은 문제입니다. 반드시 내 것으로 만들어야 할 문제입니다.
기출데이터 ★★★★★★★★	2023년 1회 7번, 2023년 2회 8번, 2023년 3회 9번, 2021년 2회 7번, 2020년 1회 8번, 2019년 1회 9번, 2018년 3회 8번, 2015년 1회 12번, 2014년 3회 2번, 2012년 2회 6번, 2012년 3회 6번, 2010년 4회 9번, 2009년 2회 10번, 2009년 3회 3번, 2008년 1회 14번, 2007년 1회 3번

>> 모범답안

① **백분위 점수** : 원점수의 분포에서 100개의 동일한 구간으로 점수들을 분포하여 변환점수를 부여한 것이다.

② **표준점수** : 원점수를 주어진 집단의 평균을 중심으로 표준편차 단위를 사용하여 분포상 어느 위치에 해당하는가를 나타낸 것이다.

③ **표준등급** : 원점수를 비율에 따라 1~9까지의 구간으로 구분하여 각각의 구간에 일정한 점수나 등급을 부여한 것이다.

>> 유사문제유형

• 집단 내 규준의 종류 3가지를 쓰고 설명하시오.
• 표준화된 심리검사에는 집단 내 규준이 포함되어 있다. 집단 내 규준 3가지를 쓰고, 각각에 대해 설명하시오.
• 규준의 유형 중 백분위* 점수, 표준점수, 표준등급의 의미를 간략히 설명하시오.
• 표준화된 심리검사에는 집단 내 규준이 포함되어 있다. 집단 내 규준의 종류 3가지를 쓰고, 각각에 대해 설명하시오.
• 규준의 종류 중 백분위 점수, 표준점수, 표준등급의 의미를 각각 설명하시오.

★ 백분위와 백분율의 차이

백분위와 백분율은 사용상에 있어서 매우 유사하나 동일한 것이 아닙니다. 이를 간단히 정리하면 다음과 같습니다.

• 백분위 : 최댓값을 100으로 하여 특정 대상의 상대적인 위치를 수치화한 값
• 백분율 : 최댓값이 1이며, 여기에 분모 100을 적용하여 분자의 값만을 표기한 것

따라서 백분위의 경우 산출되는 값을 그대로 사용할 수 있으나, 백분율의 경우 해당 값이 항상 1보다 작은 값을 가지게 됩니다.

검사의 표준화 II

052

직업상담사가 구직자 A와 B에게 각각 동형검사인 직무능력검사(Ⅰ형)과 직무능력검사(Ⅱ형)을 실시한 결과, A는 115점, B는 124점을 얻었으나 검사유형이 다르기 때문에 두 사람의 점수를 직접 비교할 수 없다. A와 B 중 누가 더 높은 직무능력을 갖추었는지 각각 표준점수인 Z점수를 산출하고 이를 비교하시오(각각의 Z점수는 반올림하여 소수점 둘째 자리까지 산출하며, 계산과정을 반드시 기재하시오).

A : 직무능력검사(Ⅰ형) 표준화 집단 평균 : 100, 표준편차 : 7
B : 직무능력검사(Ⅱ형) 표준화 집단 평균 : 100, 표준편차 : 15

점 수	• 5점 배점 문제로 출제됩니다. • 계산하고 비교까지 문제에서 요구하고 있기 때문에 한 가지라도 누락되면 부분점수가 감점됩니다.
문제해결 키워드	• 직접 계산하는 문제가 간혹 출제될 수 있으니 공식을 암기해 놓아야 합니다. • 산출된 값을 간단하게 한 줄 정도로 비교할 수 있도록 합니다.
기출데이터 ★	2014년 3회 7번, 2007년 3회 4번

>> 모범답안

$$Z점수 = \frac{원점수-평균}{표준편차}$$

• $A의\ Z점수 = \frac{115-100}{7} ≒ 2.14$

• $B의\ Z점수 = \frac{124-100}{15} ≒ 1.60$

∴ A의 Z점수가 B의 Z점수보다 높으므로 A가 B보다 더 높은 직무능력을 갖춘 것으로 볼 수 있다.

⊕ PLUS

구직자 A와 B에게 실시한 직무능력검사(Ⅰ형)과 직무능력검사(Ⅱ형)에서 A는 115점, B는 130점을 얻었다. A와 B 중 누가 더 높은 직무능력을 갖추었는지 각각 표준점수인 Z점수를 산출하고 이를 비교하시오(각각의 Z점수는 반올림하여 소수점 둘째 자리까지 산출하며, 계산과정을 반드시 기재하시오).

A : 직무능력검사(Ⅰ형) 표준화 집단 평균 : 100, 표준편차 : 10
B : 직무능력검사(Ⅱ형) 표준화 집단 평균 : 100, 표준편차 : 15

• $A의\ Z점수 = \frac{115-100}{10} = 1.5$

• $B의\ Z점수 = \frac{130-100}{15} = 2$

∴ B의 Z점수가 A의 Z점수보다 높으므로 B가 A보다 더 높은 직무능력을 갖춘 것으로 볼 수 있다.

053 심리검사는 사용목적에 따라 규준참조검사와 준거참조검사로 구분할 수 있다. 규준참조검사와 준거참조검사의 의미를 각각 예를 들어 설명하시오.

점 수	• 6점 배점 문제로 출제됩니다. • 각각의 예가 누락되었다면 부분점수 감점이 있을 수 있습니다.
문제해결 키워드	• '설명하시오' 문제이므로 간략히 풀어서 답안을 작성합니다. • '규준참조검사'와 '준거참조검사'의 차이점을 확실하게 구분해 정리하시기 바랍니다.
기출데이터 ★★★★	2021년 3회 10번, 2021년 1회 8번, 2019년 2회 11번, 2018년 3회 9번, 2016년 3회 9번, 2011년 2회 13번, 2010년 1회 7번, 2005년 1회 8번

>> 모범답안

① **규준참조검사** : 개인의 점수를 해석하기 위해 유사한 다른 사람들의 점수를 비교하여 평가하는 상대평가 목적의 검사이다.

예 각종 심리검사, 선발검사 등

② **준거참조검사** : 개인의 점수를 해석하기 위해 특정 기준점수와 비교하여 평가하는 절대평가 목적의 검사이다.

예 각종 국가자격시험 등

>> 유사문제유형

• 심리검사는 규준★1에 의한 검사와 준거★2에 의한 검사로 나눌 수 있는데, 그 의미와 예를 쓰시오.

★1 **규준(Norm)**
특정집단의 전형적인 또는 평균적인 수행 지표를 제공해 주며, 대상자집단의 점수분포를 고려하여 개인의 점수를 해당 분포에 비추어 상대적으로 파악하도록 해준다.

★2 **준거(Criterion)**
개인이 어떤 일을 수행할 수 있다고 대중이 확신하는 지식 또는 기술 수준을 말하며, 목표 설정에 있어서 도달하여야 할 기준을 의미한다.

⊕ PLUS

규준참조검사와 준거참조검사를 구분하는 기준은 검사점수를 다른 대표집단 사람들의 점수와 비교하여 해석하는가(→ 규준참조검사), 아니면 특정 기준을 토대로 해석하고 사용하는가(→ 준거참조검사)의 차이에서 비롯됩니다.

054 직업심리검사에서 측정의 기본단위인 척도의 4가지 유형을 쓰고, 각각에 대해 설명하시오.

점 수	• 4~6점 배점 문제로 출제됩니다. • 4가지 유형 중 1가지 유형이라도 누락된다면 부분점수 감점이 있을 수 있습니다.
문제해결 키워드	• '설명하시오' 문제이므로 간략히 풀어서 답안을 작성합니다. • 척도의 종류와 그 예도 알아두도록 합니다.
기출데이터 ★★★	2020년 2회 10번, 2016년 1회 10번, 2016년 2회 11번, 2012년 1회 13번, 2006년 1회 8번, 2003년 3회 6번

>> 모범답안

① 명명척도(명목척도) : 숫자의 차이가 대상에 따라 측정한 속성이 다르다는 것만을 나타내는 척도
② 서열척도 : 숫자의 차이가 측정한 속성의 차이에 관한 정보뿐만 아니라, 그 순위관계에 대한 정보도 포함하는 척도
③ 등간척도 : 수치상의 차이가 실제 측정한 속성들 간의 차이와 동일한 숫자집합으로서의 척도
④ 비율척도 : 차이정보, 서열정보, 등간정보 외에 수의 비율에 관한 정보까지 담고 있는 척도

>> 유사문제유형

• 직업심리검사에서 측정의 기본단위인 척도(Scale)의 4가지 유형을 쓰고, 각각에 대해 설명하시오.

⊕ PLUS

일반적으로 지능검사와 같은 심리검사로 측정한 수치들은 등간척도로 간주하는 경향이 있다. 지능지수(IQ)가 명명척도나 비율척도에 해당하지 않는 이유, 서열척도가 아닌 등간척도로 만들려는 이유를 설명하시오.

① 명명척도나 비율척도에 해당하지 않는 이유
지능지수(IQ)의 차이는 단지 "점수가 다르면 사람이 다르다"는 것만을 의미하지 않는다. 또한 지능검사의 점수를 비율로 해석해서 지능지수(IQ) 100을 지능지수(IQ) 50의 두 배라고 해석할 수 없다.

② 서열척도가 아닌 등간척도로 만들려는 이유
지능지수(IQ) 100과 110의 지능수준 차이는 지능지수(IQ) 110과 120의 지능수준 차이와 같다고 단정하기 어려우나, 표준화 지능검사는 다양한 통계적 기법들을 활용하여 각 수치들이 일반적으로 등간척도의 성질을 갖도록 제작되었다. 이는 척도의 유형에 따라 적용할 수 있는 통계적 분석방법에 제약이 있기 때문이다. 즉, 관찰한 수치들을 가지고 모집단의 수치를 추정하고자 하는 모수통계를 사용하기 위해서는 등간척도나 비율척도이어야 가능하다.

검사 관련 주요 개념

055 어떤 집단의 심리검사 점수가 분산되어 있는 정도를 판단하기 위하여 사용되는 기준 3가지를 쓰고 그 의미를 설명하시오.

점 수	• 3~6점 배점 문제로 출제됩니다. • 3가지 기준은 각각 1~2점으로 채점될 수 있습니다.
문제해결 키워드	• '설명하시오' 문제이므로 간략히 풀어서 답안을 작성합니다. • 중앙값, 최빈값 등의 검사 관련 주요 개념을 이해할 필요가 있습니다(PLUS 참고).
기출데이터 ★★	2019년 2회 11번, 2014년 2회 1번, 2011년 2회 14번, 2008년 3회 13번

>> 모범답안

① 범위 : 점수분포에 있어서 최고점수와 최저점수까지의 거리를 말한다.
② 분산 : 한 변수의 분포에 있는 모든 변숫값들을 통해 흩어진 정도를 추정한다.
③ 표준편차 : 점수집합 내에서 점수들 간의 상이한 정도를 나타낸다.

>> 유사문제유형

• 어떤 집단의 심리검사 점수가 분산되어 있는 정도를 판단하기 위하여 사용되는 기준★ 2가지를 쓰고 그 의미를 설명하시오.

★ 어떤 집단의 심리검사 점수가 분산되어 있는 정도를 판단하기 위하여 사용되는 기준에는 범위, 분산 표준편차, 사분편차를 답안으로 작성할 수 있습니다. 모범답안에서 제시한 답안 외 사분편차는 자료를 일렬로 늘어놓고 제일 작은 쪽에서 1/4 지점(제1사분위수), 3/4 지점(제3사분위수)에 있는 자료 두 개를 택하여 그 차이를 2로 나눈 값을 의미합니다.

⊕ PLUS 검사 관련 주요 개념

• 중앙값(Median) : 한 집단의 점수분포에서 전체 사례를 상위 1/2과 하위 1/2로 나누는 점, 정규분포상 평균 점수
  예 '12, 13, 16, 19, 20'에서 중앙값은 16
• 최빈값(Mode) : 가장 많은 빈도를 지닌 점수
  예 '12, 12, 14, 14, 18, 18, 18, 19, 20, 20'에서 최빈값은 18
• 범위(Range) : 점수분포에서 최고점수와 최저점수까지의 거리, 범위 = 최고점수 − 최저점수 + 1
  예 '2, 5, 6, 8'에서 범위는 8 − 2 + 1 = 7
• 표준편차(Standard Deviation)
  – 점수집합 내에서 점수들 간의 상이한 정도를 나타내는 것
  – 표준편차가 클수록 평균값에서 이탈한 것이고, 작을수록 평균값에 근접한 것
• 표준오차(Standard Error)
  – 표집의 과정에서 발생하는 오차와 연관된 것으로서, 각 표본들의 평균과 전체 모집단의 평균 간의 간격을 나타내는 것
  – 다른 조건이 일정한 경우 표본의 크기가 커지면 표준오차는 작아지며, 표준오차가 작을수록 표본의 대표성이 높다고 볼 수 있음

측정의 표준오차(SEM)

056 측정의 표준오차(SEM)를 예를 들어 설명하시오.

점 수	• 5~6점 배점 문제로 출제됩니다. • '설명하시오' 문제이므로 개념을 간단히 쓰고 예를 더해서 답안을 작성해야 감점 없이 점수를 받을 수 있습니다.
문제해결 키워드	이 문제는 난이도가 높은 어려운 문제이므로, 측정의 표준오차(SEM)의 원리를 확실히 이해하도록 합시다.
기출데이터 ★	2010년 4회 4번, 2005년 3회 10번

>> 모범답안

측정의 표준오차(SEM)는 수검자의 이론적 진점수를 포함하는 오차범위를 말하는 것으로서, 어떤 검사를 매번 실시할 때마다 달라질 수 있는 오차의 범위를 제시한다. 예를 들어, 어떤 수검자의 지능검사 결과가 IQ 110이고 해당 검사의 측정의 표준오차(SEM)를 5로 가정하면, 95% 신뢰수준에서 약 ±10의 오차한계를 가지게 되어 실제 IQ가 100~120의 범위에 존재할 것이라고 예측할 수 있다.

⊕ PLUS 측정의 표준오차(SEM ; Standard Error of Measurement)의 원리

심리검사 결과는 수검자의 태도나 상태, 검사의 유형이나 검사환경 등 다양한 영향을 받게 됩니다. 그로 인해 동일한 수검자에게 특정 심리검사를 일정한 시간간격을 두고 반복적으로 실시할 때, 그 결과는 재검사의 영향을 배제하더라도 매번 약간씩 다르게 나타납니다. 이때 각각의 검사 점수의 정확도를 파악하기 위해 측정의 표준오차(SEM)를 알아야 합니다. 예를 들어, 맹구에게 지능검사를 100번 반복해서 실시했다고 가정하죠. 이 경우 다양한 유형의 측정오차가 검사의 신뢰도에 영향을 미치게 되어 검사 점수가 조금씩 다르게 나타납니다. 그러나 이 점수들을 하나의 분포도로 나타내 보면, 평균과 표준편차를 가진 정규분포를 형성하게 됩니다. 이때 정규분포상의 평균을 '진점수(True Score)', 표준편차를 '측정의 표준오차(SEM)'라고 합니다. 참고로 측정의 표준오차(SEM)는 다음과 같은 공식으로 나타낼 수 있습니다.

$$SEM = SD \times \sqrt{1-r}$$

(단, SEM은 측정의 표준오차, SD는 표준편차, r은 신뢰도 계수)

표본추출(표집)

057 규준 제작시 사용되는 확률표집방법 3가지를 쓰고 각 방법에 대해 설명하시오.

점 수	• 6점 배점 문제로 출제됩니다. • 3가지 방법은 각 2점씩 채점될 수 있습니다.
문제해결 키워드	• '설명하시오' 문제이므로 간략히 풀어서 답안을 작성합니다. • 확률표집방법과 비확률표집방법을 구분하여야 합니다.
기출데이터 ★★★☆	2022년 3회 8번, 2020년 2회 8번, 2018년 3회 10번, 2016년 3회 10번, 2015년 2회 13번, 2011년 3회 4번, 2010년 1회 5번

>> 모범답안

① **단순무선표집(단순무작위표집)** : 모집단의 구성원들이 표본에 속할 확률이 동일하도록 표집하는 방법이다.
예 제비뽑기, 컴퓨터를 이용한 난수의 추출 등

② **층화표집** : 모집단이 규모가 다른 몇 개의 이질적인 하위집단으로 구성되어 있는 경우 사용하는 방법이다.

③ **집락표집(군집표집)** : 모집단을 서로 동질적인 하위집단으로 구분하여 집단 자체를 표집하는 방법이다.

>> 유사문제유형

- 규준 제작시 사용되는 확률표집방법의 종류 3가지*를 쓰시오.
- 규준 제작시 사용되는 확률표집방법의 종류 3가지를 쓰고, 각각에 대해 설명하시오.

★ 모범답안의 3가지 방법 외에 '계통표집(체계적 표집)'도 있습니다. 계통표집은 모집단 목록에서 구성요소에 대해 일정한 순서에 따라 매 K번째 요소를 추출하는 방법입니다. 참고로 확률표집방법의 예는 다음과 같습니다.

- **단순무선표집(단순무작위표집)** : 제비뽑기, 컴퓨터를 이용한 난수의 추출 등
- **층화표집** : 다양한 종파의 신도들이 포함된 모집단에서 이를 각 종파별로 나누어 해당 종파 내에서 필요한 만큼 무선표집을 한다.
- **집락표집(군집표집)** : 초등학교 1학년용 검사의 규준을 개발할 경우, 표집단위를 개인이 아닌 반으로 하는 것이 가능하다.
- **계통표집(체계적 표집)** : 1,000명의 회원명부에서 100명을 선발하기 위해 처음 요소를 무작위로 뽑은 후 그 회원번호가 8번으로 끝난다면, 18, 28, 38 등의 번호로 표본을 선정한다.

⊕ PLUS

비확률표집방법의 종류 4가지를 쓰고, 각각에 대해 설명하시오.

- **할당표집** : 모집단의 어떤 특성에 대한 사전지식을 토대로 모집단을 일정한 카테고리로 나눈 후, 이들 카테고리에서 정해진 요소 수를 작위적으로 추출하는 방법이다.
- **유의표집(판단표집)** : 연구자가 모집단에 대한 지식이 많은 경우 사용하는 방법으로, 연구자의 주관적인 판단에 따라 연구목적달성에 도움이 되는 구성요소를 의도적으로 추출하는 방법이다.
- **임의표집(편의표집)** : 모집단에 대한 정보가 없고 구성요소 간의 차이가 별로 없다고 판단될 때 사용하는 방법으로, 표본선정의 편리성에 기초하여 임의로 추출하는 방법이다.
- **누적표집(눈덩이표집)** : 첫 단계에서 연구자가 임의로 선정한 제한된 표본에 해당하는 사람으로부터 추천을 받아 다른 표본을 선정하는 과정을 되풀이하여 마치 눈덩이를 굴리듯이 추출하는 방법이다.

058 신뢰도 검증방법 중 검사-재검사법의 단점 4가지를 쓰시오.

점 수	• 4~6점 배점 문제로 출제됩니다. • 3가지 혹은 4가지를 쓰도록 하고 있으므로, 각 1점 혹은 2점으로 채점될 수 있습니다.
문제해결 키워드	• 검사-재검사법의 단점은 교재에 따라 약간씩 다르게 제시되고 있으나 내용상 큰 차이는 없습니다. • 일반적으로 검사-재검사법의 단점은 크게 두 가지 방식으로 구분할 수 있습니다. – 두 번의 동일한 검사를 동일한 대상에게 반복하여 실시함으로써 나타나는 문제(예 기억에 의한 응답) – 인간의 속성이나 상황, 개인이나 집단이 처한 조건 등이 지속적으로 유동적인 상태에 있음으로써 나타나는 문제(예 개인의 성숙, 환경의 변화)
기출데이터 ★★★★★	2023년 1회 11번, 2022년 1회 8번, 2020년 3회 7번, 2018년 2회 10번, 2018년 3회 11번, 2014년 3회 17번, 2013년 3회 5번, 2012년 2회 7번, 2009년 1회 16번, 2009년 3회 1번

>> 모범답안

① 성숙요인(성숙효과) : 두 검사 사이의 시간 간격이 너무 클 경우 측정대상의 속성이나 특성이 변화할 수 있다.
② 반응민감성 : 검사를 치르는 경험이 후속 반응에 영향을 줄 수 있다.
③ 이월효과(기억효과) : 두 검사 사이의 시간 간격이 너무 짧을 경우 앞에서 답한 것을 기억해서 뒤의 응답시 활용할 수 있다.
④ 시간 및 비용 소요 : 동일검사를 두 번 실시함에 따라 시간과 비용이 많이 소요된다.

>> 유사문제유형

• 검사-재검사법으로 신뢰도 추정치를 구할 경우의 단점을 3가지 쓰시오.
• 검사-재검사 신뢰도에 영향을 미치는 요인을 3가지 쓰시오.
• 신뢰도 검증방법 중 검사-재검사법의 단점을 3가지만 쓰시오.
• 검사-재검사 신뢰도에 영향을 미치는 요인을 4가지를 쓰시오.
• 신뢰도 검증방법 중 사람들이 하나의 검사에 대해 다른 시점에서 얼마나 일관성 있게 반응하는지를 알아보는 방법인 검사-재검사법의 단점 4가지를 쓰시오.
• 검사-재검사 신뢰도에 영향을 미치는 요인의 3가지 형태를 쓰고, 각각에 대해 간략히 설명하시오.

⊕ PLUS

"검사-재검사 신뢰도에 영향을 미치는 요인"은 "검사-재검사법의 단점"과 내용상 일맥상통하나 교재에 따라 약간씩 다르게 설명하고 있습니다. 다만, 모범답안에서 ①~③번의 내용은 공통적으로 적용될 수 있으므로, 이 3가지 내용을 반드시 암기하시기 바랍니다.

신뢰도 II

059 심리검사의 신뢰도에 영향을 주는 요인을 4가지만 쓰고 설명하시오.

점 수	• 4~6점 배점 문제로 출제됩니다. • '설명하시오' 문제이므로 요인을 간단히 쓰고 설명을 더해서 답안을 작성해야 감점 없이 점수를 받을 수 있습니다.
문제해결 키워드	'신뢰도에 영향을 미치는 요인'과 '신뢰도 계수에 영향을 미치는 요인'은 관점의 차이는 있을 수 있으나 사실상 같은 의미로 볼 수 있습니다.
기출데이터 ★★★★	2023년 1회 10번, 2021년 2회 8번, 2017년 1회 8번, 2017년 3회 8번, 2014년 3회 18번, 2010년 1회 12번, 2010년 2회 9번, 2007년 3회 13번

>> 모범답안

① **개인차** : 개인차가 클수록 신뢰도 계수도 커진다.
② **문항 수** : 문항 수가 많은 경우 신뢰도는 커지지만 정비례하여 커지는 것은 아니다.
③ **문항반응 수** : 문항반응 수가 적정수준을 초과하는 경우 신뢰도는 평행선을 긋게 된다.
④ **신뢰도 추정방법** : 서로 다른 신뢰도 추정방법에 따라 얻어진 신뢰도 계수는 각기 다를 수밖에 없다.

>> 유사문제유형

• 심리검사의 신뢰도 종류와 신뢰도에 영향을 주는 요인[★1]을 3가지씩 쓰시오.
• 신뢰도 계수에 영향을 미치는 요인 3가지를 제시하고 각각에 대해 설명하시오.
• 검사 신뢰도란 검사를 동일한 사람에게 실시했을 때 검사 조건이나 검사 시기에 관계없이 점수들이 얼마나 일관성이 있는가를 말한다. 이러한 검사 신뢰도의 종류와 신뢰도에 영향을 주는 요인을 각각 3가지씩 쓰시오.
• 심리검사의 신뢰도에 영향을 주는 요인 5가지[★2]를 쓰시오.

★1 **(1) 신뢰도의 종류**
① 검사-재검사 신뢰도
② 동형검사 신뢰도
③ 반분신뢰도

(2) 신뢰도에 영향을 주는 요인
① 개인차
② 문항 수
③ 문항반응 수

★2 다음의 내용을 추가적으로 제시할 수 있습니다.
⑤ 검사유형(속도검사의 신뢰도) : 문항 수가 많고 주어진 시간이 제한되어 있는 속도검사의 경우 특히 전후반분법을 이용하여 신뢰도를 추정하는 것은 바람직하지 못하다.

060 직업심리검사의 신뢰도를 추정하는 방법을 3가지 쓰고, 각각에 대해 설명하시오.

점 수	• 4~6점 배점 문제로 출제됩니다. • 문제에서 3가지를 요구했기 때문에 신뢰도 추정방법 중 대표적인 3가지를 설명하면 됩니다.
문제해결 키워드	• 신뢰도 추정방법은 자주 출제되는 유형으로 각 방법의 장점과 단점도 숙지하도록 합니다. • 신뢰도(Reliability)란 측정도구가 측정하려는 현상을 일관성 있게 측정하는 능력을 말합니다.
기출데이터 ★★★★	2023년 2회 9번, 2021년 3회 12번, 2020년 2회 9번, 2018년 1회 10번, 2013년 1회 5번, 2010년 1회 12번, 2009년 2회 9번, 2006년 3회 8번

>> 모범답안

① 검사-재검사 신뢰도 : 동일한 대상에 동일한 검사를 일정 시간 간격을 두고 두 번 측정한 다음 그 결과를 비교한다.
② 동형검사 신뢰도 : 새로 개발한 검사와 거의 동일한 검사를 하나 더 개발하여 그 결과를 비교한다.
③ 반분신뢰도 : 전체 문항수를 반으로 나눈 다음 상관계수를 이용하여 두 부분이 모두 같은 개념을 측정하는지를 비교한다.

>> 유사문제유형

• 심리검사의 신뢰도 종류와 신뢰도에 영향을 주는 요인을 3가지씩 쓰시오.
• 신뢰도 추정의 검사-재검사법, 동형검사법의 의미와 단점[★1]을 기술하시오.
• 검사-재검사 신뢰도, 동형검사 신뢰도, 문항내적 합치도[★2]에 대해 설명하시오.
• 반분신뢰도 추정[★3]을 위해 가장 많이 사용하는 방법을 3가지 쓰고, 각각에 대해 설명하시오.

★1 (1) 검사-재검사 신뢰도
① 의미 : 동일한 대상에 동일한 검사를 일정 시간 간격을 두고 두 번 측정한 다음 그 결과를 비교한다.
② 단점 : 성숙요인, 반응민감성, 이월효과, 시간 및 비용 소요 등
(2) 동형검사 신뢰도
① 의미 : 새로 개발한 검사와 거의 동일한 검사를 하나 더 개발하여 그 결과를 비교한다.
② 단점 : 동형검사 개발의 어려움, 두 검사 간 동질성 보장의 어려움, 시간 및 비용 소요 등

★2 단일의 신뢰도 계수를 계산할 수 없는 반분법의 문제점을 고려하여, 가능한 한 모든 반분신뢰도를 구한 다음 그 평균값을 신뢰도로 추정하는 방법이다. 동일한 개념을 측정하는 항목인 경우 그 측정 결과에 일관성이 있어야 한다는 논리에 따라 일관성이 없는 항목, 즉 신뢰성을 저해하는 항목을 찾아서 배제시킨다.

★3 ① 전후절반법 : 전체 검사를 문항 순서에 따라 전반부와 후반부로 반분한다.
② 기우절반법 : 전체 검사를 문항의 번호에 따라 홀수와 짝수로 반분한다.
③ 짝진 임의배치법 : 전체 검사를 문항의 난이도와 문항과 총점 간의 상관계수를 토대로 반분한다.

신뢰도 Ⅳ

061 측정의 신뢰성(Reliability)을 높이기 위해서는 측정오차(Measurement Error)를 최대한 줄여야 한다. 측정오차를 최대한 줄이기 위한 구체적인 방법을 3가지 기술하시오.

점 수	• 6점 배점 문제로 출제됩니다. • 3가지 방법은 각각 2점씩 채점될 수 있습니다.
문제해결 키워드	신뢰도 제고를 위한 구체적인 방법들은 신뢰도 제고를 위한 기본원리에 근거합니다. 다만, 문제상에서 '구체적인 방법들'을 열거하라고 제시하는 경우 구체적 · 파생적 방법들을 제시하는 것이 바람직합니다. 참고로 구체적인 방법들은 교재에 따라 약간씩 다르게 제시되어 있으나 내용상 큰 차이는 없습니다.
기출데이터 ★★☆	2022년 3회 9번, 2019년 2회 13번, 2013년 2회 5번, 2010년 3회 6번, 2001년 3회 5번

>> 모범답안

① 검사의 실시와 채점 과정을 표준화하여 오차변량을 줄인다.
② 검사의 문항 수를 늘린다.
③ 검사의 신뢰도에 나쁜 영향을 미치는 문항들을 제거한다.

>> 유사문제유형

• 측정의 신뢰도를 위해 측정의 오차를 줄이기 위한 구체적인 방법*을 쓰시오.

★ 측정의 신뢰도를 위해 측정오차를 줄이는 방법은 교재마다 다양하게 제시되고 있습니다. 다음과 같이 답안을 작성할 수도 있습니다.
① 측정상황의 분석 및 일관성 유지
② 표준화된 지시와 설명
③ 문항(항목)의 추가적 사용
④ 문항(항목)의 명확한 구성
⑤ 대조적인 문항(항목)들의 비교 · 분석

⊕ PLUS 측정의 신뢰도 재고(개선)를 위한 원리(MaxMinCon Principle)

• **체계적 분산의 극대화** : 체계적 분산은 독립변수에 의해 영향을 받는 종속변수의 분산을 극대화함으로써, 독립변수가 종속변수에 미치는 영향을 명확히 하도록 한다.
• **오차분산의 극소화** : 신뢰도와 타당도가 높은 측정도구를 사용하여 체계적 오류와 비체계적 오류를 축소함으로써 측정상의 오차를 최소화한다.
• **외부변수의 통제** : 연구 목적과 관련이 없는 외부변수들을 무작위할당, 변수의 제거 등의 방법을 통해 효과적으로 통제한다.

062 심리검사에서 준거타당도 계수의 크기에 영향을 미치는 요인을 3가지만 쓰고, 각각에 대해 설명하시오.

점 수	• 6점 배점 문제로 출제됩니다. • 3가지 방법은 각각 2점씩 채점될 수 있습니다.
문제해결 키워드	• 준거타당도 계수의 크기에 영향을 미치는 요인 4가지 중 3가지를 쓰고 간략하게 설명하면 됩니다. • 준거타당도란 어떤 심리검사가 특정 준거와 어느 정도 연관성이 있는지를 나타내는 것입니다.
기출데이터 ★★★	2022년 2회 12번, 2022년 3회 10번, 2018년 1회 12번, 2018년 3회 12번, 2012년 3회 12번, 2011년 1회 10번

>> 모범답안

① **표집오차** : 표본이 모집단을 잘 대표하지 못하는 경우 표집오차가 커지고 그 결과 타당도 계수가 낮아진다.
② **준거측정치의 신뢰도** : 어떤 검사의 준거타당도 계산을 위해 사용한 준거측정치의 신뢰도가 낮은 경우 검사의 준거타당도도 낮아진다.
③ **준거측정치의 타당도** : 준거결핍이나 준거오염이 있는 경우 검사의 준거타당도는 낮아진다.

>> 유사문제유형

• 심리검사에서 준거타당도 계수의 크기에 영향을 미치는 요인을 3가지만 쓰고 설명하시오.

⊕ PLUS

준거타당도 계수의 크기에 영향을 미치는 또 다른 요인으로 '범위제한'이 있습니다. 준거타당도 계산을 위해 얻은 자료들이 검사점수와 준거점수의 전체범위를 포괄하지 않고 일부만을 포괄하는 경우 타당도 계수는 낮아지는 반면, 전체범위를 포괄하는 경우 타당도 계수는 높아집니다.

타당도 II

063

다음 물음에 답하시오.

(1) 준거타당도의 종류 2가지를 쓰고 설명하시오.

(2) 여러 가지 타당도 중 특히 직업상담에서 준거타당도가 중요한 이유 2가지를 설명하시오.

(3) 실제 연구에서 타당도 계수가 낮아지는 이유를 3가지 설명하시오.

점 수	• 6~7점 배점 문제로 출제됩니다. • 6점 배점의 문제라면, 각 질문을 2점씩으로 책정하고, 7점 배점 문제라면 (1)-2점 / (2)-2점 / (3)-3점으로 책정할 수 있습니다. 하위 문제 중 모르는 문제가 있다고 포기하지 말고, 부분점수를 위해서 한 문제라도 성실하게 답안을 작성해야 합니다. • '설명하시오' 문제이므로 간략하게 풀어서 답안을 작성하면 됩니다.
문제해결 키워드	• 하위 문제에서 2가지, 3가지 등 답안의 개수를 특정하여 요구하고 있으므로, 각 문제에 맞게 답안을 작성하도록 합니다. • 문제 출제자 및 채점자 입장에서 생각해 보면, 부분점수를 책정하기에 유리한 문제형태입니다. 따라서 아는 만큼 성실하게 작성하는 것이 중요합니다. • 과년도부터 최근까지 출제비율이 높은 문제입니다. 반드시 내 것으로 만들어야 할 문제입니다.
기출데이터 ★★★★★★	2023년 3회 10번, 2017년 2회 11번, 2014년 1회 17번, 2013년 2회 12번, 2012년 1회 4번, 2011년 3회 18번, 2010년 2회 14번, 2008년 3회 10번, 2006년 1회 3번, 2006년 3회 1번, 2002년 1회 1번, 2000년 1회 6번

>> 모범답안

(1) 준거타당도의 종류

① 동시타당도 : 현재 상태의 측정에 초점을 두며, 새로운 검사와 준거의 두 결과 간의 상관계수를 추정한다.

② 예언타당도 : 미래 상황의 예측에 초점을 두며, 검사점수와 미래 행위 측정치 간의 상관계수를 추정한다.

(2) 직업상담에서 준거타당도가 중요한 이유

① 검사도구가 미래의 행위를 예언하므로 선발이나 배치, 훈련 등의 인사관리에 관한 의사결정의 설득력을 제공한다.

② 경험적 근거에 따른 비교적 명확한 준거를 토대로 내담자의 직업선택을 위한 효과적인 정보를 제공한다.

(3) 실제 연구에서 타당도 계수가 낮아지는 이유

① 실제 연구는 실증 연구에 비해 독립변수의 조작 및 외생변수의 통제가 어렵다.

② 실제 연구에서는 실험변수에 의한 효과와 외생변수에 의한 효과를 명확히 구분하기 어렵다.

③ 실제 연구는 실증 연구에 비해 정밀도가 낮으며, 특히 내적 타당도에서 취약한 양상을 보인다.

>> 유사문제유형

• 준거타당도의 의미★[1]와 준거타당도의 종류 2가지를 쓰고 설명하시오.

• 예언타당도와 동시타당도를 예를 들어 설명★[2]하시오.

• 준거관련 타당도의 의미와 준거관련 타당도에 속하는 타당도의 종류를 2가지 제시하고 간략히 설명하시오.

• 다음 물음에 답하시오.

(1) 준거타당도의 종류 2가지를 쓰고 설명하시오.

(2) 직업상담이나 산업장면에서 준거타당도가 낮은 검사를 사용해서는 안 되는 이유 2가지를 설명하시오.

(3) 실증 연구의 타당도 계수가 실제 타당도 계수보다 낮은 이유 3가지를 설명하시오.

• 다음 물음에 답하시오.

(1) 준거타당도의 종류 2가지를 쓰고, 각각에 대해 설명하시오.

(2) 준거타당도가 직업상담이나 산업장면에서 다른 어떤 타당도보다 중요한 이유★[3] 2가지를 설명하시오.

(3) 실증 연구의 타당도 계수가 실제 타당도 계수보다 낮은 이유★[4] 2가지를 설명하시오.

★1 어떤 심리검사가 특정 준거와 어느 정도 연관성이 있는지를 나타내는 것이다.

★2 • 예언타당도(예측타당도) : 미래 상황의 예측에 초점을 두며, 검사점수와 미래 행위 측정치 간의 상관계수를 추정한다.
예 선발시험에서 높은 성적을 얻은 사람이 이후 근무실적에서도 높은 점수를 얻었다면, 해당 선발시험은 근무실적을 잘 예측한 것으로 볼 수 있다.
• 공인타당도(동시타당도) : 현재 상태의 측정에 초점을 두며, 새로운 검사와 준거의 두 결과 간의 상관계수를 추정한다.
예 재직자에게 응시자용 문제를 제시하여 시험을 실시한 후 재직자의 평소 근무실적과 시험성적을 비교했을 때 근무실적이 좋은 재직자가 시험에서도 높은 성적을 얻었다면, 해당 시험은 타당도를 갖춘 것으로 볼 수 있다.

★3 • 선발이나 평가과정의 효율성을 도모하는 데 유리하다.
• 인사관리에 관한 의사결정의 공정성을 도모하는 데 유리하다.

★4 • 표집오차 : 표본이 모집단을 잘 대표하지 못하는 경우 표집오차가 커지고 그 결과 타당도 계수가 낮아진다.
• 준거측정치의 신뢰도 : 어떤 검사의 준거타당도 계산을 위해 사용한 준거측정치의 신뢰도가 낮은 경우 검사의 준거타당도도 낮아진다.
• 준거측정치의 타당도 : 준거결핍이나 준거오염이 있는 경우 검사의 준거타당도는 낮아진다.

⊕ PLUS

직업상담에서 준거타당도가 중요한 이유를 2가지 설명하시오.

① 검사도구가 미래의 행위를 예언하므로 선발이나 배치, 훈련 등의 인사관리에 관한 의사결정의 설득력을 제공한다.
② 경험적 근거에 따른 비교적 명확한 준거를 토대로 내담자의 직업선택을 위한 효과적인 정보를 제공한다.

실제 연구에서 타당도 계수가 낮아지는 이유를 3가지 설명하시오.

① 실제 연구는 실증 연구에 비해 독립변수의 조작 및 외생변수의 통제가 어렵다.
② 실제 연구에서는 실험변수에 의한 효과와 외생변수에 의한 효과를 명확히 구분하기 어렵다.
③ 실제 연구는 실증 연구에 비해 정밀도가 낮으며, 특히 내적 타당도에서 취약한 양상을 보인다.

064 준거타당도의 의미를 쓰고, 준거타당도가 낮은 검사를 사용하는 것이 왜 문제가 되는지 설명하시오.

점 수	• 5~6점 배점 문제로 출제됩니다. • 문제에서 준거타당도의 의미와 준거타당도가 낮은 검사를 사용하는 것이 문제가 되는 이유를 요구하고 있기 때문에 두 가지 모두 작성해야 합니다.
문제해결 키워드	• '준거타당도'는 시험에 자주 출제되는 유형 중 하나입니다. 따라서 의미와 종류 등 자세하게 학습하시기 바랍니다. • 준거타당도란 어떤 심리검사가 특정 준거와 어느 정도 연관성이 있는지를 나타내는 것입니다.
기출데이터 ★★☆	2013년 1회 4번, 2011년 3회 18번, 2009년 1회 5번, 2002년 1회 1번, 2000년 1회 6번

>> 모범답안

(1) 준거타당도의 의미

어떤 심리검사가 특정 준거와 어느 정도 연관성이 있는지를 나타내는 것이다.

(2) 준거타당도가 낮은 검사를 사용하는 경우의 문제점

직원의 선발, 배치, 훈련 등 인사관리의 효과성을 저해할 수 있다.

>> 유사문제유형

• 준거타당도는 직업상담이나 산업장면에서 검사를 사용할 때 다른 어떤 타당도보다 중요하다. 준거타당도의 의미와 준거타당도가 낮은 검사를 직업상담이나 산업장면에서 사용하면 안 되는 이유를 설명하시오.

⊕ PLUS

어떤 검사개발자가 새롭게 인사선발용 적성검사를 개발하는 과정에서 준거타당도를 분석하고자 한다. 먼저 지원자에게 적성검사를 실시해서 개인별 점수를 확보한 후 6개월 후의 직무만족도를 평가하여 그 상관계수를 계산하는 예언타당도를 활용할 예정이다. 이와 같이 예언타당도 계수를 구할 때의 유의사항을 3가지 기술하시오.

① 첫째, 새로 개발하려는 검사도구를 선발의 기준(준거)으로 사용해서는 안 된다.
이는 아직 타당도가 어느 정도인지 모르는 검사를 통해 선발하는 것 자체가 불공평하기 때문이다.

② 둘째, 선발 후 일정 기간이 지난 후 준거를 측정해야 한다.
일정한 기간을 거침으로써 개인의 능력이 어느 정도 명확히 반영될 수 있기 때문이다.

③ 셋째, 이렇게 얻은 타당도 계수가 실제 타당도 계수에 비해 낮을 수 있다는 점을 고려해야 한다.
이는 준거측정이 선발된 사람들만을 대상으로 하므로 타당도 계수를 구하는 데 사용된 표집이 모집단 전체를 잘 대표한다고 볼 수 없기 때문이다.

065 구성타당도를 분석하는 방법 3가지를 제시하고, 각 방법에 대해 설명하시오.

점 수	• 4~6점 배점 문제로 출제됩니다. • '설명하시오' 문제이므로 간략하게 풀어서 답안을 작성하시면 됩니다.
문제해결 키워드	• '구성타당도'는 시험에 자주 출제되는 유형 중 하나입니다. 따라서 의미와 종류 등 꼼꼼하게 학습하시기 바랍니다. • 구성타당도를 분석하는 방법 2가지 혹은 3가지를 제시하라는 문제가 자주 출제됩니다. • 과년도부터 최근까지 출제비율이 높은 문제입니다. 반드시 내 것으로 만들어야 할 문제입니다.
기출데이터 ★★★★★★★☆	2023년 2회 10번, 2020년 3회 8번, 2020년 4회 11번, 2019년 3회 10번, 2016년 1회 11번, 2015년 1회 15번, 2015년 2회 12번, 2010년 1회 16번, 2010년 4회 2번, 2009년 3회 2번, 2008년 1회 17번, 2006년 3회 4번, 2003년 1회 9번, 2003년 3회 8번, 2001년 1회 7번

>> 모범답안

① **수렴타당도** : 검사 결과가 이론적으로 해당 속성과 관련 있는 변수들과 어느 정도 높은 상관관계를 가지고 있는지를 측정한다.

② **변별타당도** : 검사 결과가 이론적으로 해당 속성과 관련 없는 변수들과 어느 정도 낮은 상관관계를 가지고 있는지를 측정한다.

③ **요인분석** : 검사를 구성하는 문항들 간의 상관관계를 분석하여 상관이 높은 문항들을 묶어주는 통계적 방법이다.

>> 유사문제유형

- 구성타당도를 분석하는 방법 2가지★1를 제시하고, 각 방법에 대해 설명하시오.
- 수렴타당도와 변별타당도의 의미를 각각 쓰고, 이를 다속성 · 다측정방법 행렬표(MTMM)로 확인하는 절차★2에 대해 설명하시오.
- 구성타당도를 분석하는 방법 2가지를 제시하고, 각 방법에 대해 설명하시오.
- 수렴타당도와 변별타당도에 대해 설명하시오.

★1 구성타당도를 분석하는 방법으로는 수렴타당도, 변별타당도, 요인분석 등이 있습니다. 실기시험에서 "구성타당도를 분석하는 대표적인 방법인 수렴타당도와 변별타당도에 대해 설명하시오." 문제가 제시된 적이 있으므로, 구성타당도의 분석방법을 2가지 쓰는 문제에서는 가급적 수렴타당도와 변별타당도를 중심으로 답안을 작성하시기 바랍니다.

★2 **다속성 · 다측정방법 행렬표(MTMM)로 확인하는 절차**
① 동일한 속성들을 이질적인 방법으로 측정하여 그 결과 간의 상관계수를 확인한다.
② 앞선 ①의 상관계수를 이질적인 속성들을 동일한 방법으로 측정한 결과 나타난 점수들 간의 상관계수와 비교한다.
③ 다음으로 ②의 상관계수를 이질적인 속성들을 이질적인 방법으로 측정한 결과 나타난 점수들 간의 상관계수와 비교한다.

타당도 V

066 예언타당도와 공인타당도를 예를 들어 설명하시오.

점 수	• 5~6점 배점 문제로 출제됩니다. • '설명하시오' 문제이므로 간략하게 풀어서 답안을 작성하시면 됩니다.
문제해결 키워드	• '예언타당도'와 '공인타당도'는 시험에 자주 출제되는 유형 중 하나입니다. 따라서 의미와 종류 등 꼼꼼하게 학습하시기 바랍니다. • 예언타당도와 공인타당도는 외적 준거를 이용하여 검사의 타당도에 대한 증거를 검토하는 방식이므로 준거타당도로 분류합니다. • 과년도부터 최근까지 출제비율이 높은 문제입니다. 반드시 내 것으로 만들어야 할 문제입니다.
기출데이터 ★★★★☆	2023년 1회 9번, 2018년 2회 11번, 2013년 2회 12번, 2012년 1회 4번, 2011년 3회 18번, 2010년 2회 14번, 2008년 3회 10번, 2006년 1회 3번, 2006년 3회 1번, 2002년 1회 1번, 2000년 1회 6번

>> 모범답안

① 예언타당도(예측타당도)

미래 상황의 예측에 초점을 두며, 검사점수와 미래 행위 측정치 간의 상관계수를 추정한다.

예 선발시험에서 높은 성적을 얻은 사람이 이후 근무실적에서도 높은 점수를 얻었다면, 해당 선발시험은 근무실적을 잘 예측한 것으로 볼 수 있다.

② 공인타당도(동시타당도)

현재 상태의 측정에 초점을 두며, 새로운 검사와 준거의 두 결과 간의 상관계수를 추정한다.

예 재직자에게 응시자용 문제를 제시하여 시험을 실시한 후 재직자의 평소 근무실적과 시험성적을 비교했을 때 근무실적이 좋은 재직자가 시험에서도 높은 성적을 얻었다면, 해당 시험은 타당도를 갖춘 것으로 볼 수 있다.

>> 유사문제유형

• 준거타당도인 동시타당도와 예언타당도의 의미를 쓰고 차이점★을 설명하시오.(2021년 1회 10번, 2013년 2회 12번)

★ (1) 의 미

① 동시타당도 : 현재 상태의 측정에 초점을 두며, 새로운 검사와 준거의 두 결과 간의 상관계수를 추정한다.

② 예언타당도 : 미래 상황의 예측에 초점을 두며, 검사점수와 미래 행위 측정치 간의 상관계수를 추정한다.

(2) 차이점

예언타당도는 먼저 실시한 검사점수와 나중에 측정한 준거점수의 상관을 계산하는 반면, 동시타당도는 동일 시점에서 검사와 준거를 동시에 측정하여 두 점수의 상관을 계산한다.

⊕ PLUS

검사개발의 중요한 목적 중 하나는 바로 예언(혹은 예측)입니다. 어떤 검사를 예언을 목적으로 사용하기 위해 개발할 경우 개발한 검사의 예측력을 객관적인 절차를 통해 검증해야 하는데, 그 타당도 검증을 위해 사용되는 예측정보를 '준거(Criterion)'라 합니다. 준거는 검사의 목적에 따라 다를 수 있는데, 어떤 검사를 학업성적을 예측하기 위해 사용할 경우 학업성취도가 준거가 되는 반면, 직무만족 정도를 예측하기 위해 사용할 경우 직무만족도가 준거가 됩니다. 검사의 준거측정은 대체로 검사가 만들어지고 일정한 기간이 지난 후에 얻어지기도, 타당화 검사와 거의 동시에 얻어지기도 합니다. 전자는 '예언타당도(Predictive Criterion)', 후자는 '공인타당도(Concurrent Criterion)'에 해당하는데, 이들 타당도는 외적 준거를 이용하여 검사의 타당도에 대한 증거를 검토하는 방식이므로 '준거타당도(Criterion Validity)' 혹은 '준거관련 타당도(Criterion-related Validity)'로 분류합니다. 참고로 예언타당도는 '예측타당도'로, 공인타당도는 '동시타당도'로도 불립니다.

심리검사 결과

067 부정적인 심리검사 결과가 나온 내담자에게 검사결과를 통보하는 방법을 4가지 기술하시오.

점 수	4~6점 배점의 문제로 출제됩니다.
문제해결 키워드	심리검사 결과 해석시 주의사항(유의사항)과 동일한 것으로 혼동하지 않아야 합니다.
기출데이터 ★★	2022년 2회 10번, 2020년 1회 12번, 2017년 2회 12번, 2002년 1회 2번

>> 모범답안

① 검사결과를 기계적으로 전달하지 않으며, 적절한 해석을 담은 설명과 함께 전달한다.
② 내담자가 검사결과로 도출된 결론을 오해하지 않도록 주의를 기울인다.
③ 내담자의 교육수준, 지식수준 등은 물론 검사결과의 통보에 따른 정서적 반응까지 고려한다.
④ 검사결과를 상담의 한 부분으로 간주하고 상담자-내담자 관계 속으로 끌어들인다.
⑤ 검사결과를 내담자의 특정 문제에 대한 설명이나 해결책으로 활용한다.

>> 유사문제유형

• 부정적인 심리검사 결과가 나온 내담자에게 검사결과를 통보하는 방법을 4가지 쓰시오.

⊕ PLUS

심리검사 결과 해석시 주의해야 할 사항을 6가지 기술하시오.
① 검사결과에 대해 내담자가 이해하기 쉬운 언어를 사용한다.
② 해석에 대한 내담자의 반응을 고려한다.
③ 검사결과에 대한 내담자의 방어를 최소화하도록 한다.
④ 검사결과에 대해 중립적인 입장을 취한다.
⑤ 내담자의 점수범위를 고려한다.
⑥ 검사의 대상과 용도를 명확히 제시한다.

068 MMPI의 타당성 척도 중 ?척도, L척도, K척도에 대해 설명하시오.

점 수	• 5~6점 배점 문제로 출제됩니다. • '설명하시오' 문제이므로 간략하게 풀어서 답안을 작성하시면 됩니다. • 각 척도 중 하나라도 설명이 빠진다면 부분점수로 감점이 될 수 있습니다.
문제해결 키워드	MMPI의 타당성 척도 4가지 종류의 의미와 특성에 대한 명확한 구분과 이해가 필요합니다.
기출데이터 ★★	2017년 3회 9번, 2010년 4회 12번, 2009년 1회 17번, 2002년 1회 7번

>> 모범답안

① ?척도 : 응답하지 않은 문항 또는 '예', '아니요' 모두에 응답한 문항들의 총합을 통해 수검자의 검사태도를 측정한다.
② L척도 : 수검자가 자신을 좋게 보이려고 하는 다소 고의적이고 부정직하며 세련되지 못한 시도를 측정한다.
③ K척도 : 분명한 정신적 장애를 지니면서도 정상적인 프로파일을 보이는 사람들을 식별한다.

>> 유사문제유형

• MMPI의 타당도 척도 중 L척도, F척도, K척도에 대해 설명하시오.
• 미네소타 다면적 인성검사(MMPI)의 하위척도 중 타당성 척도를 사용하고 있는 L, F*, K척도에 대해 설명하시오.

★ F척도 : 검사문항에 대해 비전형적인 방식으로 응답하는 사람들을 탐지한다.

⊕ PLUS

미네소타 다면적 인성검사(MMPI)의 임상척도를 6가지만 쓰시오(단, 각 척도별 영문약자를 반드시 기입하시오).

• 척도 1 – 건강염려증(Hs ; Hypochondriasis)
• 척도 2 – 우울증(D ; Depression)
• 척도 3 – 히스테리(Hy ; Hysteria)
• 척도 4 – 반사회성(Pd ; Psychopathic Deviate)
• 척도 5 – 남성성–여성성(Mf ; Masculinity–Femininity)
• 척도 6 – 편집증(Pa ; Paranoia)
• 척도 7 – 강박증(Pt ; Psychasthenia)
• 척도 8 – 정신분열증(Sc ; Schizophrenia)
• 척도 9 – 경조증(Ma ; Hypomania)
• 척도 0 – 내향성(Si ; Social Introversion)

마이어스-브릭스 성격유형검사(MBTI)

069 마이어스-브릭스 유형지표(MBTI)는 자기보고식의 강제선택 검사이다. 이 검사에서 나타나는 4가지 양극 차원의 선호 부분에 대해 쓰시오.

점 수	• 4점 배점 문제로 출제됩니다. • 각 유형은 1점으로 채점될 수 있습니다.
문제해결 키워드	문제에서 각 유형에 대한 설명을 요구하고 있지는 않지만 성격유형검사(MBTI)의 성격유형의 내용 또한 함께 학습할 수 있도록 합니다.
기출데이터 ★	2013년 1회 6번, 2009년 2회 16번

>> 모범답안

① 에너지의 방향은 어느 쪽인가 : 외향형 / 내향형
② 무엇을 인식하는가 : 감각형 / 직관형
③ 어떻게 결정하는가 : 사고형 / 감정형
④ 채택하는 생활양식은 무엇인가 : 판단형 / 인식형

⊕ PLUS 마이어스-브릭스 성격유형검사(MBTI)의 4가지 양극 차원

① **에너지의 방향** : 개인의 주의집중 및 에너지의 방향이 인간의 외부로 향하는지 혹은 내부로 향하는지를 반영한다.

외향형	에너지가 외부세계의 일이나 사람에게 향하는 것을 선호한다.
내향형	에너지를 내부세계의 아이디어에 집중하는 것을 선호한다.

② **인식기능** : 정보의 인식 및 수집 방식에 있어서 경향성을 반영한다.

감각형	오감을 통해 직접적으로 인식되는 정보에 주의를 기울이고 실제로 존재하는 것을 선호한다.
직관형	육감을 통해 얻은 정보에 관심을 기울이며, 숨어있는 의미를 알아차리는 것을 선호한다.

③ **판단기능** : 인식된 정보를 토대로 판단 및 결정을 내리는 경향성을 반영한다.

사고형	사실과 논리에 근거를 두고 객관적인 가치에 따라 결정을 내리는 것을 선호한다.
감정형	개인적인 가치와 인간중심적 가치에 근거하여 결정을 내리는 것을 선호한다.

④ **생활양식 또는 행동양식** : 외부세계에 대한 태도, 생활방식 및 적응양식에 있어서 어떠한 과정을 선호하는지를 반영한다.

판단형	무엇이든 나름대로 판단을 하여 서둘러 결정을 내리는 것을 선호하며, 일에 대한 철저한 계획과 임무 완수를 강조한다.
인식형	결정을 가능한 한 미루면서 새로운 가능성의 소지를 남겨두는 것을 선호하며, 어떤 일에 대해 서둘러 결정을 내리기보다는 그 과정을 즐긴다.

070 일반 직업적성검사(GATB)에서 사용하는 적성 항목을 3가지만 쓰고, 간략히 설명하시오.

점 수	• 6점 배점 문제로 출제됩니다. • 각 유형은 2점으로 채점될 수 있으며, 설명이 생략된다면 부분점수로 감점될 수 있습니다.
문제해결 키워드	• 일반 직업적성검사(GATB) 적성 항목을 완벽하게 암기할 필요는 없지만 어떤 항목이 해당하는지 구분할 수 있어야 합니다. • 적성검사 유형을 연상하며 학습하도록 합니다.
기출데이터 ★★	2022년 1회 11번, 2015년 1회 5번, 2002년 3회 8번, 2001년 3회 3번

>> 모범답안

① 지능 : 일반적인 학습능력 및 원리이해 능력, 추리 · 판단능력 등
② 언어능력 : 언어의 뜻과 함께 그와 관련된 개념을 이해하고 사용하는 능력 등
③ 수리능력 : 빠르고 정확하게 계산하는 능력 등

>> 유사문제유형

• 일반적성검사(GATB)에서 사용하는 적성 항목을 3가지만 쓰고, 각각에 대해 간략히 설명하시오.

⊕ PLUS 일반 직업적성검사(GATB)에서 사용하는 적성 항목

• 지능(G ; General Intelligence) : 일반적인 학습능력, 설명이나 지도내용과 원리를 이해하는 능력, 추리 · 판단하는 능력, 새로운 환경에 신속하게 순응하는 능력 등
• 언어능력(V ; Verbal Aptitude) : 언어의 뜻과 함께 그와 관련된 개념을 이해하고 사용하는 능력, 언어상호 간의 관계와 문장의 뜻을 이해하는 능력, 보고 들은 것이나 자신의 생각을 발표하는 능력 등
• 수리능력(N ; Numerical Aptitude) : 빠르고 정확하게 계산하는 능력 등
• 사무지각(Q ; Clerical Perception) : 문자나 인쇄물, 전표 등의 세부를 식별하는 능력, 잘못된 문자나 숫자를 찾아 교정하고 대조하는 능력, 직관적인 인지능력의 정확도나 비교 · 판별하는 능력 등
• 공간적성(S ; Spatial Aptitude) : 공간상의 형태를 이해하고 평면과 물체의 관계를 이해하는 능력, 기하학적 문제해결 능력, 2차원이나 3차원의 형체를 시각적으로 이해하는 능력 등
• 형태지각(P ; Form Perception) : 실물이나 도해 또는 표에 나타나는 것을 세부까지 바르게 지각하는 능력, 시각으로 비교 · 판별하는 능력, 도형의 형태나 음영, 근소한 선의 길이나 넓이 차이를 지각하는 능력, 시각의 예민도 등
• 운동반응(K ; Motor Coordination) : 눈과 손 또는 눈과 손가락을 함께 사용하여 빠르고 정확하게 운동할 수 있는 능력, 눈으로 겨누면서 정확하게 손이나 손가락의 운동을 조절하는 능력 등
• 손가락 재치(F ; Finger Dexterity) : 손가락을 정교하고 신속하게 움직이는 능력, 작은 물건을 정확하고 신속하게 다루는 능력 등
• 손의 재치(M ; Manual Dexterity) : 손을 마음대로 정교하게 조절하는 능력, 물건을 집고 놓고 뒤집을 때 손과 손목을 정교하고 자유롭게 운동할 수 있는 능력 등

071 스트롱(Strong) 직업흥미검사의 하위척도 3가지를 쓰시오.

점 수	• 6점 배점 문제로 출제됩니다. • 각 유형은 2점으로 채점될 수 있으며, 설명이 생략된다면 부분점수로 감점될 수 있습니다.
문제해결 키워드	직업흥미검사의 종류는 매우 다양하므로 교재에 따라 다르게 제시될 수 있습니다.
기출데이터 ★★★	2021년 1회 11번, 2020년 3회 12번, 2018년 2회 13번, 2014년 2회 15번, 2011년 1회 8번, 2009년 3회 14번

>> 모범답안

① 일반직업분류(GOT)
홀랜드(Holland)의 직업선택이론에 의한 6가지 주제로 구성되어 있다.

② 기본흥미척도(BIS)
일반직업분류를 특정한 흥미들로 세분화한 것으로, 수검자의 특정한 활동이나 주제에 대한 흥미도를 측정한다.

③ 개인특성척도(PSS)
일상생활과 일, 세계에 관련된 광범위한 특성에 대해 개인이 선호하고 편안하게 느끼는 것을 측정한다.

>> 유사문제유형

- 스트롱 직업흥미검사의 척도를 3가지 쓰고, 각각에 대해 간략히 설명하시오.
- 스트롱(Strong) 직업흥미검사의 하위척도 3가지를 쓰고, 각각에 대해 설명하시오.

⊕ PLUS

스트롱(Strong) 직업흥미검사의 개인특성척도(PSS)는 4가지의 하위척도로 이루어져 있다. 이 4가지의 하위척도를 쓰고, 각각에 대해 간략히 설명하시오.

- 업무 유형(Work Style)
  사람과 함께 일하는 것을 선호하는지, 자료/사물/아이디어를 다루는 것을 선호하는지를 알아본다.
- 학습 유형(Learning Environment)
  학문 영역에 관심을 두고 있는지, 실용 분야에 관심을 두고 있는지를 알아본다.
- 리더십 유형(Leadership Style)
  조직화된 상황에서 조직의 일부 혹은 전체를 책임지는 것을 선호하는지, 다른 사람을 지도 및 통솔하는 것을 선호하는지를 알아본다.
- 모험심 유형(Risk Tasking / Adventure)
  신체적 위험상황을 감수하거나 위기상황을 극복하는 정도를 알아본다.

072 진로성숙도검사(CMI)는 태도척도와 능력척도로 구분된다. 태도척도와 능력척도의 측정내용을 각각 3가지씩 쓰시오.

점 수	• 4~6점 배점 문제로 출제됩니다. • 각 유형은 1~2점으로 채점될 수 있으며, 내용이 누락되면 부분점수로 감점될 수 있습니다.
문제해결 키워드	태도척도와 능력척도의 측정내용을 2~3가지 작성하라는 문제유형이 자주 출제되니 정확하게 학습하시기 바랍니다.
기출데이터 ★★★	2022년 3회 12번, 2020년 3회 9번, 2017년 3회 10번, 2015년 3회 15번, 2013년 3회 9번, 2009년 2회 8번

>> 모범답안

① 태도척도
결정성, 참여도(관여도), 독립성, 지향성(성향), 타협성

② 능력척도
자기평가, 직업정보, 목표선정, 계획, 문제해결

>> 유사문제유형

• 진로성숙도검사(CMI)의 태도척도★1 5가지를 쓰고 설명하시오.
• 진로성숙도검사(CMI)의 능력척도★2를 5가지 쓰고, 각각에 대해 설명하시오.

★1 **진로성숙도검사(CMI)의 태도척도**
① 결정성 : 선호하는 진로의 방향에 대한 확신의 정도
② 참여도(관여도) : 진로선택 과정에의 능동적 참여의 정도
③ 독립성 : 진로선택을 독립적으로 할 수 있는 정도
④ 지향성(성향) : 진로결정에 필요한 사전이해와 준비의 정도
⑤ 타협성 : 진로선택시 욕구와 현실에 타협하는 정도

★2 **진로성숙도검사(CMI)의 능력척도**
① 자기평가 : 자신의 성격, 흥미, 태도를 명확히 지각하고 이해하는 능력
② 직업정보 : 직업세계에 대한 지식과 정보를 획득 · 평가하는 능력
③ 목표선정 : 합리적인 직업선택을 하는 능력
④ 계획 : 직업목표 선정 후 이를 달성하기 위한 계획을 수립하는 능력
⑤ 문제해결 : 진로선택이나 의사결정 과정에서의 문제해결 능력

⊕ PLUS 진로성숙도검사(CMI)에서 태도척도의 하위영역별 문항의 예

• **결정성** : "나는 선호하는 진로를 자주 바꾸고 있다."
• **참여도(관여도)** : "나는 졸업할 때까지는 진로선택 문제에 별로 신경을 쓰지 않을 것이다."
• **독립성** : "나는 부모님이 정해주시는 직업을 선택하겠다."
• **지향성(성향)** : "일하는 것이 무엇인지에 대해 생각한 바가 거의 없다."
• **타협성** : "나는 하고 싶기는 하나 할 수 없는 일을 생각하느라 시간을 보내곤 한다."

073 진로시간전망검사 중 코틀(Cottle)의 원형검사에서 시간전망 개입의 3가지 측면을 쓰고, 각각에 대해 설명하시오.

점 수	• 6점 배점 문제로 출제됩니다. • 각각에 대한 설명이 누락된다면 부분점수 각 2점이 감점될 수 있습니다.
문제해결 키워드	코틀(Cottle)의 진로시간전망에 대한 원형검사(The Circles Test)에서 원의 크기는 시간차원에 대한 상대적 친밀감을, 원의 배치는 시간차원들이 어떻게 연관되어 있는지를 나타냅니다.
기출데이터 ★★	2021년 3회 7번, 2017년 2회 9번, 2014년 1회 18번, 2011년 1회 4번

>> 모범답안

① **방향성** : 미래지향성을 증진시키기 위해 미래에 대한 낙관적인 입장을 구성한다.
② **변별성** : 미래에 대한 정적 태도를 강화시키며, 신속한 목표설정이 이루어지도록 한다.
③ **통합성** : 현재 행동과 미래의 결과를 연결시키며, 계획한 기법의 실습을 통해 진로인식을 증진시킨다.

>> 유사문제유형

• 진로시간전망검사 중 코틀(Cottle)의 원형검사*에서 원의 의미, 원의 크기, 원의 배치에 대해 설명하시오.

★ 코틀(Cottle)의 원형검사
- 원의 의미 : 시간차원으로서 과거, 현재, 미래
- 원의 크기 : 시간차원에 대한 상대적 친밀감
- 원의 배치 : 시간차원의 연결구조

⊕ PLUS 진로시간전망검사 중 코틀(Cottle)의 원형검사에서 원의 상대적 배치에 의한 시간관계성의 4가지 유형

• **어떤 것도 접해 있지 않은 원**
시간차원의 고립을 의미하는 것으로서, 사람들이 자신의 미래를 향상시키기 위한 어떠한 시도도 하지 않음을 나타낸다.

• **중복되지 않고 경계선에 접해 있는 원**
시간차원의 연결을 의미하는 것으로서, 사건들이 아직 개별적 · 독립적으로 구분되어 있으며, 비록 연속적일지라도 통제되지 않는 상태를 나타낸다.

• **부분적으로 중첩된 원**
시간차원의 연합을 의미하는 것으로서, 과거가 현재에, 현재가 미래에 영향을 미친다는 점을 나타낸다.

• **완전히 중첩된 원**
시간차원의 통합을 의미하는 것으로서, 과거와 미래의 원을 현재의 원 안에 중첩시키는 것이다. 이는 현재에서 과거를 기억하고 미래를 예측하는 것을 나타낸다.

074 직무분석은 직무기술서나 작업자 명세서를 만들고 이로부터 얻어진 정보를 여러모로 활용하는 것을 목적으로 한다. 이와 같은 직무분석으로 얻어진 정보의 용도를 4가지만 쓰시오.

점 수	• 6점 배점 문제로 출제됩니다. • 각 활용용도당 2점의 부분점수가 적용될 수 있습니다.
문제해결 키워드	'직무분석 자료를 활용하는 용도'는 교재에 따라 약간씩 다르게 제시되어 있으나 내용상 큰 차이점은 없습니다. 정해진 답이 있는 것은 아니므로 무조건 암기하는 것 보다는 이해를 필요로 합니다.
기출데이터 ★★	2020년 3회 13번, 2018년 1회 13번, 2014년 3회 11번, 2013년 2회 14번

>> 모범답안

① 모집 및 선발
② 배치 및 경력개발
③ 교육 및 훈련
④ 직무평가 및 직무수행평가(인사고과)
⑤ 그 밖에 정원관리, 안전관리 및 기타 작업조건의 개선 등

>> 유사문제유형

• 직무분석 자료를 활용하는 용도* 5가지를 쓰시오.
• 직무분석은 직무기술서나 작업자 명세서를 만들고 이로부터 얻어진 정보를 여러모로 활용하는 것을 목적으로 한다. 이와 같은 직무분석으로 얻어진 정보의 용도를 3가지만 쓰시오.
• 직무분석의 결과로부터 얻은 직무기술과 작업자 명세에 관한 정보는 여러 가지 용도로 사용된다. 이와 같은 직무분석으로 얻어진 정보의 용도를 4가지만 쓰시오.

★ 직무분석 결과로부터 얻은 정보의 8가지 활용용도(Ash)
- 모집공고 및 인사선발
- 선발된 사람의 배치, 경력개발 및 진로상담
- 종업원의 교육 및 훈련
- 직무수행평가 및 인사결정(인사고과)
- 직무평가의 기초자료
- 직무의 재설계 및 작업환경 개선
- 해당 직무에 필요한 적정인원 산정, 향후 인력수급계획 수립
- 직무분류

075 직무분석방법 중 최초분석법에 해당하는 방법을 3가지만 쓰고, 각각에 대해 설명하시오.

점 수	• 6점 배점 문제로 출제됩니다. • 각 활용용도당 2점의 부분점수가 적용될 수 있습니다.
문제해결 키워드	주요 직무분석 방법에는 최초분석법, 비교확인법, 데이컴법이 있습니다. 각 방법의 특징을 숙지하도록 합니다.
기출데이터 ★★★☆	2022년 3회 13번, 2020년 4회 13번, 2019년 1회 13번, 2017년 3회 11번, 2016년 3회 12번, 2012년 3회 14번, 2001년 3회 1번

>> 모범답안

① 면접법(면담법) : 특정 직무에 대해 오랜 경험과 전문지식, 숙련된 기술과 기능을 가지고 있고 정확한 표현이 가능한 작업자를 방문하여 면담한다.
② 관찰법 : 직무분석가가 직접 사업장을 방문하여 작업자가 수행하는 직무활동을 관찰하고 그 결과를 기술한다.
③ 설문지법(질문지법) : 현장의 작업자 또는 감독자에게 설문지를 배부하여 이들로 하여금 직무 내용을 기술하게 한다.
④ 체험법 : 직무분석가 자신이 직접 직무활동에 참여하여 체험함으로써 생생한 직무자료를 얻는다.

>> 유사문제유형

- 직무분석방법 중 최초분석법에 해당하는 방법을 3가지만 쓰고, 각각에 대해 설명하시오.
- 직무분석방법을 3가지 쓰고, 각각에 대해 설명하시오.
- 직무분석 방법 중 최초분석법에 해당하는 방법을 4가지만 쓰시오.
- 직무분석을 위한 방법을 5가지 쓰시오.

⊕ PLUS 직무분석의 주요 방법

- **최초분석법(New Analysis Method)**
  - 분석할 대상 직업에 관한 참고문헌이나 자료가 드물고, 그 분야에 많은 경험과 지식을 갖춘 사람이 거의 없는 경우 사용한다.
  - 면접법(면담법), 관찰법, 체험법, 설문지법(질문지법), 녹화법, 중요사건 기법(결정적 사건법) 등이 있다.
- **비교확인법(Verification Method)**
  - 지금까지 분석된 자료를 참고로 하여 현재의 직무 상태를 비교 · 확인하는 방법이다.
  - 직무의 폭이 매우 넓어 단시간 내에 관찰을 통해 파악하기 어려운 경우 또는 대상 직무에 대한 참고문헌과 자료가 충분하며 일반적으로 널리 알려진 경우 사용한다.
- **데이컴법(DACUM Method)**
  - '교육과정개발(Developing A Curriculum)'의 준말로서, 교과과정을 개발하기 위해 고안된 분석기법이다.
  - 교육훈련을 목적으로 교육목표와 교육내용을 비교적 단시간 내에 추출하는 데 효과적인 방법이다.

076 직무분석방법 중 결정적 사건법의 단점을 3가지 쓰시오.

점 수	• 6점 배점 문제로 출제됩니다. • 결정적 사건법의 단점 한 문항당 2점의 부분점수가 적용됩니다.
문제해결 키워드	• 결정적 사건법의 단점은 대략 6가지로 정리할 수 있으나, 시험에서는 보통 3가지를 쓰도록 요구하고 있습니다. • 결정적 사건법은 직무수행자의 직무 행동 가운데 성과와 관련하여 효과적인 행동과 비효과적인 행동을 구분하여 직무를 분석하는 방법입니다.
기출데이터 ★★☆	2022년 2회 13번, 2019년 3회 13번, 2015년 1회 10번, 2013년 1회 1번, 2003년 1회 6번

>> 모범답안

① 일상적인 수행과 관련된 지식, 기술, 능력이 배제될 수 있다.
② 과거의 결정적 사건들에 대해 왜곡하여 기술할 가능성이 있다.
③ 추론과정에서 직무분석가의 주관이 개입될 수 있다.
④ 직무행동의 분류 및 평가에 많은 시간과 노력이 소요된다.

>> 유사문제유형

• 직무분석 방법 중 결정적 사건법의 단점을 4가지 쓰시오.
• 직무분석방법 중 결정적 사건법의 단점*을 쓰시오.

★ 모범답안 외 다음을 답안으로 작성할 수 있습니다.
• 자료 분석을 위해 특별히 훈련받은 사람이 필요하다.
• 수집된 자료를 분류하는 데 많은 시간과 노력이 필요하다.
• 직무와 관련된 자료수집에 어려움이 있다(직무와 관련 없는 데이터도 생성될 수 있다).

⊕ PLUS 결정적 사건을 수집한 후 알아내야 할 사항

• 무엇이 그 사건을 일으켰고, 사건이 일어난 환경은 어떠했는가?
• 그 사건에서 종업원이 효과적으로 행동했거나 혹은 비효과적으로 행동한 것은 정확히 어떤 행동이었는가?
• 그와 같은 행동으로부터 초래된 결과는 무엇이었는가?
• 실제로 그와 같은 결과가 종업원의 행동에 의해 유발되었는가 아니면 환경요인에 의해 유발되었는가?

077 직무분석방법 중 구조적 면접법과 비구조적 면접법의 의미를 쓰고, 각각의 장단점을 설명하시오.

점 수	• 6점 배점 문제로 출제됩니다. • '설명하시오' 문제이므로 간략하게 풀어서 답안을 작성하시면 됩니다.
문제해결 키워드	문제에서 '구조적 면접법과 비구조적 면접법 각각의 장단점'을 구체적으로 몇 가지 쓰라는 지시가 없으므로, 각각의 장단점을 간략히 답안으로 작성하시기 바랍니다.
기출데이터 ★	2015년 1회 4번, 2011년 3회 12번

>> 모범답안

(1) 구조적 면접법과 비구조적 면접법의 의미

① **구조적 면접법** : 질문할 많은 내용들을 미리 마련해 놓고 그 순서에 따라 면접을 진행하는 방법이다.

② **비구조적 면접법** : 미리 설정된 소수의 질문으로부터 시작하지만 응답자의 반응에 따라 융통적으로 면접을 진행하는 방법이다.

(2) 구조적 면접법과 비구조적 면접법의 장단점

① **구조적 면접법** : 짧은 시간에 많은 정보를 얻을 수 있는 반면, 심층적인 정보를 얻기 어렵다.

② **비구조적 면접법** : 보다 심층적인 정보를 얻을 수 있는 반면, 직무의 다양한 요소들에 대한 다량의 정보를 얻지 못한다.

>> 유사문제유형

• 직무분석을 위한 면접시 면접 진행을 위한 유의사항★을 5가지만 나열하시오.

★
- 작업자가 말하는 내용에 대하여 의견대립을 보이지 말아야 한다.
- 노사 간의 불만이나 갈등에 관한 주제에 어느 한쪽으로 편을 들지 말아야 한다.
- 직무에서의 임금분류체계에 관심을 보이지 말아야 한다.
- 면접 내내 정중하고 공손한 태도를 보여야 한다.
- 작업자를 얕보는 투로 이야기하지 말아야 한다.
- 면접자의 개인적인 견해나 선호가 개입되지 말아야 한다.
- 사적인 감정을 배제해야 하며, 조직이나 작업방법에 대해 비판하지 말고 변화나 개선을 제안하지 말아야 한다.
- 상사나 감독자의 허락을 먼저 받고 작업자와 면접한다.
- 특히 전문적이고 기술적인 용어들의 경우 면접을 통해 수집한 자료에 대해 작업반장이나 부서장의 검토 과정을 거친다.
- 완결된 분석에 대해 검토하는 과정을 거친다.

PLUS **구조적 면접법과 비구조적 면접법의 비교**

[구조적 면접법]

장 점	단 점
• 짧은 시간에 많은 정보를 얻을 수 있다. • 반복적인 면접이 가능하며, 면접 결과에 대한 비교가 용이하다. • 부호화가 가능하므로 평정이 용이하다. • 응답 결과에 있어서 상대적으로 일관성과 신뢰성이 높다. • 질문시 언어사용에 따른 오류를 최소화할 수 있다. • 비교적 덜 훈련된 면접자도 활용할 수 있다.	• 응답자의 생각이나 감정을 깊이 있게 측정할 수 없으므로 심층적인 정보를 얻기 어렵다. • 면접의 신축성 · 유연성이 낮으며, 면접자의 자율성이 없다. • 응답자의 특성이나 면접의 분위기에 따라 면접을 융통성 있게 수행할 수 없다. • 시간과 경비가 상대적으로 많이 소요된다.

[비구조적 면접법]

장 점	단 점
• 구조적 면접법에 비해 심층적인 정보를 얻을 수 있다. • 응답자의 특성이나 면접의 분위기에 따라 면접을 융통성 있게 수행할 수 있다. • 실제 사용하는 단어와 그것의 의미 간의 차이 또는 동일성 정도를 재해석함으로써 의미의 표준화(동일화)를 달성할 수 있다. • 응답 결과에 있어서 상대적으로 타당성이 높다.	• 직무의 다양한 요소들에 대한 다량의 정보를 얻지 못한다. • 응답 결과에 대한 분류 및 부호화 등에 많은 시간과 비용이 소요된다. • 동일한 질문에 대해 응답 내용이 달라지는 등 응답 결과에 있어서 상대적으로 일관성과 신뢰성이 낮다. • 가설검증 및 인과관계 규명이 어렵다. • 면접자의 숙련성 · 전문성이 요구된다.

PLUS

직무평가방법을 3가지 쓰고, 각각에 대해 설명하시오. (2023년 2회 13번, 2021년 3회 13번)

① **서열법** : 직무의 상대적 가치에 따라 순위를 정한다.

② **분류법** : 사전에 만들어 놓은 등급에 각 직무를 맞추어 넣는다.

③ **점수법** : 각 요소의 중요도에 따라 점수를 산정하여 총 점수를 구한다.

④ **요소비교법** : 각 직무의 평가요소를 기준직무의 평가요소와 비교한다.

제3과목 직업정보론

직업정보의 이해

078 특성–요인의 직업상담이론에서 브레이필드(Brayfield)가 제시한 직업정보의 기능을 3가지 쓰고, 각각에 대해 설명하시오.

점 수	• 6점 배점 문제로 출제됩니다. • '설명하시오' 문제이므로 간략하게 풀어서 답안을 작성하시면 됩니다.
문제해결 키워드	직업정보는 국내외의 각종 직업에 관련된 다양한 정보를 체계화시킨 것으로, 국가, 기업, 개인이 직업에 관한 의사결정 과정에서 필요한 모든 자료의 직업별 직무내용, 직업전망, 직업별 근로조건 등에 관한 모든 종류의 직업 관련 정보들을 포함합니다.
기출데이터 ★★★☆	2022년 1회 12번, 2019년 2회 7번, 2017년 3회 13번, 2015년 1회 3번, 2011년 2회 11번, 2008년 3회 14번, 2006년 1회 4번

>> 모범답안

① 정보적 기능 : 직업정보 제공을 통해 내담자의 의사결정을 돕고, 직업선택에 관한 지식을 증가시킨다.
② 재조정 기능 : 자신의 선택이 현실에 비추어 부적절한 선택이었는지를 점검 및 재조정해 보도록 한다.
③ 동기화 기능 : 내담자를 의사결정 과정에 적극적으로 참여시킴으로써 자신의 선택에 대해 책임감을 가지도록 한다.

>> 유사문제유형

• 특성–요인의 직업상담이론에서 브레이필드(Brayfield)가 제시한 직업정보의 기능을 3가지 쓰고 설명하시오.
• Brayfield가 제시한 직업정보의 정보적 기능, 재조정 기능, 동기화 기능에 대해 설명하시오.

⊕ PLUS

크리스텐슨, 배어, 로버(Christensen, Baer & Roeber)는 브레이필드(Brayfield)가 제시한 직업정보의 3가지 기능 외에 다음의 4가지 기능들을 추가적으로 제시하였습니다.
① 탐색기능 : 내담자가 선택한 직업분야에서의 일들에 대한 광범위한 탐색을 가능하게 한다.
② 확신기능 : 내담자의 직업선택이 얼마나 합당한가를 확신시켜 준다.
③ 평가기능 : 직업에 대한 내담자의 지식과 이해가 믿을 만하고 적절한지를 점검하도록 해 준다.
④ 놀람기능 : 정보를 접한 내담자가 특정 직업을 선택하는 것에 대해 어떻게 생각하는지를 알 수 있도록 한다.

민간직업정보와 공공직업정보

079 공공직업정보의 특성 3가지를 쓰시오.

점 수	4~6점 배점 문제로 출제됩니다.
문제해결 키워드	• 민간직업정보는 필요한 시기에 최대한 활용되도록 한시적으로 신속하게 생산되어 운영됩니다. 예 YMCA, 대한상공회의소, 재향군인회, 비영리법인과 공익단체인 경총 등 • 공공직업정보는 정부 및 공공단체와 같은 비영리기관에서 공익적 목적으로 생산 · 제공됩니다. 예 한국산업인력공단, 한국장애인고용공단, 시 · 군 · 구 고용센터 등 • 민간직업정보와 공공직업정보는 필기 · 실기 시험 모두에 정말 자주 출제되는 부분입니다. 반드시 숙지하셔야 합니다.
기출데이터 ★★	2022년 1회 13번, 2010년 3회 3번, 2008년 3회 6번, 2007년 3회 10번

>> 모범답안

① 특정 시기에 국한되지 않고 지속적으로 조사 · 분석하여 제공된다.
② 전체 산업 및 업종에 걸친 직종을 대상으로 한다.
③ 관련 직업정보 간의 비교 · 활용이 용이하다.
④ 무료로 제공된다.

>> 유사문제유형

• 공공직업정보의 특성을 4가지만 쓰시오.
• 직업정보는 정보의 생산 및 운영주체에 따라 민간직업정보와 공공직업정보로 구분된다. 아래의 표에서 빈칸 ①~④★를 채우시오.

구 분	민간직업정보	공공직업정보
정보제공의 지속성	한시적, 불연속적	지속적
직업의 분류 및 구분	①	②
조사 · 수록되는 직업의 범위	③	④
다른 정보와의 관계	다른 정보와의 관련성 낮음	다른 정보에 미치는 영향이 크며, 관련성 높음
정보획득비용	유 료	무 료

★ ① 생산자의 자의성
② 기준에 의한 객관성
③ 특정 직업에 대한 제한적인 정보
④ 전체 산업 및 업종의 포괄적인 정보

⊕ PLUS **민간직업정보의 특징**

- 필요한 시기에 최대한 활용되도록 한시적으로 신속하게 생산되어 운영된다.
- 노동시장환경, 취업상황, 기업의 채용환경 등을 반영한 직업정보가 상대적으로 단기간에 조사되어 집중적으로 제공된다.
- 특정한 목적에 맞게 해당 분야 및 직종을 제한적으로 선택한다.
- 정보생산자의 임의적 기준에 따라, 또는 시사적인 관심이나 흥미를 유도할 수 있도록 해당 직업을 분류한다.
- 정보 자체의 효과가 큰 반면, 부가적인 파급효과는 적다.
- 객관적이고 공통적인 기준에 따라 분류되지 않으므로 다른 직업정보와의 비교가 적고 활용성이 낮다.
- 민간이 특정 직업에 대해 구체적이고 상세한 정보를 제공하기 위해 조사, 분석, 정리 및 제공에 상당한 시간 및 비용이 소요되므로 해당 직업정보는 보통 유료로 제공된다.

⊕ PLUS

민간직업정보의 특성을 4가지만 쓰시오.

① 필요한 시기에 최대한 활용되도록 한시적으로 신속하게 생산되어 운영된다.
② 특정한 목적에 맞게 해당 분야 및 직종이 제한적으로 선택된다.
③ 정보생산자의 임의적 기준에 따라 해당 직업을 분류한다.
④ 유료로 제공된다.

한국직업사전

080 한국직업사전에 수록된 부가 직업정보를 6가지만 쓰시오.

점 수	• 6점 배점 문제로 출제됩니다. • 한국직업사전 부가 직업정보의 중요 키워드를 숙지하면 문제에서 요구하는 대부분의 답안을 충분히 작성할 수 있습니다.
문제해결 키워드	한국고용정보원(KEIS)은 1986년부터 우리나라 전체 직업에 대한 표준화된 직업명과 수행직무 등 기초직업정보를 수록한 『한국직업사전』을 발간하고 있습니다. 가장 최신의 통합본은 5판인 『2020 한국직업사전』입니다.
기출데이터 ★★★★	2021년 1회 14번, 2020년 1회 14번, 2018년 1회 14번, 2013년 2회 9번, 2010년 1회 13번, 2009년 1회 12번, 2007년 1회 13번, 2007년 3회 16번

>> 모범답안

① 정규교육, ② 숙련기간, ③ 직무기능, ④ 작업강도, ⑤ 육체활동, ⑥ 작업장소

>> 유사문제유형

• 한국직업사전에 수록된 부가 직업정보를 5가지만 쓰시오.
• 한국직업사전에 수록된 부가 직업정보 중 육체활동 6가지를 쓰시오.
• 한국직업사전에 수록된 부가 직업정보★ 중 6가지를 쓰시오.
• 한국직업사전의 부가 직업정보 중 정규교육, 숙련기간, 직무기능의 의미를 기술하시오.
• 한국직업사전의 부가 직업정보 중 작업강도는 해당 직업의 직무를 수행하는 데 필요한 육체적 힘의 강도를 나타낸 것으로 5단계로 분류하였다. 이 5단계를 쓰시오.

★ 한국직업사전(2020)에 수록된 부가 직업정보의 중요 키워드

정규교육	해당 직업의 직무를 수행하는 데 필요한 일반적인 정규교육수준(해당 직업 종사자의 평균 학력을 나타내는 것이 아님)
숙련기간	정규교육과정을 이수한 후 해당 직업의 직무를 평균적인 수준으로 스스로 수행하기 위하여 필요한 각종 교육, 훈련, 숙련기간(향상훈련은 포함되지 않음)
직무기능	해당 직업 종사자가 직무를 수행하는 과정에서 자료(Data), 사람(People), 사물(Thing)과 맺는 관련 특성
작업강도	아주 가벼운 작업, 가벼운 작업, 보통 작업, 힘든 작업, 아주 힘든 작업(작업강도의 결정 기준으로 들어올림, 운반, 밈, 당김이 있음)
육체활동	균형감각, 웅크림, 손사용, 언어력, 청각, 시각
작업장소	실내, 실외, 실내 · 외(근무시간 비율에 따라 구분)
작업환경	저온, 고온, 다습, 소음 · 진동, 위험내재, 대기환경미흡
유사명칭	본직업명을 명칭만 다르게 부르는 것(직업 수 집계에서 제외)
관련직업	본직업명과 기본적인 직무에 있어서 공통점이 있으나 직무의 범위, 대상 등에 따라 나누어지는 직업(직업 수 집계에 포함)
자격 · 면허	국가자격 및 면허(민간자격 제외)
표준산업분류코드	한국표준산업분류(제10차 개정)의 소분류(3-Digits) 산업 기준
표준직업분류코드	한국고용직업분류(KECO) 세분류 코드(4-Digits)에 해당하는 한국표준직업분류의 세분류 코드
조사연도	해당 직업의 직무조사가 실시된 연도

081 한국표준직업분류(KSCO)에서 직업으로 보지 않는 활동 5가지를 쓰시오.

점 수	• 5~6점 배점 문제로 출제됩니다. • '쓰시오' 문제이므로 해당 활동만 답안으로 작성합니다. • 한국표준직업분류에서 제시하는 직업으로 보지 않는 활동 중 어느 것을 써도 문제없으나, 10가지 이상을 모두 답안으로 작성해도 그 안에 틀린 답이 있으면 감점처리되므로 주의해야 합니다.
문제해결 키워드	• 한국표준직업분류에서 가장 많이 출제된 문제입니다. 반드시 숙지하셔야 합니다. • 한국직업분류에서 직업으로 보지 않는 활동 중에서 '속박된 상태에서의 제반활동을 직업으로 보지 않는 경우'를 구체적으로 묻는 문제도 출제됩니다. • 과년도부터 최근까지 출제비율이 높은 문제입니다. 반드시 내 것으로 만들어야 할 문제입니다.
기출데이터 ★★★★★☆	2022년 2회 15번, 2020년 1회 15번, 2019년 3회 14번, 2015년 1회 8번, 2014년 2회 18번, 2010년 1회 14번, 2010년 2회 7번, 2010년 4회 10번, 2009년 2회 3번, 2008년 1회 5번, 2007년 3회 9번

>> 모범답안

① 이자, 주식배당, 임대료 등과 같은 자산 수입이 있는 경우
② 사회보장이나 민간보험에 의한 수입이 있는 경우
③ 배당금이나 주식투자에 의한 시세차익이 있는 경우
④ 예 · 적금 인출, 보험금 수취, 차용 또는 토지나 금융자산을 매각하여 수입이 있는 경우
⑤ 자기 집의 가사 활동에 전념하는 경우

>> 유사문제유형

• 한국표준직업분류(KSCO)에서 직업으로 보지 않는 활동★ 3가지를 쓰시오.
• 한국표준직업분류(KSCO)에서 직업으로 인정되지 않는 경우 5가지를 쓰시오.
• 한국표준직업분류(KSCO)에서 직업으로 보지 않는 활동을 6가지 쓰시오.
• 한국표준직업분류(KSCO)에서 직업으로 보지 않는 활동을 4가지 쓰시오.

★ **한국표준직업분류(KSCO)에서 직업으로 보지 않는 활동**
• 이자, 주식배당, 임대료(전세금, 월세금) 등과 같은 자산 수입이 있는 경우
• 연금법, 국민기초생활보장법, 국민연금법 및 고용보험법 등의 사회보장이나 민간보험에 의한 수입이 있는 경우
• 경마, 경륜, 복권 등에 의한 배당금이나 주식투자에 의한 시세차익이 있는 경우
• 예 · 적금 인출, 보험금 수취, 차용 또는 토지나 금융자산을 매각하여 수입이 있는 경우
• 자기 집의 가사 활동에 전념하는 경우
• 교육기관에 재학하며 학습에만 전념하는 경우
• 시민봉사활동 등에 의한 무급 봉사적인 일에 종사하는 경우
• 사회복지시설 수용자의 시설 내 경제활동
• 수형자의 활동과 같이 법률에 의한 강제노동을 하는 경우
• 도박, 강도, 절도, 사기, 매춘, 밀수와 같은 불법적인 활동

⊕ PLUS

한국표준직업분류(KSCO)에서 속박된 상태에서의 제반활동은 경제성이나 계속성의 여부와 상관없이 직업으로 보지 않는다. 이에 해당하는 활동을 2가지만 쓰시오.

① 사회복지시설 수용자의 시설 내 경제활동

② 수형자의 활동과 같이 법률에 의한 강제노동을 하는 경우

082 한국표준직업분류(KSCO)에서 직업(활동)으로 규명되기 위한 요건 4가지를 쓰고, 각각에 대해 간략히 설명하시오.

점 수	• 4~6점 배점 문제로 출제됩니다. • 문제에서 답안을 3가지 또는 4가지를 요구하는데, 경우에 따라 답안 하나당 1점 또는 2점이 배점됩니다.
문제해결 키워드	• 한국표준직업분류에 의한 직업(활동)의 요건을 묻는 문제가 주로 출제됩니다. • 계속성, 경제성, 윤리성, 사회성 각각의 세부적인 내용을 설명하라는 문제가 출제되기도 하므로, 이를 설명할 수 있어야 합니다.
기출데이터 ★★★	2017년 3회 14번, 2014년 2회 3번, 2013년 1회 14번, 2013년 3회 15번, 2011년 1회 16번, 2006년 3회 12번

>> 모범답안

① **계속성** : 계속해서 하는 일이어야 한다.
② **경제성** : 노동의 대가로 그에 따른 수입이 있어야 한다.
③ **윤리성** : 비윤리적인 직업이 아니어야 한다.
④ **사회성** : 사회적으로 가치 있고 쓸모 있는 일이어야 한다.

>> 유사문제유형

- 한국표준직업분류에서 일반적으로 "직업"으로 규명하기 위한 요건 3가지★를 쓰고 설명하시오.
- 일반적으로 '직업'으로 규명하기 위한 4가지 요건을 쓰고 설명하시오.

★ 《한국표준직업분류》에서는 '직업(활동)'으로 규명하기 위한 요건을 4가지, 즉 계속성, 경제성, 윤리성, 사회성으로 제시하고 있습니다. 그러나 이와 같이 요건 3가지를 쓸 경우 가급적 '① 계속성 ② 경제성 ③ 윤리성과 사회성'으로 제시하는 것이 바람직합니다. 그 이유는 한국표준직업분류에서도 '윤리성과 사회성'을 동일 단락에 함께 기술하고 있기 때문입니다. 물론 '윤리성과 사회성'을 함께 제시하지 않았다고 해서 틀린 것은 아닙니다.

⊕ PLUS

한국직업분류(KSCO)에서 '일의 계속성'에 해당하는 경우를 4가지 쓰시오.

① 매일, 매주, 매월 등 주기적으로 행하는 것
② 계절적으로 행해지는 것
③ 명확한 주기는 없으나 계속적으로 행해지는 것
④ 현재 하고 있는 일을 계속적으로 행할 의지와 가능성이 있는 것

083 한국표준직업분류에서 직능수준을 정규교육과정에 따라 정의하시오.

점 수	5~8점 배점 문제로 출제됩니다.
문제해결 키워드	2006년, 2005년, 2003년에 출제되었던 문제로 최근에는 거의 출제되지 않았지만, 직업상담실무 시험 특성상 과년도 기출에서 중복문제가 출제되는 경우가 많으므로 학습해 두는 것이 유리합니다.
기출데이터 ★☆	2006년 3회 10번, 2005년 3회 1번, 2003년 3회 7번

>> 모범답안

① 제1직능수준
단순하고 반복적이며 때로는 육체적인 힘을 요하는 과업을 수행하는 수준으로, 일부 직업에서는 ISCED 수준1의 기초적인 교육을 필요로 한다.

② 제2직능수준
완벽하게 읽고 쓸 수 있는 능력, 정확한 계산능력, 상당한 정도의 의사소통 능력이 요구되며, 보통 ISCED 수준2 혹은 수준3(일부 직업의 경우 ISCED 수준4)의 정규교육이나 직업훈련을 필요로 한다.

③ 제3직능수준
복잡한 과업과 실제적인 업무를 수행할 정도의 전문적인 지식, 상당한 수준의 수리계산이나 의사소통 능력이 요구되며, 보통 ISCED 수준5 정도의 정규교육이나 직업훈련을 필요로 한다.

④ 제4직능수준
매우 높은 수준의 이해력과 창의력 및 의사소통 능력이 요구되며, 보통 ISCED 수준6 혹은 그 이상의 정규교육이나 직업훈련을 필요로 한다.

>> 유사문제유형

• 국제표준직업분류(ISCO)에서 정의한 제2직능수준을 국제표준교육분류(ISCED)를 포함하여 설명하시오.

⊕ PLUS

한국표준직업분류(KSCO)의 대분류 항목과 직능 수준의 관계를 묻는 표 안의 빈 답란을 채우시오.

대분류 항목	직능 수준
관리자	① ( )
전문가 및 관련 종사자	② ( )
서비스 종사자	③ ( )
기능원 및 관련 기능 종사자	④ ( )

① 제4직능 수준 혹은 제3직능 수준 필요
② 제4직능 수준 혹은 제3직능 수준 필요
③ 제2직능 수준 필요
④ 제2직능 수준 필요

한국표준직업분류 Ⅳ

084 한국표준직업분류(KSCO)의 직업분류 원칙 중 포괄적인 업무에 대한 직업분류 원칙 3가지를 쓰고, 각각에 대해 간략히 설명하시오

점 수	6점 배점 문제로 출제됩니다.
문제해결 키워드	한국표준직업분류에서 '포괄적인 업무에 대한 직업분류 원칙'에는 '주된 직무 우선 원칙', '최상급 직능수준 우선 원칙', '생산업무 우선 원칙'이 있습니다.
기출데이터 ★★★★	2023년 1회 15번, 2020년 2회 13번, 2020년 3회 15번, 2020년 4회 15번, 2009년 2회 13번, 2009년 3회 5번, 2007년 1회 2번, 2005년 1회 11번

>> 모범답안

① **주된 직무 우선 원칙** : 수행되는 직무내용과 분류 항목의 직무내용을 비교 · 평가하여 직무 내용상 상관성이 많은 항목에 분류한다.
② **최상급 직능수준 우선 원칙** : 가장 높은 수준의 직무능력을 필요로 하는 일에 분류한다.
③ **생산업무 우선 원칙** : 생산단계에 관련된 업무를 우선적으로 분류한다.

>> 유사문제유형

• 한국표준직업분류(KSCO)의 직업분류 원칙 중 포괄적인 업무에 대한 직업분류 원칙 3가지를 쓰고, 각각에 대해 설명하시오. 이때 각 원칙의 예시[★1]도 함께 기술하시오.
• 한국표준직업분류(KSCO)에서 포괄적인 업무에 대한 직업분류 원칙 중 주된 직무 우선 원칙의 의미와 그 예[★2]를 쓰시오.(2016년 2회 13번, 2012년 3회 3번)
• 한국표준직업분류(KSCO) 중 포괄적인 업무에서 주된 직무 우선 원칙의 의미와 그 예를 쓰시오.
• 한국표준직업분류(KSCO)의 직업분류 원칙 중 포괄적인 업무에 대한 직업분류 원칙을 순서대로 쓰시오.

★1 ① 주된 직무 우선 원칙 예 의과대학 교수는 강의 · 평가 · 연구(→ 교육), 진료 · 처치 · 환자상담(→ 진료) 등 직무 내용상 상관성이 많은 분야로 분류한다.
② 최상급 직능수준 우선 원칙 예 조리와 배달의 직무비중이 같을 경우 조리사로 분류한다.
③ 생산업무 우선 원칙 예 한 사람이 빵을 생산하여 판매도 하는 경우 제빵사 및 제과원으로 분류한다.

★2 ① 의미 : 2개 이상의 직무를 수행하는 경우는 수행되는 직무내용과 관련 분류 항목에 명시된 직무내용을 비교 · 평가하여 관련 직무 내용상의 상관성이 가장 많은 항목에 분류한다.
② 예 : 교육과 진료를 겸하는 의과대학 교수는 강의, 평가, 연구 등과 진료, 처치, 환자상담 등의 직무내용을 파악하여 관련 항목이 많은 분야로 분류한다.

⊕ PLUS

한국표준직업분류(KSCO) 중 포괄적인 업무에서 최상급 직능수준 우선 원칙의 의미와 그 예를 쓰시오.

① **의미** : 수행된 직무가 상이한 수준의 훈련과 경험을 통해서 얻어지는 직무능력을 필요로 한다면, 가장 높은 수준의 직무능력을 필요로 하는 일에 분류하여야 한다.
② **예** : 조리와 배달의 직무비중이 같을 경우에는, 조리의 직능수준이 높으므로 조리사로 분류한다.

한국표준직업분류(KSCO) 중 포괄적인 업무에서 생산업무 우선 원칙의 의미와 그 예를 쓰시오.

① **의미** : 재화의 생산과 공급이 같이 이루어지는 경우는 생산단계에 관련된 업무를 우선적으로 분류한다.
② **예** : 한 사람이 빵을 생산하여 판매도 하는 경우에는, 판매원으로 분류하지 않고 제빵사 및 제과원으로 분류하여야 한다.

085 한국표준직업분류(KSCO)상 '다수 직업 종사자'란 무엇인지 그 의미를 설명하고, 이의 직업을 분류하는 일반적인 원칙을 순서대로 쓰시오.

점 수	• 5~6점 배점 문제로 출제됩니다. 예를 들어, 5점짜리 문제라고 한다면 '다수 직업종사자의 의미'(2점)와 '직업분류의 일반적인 원칙'(각 1점씩 총 3점)을 구분하여 점수를 획득할 수 있는 문제가 됩니다. • '쓰시오' 문제로, 문제에서 요구한 대로 답안을 작성해야 합니다. 단, 직업분류 원칙을 반드시 '순서대로' 작성해야 감점 없이 점수를 획득할 수 있으므로 유의해야 합니다. 일반적인 원칙을 모두 답안으로 작성했더라도 순서가 틀릴 경우 감점 처리됩니다.
문제해결 키워드	• 직업분류의 일반원칙에는 포괄성의 원칙과 배타성의 원칙이 있습니다. – 포괄성의 원칙 : 우리나라에 존재하는 모든 직무는 어떤 수준에서든지 분류에 포괄되어야 한다. 특정한 직무가 누락되어 분류가 불가능할 경우에는 포괄성의 원칙을 위배한 것으로 볼 수 있다. – 배타성의 원칙 : 동일하거나 유사한 직무는 어느 경우에든 같은 단위의 직업으로 분류되어야 한다. 하나의 직무가 동일한 직업단위수준에서 2개 혹은 그 이상의 직업으로 분류될 수 있다면 배타성의 원칙을 위반한 것이라고 할 수 있다.
기출데이터 ★★★★★	2022년 1회 14번, 2021년 3회 15번, 2019년 2회 15번, 2012년 2회 4번, 2011년 1회 14번, 2011년 3회 17번, 2010년 3회 7번, 2008년 3회 20번, 2005년 3회 12번, 2000년 1회 11번

>> 모범답안

(1) '다수 직업 종사자'의 의미

한 사람이 전혀 상관성이 없는 두 가지 이상의 직업에 종사하는 경우

(2) '다수 직업'을 결정하는 일반적인 원칙

① 취업시간 우선의 원칙

② 수입 우선의 원칙

③ 조사시 최근의 직업 원칙

>> 유사문제유형

- 한국표준직업분류(KSCO)의 다수 직업 종사자의 분류원칙을 순서대로 쓰시오.
- 한국표준직업분류(KSCO)에서 '다수 직업 종사자'의 직업을 분류하는 일반적인 원칙을 순서대로 쓰시오.
- 한 사람이 전혀 상관성이 없는 2가지 이상의 직업에 종사할 경우★에 직업을 결정하는 원칙을 순서대로 쓰시오.
- 한국표준직업분류(KSCO)에서 직업분류의 일반원칙을 2가지 쓰고 각각에 대해 설명하시오.
- 한국표준직업분류(KSCO)에서 다수 직업 종사자의 분류원칙 3가지를 순서대로 쓰고, 각각에 대해 설명하시오.

★ '다수 직업 종사자의 분류원칙'을 의미합니다.

⊕ PLUS 직업분류의 원칙

직업분류의 일반원칙	포괄성의 원칙, 배타성의 원칙
포괄적인 업무에 대한 직업분류 원칙	주된 직무 우선 원칙, 최상급 직능수준 우선 원칙, 생산업무 우선 원칙
다수 직업 종사자의 분류원칙	취업시간 우선의 원칙, 수입 우선의 원칙, 조사시 최근의 직업 원칙
순서배열 원칙	한국표준산업분류(KSIC), 특수–일반분류, 고용자 수와 직능수준, 직능유형 고려

086 한국표준산업분류(KSIC)에서 산업, 산업활동, 산업활동의 범위를 각각 설명하시오.

점 수	• 6점 배점 문제로 출제됩니다. • 산업, 산업활동, 산업활동의 범위를 각각 구분하여 답안으로 작성해야 합니다.
문제해결 키워드	한국표준산업분류는 범위는 넓으나 출제되는 곳이 한정되어 있으므로 세부적으로 단어 하나하나까지 유의하여 학습하는 것이 유리합니다.
기출데이터 ★★★☆	2022년 2회 16번, 2021년 1회 16번, 2020년 1회 16번, 2018년 3회 13번, 2013년 2회 13번, 2010년 2회 10번, 2007년 3회 17번

>> 모범답안

① **산업** : 유사한 성질을 갖는 산업 활동에 주로 종사하는 생산 단위의 집합이다.
② **산업활동** : 각 생산단위가 노동, 자본, 원료 등 자원을 투입하여 재화나 서비스를 생산 또는 제공하는 일련의 활동과정이다.
③ **산업활동의 범위** : 영리적 · 비영리적 활동이 모두 포함되나, 가정 내의 가사 활동은 제외된다.

>> 유사문제유형

- 한국표준산업분류(KSIC)에서 산업 및 산업활동의 정의를 쓰시오.
- 한국표준산업분류(KSIC)에서 '산업분류'의 정의★를 쓰시오.(2020년 2회 14번)
- 한국표준산업분류(KSIC)에서 '산업의 정의', '산업활동의 정의', '산업활동의 범위', '산업분류의 정의'를 각각 쓰시오.

★ ① 정의 : 산업분류는 생산단위(사업체단위, 기업체단위 등)가 주로 수행하는 산업활동을 그 유사성에 따라 체계적으로 유형화 한 것이다.
② 목적 : 산업분류는 산업활동에 의한 통계 자료의 수집, 제표, 분석 등을 위해서 활동 분류 및 범위를 제공하기 위한 것이다.

⊕ PLUS 한국표준산업분류의 목적

- 생산단위(사업체/기업체 단위 등)가 주로 수행하는 산업활동을 그 유사성에 따라 체계적으로 유형화한 것이다.
- 산업활동에 의한 통계 자료의 수집, 제표, 분석 등을 위해서 활동 분류 및 범위를 제공하기 위한 것이다.
- 통계법에서는 산업통계 자료의 정확성, 비교성을 위하여 모든 통계작성기관이 이를 의무적으로 사용하도록 규정하고 있다.
- 통계작성 목적 외 일반 행정 및 산업정책 관련 법령에서 적용대상 산업영역을 한정하는 기준으로 준용되고 있다.

087 한국표준산업분류(KSIC)의 산업분류기준 3가지를 쓰시오.

점 수	• 3~6점 배점 문제로 출제됩니다. • 분류기준 3가지를 요구하는 문제가 3점 또는 6점 배점으로 출제됩니다. 한 가지당 1점 또는 2점이라고 생각하시고 답안을 작성하시면 됩니다.
문제해결 키워드	• 산업분류는 생산단위가 주로 수행하고 있는 산업 활동을 그 유사성에 따라 유형화한 것입니다. • 산업분류의 분류기준에서 산출물은 생산된 재화 또는 제공된 서비스를 의미합니다.
기출데이터 ★★★☆	2019년 1회 14번, 2017년 1회 13번, 2012년 3회 9번, 2011년 2회 8번, 2009년 2회 12번, 2008년 1회 3번, 2007년 1회 6번

>> 모범답안

① 산출물의 특성
- 산출물의 물리적 구성 및 가공단계
- 수요처
- 기능 및 용도 등

② 투입물의 특성
- 원재료
- 생산 공정
- 생산기술 및 시설 등

③ 생산활동의 일반적인 결합형태

>> 유사문제유형

- 한국표준산업분류(KSIC)의 산업분류는 주로 수행하고 있는 산업활동을 그 유사성에 따라 유형화한 것으로 3가지 분류기준에 의해 분류된다. 이 3가지 분류기준을 쓰시오.
- 한국표준산업분류(KSIC)의 산업분류는 생산단위가 주로 수행하고 있는 산업활동을 그 유사성에 따라 유형화한 것이다. 한국표준산업분류(KSIC)의 분류기준 3가지를 쓰시오.

⊕ PLUS

한국표준산업분류(KSIC)의 생산단위 활동 형태 중 '주된 산업활동'과 '보조 활동'을 각각 설명하시오. (2023년 2회 16번, 2022년 3회 16번, 2021년 2회 15번)

① **주된 산업활동** : 생산된 재화 또는 제공된 서비스 중 부가가치가 가장 큰 활동을 말한다.
② **부차적 산업활동** : 주된 산업활동 이외의 재화 생산 및 서비스 제공 활동을 말한다.
③ **보조 활동(보조적 활동)** : 모 생산단위에서 사용되는 비내구재 또는 서비스를 제공하는 활동을 말한다.

088 다음은 한국표준산업분류(KSIC)의 통계단위이다. A, B, C에 들어갈 용어를 쓰시오.

구 분	하나 이상의 장소	단일 장소
하나 이상의 산업 활동	A	B
	기업체 단위	
단일 산업 활동	C	사업체 단위

점 수	• 6점 배점 문제로 출제됩니다. • A, B, C의 한 항목당 2점이 배점되는 문제입니다.
문제해결 키워드	• 한국표준산업분류(KSIC)의 통계단위는 생산단위의 활동(생산, 재무활동 등)에 대한 통계작성을 위하여 필요한 정보수집 또는 분석할 대상이 되는 관찰 또는 분석단위를 말합니다. • 생산활동과 장소의 동질성의 차이에 따라 통계단위를 구분한 표를 완벽하게 암기한다면 어느 곳이 빈칸이라도 어려움 없이 문제를 해결할 수 있습니다.
기출데이터 ★	2010년 4회 13번, 2009년 3회 13번

>> 모범답안

A : 기업집단 단위, B : 지역 단위, C : 활동유형 단위

>> 유사문제유형

• 한국표준산업분류(KSIC)에서 통계단위는 생산단위의 활동에 관한 통계작성을 위하여 필요한 정보를 수집 또는 분석할 대상이 되는 관찰 또는 분석단위를 말한다. 다음 표에 들어갈 생산 활동과 장소의 동질성의 차이에 따라 통계단위를 쓰시오.

⊕ PLUS 한국표준산업분류(KSIC)의 통계단위

• 의의 : 생산단위의 활동(생산, 재무활동 등)에 대한 통계작성을 위하여 필요한 정보수집 또는 분석할 대상이 되는 관찰 또는 분석단위

• 통계단위의 구분

구 분	하나 이상의 장소	단일 장소
하나 이상의 산업 활동	기업집단 단위	지역 단위
	기업체 단위	
단일 산업 활동	활동유형 단위	사업체 단위

089 한국표준산업분류(KSIC)에서 통계단위의 산업을 결정하는 방법을 3가지 쓰시오.

점 수	6~9점 배점 문제로 출제됩니다.
문제해결 키워드	• 다소 전문적인 내용을 다루고 있어 문장 자체가 이해하는 데 어려움이 있을 수 있습니다. 처음부터 너무 깊게 이해하려고 하지 말고 문장 자체의 맞고 틀림을 구분하는 것에서부터 시작하시는 것이 효율적입니다. • 통계단위의 산업결정에서는 '산업결정방법'에 관한 문제가 가장 중요합니다. 이와 함께 '산업분류의 적용원칙'도 함께 학습하는 것이 효율적입니다.
기출데이터 ★★★★☆	2023년 1회 16번, 2023년 3회 16번, 2022년 1회 15번, 2021년 3회 16번, 2020년 3회 16번, 2020년 4회 16번, 2016년 2회 14번, 2012년 1회 12번, 2008년 3회 11번

>> 모범답안

① 생산단위의 산업 활동은 그 생산단위가 수행하는 주된 산업 활동의 종류에 따라 결정한다.
② 해당 활동의 종업원 수 및 노동시간, 임금 및 급여액 또는 설비의 정도에 따라 결정한다.
③ 계절에 따라 정기적으로 산업을 달리하는 사업체의 경우 조사대상 기간 중 산출액이 많았던 활동에 따라 분류한다.

>> 유사문제유형

• 한국표준산업분류(KSIC)에서 통계단위의 산업을 결정하는 방법을 5가지★1 쓰시오.
• 한국표준산업분류 중 사례별 산업결정방법과 산업분류의 적용원칙★2을 쓰시오.
• 한국표준산업분류(KSIC)의 산업분류 적용원칙을 4가지 쓰시오.
• 한국표준산업분류(KSIC)의 산업분류 결정방법을 2가지 쓰시오.

★1 모범답안에 다음을 추가하여 답안으로 작성할 수 있습니다.
- 휴업 중 또는 자산을 청산 중인 사업체의 산업은 영업 중 또는 청산을 시작하기 전의 산업 활동에 의하여 결정하며, 설립 중인 사업체는 개시하는 산업 활동에 따라 결정한다.
- 단일사업체의 보조단위는 그 사업체의 일개 부서로 포함하며, 여러 사업체를 관리하는 중앙보조단위(본부, 본사 등)는 별도의 사업체로 처리한다.

★2 **산업분류의 주요 적용원칙**

① 생산단위는 산출물뿐만 아니라 투입물과 생산공정 등을 함께 고려하여 그들의 활동을 가장 정확하게 설명한 항목에 분류해야 한다.
② 복합적인 활동단위는 우선적으로 최상급 분류 단계(대분류)를 정확히 결정하고, 순차적으로 중, 소, 세, 세세분류 단계 항목을 결정하여야 한다.
③ 산업 활동이 결합되어 있는 경우에는 그 활동단위의 주된 활동에 따라서 분류하여야 한다.
④ 수수료 또는 계약에 의하여 활동을 수행하는 단위는 동일한 산업 활동을 자기계정과 자기책임하에서 생산하는 단위와 동일항목에 분류하여야 한다.
⑤ 자기가 직접 실질적인 생산활동은 하지 않고, 다른 계약업자에 의뢰하여 재화 또는 서비스를 자기계정으로 생산하게 하고, 이를 자기명의와 자기책임하에서 판매하는 단위는 이들 재화나 서비스 자체를 직접 생산하는 단위와 동일한 산업으로 분류한다. 제조업의 경우에는 그 제품의 성능 및 기능, 고안 및 디자인, 원재료 구성 설계, 견본 제작 등에 중요한 역할을 하고 자기계정으로 원재료를 제공하여야 한다.
⑥ 각종 기계장비 및 용품의 개량, 개조 및 재제조 등 재생활동은 일반적으로 그 기계장비 및 용품 제조업과 동일 산업으로 분류하지만, 산업 규모 및 중요성 등을 고려하여 별도의 독립된 분류에서 구성하고 있는 경우에는 그에 따른다.

⑦ 자본재로 주로 사용되는 산업용 기계 및 장비의 전문적인 수리활동은 경상적인 유지 · 수리를 포함하여 "34 : 산업용 기계 및 장비 수리업"으로 분류한다. 자본재와 소비재로 함께 사용되는 컴퓨터, 자동차, 가구류 등과 생활용품으로 사용되는 소비재 물품을 전문적으로 수리하는 산업 활동은 "95 : 개인 및 소비용품 수리업"으로 분류한다. 다만, 철도 차량 및 항공기 제조 공장, 조선소에서 수행하는 전문적인 수리활동은 해당 장비를 제조하는 산업 활동과 동일하게 분류하며, 고객의 특정 사업장 내에서 건물 및 산업시설의 경상적인 유지관리를 대행하는 경우는 "741 : 사업시설 유지관리 서비스업"에 분류한다.

⑧ 동일 단위에서 제조한 재화의 소매활동은 별개 활동으로 분류하지 않고 제조활동으로 분류되어야 한다. 그러나 자기가 생산한 재화와 구입한 재화를 함께 판매한다면 그 주된 활동에 따라 분류한다.

⑨ "공공행정 및 국방, 사회보장 사무" 이외의 교육, 보건, 제조, 유통 및 금융 등 다른 산업 활동을 수행하는 정부기관은 그 활동의 성질에 따라 분류하여야 한다. 반대로, 법령 등에 근거하여 전형적인 공공행정 부문에 속하는 산업 활동을 정부기관이 아닌 민간에서 수행하는 경우에는 공공행정 부문으로 포함한다.

⑩ 생산단위의 소유 형태, 법적 조직 유형 또는 운영 방식은 산업분류에 영향을 미치지 않는다. 이런 기준은 경제활동 자체의 특징과 관련이 없기 때문이다. 즉, 동일 산업 활동에 종사하는 경우, 법인, 개인사업자 또는 정부기업, 외국계기업 등인지에 관계없이 동일한 산업으로 분류한다.

⑪ 공식적 생산물과 비공식적 생산물, 합법적 생산물과 불법적인 생산물을 달리 분류하지 않는다.

⊕ PLUS

한국표준산업분류의 활동단위와 관련하여 해당 활동단위를 보조단위가 아닌, 별개의 독립된 활동으로 보아야 하는 4가지 유형

- 고정자산을 구성하는 재화의 생산, 예를 들면 자기계정을 위한 건설활동을 하는 경우 이에 관한 별도의 자료를 이용할 수 있으면 건설활동으로 분류
- 모 생산단위에서 사용되는 재화나 서비스를 보조적으로 생산하더라도 그 생산되는 재화나 서비스의 대부분을 다른 시장(사업체 등)에 판매하는 경우
- 모 생산단위가 생산하는 생산품의 구성 부품이 되는 재화를 생산하는 경우, 예를 들면 모 생산단위의 생산품을 포장하기 위한 캔, 상자 및 유사 제품의 생산 활동
- 연구 및 개발활동은 통상적인 생산과정에서 소비되는 서비스를 제공하는 것이 아니므로 그 자체의 본질적인 성질에 따라 전문, 과학 및 기술 서비스업으로 분류되며, 국민계정(SNA) 측면에서는 고정자본의 일부로 고려된다.

경제활동참가율

090

특정 시기의 고용동향이 다음과 같을 때 경제활동참가율을 구하시오(단, 소수점 셋째 자리에서 반올림하고, 계산과정을 제시하시오).

- 만 15세 이상 인구 수 : 35,986천명
- 비경제활동인구 수 : 14,716천명
- 취업자 수 : 20,149천명(자영업자 : 5,646천명, 무급가족종사자 : 1,684천명, 상용근로자 : 6,113천명, 임시근로자 : 4,481천명, 일용근로자 : 2,225천명)

점 수	• 4점 배점 문제로 출제됩니다. • 계산과정을 제시하고, 구한 값을 소수점 셋째 자리에서 반올림 하여 '★★.★★'의 형태로 답안을 작성하여야 합니다. • 계산과정에서 오류가 있으면 감점될 수 있습니다. • 공식에서부터 계산과정까지 완벽하게 답안작성을 했다고 해도 최종 답안에서 소수점 셋째 자리에서 반올림을 하지 않으면 감점됩니다. 답안에 잊지 말고 알맞은 단위(%)도 작성하도록 합니다.
문제해결 키워드	경제활동참가율을 구하는 공식을 암기하고 있어야 합니다. 보기의 조건이 변경되더라도 공식을 알고 있다면 어떤 문제든지 해결할 수 있습니다. $경제활동참가율(\%) = \frac{경제활동인구\ 수}{15세\ 이상\ 인구\ 수} \times 100$
기출데이터 ★☆	2018년 1회 15번, 2015년 1회 18번, 2010년 3회 2번

>> 모범답안

경제활동인구 수와 경제활동참가율을 산출하기 위한 공식은 다음과 같다.

경제활동인구 수 = 15세 이상 인구 수 − 비경제활동인구 수

$$경제활동참가율(\%) = \frac{경제활동인구\ 수}{15세\ 이상\ 인구\ 수} \times 100$$

경제활동인구 수 = 35,986(천명) − 14,716(천명) = 21,270(천명)

$$경제활동참가율(\%) = \frac{21,270(천명)}{35,986(천명)} \times 100 \fallingdotseq 59.106(\%)$$

따라서 경제활동참가율은 약 59.11%(소수점 셋째 자리에서 반올림)이다.

>> 유사문제유형

• 특정 시기의 고용동향이 다음과 같을 때 경제활동참가율을 구하시오(단, 소수점 둘째 자리에서 반올림* 하고, 계산과정을 제시하시오).

• 만 15세 이상 인구 수 : 35,986천명
• 비경제활동인구 수 : 14,716천명
• 취업자 수 : 20,149천명(자영업자 : 5,646천명, 무급가족종사자 : 1,684천명, 상용근로자 : 6,113천명, 임시근로자 : 4,481천명, 일용근로자 : 2,225천명)

★ 대표유형 문제와 보기에서 제시한 데이터까지 일치하지만 이 문제에서는 답안 작성시 소수점 둘째 자리에서 반올림하도록 하였습니다. 경제활동참가율을 동일하게 계산과정까지 작성하고, 구한 값 59.106을 소수점 둘째 자리에서 반올림하여 59.1%로 작성해야 감점 없는 완벽한 답안이 됩니다.

091 다음 보기의 조건을 보고 실업률을 구하시오(단, 소수점 둘째 자리에서 반올림하고, 계산과정을 제시하시오).

- 만 15세 이상 인구 수 : 35,986천명
- 비경제활동인구 수 : 14,716천명
- 취업자 수 : 20,149천명(자영업자 : 5,646천명, 무급가족종사자 : 1,684천명, 상용근로자 : 6,113천명, 임시근로자 : 4,481천명, 일용근로자 : 2,225천명)

점 수	• 5~6점 배점 문제로 출제됩니다. • 계산과정을 제시하고, 구한 값을 소수점 둘째 자리에서 반올림 하여 '★★.★'의 형태로 답안을 작성하여야 합니다. • 계산과정에서 오류가 있으면 감점될 수 있습니다. • 공식에서부터 계산과정까지 완벽하게 답안작성을 했다고 해도 최종 답안에서 소수점 둘째 자리에서 반올림을 하지 않으면 감점됩니다. 알맞게 단위(%)도 작성하여 답안을 작성하도록 합니다.
문제해결 키워드	• 실업률을 구하는 공식을 암기하고 있어야 합니다. 보기의 조건이 변경되더라도 공식을 알고 있다면 어떤 문제든지 해결할 수 있습니다. $\text{실업률(\%)} = \frac{\text{실업자 수}}{\text{경제활동인구 수}} \times 100$ • 경제활동인구 수를 먼저 구해야 실업자 수를 구할 수 있습니다. • 임금근로자 수를 묻는 문제가 출제되기도 했습니다. • 과년도부터 최근까지 출제비율이 높은 문제입니다. 반드시 내 것으로 만들어야 할 문제입니다.
기출데이터 ★★★★☆	2022년 1회 16번, 2015년 2회 5번, 2015년 3회 13번, 2014년 2회 5번, 2011년 3회 15번, 2010년 1회 1번, 2009년 2회 11번, 2008년 1회 16번, 2000년 1회 1번

>> 모범답안

실업률의 공식은 다음과 같다.

$$\text{실업률(\%)} = \frac{\text{실업자 수}}{\text{경제활동인구 수}} \times 100$$

* 경제활동인구 수 = 15세 이상 인구 수 − 비경제활동인구 수

* 실업자 수 = 경제활동인구 수 − 취업자 수(임금근로자 + 비임금근로자)

- 경제활동인구 수 = 35,986 − 14,716 = 21,270 ∴ 21,270(천명)
- 실업자 수 = 21,270 − 20,149 = 1,121 ∴ 1,121(천명)
- $\text{실업률(\%)} = \frac{1,121}{21,270} \times 100 ≒ 5.27033$ ∴ 5.3%

>> 유사문제유형

- 다음 보기의 조건을 보고 실업률을 구하시오(단, 소수점 둘째 자리에서 반올림하고, 계산과정을 제시★1하시오).

> - 만 15세 이상 인구 수 : 35,986천명
> - 비경제활동인구 수 : 14,716천명
> - 취업자 수 : 20,149천명(자영업자 : 5,646천명, 무급가족종사자 : 1,684천명, 상용근로자 : 6,113천명, 임시근로자 : 4,481천명, 일용근로자 : 2,225천명)

- 아래의 주어진 예시를 보고 다음을 계산하시오.(2020년 4회 17번, 2019년 3회 15번, 2017년 3회 15번)

> - 만 15세 이상 인구 수 : 35,986천명
> - 비경제활동인구 수 : 14,716천명
> - 취업자 수 : 20,149천명(자영업자 : 5,646천명, 무급가족종사자 : 1,684천명, 상용근로자 : 6,113천명, 임시근로자 : 4,481천명, 일용근로자 : 2,225천명)

(1) 실업률은?(단, 소수점 둘째 자리에서 반올림하고, 계산과정을 제시하시오)
(2) 임금근로자 수★2는?

- 다음 A국의 실업률을 구하시오(단, 소수점 둘째 자리에서 반올림하고, 계산과정을 제시★3하시오).

> - A국의 총인구 : 100천명
> - 생산가능인구(15세 이상) : 70천명
> - 취업인구 : 60천명
> - 실업인구 : 5천명

- A국의 만 15세 이상 인구(생산가능인구)가 100만명이고 경제활동참가율이 70%, 실업률이 10%라고 할 때, A국의 실업자 수★4를 계산하시오(단, 계산 과정을 함께 제시하시오).

★1 풀이과정은 대표문제와 모범답안과 동일하다. 답안을 최소한 소수 둘째 자리(5.27)까지 구하고, 반올림한 뒤 소수 첫째 자리까지 표시해야 한다.

★2
- 임금근로자 수(공식 1)
  = 취업자 수(임금근로자 + 비임금근로자) − 비임금근로자 수(자영업주 + 무급가족종사자)
  = 20,149 − (5,646 + 1,684) = 12,819 ∴ 12,819(천명)
- 임금근로자 수(공식 2)
  = 상용근로자 수 + 임시근로자 수 + 일용근로자 수
  = 6,113 + 4,481 + 2,225 = 12,819 ∴ 12,819(천명)

★3 $\text{실업률}(\%) = \dfrac{\text{실업자 수}}{\text{경제활동인구 수}} \times 100 = \dfrac{5(\text{천명})}{60(\text{천명}) + 5(\text{천명})} \times 100 \fallingdotseq 7.7\%$ ∴ 7.7%

★4 $\text{경제활동참율} = 70(\%) = \dfrac{\text{경제활동인구 수}}{1{,}000{,}000(\text{명})} \times 100$

∴ 경제활동인구 수 = 700,000(명)

$\text{실업율} = 10(\%) = \dfrac{\text{실업자 수}}{700{,}000(\text{명})} \times 100$

∴ 실업자 수 = 70,000(명)

고용률

092 다음의 경제활동참가율, 실업률, 고용률을 구하시오(단, 소수점 둘째 자리에서 반올림하고, 계산과정을 제시하시오).

[단위 : 천명]

- 전체 인구 수 : 500
- 15세 이상 인구 수 : 400
- 취업자 수 : 200
- 실업자 수 : 20
- 정규직 직업을 구하려고 하는 단시간근로자 수 : 10

점 수	6점 배점 문제로 출제됩니다.
문제해결 키워드	• 고용률에 관한 문제는 실업률이나 경제활동참가율에 비해 드물게 출제되고 있으나, 반드시 알아두어야 할 내용이기도 합니다. • 이 문제에는 함정이 있습니다. '정규직 직업을 구하려고 하는 단시간근로자'도 취업자에 해당하므로 이미 취업자 수 산정에 포함되어 있다는 것입니다. 만약 단시간근로자를 취업자 수에 추가로 더하여 계산을 하는 경우 오답이 나옵니다.
기출데이터 ★☆	2021년 2회 16번, 2017년 2회 15번, 2013년 2회 3번

>> 모범답안

경제활동참가율, 실업률, 고용률의 공식은 다음과 같다.

- 경제활동참가율(%) = $\frac{\text{경제활동인구 수*}}{\text{15세 이상 인구 수**}} \times 100$
- 실업률(%) = $\frac{\text{실업자 수}}{\text{경제활동인구 수}} \times 100$
- 고용률(%) = $\frac{\text{취업자 수}}{\text{15세 이상 인구 수}} \times 100$

* 경제활동인구 수 = 취업자 수 + 실업자 수
** 15세 이상 인구 수(생산가능인구 수) = 경제활동인구 수 + 비경제활동인구 수

① 경제활동참가율(%) = $\frac{200 + 20}{400} \times 100 = 55(\%)$ ∴ 55%

② 실업률(%) = $\frac{20}{200 + 20} \times 100 = 9.1(\%)$ ∴ 9.1%

③ 고용률(%) = $\frac{200}{400} \times 100 = 50(\%)$ ∴ 50%

⊕ PLUS

A국의 고용률은 50%이고, 실업률은 10%이다. 실업자 수가 50만명이라고 가정할 때, A국의 경제활동인구 수와 비경제활동인구 수를 계산하시오.

이 문제는 다음의 4가지 공식을 이용하여 계산할 수 있다.

- 공식1) $\text{실업률}(\%) = \dfrac{\text{실업자 수}}{\text{경제활동인구 수}} \times 100$
- 공식2) 취업자 수 = 경제활동인구 수 − 실업자 수
- 공식3) $\text{고용률}(\%) = \dfrac{\text{취업자 수}}{\text{15세 이상 인구 수}} \times 100$
- 공식4) 비경제활동인구 수 = 15세 이상 인구 수 − 경제활동인구 수

① 우선 실업률과 실업자 수가 문제에서 주어졌으므로, 위의 공식1을 이용하여 경제활동인구 수를 산출할 수 있다.

$$10(\%) = \frac{500{,}000(\text{명})}{\text{경제활동인구 수}} \times 100$$

$$\text{경제활동인구 수} = \frac{500{,}000(\text{명})}{10(\%)} \times 100 = 5{,}000{,}000(\text{명})$$

∴ 경제활동인구 수는 500만명

② 경제활동인구 수와 실업자 수를 알고 있으므로, 위의 공식2를 이용하여 취업자 수를 산출할 수 있다.

취업자수 = 5,000,000(명) − 500,000(명) = 4,500,000(명)

∴ 취업자 수는 450만명

③ 고용률과 취업자 수를 알고 있으므로, 위의 공식3을 이용하여 15세 이상 인구 수(생산가능인구 수)를 산출할 수 있다.

$$50(\%) = \frac{4{,}500{,}000(\text{명})}{\text{15세 이상 인구 수}} \times 100$$

$$\text{15세 이상 인구 수} = \frac{4{,}500{,}000(\text{명})}{50(\%)} \times 100 = 9{,}000{,}000(\text{명})$$

∴ 15세 이상 인구 수(생산가능인구 수)는 900만명

④ 15세 이상 인구 수(생산가능인구 수)와 경제활동인구 수를 알고 있으므로, 위의 공식4를 이용하여 비경제활동인구 수를 산출할 수 있다.

비경제활동인구 수 = 9,000,000(명) − 5,000,000(명) = 4,000,000(명)

∴ 비경제활동인구 수는 400만명

따라서 경제활동인구 수는 500만명, 비경제활동인구 수는 400만명이다.

구인배수와 취업률

093 다음의 표를 보고 답하시오(단, 소수점 발생시 반올림하여 둘째 자리까지 표시하고 계산식도 함께 작성하시오).

구 분	신규구인	신규구직	알선건수	취업건수
A	103,062	426,746	513,973	36,710
B	299,990	938,855	1,148,534	119,020

(1) A기간과 B기간의 구인배수는?

(2) A기간과 B기간의 취업률은?

점 수	• 6점 배점 문제로 출제됩니다. • 답안에 잊지 말고 알맞은 단위도 작성하도록 합니다.
문제해결 키워드	구인배수는 백분율에 해당하지 않으므로 '%' 기호를 붙이지 않습니다.
기출데이터 ★	2014년 1회 15번, 2000년 1회 2번

>> 모범답안

(1) A기간과 B기간의 구인배수는?

구인배수는 구직자 1명에 대한 구인수의 비율이다. 구인수의 많고 적음을 나타내는 수치로서 취업의 용이함을 나타낸다.

$$구인배수 = \frac{신규구인인원}{신규구직건수}$$

① A기간 구인배수 : $\frac{103,062}{426,746} ≒ 0.24$

② B기간 구인배수 : $\frac{299,990}{938,855} ≒ 0.32$

(2) A기간과 B기간의 취업률은?

$$취업률(\%) = \frac{취업건수}{신규구직자\ 수} \times 100$$

① A기간 취업률 : $\frac{36,710}{426,746} \times 100 ≒ 8.60(\%)$

② B기간 취업률 : $\frac{119,020}{938,855} \times 100 ≒ 12.68(\%)$

입직률

094 A회사의 9월 말 사원수는 1,000명이었다. 신규채용인원수는 20명, 전입인원수는 80명일 때, 10월의 입직률을 계산하시오.

점 수	• 4~6점 배점 문제로 출제됩니다. • 답안에 잊지 말고 알맞은 단위(%)도 작성하도록 합니다.
문제해결 키워드	입직률을 구하는 공식을 암기하고 있어야 합니다. 보기의 조건이 변경되더라도 공식을 알고 있다면 어떤 문제든지 해결할 수 있습니다. $\text{입직률(\%)} = \frac{\text{당월 총 입직자 수}}{\text{전월 말 근로자 수}} \times 100$
기출데이터 ★	2015년 1회 6번, 2014년 1회 7번

>> 모범답안

$$\text{입직률(\%)} = \frac{\text{당월 총 입직자 수}}{\text{전월 말 근로자 수}} \times 100$$

공식에 따라 계산하면, 10월의 입직률은 10%이다.

$$\frac{20(\text{명}) + 80(\text{명})}{1,000(\text{명})} \times 100 = 10(\%)$$

>> 유사문제유형

- A회사의 9월 말 사원수는 1,000명이었다. 신규채용인원수는 20명, 전입인원수는 80명일 때, 10월의 입직률을 계산하고, 입직률의 의미★를 쓰시오.

★ 입직률(Employment Accession Rate)은 조사기간 중 해당 사업체에 전입이나 신규채용으로 입직한 자를 전체 근로자 수로 나눈 비율이다.

⊕ PLUS

A회사의 3월 말 기준 사원수는 1,000명이었다. 입사자가 50명, 퇴사자가 35명일 때, 4월의 이직률을 계산하시오(단, 소수점 발생시 반올림하여 소수 첫째 자리로 표현하며, 계산과정을 반드시 기재하시오).

$$\text{이직률(\%)} = \frac{\text{당월 총 이직자 수}}{\text{전월 말 근로자 수}} \times 100 = \frac{35(\text{명})}{1,000(\text{명})} \times 100 = 3.5(\%)$$

즉, 4월의 이직률은 3.5%이다.

직업정보론 | **고용정보의 주요 용어**

1. 고용통계용어

- 만 15세 이상 인구 (생산가능인구)
  - 경제활동인구
    - 취업자
      - 수입목적으로 1시간 이상 일한 자
      - 18시간 이상 일한 무급가족종사자
      - 일시휴직자
    - 실업자 – 구직기간 4주 기준 실업자
  - 비경제활동인구
    - 육 아
    - 가 사
    - 통 학(정규교육기관, 입시학원, 취업을 위한 학원 · 기관)
    - 연 로
    - 심신장애
    - 그 외(취업준비, 진학준비, 군입대대기, 쉬었음, 기타 등)

(1) 15세 이상 인구(생산가능인구)

매월 15일 현재 만 15세 이상인 자를 말한다.

15세 이상 인구 수 = 경제활동인구 수 + 비경제활동인구 수

(2) 경제활동인구

만 15세 이상 인구 중 조사대상 기간 동안 상품이나 서비스를 생산하기 위하여 실제로 수입이 있는 일을 한 취업자와 일을 하지는 않았으나 구직활동을 한 실업자를 말한다.

경제활동인구 수 = 15세 이상 인구 수 – 비경제활동인구 수 = 취업자 수 + 실업자 수

(3) 비경제활동인구

만 15세 이상 인구 중 조사대상 기간에 취업도 실업도 아닌 상태에 있는 사람으로서, 주로 가사 또는 육아를 전담하는 주부, 학교에 다니는 학생(전업학생), 일을 할 수 없는 연로자 및 심신장애자, 자발적으로 자선사업이나 종교단체에 관여하는 자 등이 해당된다.

비경제활동인구 수 = 15세 이상 인구 수 – 경제활동인구 수

(4) 경제활동참가율

만 15세 이상 인구 중 경제활동인구(취업자 + 실업자)가 차지하는 비율을 말한다.

$$\text{경제활동참가율(\%)} = \frac{\text{경제활동인구 수}}{\text{15세 이상 인구 수}} \times 100$$

(5) 취업자

① 조사대상 기간에 수입을 목적으로 1시간 이상 일한 자
② 동일가구 내 가구원이 운영하는 농장이나 사업체의 수입을 위하여 주당 18시간 이상 일한 무급가족종사자
③ 직업 또는 사업체를 가지고 있으나 일시적인 병, 또는 사고, 연가, 교육, 노사분규 등의 사유로 일하지 못한 일시휴직자

취업자 수 = 경제활동인구 수 – 실업자 수 = 임금근로자 수 + 비임금근로자 수

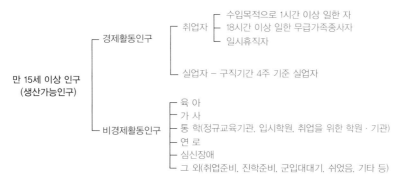

(6) 취업률

경제활동인구 중 취업자가 차지하는 비율을 말한다.

$$취업률(\%) = \frac{취업자\ 수}{경제활동인구\ 수} \times 100$$

(7) 실업자

조사대상 기간에 수입 있는 일을 하지 않았고, 지난 4주간 일자리를 찾아 적극적으로 구직활동을 하였던 사람으로서 일자리가 주어지면 즉시 취업이 가능한 사람을 말한다.

실업자 수 = 경제활동인구 수 − 취업자 수

(8) 실업률

경제활동인구 중 실업자가 차지하는 비율을 말한다.

$$실업률(\%) = \frac{실업자\ 수}{경제활동인구\ 수} \times 100$$

(9) 고용률

① 만 15세 이상 인구 중 취업자가 차지하는 비율을 말한다.

② 한 국가의 노동력 활용 정도를 나타내는 대표적인 고용지표로서, 실업률이나 경제활동참가율에 비해 경기변동의 영향을 적게 받으므로 사회지표로 널리 활용된다.

$$고용률(\%) = \frac{취업자\ 수}{15세\ 이상\ 인구\ 수} \times 100$$

2. 구인·구직 용어

(1) 주요 용어

① 충족률

각 업체가 구인하려는 사람의 충족 여부의 비율

$$충족률(\%) = \frac{취업건수}{신규구인인원} \times 100$$

② 유효구인인원

일정 기간 동안 구인신청이 들어온 모집인원 중 해당 월말 알선 가능한 인원수의 합

유효구인인원 = 모집인원 수 − 채용인원 수

③ 유효구직자 수

구직신청자 중 해당 월말 알선 가능한 인원수의 합

유효구직자 수 = (해당 월말)등록마감된 구직자 수 − 취업된 구직자 수

④ 알선건수

해당 기간 동안 알선처리한 건수의 합

⑤ 알선율

구직신청자 중 알선이 이루어진 건수의 비율

$$\text{알선율(\%)} = \frac{\text{알선건수}}{\text{신규구직자 수}} \times 100$$

⑥ 일자리경쟁배수

신규구인인원 대비 신규구직자 수

$$\text{일자리경쟁배수} = \frac{\text{신규구직자 수}}{\text{신규구인인원}}$$

(2) 「워크넷 구인 · 구직 및 취업 동향」의 용어

① 신규구인인원

해당 월에 워크넷에 등록된 구인인원

② 신규구직건수

해당 월에 워크넷에 등록된 구직건수

③ 취업건수

금월 기간에 워크넷에 취업 등록된 건수

④ 취업률

$$\text{취업률(\%)} = \frac{\text{취업건수}}{\text{신규구직건수}} \times 100$$

⑤ 제시임금

구인자가 구직자에게 제시하는 임금

⑥ 희망임금

구직자가 구인업체에 요구하는 임금

⑦ 희망임금충족률

$$\text{희망임금충족률(\%)} = \frac{\text{제시임금}}{\text{희망임금}} \times 100$$

⑧ 구인배수

구직자 1명에 대한 구인수(취업의 용이성, 구인난 등의 판단)

$$\text{구인배수} = \frac{\text{신규구인인원}}{\text{신규구직건수}}$$

⑨ 상용직

기간의 정함이 없는 근로계약

⑩ 계약직

기간의 정함이 있는 근로계약

⑪ 시간제

그 사업장에서 근무하는 통산상의 근로자보다 짧은 시간을 근로하게 하는 고용

⑫ 일용직

고용계약기간이 1개월 미만인 경우 또는 매일매일 고용되어 근로의 대가로 일급 또는 일당제 급여를 받고 근로하는 고용

제4과목 노동시장론

노동의 수요

095 노동수요에 영향을 미치는 요인을 5가지 쓰시오.

점 수	5점 배점 문제로 출제됩니다.
문제해결 키워드	• 노동수요는 일정 기간 동안 기업에서 고용하고자 하는 노동의 양을 의미합니다. • '노동수요의 증가요인'은 '노동수요의 결정요인'과 다르지 않으므로, 함께 이해하시는 것이 효율적입니다.
기출데이터 ☆	2009년 1회 15번

>> 모범답안

① 노동의 가격(임금)
② 상품(서비스)에 대한 소비자의 수요
③ 다른 생산요소의 가격변화
④ 노동생산성의 변화
⑤ 생산기술의 진보

⊕ PLUS 노동수요에 영향을 미치는 요인(노동수요의 결정요인)

① **노동의 가격(임금)** : 임금이 상승하는 경우 노동수요는 감소하는 반면, 임금이 하락하는 경우 노동수요는 증가한다.
② **상품(서비스)에 대한 소비자의 수요** : 해당 노동을 이용하여 생산하는 상품(서비스)에 대한 수요가 클수록 유발수요인 노동수요는 증가한다.
③ **다른 생산요소의 가격변화** : 다른 생산요소가 노동과 대체관계인 경우 다른 생산요소의 가격이 오르면 노동수요는 증가한다.
④ **노동생산성의 변화** : 노동생산성이 높아질수록 생산물 한 단위를 만들어내는 데 소요되는 노동량은 감소한다.
⑤ **생산기술의 진보** : 자본절약적인 생산기술의 진보는 노동수요를 증가시키는 경향이 있다.

기업의 이윤극대화 노동수요

096 완전경쟁시장에서 A제품을 생산하는 어떤 기업의 단기 생산함수가 다음과 같을 때, 이 기업의 이윤극대화를 위한 최적고용량을 도출하고 그 근거를 설명하시오(단, 생산물 단가는 100원, 단위당 임금은 150원).

노동투입량	0단위	1단위	2단위	3단위	4단위	5단위	6단위
총생산량	0개	2개	4개	7개	8.5개	9개	9개

점 수	4~5점 배점 문제로 출제됩니다.
문제해결 키워드	• 기업은 노동을 1단위 추가로 고용했을 때 얻게 되는 노동의 한계생산물가치와 기업이 노동자에게 지급하는 임금률이 같아질 때까지 고용량을 증가시킬 때 이윤을 극대화할 수 있습니다. → 기업의 이윤극대화 : 노동의 한계생산물가치 = 임금률 • 노동의 한계생산량 = $\frac{\text{총 생산량의 증가분}}{\text{노동투입량의 증가분}}$ • 노동의 한계생산물가치 = 노동의 한계생산량 × 생산물가격
기출데이터 ★★☆	2022년 1회 17번, 2018년 2회 17번, 2015년 3회 17번, 2013년 1회 16번, 2010년 4회 11번

>> 모범답안

노동의 한계생산물가치는 노동의 한계생산량에 생산물의 시장가격을, 즉 생산물 1개의 단가를 곱하여 계산한다. 주어진 조건에 따라 노동의 한계생산량과 한계생산물가치를 구하면 다음과 같다.

노동투입량 0단위의 경우 노동의 한계생산량은 0, 노동의 한계생산물가치는 100원 × 0 = 0원
노동투입량 1단위의 경우 노동의 한계생산량은 2(0개 → 2개), 노동의 한계생산물가치는 100원 × 2 = 200원
노동투입량 2단위의 경우 노동의 한계생산량은 2(2개 → 4개), 노동의 한계생산물가치는 100원 × 2 = 200원
노동투입량 3단위의 경우 노동의 한계생산량은 3(4개 → 7개), 노동의 한계생산물가치는 100원 × 3 = 300원
노동투입량 4단위의 경우 노동의 한계생산량은 1.5(7개 → 8.5개), 노동의 한계생산물가치는 100원 × 1.5=150원

이러한 과정을 표로 나타내면,

노동투입량	0단위	1단위	2단위	3단위	4단위	5단위	6단위
총생산량	0개	2개	4개	7개	8.5개	9개	9개
한계생산량	0	2	2	3	1.5	0.5	0
한계생산물가치(원)	0	200	200	300	150	50	0

이때 기업은 노동의 한계생산물가치와 임금률이 같아질 때 이윤극대화에 이르게 되므로, 두 가지 조건의 일치(150원)가 이루어지는 '4단위'가 최적고용량에 해당한다.

노동의 한계생산량

097 다음의 물음에 답하시오(계산식도 함께 작성하시오).

K제과점의 종업원 수와 하루 케이크 생산량은 다음과 같다.

종업원 수	0	1	2	3	4
케이크 생산량	0	10	18	23	27

(단, 케이크 가격은 10,000원)

(1) 종업원 수가 2명인 경우 노동의 한계생산은?

(2) 종업원 수가 3명인 경우 한계수입생산은?

(3) 종업원 1인당 임금이 80,000원일 때 이윤극대화가 이루어지는 제과점의 종업원 수와 케이크 생산량은?

점 수	6점 배점 문제로 출제됩니다.
문제해결 키워드	• 노동의 한계생산(량)은 노동의 투입이 한 단위 증가함으로써 얻어지는 총생산량의 증가분을 말합니다. • 노동의 한계수입생산(물)은 기업이 부가적 생산물을 판매하여 얻는 총수입의 변화, 즉 생산요소 한 단위를 더 투입함으로써 발생하는 한계수입의 변화분을 말합니다.
기출데이터 ★☆	2019년 3회 17번, 2016년 2회 17번, 2013년 3회 17번

>> 모범답안

(1) 종업원 수가 2명인 경우 노동의 한계생산은?

노동의 한계생산(노동의 한계생산량)은 노동의 투입이 한 단위 증가함으로써 얻어지는 총 생산량의 증가분을 말한다.

$$\text{노동의 한계생산량} = \frac{\text{총 생산량의 증가분}}{\text{노동투입량의 증가분}}$$

여기서는 종업원 수가 1명에서 2명으로 늘어날 때 케이크 생산량이 10개에서 18개로 증가한 것과 관련되므로,

즉, 노동의 한계생산량 $= \frac{18 - 10}{2 - 1} = 8$ ∴ 8(개)

(2) 종업원 수가 3명인 경우 노동의 한계수입생산은?

노동의 한계수입생산(노동의 한계수입생산물)은 기업이 부가적 생산물을 판매하여 얻는 총수입의 변화, 즉 생산요소 한 단위를 더 투입함으로써 발생하는 한계수입의 변화분을 말한다.

$$\text{노동의 한계수입생산물} = \text{노동의 한계생산량} \times \text{한계수입}$$

완전경쟁시장의 경우 한계수입이 생산물가격과 같지만, 독과점시장의 경우 한계수입이 생산물가격보다 낮아지게 된다. 다만, 여기서는 K제과점이 독과점기업이라는 전제가 없으므로, 한계수입과 생산물가격을 같은 것으로 간주한다.

즉, 노동의 한계수입생산물 $= \frac{23 - 18}{3 - 2} \times 10{,}000 = 5 \times 10{,}000 = 50{,}000$ ∴ 50,000(원)

(3) 종업원 1인당 임금이 80,000원일 때 이윤극대화가 이루어지는 제과점의 종업원 수와 케이크 생산량은?

(2)번 해설에서와 같이 한계수입과 생산물가격을 같은 것으로 간주할 때 노동의 한계수입생산물은 곧 노동의 한계생산물가치로 볼 수 있다.

노동의 한계생산물가치 = 노동의 한계생산량 × 생산물가격

이윤의 극대화를 추구하는 기업은 노동을 1단위 추가로 고용했을 때 얻게 되는 노동의 한계생산물가치와 기업이 노동자에게 지급하는 한계비용으로서의 임금률이 같아질 때까지 고용량을 증가시키려고 할 것이다. 즉, 기업이 이윤을 극대화할 수 있는 조건은 다음과 같은 공식으로 나타낼 수 있다.

노동의 한계생산물가치 = 임금률

보기에 주어진 내용과 함께 앞선 (1), (2)의 계산식을 통해 K제과점의 단기 생산함수에 따른 노동의 한계생산량 및 한계생산물가치를 나타낼 수 있다.

종업원 수	0	1	2	3	4
케이크 생산량	0	10	18	23	27
한계생산량	0	10	8	5	4
한계생산물가치(원)	0	100,000	80,000	50,000	40,000

따라서 최적고용량은 노동의 한계생산물가치와 종업원 1인당 임금이 80,000원으로 같은 노동 2단위, 즉 종업원이 2명일 때이며, 이때 케이크 생산량은 18개이다.

⊕ PLUS 이윤극대화

다음은 완전경쟁시장에서 휴대용 의자를 생산하는 K사의 생산표이다(여기서 노동이 유일한 생산요소라고 가정함). 이 회사가 생산하는 휴대용 의자의 개당 가격이 2,000원이고, 근로자의 시간당 임금은 10,000원일 때, 다음 물음에 답하시오. (2021년 1회 17번, 2016년 1회 16번)

근로자 수(명)	0	1	2	3	4	5
시간당 생산량(개)	0	10	18	23	27	30

(1) 근로자 수가 5명일 때 노동의 평균생산량을 구하시오(단, 계산 과정을 제시하시오).

(2) K사가 이윤을 극대화하기 위해 고용해야 할 근로자 수와 노동의 한계생산량을 구하시오(단, 계산 과정을 제시하시오).

(1) 노동의 평균생산량$(AP_L) = \dfrac{\text{총 생산량}(TP)}{\text{노동투입량}(L)} \times \dfrac{30(\text{개})}{5(\text{명})} = 6(\text{개})$

(2) 노동의 한계생산물가치$(VMP_L = 2{,}000 \times 5 = 10{,}000)$ = 임금률$(W = 10{,}000)$

노동수요의 탄력성 및 노동공급의 탄력성

098 노동수요의 탄력성 및 노동공급의 탄력성을 산출하는 공식을 각각 쓰시오.

점 수	4점 배점 문제로 출제됩니다.
문제해결 키워드	• '노동수요의 탄력성'과 '노동공급의 탄력성'은 각각 '노동수요의 임금탄력성'과 '노동공급의 임금탄력성'으로 부르는 것이 보다 정확한 표현입니다. 그 이유는 임금의 변화에 따른 노동수요 또는 노동공급의 변화를 나타내는 것이기 때문입니다. • 노동수요의 (임금)탄력성이나 노동공급의 (임금)탄력성 수치에는 '%' 기호를 붙이지 않습니다. '%' 기호를 붙일 경우 오답처리됩니다.
기출데이터 ★★	2023년 1회 17번, 2019년 3회 16번, 2014년 1회 5번, 2007년 1회 11번

>> 모범답안

① 노동수요의 (임금)탄력성(Wage Elasticity of Labor Demand)

$$노동수요의\ 탄력성 = \frac{노동수요량의\ 변화율(\%)}{임금의\ 변화율(\%)}$$

② 노동공급의 (임금)탄력성(Wage Elasticity of Labor Supply)

$$노동공급의\ 탄력성 = \frac{노동공급량의\ 변화율(\%)}{임금의\ 변화율(\%)}$$

⊕ PLUS

A회사는 임금이 10,000원에서 12,000원으로 증가할 때 고용량이 120명에서 108명으로 감소하였다. A회사의 노동수요 임금탄력성을 계산하시오(단, 소수점 발생시 반올림하여 소수 첫째 자리로 표현하며, 계산과정을 반드시 기재하시오).

• 노동수요량의 변화율(%) $= \frac{120-108}{120} \times 100 = 10(\%)$

• 임금의 변화율(%) $= \frac{12{,}000-10{,}000}{10{,}000} \times 100 = 20(\%)$

• 노동수요의 임금탄력성 $= \frac{10(\%)}{20(\%)} = 0.5$

∴ 0.5

어느 지역의 노동공급 상태를 조사해 본 결과 시간당 임금이 3,000원일 때 노동공급량은 '270'이었고, 임금이 5,000원으로 상승했을 때 노동공급량은 '540'이었다. 이때 노동공급의 임금탄력성을 계산하시오(단, 소수점 발생시 셋째 자리에서 반올림하며, 계산과정을 반드시 기재하시오).

• 노동공급량의 변화율(%) $= \frac{540-270}{270} \times 100 = 100(\%)$

• 임금의 변화율(%) $= \frac{5{,}000-3{,}000}{3{,}000} \times 100 \fallingdotseq 66.67(\%)$

• 노동공급의 임금탄력성 $= \frac{100(\%)}{66.67(\%)} \fallingdotseq 1.50$

∴ 1.50

노동수요의 탄력성 Ⅰ

099 노동수요의 탄력성에 영향을 미치는 요인을 3가지 쓰시오.

점 수	4~6점 배점 문제로 출제됩니다.
문제해결 키워드	• 노동수요의 (임금)탄력성에 영향을 미치는 요인에 대해서는 교재마다 약간씩 다르게 제시되어 있으나, 이는 사용하는 용어의 개념상 차이일 뿐 내용상 별다른 차이는 없습니다. • 노동수요의 (임금)탄력성은 절댓값 개념을 사용하며, 절댓값이 클수록 임금 변화에 대한 고용 변화의 정도가 큽니다. – 노동수요의 (임금)탄력성 > 1 : 탄력적 – 노동수요의 (임금)탄력성 < 1 : 비탄력적
기출데이터 ★★★★	2021년 3회 17번, 2019년 2회 16번, 2016년 12회 18번, 2013년 2회 18번, 2009년 3회 6번, 2007년 3회 2번, 2006년 1회 1번, 2005년 1회 1번

>> 모범답안

① 생산물 수요의 탄력성
② 총생산비에 대한 노동비용의 비중
③ 노동의 대체가능성
④ 노동 이외의 생산요소의 공급탄력성

>> 유사문제유형

• 노동수요의 탄력성 결정요인을 4가지 쓰고, 설명하시오.
• 기업의 노동수요탄력성에 영향을 미치는 요인 4가지를 쓰시오.
• 노동수요의 탄력성에 대한 4가지 원리를 쓰시오.
• 노동수요의 탄력성 결정요인을 4가지 쓰시오.
• 노동수요의 탄력성을 산출하는 공식과 노동수요의 탄력성에 영향을 미치는 요인을 4가지 쓰시오.

⊕ PLUS

노동공급의 (임금)탄력성에 영향을 미치는 요인을 5가지만 쓰시오.

① 인구 수(생산가능인구의 크기)
② 노동조합의 결성과 교섭력의 정도
③ 여성취업기회의 창출 가능성 여부
④ 노동이동의 용이성 정도(유연성)
⑤ 파트타임 근무제도의 보급 정도

노동수요의 탄력성 II

100 시간당 임금이 500원일 때 1,000명을 고용하던 기업에서 시간당 임금이 400원으로 감소하였을 때 1,100명을 고용할 경우, 이 기업의 노동수요 탄력성을 계산하시오(단, 소수점 발생시 반올림하여 소수 첫째 자리로 표현).

점 수	3~5점 배점 문제로 출제됩니다.
문제해결 키워드	노동수요의 (임금)탄력성이나 노동공급의 (임금)탄력성 수치에는 '%' 기호를 붙이지 않습니다.
기출데이터 ★☆	2017년 1회 17번, 2012년 2회 3번, 2007년 3회 1번

>> 모범답안

• 노동수요의 (임금)탄력성 공식은 다음과 같다.

$$\text{노동수요의 (임금)탄력성} = \frac{\text{노동수요량의 변화율(\%)}}{\text{임금의 변화율(\%)}}$$

• 노동수요량의 변화율(%) $= \frac{1,100-1,000}{1,000} \times 100 = \frac{100}{1,000} \times 100 = 10(\%)$

• 임금의 변화율(%) $= \frac{500-400}{500} \times 100 = \frac{100}{500} \times 100 = 20(\%)$

• 노동수요의 (임금)탄력성 $= \frac{10(\%)}{20(\%)} = 0.5$

∴ 노동수요의 (임금)탄력성은 0.5이다.

⊕ PLUS

장 · 단기 노동수요의 임금탄력성과 관련하여 장기 노동수요가 단기 노동수요보다 더욱 탄력적인 이유에 대해 설명하시오.

노동의 다른 생산요소와의 대체가능성이 클수록 노동수요의 임금탄력성도 커지게 된다. 이와 같은 노동의 대체 가능성은 단기보다는 장기에 커질 수 있으므로, 장기 노동수요가 단기 노동수요보다 더욱 탄력적이라고 볼 수 있다.

노동공급의 결정요인

101 노동공급을 결정하는 요인 4가지를 쓰고 설명하시오.

점 수	4~5점 배점 문제로 출제됩니다.
문제해결 키워드	• 노동공급은 일정기간 동안 노동자가 팔기를 원하는 노동의 양을 말합니다. • 임금변동에 따른 노동시간과 여가시간의 증감 정도는 소득효과와 대체효과의 크기에 따라 달라집니다.
기출데이터 ★★☆	2018년 3회 14번, 2011년 1회 3번, 2011년 2회 18번, 2010년 1회 15번, 2008년 1회 13번

>> 모범답안

① **인구 또는 생산가능인구의 크기(인구 수)** : 어떤 국민경제의 총인구 또는 생산가능인구가 증가할수록 노동공급도 증가하게 된다.

② **경제활동참가율** : 만 15세 이상의 생산가능인구에서 경제활동인구가 차지하는 비율을 말한다. 경제활동참가율이 높을수록 노동공급이 증가하게 된다.

③ **노동시간(노동공급시간)** : 동일한 생산가능인구나 경제활동참가율을 가진 두 개의 국민경제에 있어서도 노동시간의 차이에 따라 공급되는 노동량은 달라진다. 노동시간이 증가할수록 노동공급도 증가한다.

④ **노동력의 질(노동인구의 교육정도)** : 노동생산성을 결정하는 요소로서 노동자의 지식, 기술, 숙련도 등에 영향을 받는다. 교육, 훈련을 통해 많은 능력과 기술이 축적되어 있다면 다양한 분야로 진출할 수 있기 때문에 노동공급이 늘어날 수 있다.

⑤ **일에 대한 노력의 강도** : 노동자가 일에 대한 노력을 많이 기울일수록 노동공급도 증가한다.

>> 유사문제유형

• 노동공급의 결정요인 5가지*를 기술하시오.
• 노동공급에 영향을 미치는 결정요인 5가지를 기술하시오.
• 노동공급의 결정요인을 5가지만 쓰시오.

★ 모범답안에 다음 '임금지불방식' 또는 '동기부여와 사기'를 추가하여 답안을 작성할 수 있습니다.

• 임금지불방식 : 직무가 개별 노동자들의 능력에 크게 의존하는 경우에는 개별성과급제도를, 기업 전체의 집단적인 생산성을 도모하기 위한 경우에는 집단성과급제도를 실시하여 노동공급의 증대효과를 도모한다.
• 동기부여와 사기 : 종업원의 사기앙양과 회사에 대한 충성심을 고양시킴으로써 노동공급에 영향을 미친다.

⊕ PLUS **노동의 공급곡선**

일반적으로 소득–여가의 개념을 배제한 전통적인 노동공급곡선은 우상향한다.

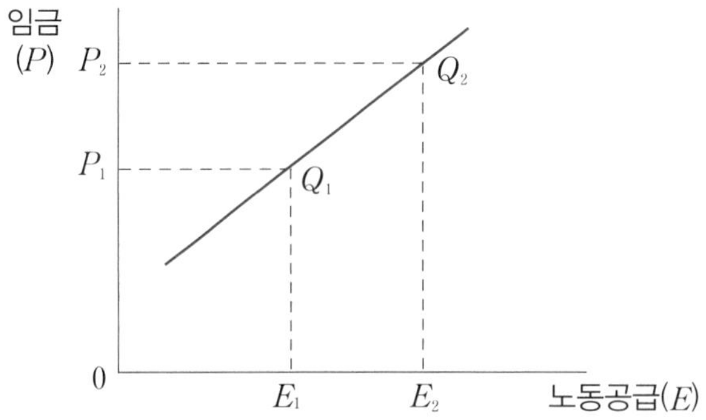

⊕ PLUS

노동수요의 결정요인을 5가지 쓰시오.

① 노동의 가격(임금)

② 상품(서비스)에 대한 소비자의 수요

③ 다른 생산요소의 가격변화

④ 노동생산성의 변화

⑤ 생산기술의 진보

기혼여성의 경제활동참가율을 결정하는 요인

102 기혼여성의 경제활동참가율을 결정하는 요인 6가지와 그 상관관계를 설명하시오.

점 수	5~6점 배점 문제로 출제됩니다.
문제해결 키워드	'기혼여성의 경제활동참가율을 낮게 하는 요인', '기혼여성의 노동참가에 영향을 주는 요인', 'OECD국가 중 우리나라 기혼여성의 노동참가율에 영향을 주는 요인' 등 기존에 출제된 문제들은 말만 차이가 있지 사실 같은 내용을 묻고 있으므로 혼란스러워할 필요가 전혀 없습니다. 기혼여성의 경제활동참가율에 영향을 미치는 요인들 때문에 기혼여성의 경제활동참가율이 낮아지기도 하고, 높아지기도 하기 때문입니다.
기출데이터 ★★★★★	2023년 2회 17번, 2021년 1회 18번, 2018년 3회 16번, 2014년 2회 8번, 2012년 1회 6번, 2011년 3회 8번, 2010년 3회 1번, 2007년 1회 1번, 2005년 3회 3번, 2003년 1회 13번

>> 모범답안

① **법적 · 제도적 장치의 유무** : 육아 및 가사를 위한 법적 · 제도적 장치가 부족한 경우 기혼여성의 경제활동참가율은 감소한다.
② **시장임금의 증감** : 시장임금이 감소하는 경우 기혼여성의 경제활동참가율은 감소한다.
③ **남편(배우자) 소득의 증감** : 남편의 소득이 증가하는 경우 기혼여성의 경제활동참가율은 감소한다.
④ **자녀수의 증감** : 자녀수가 증가하는 경우 기혼여성의 경제활동참가율은 감소한다.
⑤ **가계 생산기술의 발달 여부** : 노동절약적 가계 생산기술이 낙후된 경우 기혼여성의 경제활동참가율은 감소한다.
⑥ **고용시장의 발달 여부** : 고용시장이 경직된 경우 기혼여성의 경제활동참가율은 감소한다.

>> 유사문제유형

- 기혼여성의 경제활동참가율을 결정하는 요인을 5가지 쓰시오.
- 기혼여성의 경제활동참가율을 높이는 요인을 7가지 쓰시오.
- 기혼여성의 경제활동참가율을 낮추는 요인을 6가지 쓰시오.
- 기혼여성의 경제활동참가율을 낮추는 요인을 7가지 쓰시오.
- 기혼여성의 노동참가에 영향을 주는 요인을 3가지 쓰고, 각각에 대해 간략히 설명하시오.

⊕ PLUS 기혼여성의 경제활동참가율에 변화를 미치는 요인

기혼여성의 경제활동참가율을 높이는 요인	기혼여성의 경제활동참가율을 낮추는 요인
• 법적 · 제도적 장치의 확충(육아 및 유아교육시설의 증설) • 시장임금의 상승 • 남편(배우자) 소득의 감소 • 자녀수의 감소(출산율 저하) • 가계생산기술의 향상(노동절약적 가계생산기술의 향상) • 고용시장의 유연화(시간제근무 또는 단시간근무 기회의 확대) • 여성의 높은 교육수준	• 법적 · 제도적 장치의 부족(육아 및 유아교육시설의 부족) • 시장임금의 감소 • 남편(배우자) 소득의 증가 • 자녀수의 증가(출산율 상승) • 가계생산기술의 낙후(노동절약적 가계생산기술의 낙후) • 고용시장의 경직(시간제근무 또는 단시간근무 기회의 축소) • 여성의 낮은 교육수준

대체효과와 소득효과

103 여가와 소득의 선택 모형에서 여가의 대체효과와 소득효과의 의미를 쓰고, 여가가 열등재일 때 소득증대에 따른 노동공급의 변화를 설명하시오.

점 수	5~6점 배점 문제로 출제됩니다.
문제해결 키워드	• 노동시장론에서 필기 · 실기 시험에 가장 많이 출제되는 기출 중 하나입니다. 거의 매회 출제된다고 해도 과언이 아닙니다. • 기회비용은 특정한 선택을 하였기 때문에 포기한 나머지 선택의 가치를 말합니다. 기회비용이 발생하는 이유는 한정된 생산요소(노동, 자본 등)를 가지고 다양한 선택을 해야 하는 상황이 존재하기 때문입니다.
기출데이터 ★★☆	2019년 1회 16번, 2017년 1회 18번, 2012년 1회 16번, 2010년 4회 8번, 2009년 2회 4번

>> 모범답안

(1) 대체효과와 소득효과의 의미

① '대체효과'는 임금 상승으로 여가에 활용하는 시간이 상대적으로 비싸지게 됨으로써 근로자가 여가시간을 줄이는 동시에 노동시간을 늘리는 것이다.

② '소득효과'는 임금 상승으로 실질소득이 증가하여 근로자가 노동시간을 줄이는 동시에 여가시간과 소비재 구입을 늘리는 것이다.

(2) 여가가 열등재일 때 노동공급의 변화

① 여가가 정상재인 경우 노동공급곡선은 실질임금이 낮은 수준에서는 우상향하다가 임금이 일정한 수준을 넘어서면 후방으로 굴절한다.

② 여가가 열등재인 경우 노동공급곡선은 후방굴절하는 것이 아니라 임금수준과 무관하게 우상향한다.

>> 유사문제유형

• 여가가 열등재일 경우 노동공급곡선은 '우상향한다'★1라는 말이 참인지, 거짓인지를 쓰고 그 이유를 설명하시오.

• 임금상승률에 따라 노동공급곡선은 '우상향한다'★2라는 말이 참인지, 거짓인지, 불확실한지 판정하고, 여가와 소득의 선택모형에 의거하여 이유를 설명하시오.(2020년 2회 18번, 2016년 3회 8번)

• 회사원인 A씨는 복권에 당첨되어 100억원의 당첨금을 받게 되었다. A씨의 복권 당첨에 따른 노동공급과 여가선호의 변화를 대체효과와 소득효과를 사용하여 여가가 정상재인 경우와 여가가 열등재인 경우★3로 비교하여 설명하시오.(2017년 1회 18번)

★1 ① 참 또는 거짓? 참
② 이유 : 열등재인 경우 대체효과가 소득효과를 압도하여 임금수준과 무관하게 노동공급이 증가하는 양상을 보이기 때문이다.

★2 ① 참, 거짓 또는 불확실 판정? 불확실
② 이유 : 대체효과와 소득효과와의 관계, 여가를 정상재로 볼 것인지 열등재로 볼 것인지에 따라 노동공급에 미치는 영향이 다르므로, 임금률이 상승함에 따라 노동공급곡선이 우상향한다고 단정지을 수 없다.

★3 ① 여가가 정상재인 경우 : 대체효과에 의해 여가소비를 줄이고 노동공급을 늘릴 수도, 소득효과에 의해 노동공급을 줄이고 여가소비를 늘릴 수도 있다. 다만, A씨의 경우 복권당첨으로 인한 비노동소득의 증가로 소득효과만 있으므로, 노동공급을 줄이고 여가소비를 늘릴 것이다.
② 여가가 열등재인 경우 : 대체효과가 소득효과를 압도하므로 비노동소득에 의한 실질소득의 증가에도 불구하고 여가소비를 줄이고 노동공급을 늘릴 것이다.

⊕ PLUS **후방굴절 노동공급곡선**

노동공급곡선은 실질임금이 낮은 수준에서는 우상향하다가 임금이 일정한 수준을 넘어서면 후방으로 굴절하는 형태를 띠게 되는데, 이를 '후방굴절 노동공급곡선'이라고 한다.

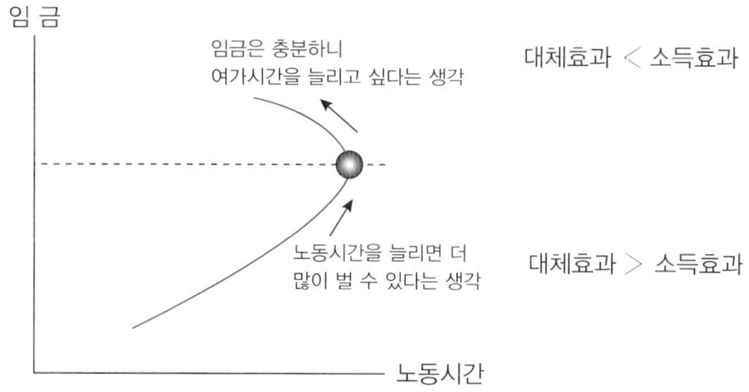

내부노동시장의 형성요인

104 내부노동시장의 형성요인을 3가지 쓰고, 각각에 대해 간략히 설명하시오.

점 수	5~6점 배점 문제로 출제됩니다.
문제해결 키워드	• 내부노동시장은 기업 내의 규칙이나 관리가 노동시장의 기능을 대신함으로써 노동시장 기능이 기업 내로 옮겨진 현상을 의미합니다. • 노동자의 배치, 훈련, 승진 등이 기업 내의 규칙에 의해 이루어지며, 노동자로서의 기능은 해당 기업에 국한되어 통용됩니다.
기출데이터 ★★★★	2023년 2회 18번, 2022년 3회 17번, 2018년 1회 18번, 2016년 2회 16번, 2015년 2회 6번, 2010년 3회 16번, 2009년 3회 7번, 2008년 3회 2번

>> 모범답안

① **숙련의 특수성** : 기업 특수적 숙련을 유지하기 위해 내부노동력을 특별히 유지할 필요가 있다.
② **현장훈련** : 실제 직무수행에 이용되는 기술 및 숙련이 전임자에게서 후임자에게로 개인전수된다.
③ **기업 내의 관습** : 관습은 고용의 안정성에서 형성된 것으로, 고용의 안정성은 사용자나 근로자 양측에 모두 중요하다.

>> 유사문제유형

• 내부노동시장의 형성요인과 장점★1을 각각 3가지씩 쓰시오.(2016년 2회 16번)
• 내부노동시장의 단점★2을 5가지 쓰시오.

★1 ① 우수한 인적자본의 확보 및 유지
② 승진 또는 배치전환을 통한 동기유발 효과
③ 고임금 및 장기고용 유지를 위한 지불능력 보유

★2 ① 인력의 경직성
② 관리비용의 증가
③ 높은 노동비용
④ 핵심역량에 대한 집중 곤란
⑤ 공정성 규범으로 인한 보상차등화의 곤란
⑥ 급격한 기술변화로 인한 재훈련비용의 증대
⑦ 노동조합과 정규직 근로자에 대한 의존성 증대

⊕ PLUS

도린거와 피오르(Doeringer & Piore)는 내부노동시장의 형성요인으로 숙련의 특수성(Skill Specificity)을 제시하였다. 숙련의 특수성을 구성하는 두 가지 측면을 쓰고, 각각에 대해 간략히 설명하시오.

① 직무의 특수성(Job Specificity)
어떤 직무를 행함에 있어서 작업팀의 협조적 요소가 필요하다든지, 어떤 작업장에서 환경에 친숙해진다든지 등 직무와 관련된 특수성을 말한다.

② 기술의 특수성(Technology Specificity)
어떤 작업장에서 기계나 장비를 다룸에 있어서나, 어떤 특정의 장소에서 원료의 종류, 생산기간, 제조환경 등 생산에 관련된 모든 활동에 있어서 요구되는 기술적인 특수성을 말한다.

노동시장의 분석이론

105 노동시장의 분석이론 중 내부노동시장이론, 이중노동시장이론, 인적자본이론의 의미를 간략히 설명하시오.

점 수	6점 배점 문제로 출제됩니다.
문제해결 키워드	• 내부노동시장이론은 노동시장을 '내부노동시장'과 '외부노동시장'의 관점에서 기술하는 반면, 이중노동시장이론은 노동시장을 '1차 노동시장'과 '2차 노동시장'의 관점에서 기술합니다. • 내부노동시장에 관한 이론은 미국의 노동경제학자인 던롭(Dunlop)과 커(Kerr)에게서 비롯됩니다. 그들은 대기업과 노동조합의 성장에 따라 내부노동시장이 형성 · 발전되는 현상에 주목하였습니다. 이후 도린거와 피오르(Doeringer & Piore)가 그들의 연구를 확대 · 발전시켜 이를 보다 구체화하였습니다.
기출데이터 ★☆	2020년 2회 16번, 2011년 1회 2번, 2009년 1회 14번

>> **모범답안**

① **내부노동시장이론** : 기업 내의 규칙이나 관리가 노동시장의 기능을 대신함으로써 노동시장 기능이 기업 내로 옮겨진 현상을 말한다.

② **이중노동시장이론** : 노동시장이 1차 노동시장과 2차 노동시장으로 구분되며, 양 시장이 서로 독립적이고 임금 및 고용의 구조에도 차이를 보인다는 것이다.

③ **인적자본이론** : 노동자들 간에 서로 다른 생산성을 나타내는 이유를 밝히며, 인적자본의 효율적인 투자에 의한 생산성 향상을 강조한다.

>> **유사문제유형**

• 이중노동시장에서 1차 노동시장의 직무 혹은 소속 근로자들이 가지는 특징*을 5가지 쓰시오.(2019년 1회 17번)

★ ① 고임금, ② 고용의 안정성, ③ 승진 및 승급 기회의 평등(공평성), ④ 양호한 근로조건, ⑤ 합리적인 노무관리

⊕ PLUS 노동시장의 분석이론

내부노동시장이론	• 기업 내의 규칙이나 관리가 노동시장의 기능을 대신함으로써 노동시장 기능이 기업 내로 옮겨진 현상을 말한다. • 내부노동시장에서는 고용과 임금이 분리되어 결정되는데, 여기서 임금은 상하한의 범위 내에서 노동통제, 협상력, 관습 등 사회학적 요인에 의해 결정된다. 따라서 외부시장과의 사이에서 임금격차가 발생하게 되며, 그로 인해 소득불평등이 유발될 가능성이 높다.
이중노동시장이론	• 노동시장이 1차 노동시장과 2차 노동시장으로 구분되며, 양 시장이 서로 독립적이고 임금 및 고용의 구조에도 차이를 보인다는 것이다. • 1차 노동시장은 상대적으로 고임금, 2차 노동시장은 상대적으로 저임금에 해당한다.
인적자본이론	• 인적자본의 투입량과 생산성 사이에 정비례 관계가 있다고 주장하며, 근로자의 임금이 그의 타고난 노동력과 그에 대한 인적자본투자량에 의해서 결정된다고 본다. • 노동자들 간에 서로 다른 생산성을 나타내는 이유를 밝히며, 인적자본의 효율적인 투자에 의한 생산성 향상을 강조한다.

106 교육의 사적 수익률이 사회적 수익률보다 낮을 경우 정부의 개입방법을 쓰시오.

점 수	6점 배점 문제로 출제됩니다.
문제해결 키워드	교육의 사적 수익률은 개인이 교육에 투자한 비용 대 소득의 비율을 의미하고, 사회적 수익률은 정부가 교육에 투자한 비용 대 생산성을 나타냅니다.
기출데이터 ★	2010년 3회 15번, 2004년 3회 2번

>> 모범답안

교육의 사적 수익률이 사회적 수익률보다 낮을 경우 개인이 교육을 통해 얻는 이익은 상대적으로 적다. 따라서 정부는 연구개발에 대한 투자 장려, 교육투자 비용에 대한 세제혜택, 평생교육 및 평생직업능력 개발체제 구축 등 인적자본에 대한 투자정책을 확대함으로써 교육을 통한 사적 수익의 기대감을 높일 필요가 있다.

>> 유사문제유형

- 교육의 사적 수익률이 사회적 수익률보다 낮을 때 정부의 인적자본투자의 방향★을 설명하시오.

★
- 연구개발에의 투자 장려
- 교육투자 비용에 대한 세제혜택
- 학습휴가제의 지원 및 권장
- 효율적인 직업알선체제 구축
- 평생교육 및 평생직업능력 개발체제 구축
- 교육시설에 대한 교육비 보조 및 연구개발보조금 지급
- 공교육의 내실화와 사교육비 지출 감소를 위한 입시제도 개선 등

최저임금제

107 최저임금제의 기대효과(장점)를 4가지 쓰시오.

점 수	5~6점 배점 문제로 출제됩니다.
문제해결 키워드	• 최저임금제는 국가가 근로자의 보호를 위해 법적 강제력으로 임금의 최저한도를 정한 제도입니다. • 우리나라는 헌법 제32조 제1항에서 "국가는 법률이 정하는 바에 의하여 최저임금제를 시행하여야 한다"고 규정하고 있습니다.
기출데이터 ★★★★☆	2022년 1회 18번, 2021년 2회 17번, 2018년 2회 18번, 2018년 3회 17번, 2016년 3회 14번, 2015년 2회 11번, 2011년 3회 1번, 2007년 1회 18번, 2004년 3회 8번

>> 모범답안

① **소득분배의 개선** : 지나친 저임금, 산업 · 직종 간의 임금격차를 개선한다.
② **노동력의 질적 향상** : 생활의 전반적인 개선과 근로의욕 향상으로 인해 노동생산성이 증대된다.
③ **기업의 근대화 촉진** : 저임금에 의존하는 기업에 충격을 주어 경영합리화 및 효율화를 촉진한다.
④ **공정경쟁의 확보** : 저임금에 의존한 값싼 제품의 제조 · 판매로 공정거래 질서를 해하는 기업을 정리한다.
⑤ **산업평화의 유지** : 노사분규를 방지하고 노사관계를 안정시킨다.
⑥ **경기 활성화** : 소득증대로 한계생산성이 높은 유효수요의 확보가 가능해진다.

>> 유사문제유형

• 최저임금제의 긍정적 효과(기대효과)를 3가지 쓰시오.
• 최저임금제의 기대효과(장점)를 3가지 쓰시오.
• 최저임금제의 기대효과 5가지를 쓰시오.
• 최저임금제의 기대효과(긍정적 효과)를 5가지 쓰시오.
• 최저임금제의 기대효과(장점)를 6가지 쓰시오.
• 최저임금제의 기대효과 6가지를 쓰고 설명하시오.
• 최저임금제의 기대효과 7가지★를 쓰시오.

★ 모범답안에 '복지국가의 실현 : 최저임금제의 실시는 근대 복지국가의 사회복지제도의 기초가 된다'를 추가하여 답안으로 작성합니다.

⊕ PLUS 최저임금제 도입으로 인해 발생할 수 있는 부정적 효과

• 고용 감소 및 실업 증가
• 노동시장 내에서의 차별
• 지역 및 업종 간 경제활동 배분의 왜곡, 전체적인 생산량 감소
• 소득분배의 역진적 효과
• 노동력의 질적 저하 및 생산성 저하

임금의 하방경직성

108 **임금의 하방경직성의 의미를 설명하고, 임금의 하방경직성이 되는 이유 5가지를 쓰시오.**

점 수	6~7점 배점 문제로 출제됩니다.
문제해결 키워드	임금의 하방경직성은 경제여건이 변해도 한 번 오른 임금이 낮아지지 않고 계속 유지하려는 성질을 의미합니다.
기출데이터 ★★★★☆	2023년 1회 18번, 2020년 3회 18번, 2018년 2회 19번, 2017년 3회 17번, 2012년 3회 13번, 2011년 3회 7번, 2010년 2회 6번, 2009년 1회 13번, 2004년 1회 5번

>> 모범답안

(1) 임금의 하방경직성의 의미

한 번 오른 임금이 경제여건의 변화에도 불구하고 떨어지지 않은 채 그 수준을 유지하려는 경향

(2) 하방경직의 이유

① 화폐환상

② 장기 근로계약

③ 강력한 노동조합의 존재

④ 노동자의 역선택 발생 가능성

⑤ 최저임금제의 실시

>> 유사문제유형

- 임금의 하방경직성에 대해 설명하고, 임금의 하방경직성이 되는 이유 4가지를 쓰시오.
- 임금의 하방경직성에 대해 설명하고, 임금의 하방경직성이 되는 이유를 쓰시오.
- 임금의 하방경직성의 의미와 이에 영향을 미칠 수 있는 요인에 대해 쓰시오.

부가급여

109 부가급여의 의미를 설명하고, 사용자와 근로자가 선호하는 이유를 각각 2가지 쓰시오.

점 수	6~7점 배점 문제로 출제됩니다.
문제해결 키워드	• 부가급여는 사용자가 종업원에게 개별적 또는 단체적으로 지급하는 경상화폐임금 이외의 현물 보상, 연기된 보상 등을 의미합니다. • 경상화폐임금과 부가급여의 합은 기업차원에서 노동자의 보수가 됩니다.
기출데이터 ★★★	2018년 1회 16번, 2015년 3회 14번, 2014년 1회 1번, 2011년 1회 15번, 2010년 1회 2번, 2004년 3회 4번

>> 모범답안

(1) 부가급여의 의미

사용자가 근로자에게 지급하는 경상화폐임금 이외의 현물보상, 연기된 보상 등으로서 사업주 부담의 퇴직연금 적립금, 사회보험료 부담금, 교육훈련비 등이 있다.

(2) 부가급여의 선호 이유

① **사용자** : 근로자의 장기근속 유도 및 생산성 향상, 조세나 보험료의 부담 감소

② **근로자** : 근로소득세 부담 감소, 연기된 보상의 조세상 혜택

>> 유사문제유형

- 부가급여의 의미를 예를 들어 설명하고, 사용자가 부가급여를 선호하는 이유를 4가지 쓰시오.
- 부가급여의 의미와 종류를 설명하고, 사용자가 부가급여를 선호하는 이유 4가지*를 제시하시오.

★ ① 정부의 임금규제 강화에 대한 회피수단
② 양질의 근로자 혹은 사용자가 선호하는 근로자 채용
③ 근로자의 장기근속 유도 및 생산성 향상
④ 조세나 보험료의 부담 감소

⊕ PLUS

임금은 정액급여, 초과급여, 특별급여로 구성된다. 이 3가지 급여를 각각 구분하여 설명하시오.

① 정액급여

근로계약, 단체협약 또는 취업규칙 등으로 소정근로시간에 대하여 미리 정한 기본급과 통상적 수당, 기타 수당(연차수당 포함)으로 지급한 총액

② 초과급여

근로기준법에 따라 연장 · 휴일 · 야간근로에 대한 수당으로 지급한 총액

③ 특별급여

상여금, 성과급, 임금인상 소급분, 학자금(대출금 제외) 등 정기 또는 비정기적으로 지급한 총액

보상적 임금격차

110 **보상적 임금격차의 발생원인을 3가지만 쓰고 설명하시오.**

점 수	4~6점 배점 문제로 출제됩니다.
문제해결 키워드	• 꾸준히 많이 출제되는 부분이므로, 꼭 암기하도록 합니다. • 산업 · 직종 · 학력 · 성별 임금격차가 발생하는 원인을 PLUS에서 확인하고, 학습하는 것이 효과적입니다.
기출데이터 ★★★	2016년 1회 17번, 2013년 3회 3번, 2011년 1회 5번, 2010년 4회 5번, 2005년 1회 7번, 2002년 1회 9번

>> 모범답안

① **고용의 안정성 여부(금전적 위험)** : 고용이 불안정한 직업의 종사자에게는 보다 높은 임금을 지불해 주어야 한다.
② **작업의 쾌적함 정도(비금전적 차이)** : 작업내용이 위험하고 작업환경이 열악한 직업의 종사자에게는 보다 높은 임금을 지불해 주어야 한다.
③ **교육훈련비용의 여부(교육훈련의 차이)** : 교육 및 훈련비용이 들어가는 직업의 종사자에게는 보다 높은 임금을 지불해 주어야 한다.
④ **책임의 정도** : 막중한 책임이 동반되는 직업의 종사자에게는 보다 높은 임금을 지불해 주어야 한다.
⑤ **성공 또는 실패의 가능성** : 장래가 불확실한 직업의 종사자에게는 보다 높은 임금을 지불해 주어야 한다.

>> 유사문제유형

• 보상적 임금격차가 발생하는 원인 3가지를 쓰시오.
• 보상적 임금격차의 의미*와 원인을 쓰시오.

★ 아담 스미스(A. Smith)는 노동조건 · 소득안정성 · 직업훈련비용의 차이 등 각종 직업상의 비금전적 불이익을 견디는 데 필요한 정도의 임금 프리미엄을 '보상적(균등화) 임금격차'라고 하였다.

⊕ PLUS

01 산업별 임금격차가 발생하는 원인(2022년 3회 18번, 2019년 3회 18번, 2013년 1회 8번)
① 산업 간 노동생산성의 차이 ② 노동조합의 존재 ③ 산업별 집중도의 차이 ④ 단기적 노동공급의 비탄력성

02 직종별 임금격차가 발생하는 원인
① 보상적 임금격차 ② 과도적 임금격차 ③ 비경쟁집단의 존재

03 학력별 임금격차가 발생하는 원인
① 노동시장의 학력별 분단 구조 ② 학력 간 노동공급사정의 차이 ③ 학력의 선별장치로서의 기능
④ 학력 간 임금격차의 전통적 관념 ⑤ 승급 · 승진과 관련된 노무관리상의 차별

04 성별 임금격차가 발생하는 원인
① 학력 · 연령 · 경력 등의 차이에 따른 노동생산성의 차이 ② 남녀 간 차별대우의 전통적 의식 또는 사회적 편견

05 기업규모별 임금격차가 발생하는 원인
① 1인당 부가가치생산성의 차이 ② 생산물시장에서 독과점력의 차이 ③ 노동조합 조직률의 차이
④ 우수노동력의 확보 가능성 ⑤ 자본 · 기술의 우위

생산성 임금제

111 생산성 임금제에 의하면 명목임금의 상승률을 결정할 때 부가가치 노동생산성 상승률과 일치시키는 것이 적정하다고 하였다. 어떤 기업의 2010년 근로자 수가 40명, 생산량이 100개, 생산물단가는 10원, 자본비용이 150원이었으나, 2011년에는 근로자 수는 50명, 생산량은 120개, 생산물단가는 12원, 자본비용은 200원으로 올랐다고 가정하자. 생산성 임금제에 근거할 때 이 기업의 2011년 적정임금상승률을 계산하시오(단, 소수점 발생시 반올림하여 소수 첫째 자리로 표현하시오).

점 수	6점 배점 문제로 출제됩니다.
문제해결 키워드	• 생산성 임금제는 각 근로자가 상품생산에 기여한 공헌도를 토대로 임금을 결정하는 방식입니다. • 이 문제에서는 자본이 아닌 노동이 기여한 부분에 대해 임금으로써 근로자에게 배분하는 부가가치 노동생산성에 관한 것이므로, 자본비용은 고려하지 않습니다.
기출데이터 ★★	2020년 4회 18번, 2014년 3회 8번, 2012년 1회 14번, 2009년 1회 8번

>> 모범답안

• 적정임금변화율(상승률) ≤ 근로자 1인당 부가가치 노동생산성 변화율(상승률)

• 부가가치 노동생산성 = $\dfrac{\text{부가가치}}{\text{노동투입량}}$

• 부가가치 노동생산성 변화율(%) = $\left(\dfrac{\text{당해 근로자 1인당 부가가치 노동생산성}}{\text{이전 해 근로자 1인당 부가가치 노동생산성}} - 1\right) \times 100$

① 2010년 근로자 1인당 부가가치 노동생산성

• 근로자 수 : 40명 • 생산량 : 100개
• 생산물단가 : 10원 • 자본비용 : 150원

∴ 2010년 부가가치 노동생산성 = $\dfrac{100 \times 10}{40}$ = 25(원)

② 2011년 근로자 1인당 부가가치 노동생산성

• 근로자 수 : 50명 • 생산량 : 120개
• 생산물단가 : 12원 • 자본비용 : 200원

∴ 2011년 부가가치 노동생산성 = $\dfrac{120 \times 12}{50}$ = 28.8(원)

다만, 여기서는 순수한 부가가치 노동생산성만을 구하므로, 기업이 특정한 자본을 조달하는 대가로 부담하게 되는 자본비용은 고려하지 않는다.

③ 2010년에서 2011년에 이르는 부가가치 노동생산성 변화율

부가가치 노동생산성 변화율(%) = $\left(\dfrac{28.8}{25} - 1\right) \times 100 = 15.2(\%)$

결과적으로 생산성 임금제에 의해 적정임금상승률을 부가가치 노동생산성 변화율과 결부시키고 있으므로, 적정임금상승률은 부가가치 노동생산성 변화율인 15.2%에 해당한다.

실업의 유형

112 실업의 유형 중 경기적 실업, 마찰적 실업, 구조적 실업에 대하여 각각 설명하시오.

점 수	• 5~6점 배점 문제로 출제됩니다. • 경기적 실업, 마찰적 실업, 구조적 실업의 의미를 설명하라는 문제가 주로 출제되며, 이때 답안 하나당 2점이 배점됩니다.
문제해결 키워드	• 실업의 구분 – 수요부족실업 : 총수요 부족에 따른 노동력 수요의 감소에서 비롯됨 예 경기적 실업 – 비수요부족실업 : 그 원인이 총수요의 부족에서라기보다는 노동시장의 불균형이나 마찰 등에 의해 비롯됨 예 마찰적 실업, 구조적 실업
기출데이터 ★★	2015년 2회 16번, 2009년 3회 8번, 2007년 3회 14번, 2001년 3회 8번

>> 모범답안

① **경기적 실업** : 불경기시에 나타나는 실업으로서, 생산물시장에서의 총수요감소가 노동시장에서 노동의 총수요감소로 이어지면서 발생한다.
② **마찰적 실업** : 신규 또는 전직자가 노동시장에 진입하는 과정에서 직업정보의 부족으로 인해 일시적으로 발생한다.
③ **구조적 실업** : 경제구조 자체의 변화 또는 지역(산업) 간 노동력 수급의 불균형현상에 의해 발생한다.

>> 유사문제유형

• 실업의 유형 중 마찰적 실업과 구조적 실업의 원인과 대책★을 쓰시오.(2018년 1회 17번, 2013년 3회 16번)

★ **경기적 실업, 마찰적 실업, 구조적 실업의 대책**

경기적 실업의 대책	마찰적 실업의 대책	구조적 실업의 대책
• 재정금융정책을 통한 총수요 증대 정책 • 세율 인하 등의 경기활성화 정책 • 공공사업 등의 고용창출사업 확대 • 교대근무, 연장근무, 휴일근무 등 근무제도 변경방법 등	• 구인 · 구직에 대한 전국적인 전산망 연결 • 구인 · 구직 정보시스템의 효율성 제고 • 직업안내 및 직업상담 등 직업알선기관의 활성화 • 고용실태 및 전망에 대한 자료제공 • 기업의 퇴직예고제 • 구직자 세일즈 등	• 산업구조 변화예측에 따른 인력수급정책 • 노동자의 전직과 관련된 재훈련 • 지역 간 이동을 촉진시키는 지역이주금 보조 • 인접지역 및 타 지역의 일자리정보 제공 • 미래의 각 부문별 노동력 수급의 예측 등

노동조합

113 노동조합의 단결강제 형태로서 숍(Shop) 제도가 있다. 노동조합의 숍(Shop) 종류를 3가지 쓰고, 각각에 대해 설명하시오.

점 수	5점 배점 문제로 출제됩니다.
문제해결 키워드	노사관계이론에서 노동조합 관련 문제는 반드시 출제되는 영역입니다. 필기시험에 주로 출제되었으나, 최근에는 실기시험에도 출제되고 있으므로 학습해 두셔야 합니다.
기출데이터 ★	2017년 3회 18번, 2013년 2회 2번

>> 모범답안

① 오픈 숍(Open Shop) : 고용주가 노동조합의 조합원이나 비조합원 모두 고용할 수 있다.
② 유니온 숍(Union Shop) : 고용주의 자유로운 고용이 가능하나 일정 기간 내에 노동조합에 가입하도록 해야 한다.
③ 클로즈드 숍(Closed Shop) : 고용주는 노동조합 가입을 전제로 근로자를 고용할 수 있다.
④ 에이전시 숍(Agency Shop) : 노동조합이 조합 가입 여부와 관계없이 모든 종업원에게 조합회비를 징수한다.

>> 유사문제유형

- 노동조합의 단결강제 형태로는 질적인 측면에서 조합비(조합비공제)와 양적인 측면에서의 Shop 제도가 있다. 노동조합의 Shop 종류를 4가지 쓰고 설명하시오.

⊕ PLUS 주요 변형된 숍(Shop) 제도

에이전시 숍 (Agency Shop)	• '대리기관 숍'이라고도 하며, 조합원이 아니더라도 모든 종업원에게 단체교섭의 당사자인 노동조합이 조합회비를 징수하는 제도이다. • 근로자들이 비조합원으로서 조합비 납부를 회피하는 반면 타 조합원들과 동일한 혜택을 향유하려는 심리를 줄일 수 있으며, 동시에 노동조합은 조합원 수를 늘리게 됨으로써 안정을 가져올 수 있는 방법이다.
프레퍼렌셜 숍 (Preferential Shop)	• '우선 숍' 또는 '특혜 숍'이라고도 하며, 노동조합원 우대사업장을 의미한다. • 채용에 있어서 조합원에게 우선순위를 부여하고 단체교섭에 의한 결과를 조합원에게만 적용하는 등 조합원과 비조합원을 차등적으로 대우하는 제도이다.
메인티넌스 숍 (Maintenance Shop)	• '조합원 자격유지 숍'이라고도 하며, 제2차 세계대전 중 미국의 전시노동위원회(NWLB : National War Labor Board)가 유니온 숍을 주장하는 노동조합 측과 비조합주의를 주장하는 경영자 측의 의견을 수렴하여 타협안으로 승인한 것이다. • 노동조합의 가입 및 탈퇴가 자유로우나 일단 단체협약이 체결되는 경우 그 효력이 지속되는 기간 동안은 탈퇴할 수 없도록 한다.

단체교섭이론

114 Hicks의 단체교섭이론을 그래프로 그리고 간략히 설명하시오.

점 수	5점 배점 문제로 출제됩니다.
문제해결 키워드	Hicks는 노사 양측의 정보의 비대칭성으로 인해 파업이 발생한다고 주장하였으며, 그의 단체교섭이론은 노사 양측이 합의하게 되는 임금수준을 해당 임금수준에 도달하기까지 필요한 파업기간의 함수로 나타내었습니다.
기출데이터 ☆	2012년 1회 7번

>> 모범답안

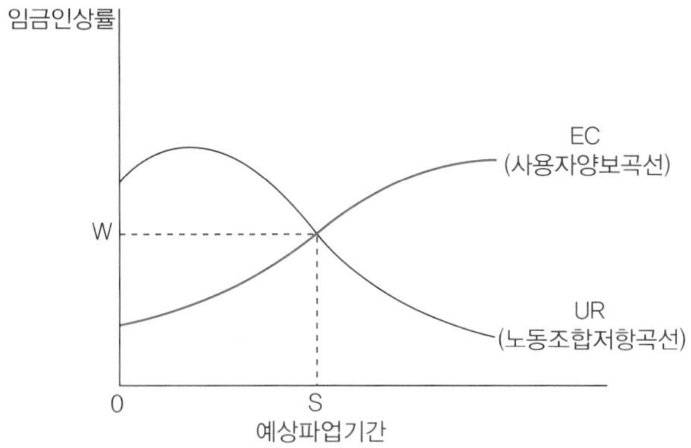

① 노동조합의 요구임금과 사용자측의 제의임금을 파업기간의 함수로 설명한다.
② 노동조합저항곡선은 파업기간이 길수록 타결에 동의하게 될 임금이 낮아지므로 우하향한다.
③ 사용자양보곡선은 파업기간이 길수록 손실비용 증가에 따라 타결에 동의하는 방향으로 전환하므로 우상향한다.
④ 사용자양보곡선(EC)과 노동조합저항곡선(UR)이 만나는 지점이 곧 예상파업기간에 해당한다.

⊕ PLUS 단체교섭이론의 장단점

- 장 점

  노동조합측과 사용자측의 경제적 비용(파업비용)에 관한 타결점을 찾으므로 최종타결 상태의 임금수준을 예측하는 데 유용하다.
- 단 점
  - 단체교섭 과정의 불확실성을 지나치게 경시하는 경향이 있다.
  - 파업이 발생하기 이전의 상태를 설명하기보다는 사실상 교섭이 결렬되고 파업이 개시된 이후의 사정을 설명하고 있다.

교육이란 사람이 학교에서 배운 것을
잊어버린 후에 남은 것을 말한다.

– 알버트 아인슈타인 –

PART 3

부록편

남에게 이기는 방법의 하나는 예의범절로
이기는 것이다.

– 조쉬 빌링스

PART 3 직업상담사례형 출제예상문제

001 다음 보기의 사례는 생애진로사정의 구조 중 '전형적인 하루'의 면담 예이다. 사례의 내용을 읽고 물음에 답하시오. 6점

상담자 : 선생님이 하루 동안 무엇을 했는지, 일상적으로 보내는 하루에 대해 잠시 생각해 보세요. 예를 들어, 아침에 일어날 때 알람시계 때문에 잠에서 깼는지, 다른 누군가가 깨워줬는지, 아니면 스스로 일어났는지요?
내담자 : 스스로 일어났어요. 전날 밤 샤워를 해서 오늘 아침에는 출근 준비를 위해 간단히 세수를 하고 화장을 한 후 옷을 입고 아침을 챙겨먹었죠. 아침에는 늘 빵과 우유를 먹는데요, 위궤양이 있어서 우유를 많이 마시는 편이에요. 그리고 전화가 와서 통화를 했어요.
상담자 : 누가 전화를 했나요?
내담자 : 직장동료 중 한 사람이요.
상담자 : 만약 아침에 일어나서 딱히 할 일이 없다고 가정한다면, 과연 무슨 일을 할까요?
내담자 : 무엇을 할 거냐고요? 글쎄요... 그냥 간단히 식사를 하고 TV를 보겠죠.
상담자 : 평소 TV 보는 것을 좋아하나요?
내담자 : 그럼요.
상담자 : 주로 어떤 프로그램을 좋아하죠?
내담자 : 저는 드라마를 좋아해요. 드라마 3개를 한 주도 빼놓지 않고 챙겨보고 있지요.
상담자 : 드라마에서 무엇을 좋아하나요?
내담자 : 우선 스토리 자체를 좋아하고요, 그리고 무슨 일이 일어날지에 대한 긴장감을 즐기죠. 특히 요즘 한 드라마를 재방송까지 보고 있는데요, 대기업 회장의 사주를 받은 납치범이 아이의 엄마를 찾아가서 아이의 엄마를 비롯해서 아이의 출생의 비밀을 알고 있는 사람들을 모조리 해치려고 하죠.
상담자 : 선생님은 그 드라마에 빠져들 수 있나요? 마치 자신에게도 어떤 일이 일어나고 있다는 생각이 들기도 하나요?
내담자 : 예, 드라마에 너무 열중한 나머지 발을 구르면서 '멈춰!'라고 소리를 지르기도 해요. 생각해 보세요. 범인이 칼을 들고 문 뒤에 숨어있는데 조마조마하지 않겠어요? 경찰에 신고하고 싶어질 겁니다.

(1) 전형적인 하루의 탐색 목적을 기술하시오.
(2) 전형적인 하루에서 검토되어야 할 성격차원을 2가지 쓰시오.
(3) 위의 면담 장면에서 내담자의 성격차원의 특성을 간략히 기술하시오.

(1) 전형적인 하루의 탐색 목적을 기술하시오.

개인이 자신의 생활을 어떻게 조직하는지를 발견한다.

(2) 전형적인 하루에서 검토되어야 할 성격차원을 2가지 쓰시오.

① 의존적-독립적 차원

② 자발적-체계적 차원

(3) 위의 면담 장면에서 내담자의 성격차원의 특성을 간략히 기술하시오.

① 의존적-독립적 차원은 다른 사람에 대한 의존 정도, 의사결정에 있어서 타인의 영향력 정도를 반영한다. 또한 자발적-체계적 차원은 자신의 생활을 체계적으로 조직하는지 아니면 매일 자발적으로 반응하는지를 반영한다.

② 면담 장면에서 내담자는 아침에 스스로 일어나서 출근 준비를 위해 매일 아침 안정된 일상행동을 반복하고 있으며, 그 밖의 다른 일은 계획하고 있지 않다. 이는 내담자가 책임 있고 체계적인 성향을 가지고 있으나, 회사 생활 이외에 자신의 생활을 창의적으로 영위하지 못하는 것으로 미루어 볼 때 어느 정도 의존적이고 수동적인 성향을 가진 것으로 볼 수 있다.

③ 내담자는 TV 드라마를 통해 자신의 사회적 흥미를 표출하고 있는데, 이는 즉각적인 환경에서 즐거움을 찾는 성향을 나타내는 것으로 볼 수 있다. 특히 내담자가 TV 드라마 속 이야기에 열중하는 것은 자기 자신을 타인과 쉽게 관련지으면서 동일시하는 성향에서 비롯된 것으로 볼 수 있는데, 이는 내담자가 수동적인 입장에서 누군가에 의해 조정을 당함으로써 사회관계 문제에 빠질 수 있음을 시사한다.

이렇게 외우세요

(1) 전형적인 하루의 탐색 목적

개인이 자신의 생활을 어떻게 조직하는지를 발견한다.

(2) 전형적인 하루에서 검토되어야 할 성격차원 2가지

의존적-독립적 차원, 자발적-체계적 차원

(3) 내담자의 성격차원의 특성

창의적이지 못한 반복적 일상수행은 체계적이고 의존적인 성향을 반영한다.

002 다음 보기의 사례를 읽고 물음에 답하시오. 6점

> 구직 활동 중인 최모 씨는 몇 차례 취업 기회에도 불구하고 취업 면접에서 지나친 불안으로 인해 실패를 거듭해 왔다. 상담자는 면접상황에서 내담자인 최모 씨의 불안을 완화시키지 않고서는 취업에 이르지 못할 것이라 판단하게 되었다.

면접상황에서 불안을 경험하는 최모 씨에게 체계적 둔감화를 사용하여 상담하는 절차를 설명하시오.

(2021년 1회 3번, 2017년 3회 3번, 2016년 2회 7번, 2015년 1회 2번, 2013년 2회 8번, 2010년 3회 13번, 2008년 1회 8번, 2008년 3회 15번, 2005년 1회 5번, 2004년 3회 9번, 2000년 3회 5번)

① 제1단계 – 근육이완훈련(Relaxation Training)
- 근육이완 상태에서는 불안이 일어나지 않는다는 원리를 토대로 한다.
- 상담자(치료자)는 수 회에 걸쳐 내담자가 근육의 긴장을 이완할 수 있도록 훈련시킨다.

② 제2단계 – 불안위계목록 작성(Creating an Anxiety Hierarchy)
- 상담자는 내담자가 가지고 있는 불안과 공포에 대한 구체적인 정보와 함께 각각의 증상과 관련된 행동들을 파악한다.
- 불안과 공포를 일으키는 유발상황에 대한 위계목록은 대략 10~20개 정도로 작성한다.

③ 제3단계 – 불안위계목록에 따른 둔감화 또는 실제적 둔감화 실행(Actual Desensitization)
- 상담자는 역조건형성을 통해 내담자로 하여금 이완상태에서 불안을 유발하는 상황을 상상하도록 유도한다.
- 불안을 유발하는 상황을 상상하는 순서는 위협을 가장 적게 느끼는 상황에서부터 시작하여 가장 위협적인 상황으로 옮겨가는 것이 바람직하다.
- 이 과정은 불안유발자극과 불안반응의 관계가 완전히 소거될 때까지 반복적으로 실시한다.

이렇게 외우세요

① **근육이완훈련(제1단계)** : 근육이완훈련을 통해 몸의 긴장을 풀도록 한다.
② **불안위계목록 작성(제2단계)** : 낮은 수준의 자극에서 높은 수준의 자극으로 불안위계목록을 작성한다.
③ **불안위계목록에 따른 둔감화(제3단계)** : 불안유발상황을 단계적으로 상상하도록 유도하여 불안반응을 점진적으로 경감 또는 제거시킨다.

003 다음 보기의 사례를 읽고 물음에 답하시오.

6점

(내담자는 침울한 표정으로 고개를 숙이고 있다)
내담자 : 이번 시험은 완전히 망쳤어요.
상담자 : 그래서 표정이 좋지 못한 거로군요. 시험 성적이 기대에 미치지 못했나요?
내담자 : 다른 과목들은 모두 A학점인데, 심리학 과목만 B학점을 받았어요.
상담자 : 글쎄요, 그 정도면 장학금을 받을 수 있을 만큼 좋은 성적이 아닌가요?
내담자 : 전 과목에서 A학점을 받지 못한다면, 결국 이번 학기는 실패한 것이나 다름없는걸요.

(1) 위의 사례에서 밑줄 친 내용과 연관된 벡(Beck)의 인지적 오류의 유형을 쓰시오.
(2) (1)의 인지적 오류를 수정하는 데 가장 보편적으로 사용되는 치료기법을 쓰고 간략히 설명하시오.

(1) 위의 사례에서 밑줄 친 내용과 연관된 벡(Beck)의 인지적 오류의 유형을 쓰시오.

이분법적 사고(Dichotomous Thinking) 또는 흑백논리(Black-or-white Thinking)

(2) (1)의 인지적 오류를 수정하는 데 가장 보편적으로 사용되는 치료기법을 쓰고 간략히 설명하시오.

척도화 기법(Scaling Technique) 또는 척도화하기(Scaling)

① 이분법적 사고 또는 흑백논리는 완벽주의(Perfectionism)의 기저에서 흔히 발견되는 인지적 오류로서, 성공이 아니면 실패, 100점이 아니면 0점을 가정하여 완벽하지 못할 바에 아예 그 일을 시작하지 못한다.
② 모든 사건이나 경험에 대해 극단적인 해석을 유도하는 이분법적 사고를 극복하도록 하기 위해 가장 보편적으로 사용되는 치료기법은 '척도화 기법(Scaling Technique)'이다.
③ 척도화 기법은 전형적인 이분법적 사고를 극복하도록 하기 위해 극단적인 해석을 차원적인 해석으로 변환시키는 것이다. 탈 이분법적 인지치료 전략에서 비롯된 것으로서, 내담자로 하여금 어떤 사건이나 경험을 판단할 때 양단결정을 하지 않고 이를 비율(%)로 제시하도록 하여 중간지대를 떠올려 보도록 한다.
④ 예를 들어, 보기의 사례에서 내담자가 성공 아니면 실패를 강조할 때, 상담자(치료자)는 내담자에게 구체적인 점수 또는 학점, 석차 등을 일정한 척도를 기준으로 이야기하도록 함으로써, 그와 같은 성적 또는 성과가 성공 또는 실패 여부를 떠나 자신에게 어떠한 의미를 지니는지 생각해 보도록 할 수 있다.

알아두기

척도화 기법(Scaling Technique)의 예

(내담자는 평소 남편과의 갈등으로 인해 슬픔에 빠져있다)

치료자 : 슬픔의 척도를 1~100까지로 볼 때, 현재 당신은 어느 정도로 슬픕니까?

내담자 : 95 이상은 되는 것 같아요.

치료자 : 매우 높은 수준이군요. 그렇다면 지금껏 살아오면서 가장 슬펐던 때는 언제였나요?

내담자 : 가장 친했던 친구가 교통사고로 세상을 떠났을 때예요.

치료자 : 그럼 그 슬픔의 정도를 100으로 볼 수 있겠네요. 자, 이번에는 슬프지 않았던 때, 즉 즐거웠던 때를 떠올려 보세요. 그것이 언제였나요?

내담자 : 남편과 함께 신혼여행을 갔을 때예요.

치료자 : 그럼 그 슬픔의 정도를 0으로 볼 수 있겠네요. 이제 두 가지 사건, 즉 친구를 잃었을 때와 남편과 신혼여행을 갔을 때를 비교해 본다면, 현재 당신은 얼마나 슬픈가요?

내담자 : 글쎄요... 그 때의 일들과 비교해 본다면 대략 50 정도 될 것 같네요.

이렇게 외우세요

(1) 인지적 오류의 유형

이분법적 사고 또는 흑백논리

(2) 대표적인 치료기법

척도화 기법(척도화하기) : 전형적인 이분법적 사고를 극복하도록 하기 위해 극단적인 해석을 차원적인 해석으로 변환시킨다.

004 다음 보기의 사례를 읽고 물음에 답하시오. 6점

> 내담자 : 난 자격시험에 합격할 수 없을 것 같아요.
> 상담자 : 그동안 선생님은 자격시험 공부를 매우 열심히 하신 걸로 아는데요.
> 내담자 : 하지만 단념했어요. 내 친구는 자격시험이 어렵다고 했어요.
> 상담자 : 선생님은 자격시험에 불합격할 것이라고 생각하고 있군요. 그 이유는 친구분이 어렵다고 했기 때문이고요. 그러면 선생님과 친구분과의 공통점을 알아보기로 하죠.

위의 사례에서 인지적 명확성이 부족한 내담자의 유형을 쓰고, 그에 대한 상담자의 적절한 개입방법을 2가지 쓰시오.

(1) 인지적 명확성이 부족한 내담자의 유형

가정된 불가능(불가피성)

(2) 상담자의 적절한 개입방법

논리적 분석, 격려

가정된 불가능(불가피성)은 내담자의 위축, 자신감 및 용기 부족 등으로 인해 내담자가 근거 없이 자신의 능력과 역량에 대해 부정적인 심상을 가지는 것이다. 이 경우 상담자는 내담자가 그와 같이 생각하는 이유에 대해 논리적으로 분석하고 내담자를 격려하여 자신에 대해 자긍심을 가지도록 도울 수 있다. 참고로 논리적 분석은 내담자의 개념이나 주장이 논리적으로 타당한지 분석하여 오류가 있는 경우 이를 지적하고 개선하도록 유도하는 기법이다.

⊕ PLUS

인지적 명확성이 부족한 내담자의 유형을 5가지만 쓰시오. (2021년 1회 5번, 2016년 1회 2번, 2007년 3회 19번)

① 단순 오정보
② 구체성의 결여
③ 가정된 불가능
④ 파행적 의사소통
⑤ 강박적 사고

005 다음 보기의 사례를 읽고 물음에 답하시오. 4점

(내담자는 알코올중독으로 인해 직장생활에 어려움을 겪고 있으며, 이 문제를 상의하고자 ㅇㅇ상담소를 찾았다)

내담자 : 저는 우리 아버지를 꼭 닮았어요. 아버지는 회사에서도 술을 드세요. 사람들은 저를 보고 아버지를 닮아서 그렇다고들 해요. 저도 요즘은 그 말이 사실이라는 생각이 들어요.

상담자 : ____________________

위의 사례에서 내담자는 자신의 알코올중독 문제를 마치 아버지의 영향 때문인 것으로 말하면서 아버지에 대해 우회적으로 비난을 일삼고 있다. 이에 대해 상담자는 '직면'의 개입기술로써 내담자의 견해에 반박하고자 한다. 상담자의 적절한 반응을 서술하시오.

내담자의 '비난하기'에 대한 상담자의 개입기술로서 '직면'의 활용 예

상담자 : 선생님의 술과 관련된 문제가 아버지 때문이라는 소리로 들리는군요. 과연 그것이 사실인지 생각해 보세요. 물론 알코올중독이 유전적 요인을 가지고 있다고 하니 선생님의 부친이 어느 정도 문제 상황에 일조한 것이 사실일 수 있겠지요. 그렇지만 선생님은 그동안 문제해결을 위해 무엇을 했나요?

인지적 명확성이 부족한 내담자의 유형으로서 '비난하기'는 내담자가 문제의 원인과 그 책임을 자기 자신이 아닌 다른 사람에게 전가할 때 나타난다. 이에 대한 상담자의 유효적절한 개입기술로서 '직면'과 '논리적 분석'이 있다.

알아두기

직면(Confrontation)

- 상담자가 내담자로 하여금 행동의 특정 측면을 검토 · 수정 · 통제하도록 하는 것이다.
- 내담자의 말이나 행동이 일치하지 않은 경우 또는 내담자의 말에 모순점이 있는 경우 상담자가 그것을 지적해 주는 것으로, 내담자가 모르고 있거나 인정하기를 거부하는 생각과 느낌에 대해 주목하도록 한다.
- 내담자로 하여금 상담자나 외부에 비친 자신의 모습을 되돌아보고 통찰의 순간을 경험하도록 하는 직접적이고 모험적인 자기대면의 방법이다.
- 직면을 사용할 경우 내담자의 강한 감정적 반응을 야기할 수 있으므로, 내담자가 받아들일 준비가 되어있을 때를 이용하여 시기적절하게 이루어져야 한다. 또한 내담자에 대해 평가하거나 비판하는 인상을 주지 않도록 해야 하며, 이를 위해 내담자가 보인 객관적인 행동과 인상에 대해 서술적으로 표현하는 것이 바람직하다.

이렇게 외우세요

비난하기 – 직면, 논리적 분석

006 다음 보기의 사례를 읽고 물음에 답하시오. 8점

(내담자는 자신이 다니는 회사에 대한 불만을 상담자에게 표출하고 있다)

내담자 : 직원들의 회사에 대한 불만이 누적되어 퇴사자가 빈번히 발생하고 있으니, 새로운 신입직원들로 기존 업무들을 처리하는 데 많은 지장이 있어요.

상담자 : 그렇다면 다른 회사들이 써 본 결과 많은 효과가 입증된 그런 투쟁 해결방법을 써보도록 하지요. 특히 이 방법은 K주식회사에서 직원들의 이직률을 감소시키는 데 큰 효과가 있었습니다.

내담자 : 글쎄요. 그게 어떤 방법이지요?

상담자 : 회사와 직원들 간의 소통이 이루어질 수 있는 인터넷 커뮤니티를 만들어서 회사의 발전 방향에 대해 자유롭게 토론할 수 있도록 하는 거예요.

내담자 : 매우 흥미로운 일이군요. 그러나 그 방법은 K주식회사에서는 효과가 있었는지 몰라도 우리 회사에서는 안 될 겁니다.

위의 사례에서 밑줄 친 부분과 관련하여 내담자의 정보 및 행동에 대한 이해와 해석을 위해 사용할 수 있는 기법을 쓰고, 이를 해결하기 위한 전략을 3가지 설명하시오.

(1) 내담자의 정보 및 행동에 대한 이해와 해석을 위한 기법

① 내담자의 정보 및 행동에 대한 이해와 해석을 위한 상담기법으로서 '저항감 재인식하기 및 다루기'는 내담자가 동기화되지 않거나 저항감을 나타내는 경우, 방어기제를 사용하거나 의도적으로 의사소통을 방해하는 경우 내담자를 이해하는 방법이다.

② 내담자의 저항감은 책임에 대한 두려움, 방어기제, 의사소통의 고의적인 방해 등으로 나타나는데, 특히 위의 사례 내용은 내담자가 완전한 의사소통을 회피함으로써 자신의 비활동을 정당화하고 행동상의 자유를 얻고자 하는 의도로 볼 수 있다.

③ 보통 사람들은 자신의 제한된 지식과 도덕적 판단에 근거하여 다른 사람의 말을 듣게 된다. 위의 사례의 내담자 또한 상담자의 의도를 있는 그대로 받아들이려고 하기보다는 자신의 입장에서 변화의 과정이 급속도로 이루어지는 것에 대해 거부감을 가지고 이른바 '불신의 전술'을 펼치고 있다. 다시 말해 내담자는 스스로 책임이 있는 곳에서 빠져나와 험담 등의 부정적인 의사표현을 사용하면서 제시된 조건을 공격 또는 부인하고 있는 것이다.

(2) 해결전략

① 내담자의 변형된 오류를 수정한다.

- 내담자의 저항감은 책임에 대한 두려움, 방어기제의 사용, 의사소통의 고의적인 방해 등으로 나타난다.
- 상담자는 내담자가 회피하고자 하는 것 또는 책임에서 벗어나고자 하는 것을 규정함으로써 보다 명확한 행동계획이 수립될 수 있도록 한다.

② 내담자와 친숙해진다.

- 내담자는 생애과제와 연관된 다양한 사건들을 경험하면서 그로 인해 피할 수 없는 고통, 어려움, 긴장 등을 경험해 왔을 수 있다. 이와 같은 내담자 개인의 삶의 문제는 내담자의 진로선택에 영향을 미치게 된다.
- 상담자는 내담자와 친숙해지기 위해 노력함으로써 내담자의 생애에 있어서의 역할, 단계, 생애과제와 연관된 사건들을 총체적으로 이해하며, 내담자로 하여금 안정된 관계 속에서 변화를 위해 노력하고 문제에 대한 책임감을 받아들일 수 있도록 돕는다.

③ 은유를 사용한다.

- 시, 소설, 신화, 우화, 영화, TV 광고 등 다양한 형태의 이야기 매체들은 은유를 통해 듣는 사람으로 하여금 이야기 속에서 자신이 경험한 유사한 내용들을 발견하고 이를 자신의 관심사와 연결시켜 통찰할 수 있는 기회를 제공한다.
- 상담자는 저항적인 내담자에게 이야기 속에서의 문제해결 방법을 포착하도록 하여, 이를 자신의 문제를 해결하기 위한 실마리로 활용할 수 있도록 돕는다.

④ 대결을 통해 내담자의 저항에 직접 맞선다.

- 내담자의 저항적인 태도에 직접적으로 맞서는 방법은 상당한 주의를 필요로 하지만, 구체적인 행위를 표적으로 시기적절하고 노련하게 직면하는 방법이 효과적인 경우도 있다.
- 상담자는 내담자와 친숙한 관계가 형성된 후 내담자가 정서적으로 받아들일 수 있는 범위 내에서 대결한다. 이때 긴장을 완화하기 위해 유머나 과장을 사용할 수도 있다.

이렇게 외우세요

(1) 내담자의 정보 및 행동에 대한 이해와 해석을 위한 기법

저항감 재인식하기 및 다루기

(2) 해결전략

① **내담자의 변형된 오류 수정 :** 내담자의 방어기제 사용이나 의사소통 방해 등 책임회피를 위한 행동을 규정하여 명확한 행동계획이 수립될 수 있도록 한다.

② **내담자와 친숙해지기 :** 내담자와의 안정된 관계 속에서 내담자의 변화를 유도하며, 책임감을 받아들이도록 돕는다.

③ **은유 사용하기 :** 내담자로 하여금 다양한 이야기 매체들에서의 은유를 자신의 관심사와 연결시키는 동시에 문제 해결의 실마리로 활용할 수 있도록 돕는다.

007 다음 보기의 사례를 읽고 물음에 답하시오. 6점

> A군은 올해 18세로 고등학교를 이제 막 졸업한 후 처음으로 노동시장에의 입직을 시도하였다. A군의 영어발음은 적당하나 작문표현은 빈약하였고, 다른 기능 또한 부족한 편이었다. A군은 자신이 원하는 직업을 절대 얻지 못할 것이라는 생각으로 인해 우울감을 느끼고 있으며, 가장 최근의 면접 시험에서도 거절당했다고 말하였다. A군은 자신의 수행을 타인에게 증명하지 못할 경우 무례한 사람으로 평가될 수 있다는 근거 없는 신념을 가지고 있다.

위의 사례에서 내담자인 A군의 근거 없는 신념을 확인하고 이를 치료하기 위한 과정을 엘리스(Ellis)의 ABCDEF 모델로 설명하시오.

① A(Activating Event) – 선행사건으로서 활성화된 경험
나는 면접시험에 잘 대응하지 못했고, 그로 인해 취업에 이르지 못했다.

② B(Belief System) – 신념체계로서 이성적 믿음과 근거 없는 믿음
- 이성적 믿음(원하거나 욕망하는 것) : 그 직업을 좋아하므로 거절당해서는 안 되며, 이는 매우 귀찮은 일이다. 면접을 그렇게 못 본 것은 불행한 일이다. 기대에 어긋나지 않도록 열심히 구해 보겠다.
- 근거 없는 믿음(요구 및 명령) : 거절당한다는 것은 두렵고 견딜 수 없는 일이다. 이는 내가 무례한 사람이라는 것을 의미한다. 앞으로도 면접시험을 잘 못 볼 것이고, 그로 인해 원하는 직업을 절대 얻지 못할 것이다.

③ C(Consequence) – 활성화된 경험에 관한 신념의 (정서적) 결과
나는 우울하고 가치 없는 존재이며, 희망도 없다.

④ D(Dispute) – 근거 없는 신념의 토론과 논쟁(논박)
직업을 갖지 못하는 것을 그렇게 두려워하는 이유는 무엇인가? 거절당하는 것을 견디지 못한다면 어떤 일이 일어나겠는가? 왜 원하는 직업을 절대 얻지 못할 것이라 생각하는가? 왜 면접시험을 잘 못 볼 것이라 생각하는가?

⑤ E(Effect) – 근거 없는 신념의 토론과 논쟁(논박)에 의한 인지적 · 정서적 · 행동적 효과
- 인지적 효과 : 거절을 두려워 할 필요는 없다. 모든 사람들이 자신이 원하는 직업을 얻는 것도 아니다. 거절당한다는 것은 단지 그 특별한 직업을 가질 수 없다는 것을 의미할 뿐이지, 무례한 사람으로 평가되는 것은 아니다. 아직 나이가 어리므로 기회는 얼마든지 있다.
- 정서적 효과 : 비록 원하는 직업을 얻지 못한 것에 대해 실망감을 느낄지언정 우울해하지는 않는다.
- 행동적 효과 : 앞으로 면접시험에 더욱 열심히 도전한다. 면접 때 어떻게 행동할 것인지 직업상담사에게서 지도도 받고, 동료들과 함께 연습도 한다. 고용센터에 구직자 등록을 하며, 지역사회 고용관련 프로그램에 참여한다.

⑥ F(Feeling) – 새로운 느낌(감정)
비현실적이고 미성숙하며 절대적인 사고를, 현실적이고 성숙하며 합리적인 새로운 느낌으로 전환시킨다.

이렇게 외우세요

① **A(선행사건으로서 활성화된 경험)** : 면접시험에 잘 대응하지 못하여 취업에 실패함
② **B(신념체계로서 근거 없는 믿음)** : 거절당한다는 것은 견딜 수 없는 일이며, 무례한 사람임을 의미함
③ **C(활성화된 경험에 관한 신념의 결과)** : 우울감, 무가치감, 희망 결여
④ **D(근거 없는 신념의 토론과 논쟁)** : 원하는 직업을 절대 얻지 못할 것이라 생각하는 이유에 대해 질문형태로 진술함
⑤ **E(인지적 · 정서적 · 행동적 효과)** : 누구나 자신이 원하는 직업을 가질 수 있는 것도 아니고, 그에 대해 우울해할 필요도 없으며, 보다 철저히 준비하여 새롭게 도전하면 됨
⑥ **F(새로운 느낌)** : 현실적이고 성숙하며 합리적인 새로운 느낌으로 전환함

008 다음 보기의 사례를 읽고 물음에 답하시오. 6점

(상담자는 내담자 A씨에게 선택할만한 직업들 가운데 몇 가지를 제시하였고, 그에 대해 내담자 A씨는 자신이 '영업직'에 능력이 있음을 주장하고 있다)

상담자 : 선생님은 본인이 선택 가능한 직업들 가운데 영업직에 대해 이야기를 했습니다. 만약 극히 어려운 수준을 1점으로, 극히 쉬운 수준을 10점으로 가정할 때, 영업직은 몇 점이나 된다고 생각합니까?

내담자 A씨 : 당연히 10점이지요.

상담자 : 그렇다면 이번에는 선생님께서 영업직을 실제로 수행한다고 가정합시다. 고과 성적을 가장 높은 수준의 A에서, 가장 낮은 수준의 E로 분류할 때, B 이상으로 수행할 가능성은 10점 만점 중 몇 점 정도 될 거라 생각합니까?

내담자 A씨 : 글쎄요, 그건 만만치 않은 문제지만요, 그래도 7점 정도는 될 거라 생각합니다. 저는 계산하는 거나 사람 만나는 것에는 자신이 있거든요.

상담자 : 그렇군요. 그럼 한 가지 더 질문하겠습니다. 방금 전에 영업직에 대해 여러 가지 세부 업무 내용들을 이야기하는 과정에서 '상품기획', '매장관리', '고객응대' 등이 언급되었죠. 이와 같은 세부 업무별 고과 성적을 B 이상으로 수행할 가능성은 10점 만점 중 각각 몇 점 정도 될 거라 생각합니까?

내담자 A씨 : 일단 '고객응대'는 제가 워낙 사람 만나는 걸 좋아하니 확실히 10점이고요, '매장관리'는 예전에 아르바이트 경험도 있으니 9점 정도 될 겁니다. '상품기획'은 아직 직접적인 경험은 없지만 평소 쇼핑이나 물품 광고에 관심을 가지고 있어서 한 6점 정도는 될 거라 확신합니다.

위의 사례에서 상담자는 내담자에게 과제 수행에 대한 본인의 능력 정도를 이야기하도록 하고 있다. 상담자가 사용하고 있는 측정방법의 명칭을 쓰고, 그에 대해 간략히 설명하시오.

자기효능감 측정(Self-Efficacy Measurement) 혹은 자기효능감 척도(Self-Efficacy Scale)

① 반두라(Bandura)가 사회학습이론을 통해 제시한 '자기효능감(Self-Efficacy)'은 원하는 결과를 도출하기 위해 요구되는 일련의 활동들을 자신이 과연 성공적으로 수행해 낼 수 있는지에 관한 주관적인 확신을 가리킨다.

② 자기효능감은 자신의 능력을 상회하는 활동이나 과제는 회피하는 반면, 낮은 능력을 요구하는 활동이나 과제는 수행하도록 만드는 동기적 힘을 의미하는 것으로서, 내담자의 직업선택에 관한 의사결정이나 구직활동 등에 상당한 영향을 미친다.

③ 자기효능감 측정은 어떤 수준의 과제를 수행할 수 있는 능력에 대한 자신의 판단과 연관된다. 즉, 어떤 과제를 어느 정도 수준으로 수행할 수 있는 능력을 갖추었다고 스스로 판단하는지의 정도를 측정한다.

④ 우선 내담자에게 수행해야 할 과제를 제시하여 내담자로 하여금 그 과제의 난이도와 자신이 그 과제를 잘 수행할 수 있는지의 확신도를 말하도록 한 다음, 관련된 상황에서 그 수행 수준을 측정하는 과정으로 이루어진다.

이렇게 외우세요

자기효능감 측정(자기효능감 척도) : 어떤 과제를 어느 정도 수준으로 수행할 수 있는 능력을 갖추었다고 스스로 판단하는지의 정도를 측정한다.

009 다음 보기의 사례를 읽고 물음에 답하시오. 5점

> A군은 상담학 전공 대학원생으로, ㅇㅇ상담센터에서 실습을 하고 있다. A군은 자신이 개발한 청소년을 위한 진로개발 프로그램을 상담에 적용해 보려던 차에, 마침 평소 자신이 호감을 가지고 있던 한 여학생이 상담센터를 찾아와 상담을 신청한 사실을 알게 되었다. A군은 그 여학생과의 상담을 자신이 맡겠다고 제안하였다.

위의 사례에 제시된 A군의 행동이 윤리적으로 타당한지의 여부를 쓰고, 그에 대한 이유를 제시하시오.

(1) 윤리적 타당성 여부(상담을 진행해도 되는가?)

윤리적 문제 동반(상담 불가)

(2) 이 유

① 전문가로서의 태도 – 전문적 능력과 성실성의 결여

- 상담자는 자기 자신의 교육과 수련, 경험 등에 의해 준비된 범위 안에서 전문적인 서비스와 교육을 제공해야 한다. 또한 상담자는 자신의 신념체계, 가치, 제한점 등이 상담에 미칠 영향력을 자각하고 있어야 한다. 이는 전문적 능력과 성실성을 요구하는 전문가로서의 올바른 태도에 해당한다.
- A군은 상담학 전공 대학원생이지만 아직 교육과 수련, 경험 등에서 완벽히 준비된 전문가로 보기 어렵다. 또한 A군이 스스로 개발한 프로그램은 그 효과나 한계점 등이 입증되지 않았으므로, 이를 실제 내담자에게 적용할 때 나타날 수 있는 부작용이나 위험성을 충분히 고려하고 있다고 볼 수 없다.
- 따라서 A군은 자신이 제공할 수 있는 전문적인 도움의 한계, 자신이 개발한 새로운 프로그램이 내담자에게 미칠 수 있는 위험 등을 인식하고 지도감독자의 도움을 요청하는 것이 바람직하다. 즉, 상담자는 전문인으로서의 능력과 효율성에 대한 자기반성이나 평가가 있어야 하며, 자신의 이익이 아닌 내담자의 이익을 최우선으로 하여 내담자를 도울 수 있는 방법을 강구해야 하는 것이다.

② 상담관계 – 이중관계의 위험

- 상담관계의 부적절한 유형으로서 이중관계는 상담자가 내담자와 함께 '상담자–내담자'로서의 관계를 맺는 것 이외에 다른 관계를 맺는 것을 말한다. 금전이나 상품의 거래관계, 친구나 친척 등 지인과의 친밀관계, 이성친구나 애인과의 성적관계 등이 대표적인 이중관계에 해당한다.
- A군은 평소 자신이 호감을 가지고 있던 여학생을 대상으로 자신이 상담을 하겠다고 제안하고 있으나, 현 상황에서 A군이 자신의 개인적 욕구와 함께 그것이 상담에 미칠 영향력을 충분히 고려하고 있다고 볼 수 없다.
- 따라서 A군은 내담자에 대한 자신의 개인적 욕구와 영향력을 충분히 자각하고 있어야 하며, 어떠한 경우에도 상담관계에서 비롯된 내담자의 신뢰와 의존을 자기 자신을 위해 이용해서는 안 된다. 즉, 상담자는 내담자와의 이중관계 혹은 상담자 자신의 전문적 판단에 영향을 미칠 수 있는 다른 관계를 맺지 않도록 노력해야 하는 것이다.

이렇게 외우세요

- **전문가로서의 태도** : 전문가로서 상담자에게는 전문적 능력과 성실성이 요구된다.
- **상담관계** : 상담자는 자신의 전문적 판단에 영향을 미칠 수 있는 이중관계 등을 피해야 한다.

010 다음 보기의 사례를 읽고 물음에 답하시오. 4점

> 김 대리는 업무능력이 높고 남보다 승진이 빠르다. 그러나 사소한 실수를 했다. 상사나 다른 동료들은 아무렇지 않다고 말했지만 김 대리는 아니었다. 김 대리는 "실수하면 안 된다", "실수하면 회사생활은 끝이다"라는 생각을 했고, 그로 인해 심리적 혼란을 겪었다. 그래서 전직(轉職)을 위해 직업상담사를 찾았다. 상담사는 RET 기법으로 김 대리를 상담하면 될 것 같아 그렇게 하기로 했다.

이 내담자를 상담할 때의 목표를 기술하고, 이 내담자가 전직을 하기로 결심하게 된 이유를 엘리스(Ellis)의 RET 이론으로 설명하시오. (2018년 3회 5번)

① 이 내담자를 상담할 때의 목표를 기술하시오.

- 내담자의 비합리적 신념을 합리적 신념으로 바꾸도록 한다.
- 성취 또는 성공 여부에 따라 자신에 대한 가치 수준을 평가하는 조건적 자기수용에서 벗어나 내담자로 하여금 자기 자신이 아닌 자신의 생각과 행동을 평가하도록 유도한다.

② 이 내담자가 전직을 하기로 결심하게 된 이유를 엘리스(Ellis)의 RET 이론으로 설명하시오.

- "나는 실수해서는 안 된다", "나는 실패해서는 안 된다", "나는 반드시 훌륭하게 일을 수행해 내야 한다" 등은 비합리적 신념의 뿌리를 이루는 세 가지 당위성 중 '자신에 대한 당위성(I must)'과 연관된다.
- 자신에 대한 당위성은 자기 자신에게 현실적으로 충족되기 어려운 과도한 기대와 요구를 부과하는 것이다.
- 인간은 누구나 실수하거나 실패할 수 있기 때문에 그와 같은 신념은 현실에서 실현되기 어려운 비합리적 신념이며, 이는 결국 내담자로 하여금 자기파멸 혹은 자기패배의 부정적인 사고와 감정을 유발한다.

이렇게 외우세요

① 이 내담자를 상담할 때의 목표를 기술하시오.
내담자의 비합리적 신념을 합리적 신념으로 바꾸도록 하며, 이를 위해 내담자로 하여금 조건적 자기수용에서 벗어나 자신의 생각과 행동을 평가하도록 유도한다.

② 이 내담자가 전직을 하기로 결심하게 된 이유를 엘리스(Ellis)의 RET 이론으로 설명하시오.
내담자는 '자신에 대한 당위성'으로 인해 사소한 실수에도 불구하고 자기패배의 부정적인 사고와 감정을 가지게 되었다.

011 다음 보기의 사례를 읽고 물음에 답하시오.

6점

올해 고등학교 졸업 예정인 A군은 대학에 진학하기보다는 일찌감치 취업에 도전할 생각이다. 이에 A군은 학교 진로상담실을 찾았고, 진로상담교사는 우선 A군의 직업적성을 확인하기 위해 홀랜드 유형 직업적성검사를 실시하였다. 그리고 그 결과는 다음과 같았다.

성격유형	R	I	A	S	E	C
결 과	17	39	72	81	45	14

(1) A군의 성격유형 특성과 함께 이상적인 직업을 1가지 이상 제시하시오.

(2) A군에게 적합하지 않은 직업을 1가지 이상 제시하시오.

(1) A군의 성격유형 특성과 함께 이상적인 직업을 1가지 이상 제시하시오.

① 홀랜드유형 직업적성검사의 RIASEC 프로파일은 특히 그 분화 정도로서 변별도를 고려하여 해석할 수 있다. 즉, 첫 번째 코드와 두 번째 코드 혹은 세 번째 코드 간의 점수 차이가 10점 이상이 되고 프로파일상의 높낮이 구분이 현저한 경우 변별도가 높은 반면, 그것이 평평한 분포를 이루는 경우 변별도가 낮다고 볼 수 있다.

② A군의 경우 6가지 유형 중 'S'와 'A'가 다른 유형에 비해 현저히 높은 점수를 보이고 있으며, 이들 간의 점수 차이가 10점 미만에 해당하므로 1차 코드는 'S-A' 유형, 2차 코드는 'A-S' 유형으로 구분할 수 있다.

③ 'S'는 사회형(Social Type)을 의미하는 것으로서, 사람들과 함께 일하는 것을 좋아하며, 원만한 대인관계를 맺는다. 또한 'A'는 예술형(Artistic Type)을 의미하는 것으로서, 새로운 방식에 대한 표현과 상상적 · 창조적인 것을 지향한다.

④ 사회형 조합코드로서 'S-A'는 자신의 주장을 지지해 줄 수 있는 사람들과 집단을 형성하며, 사회적인 영향력을 행사하고자 한다. 자신의 신념을 굳건히 밀고 나가며, 능숙한 언변을 통해 다른 사람들을 설득하려고 한다. 이러한 유형을 가진 사람은 상담치료사, 사회사업가, 간호사, 연극배우 등의 직업이 이상적이다.

(2) A군에게 적합하지 않은 직업을 1가지 이상 제시하시오.

① A군의 경우 6가지 유형 중 'C'와 'R'이 다른 유형에 비해 현저히 낮은 점수를 보이고 있다.

② 'C'는 관습형(Conventional Type)을 의미하는 것으로서, 구조화된 상황에서 구체적인 정보를 토대로 정확하고 세밀한 작업을 요하는 일을 선호한다. 또한 'R'은 현실형(Realistic Type)을 의미하는 것으로서, 현장 활동 또는 자신의 손이나 도구를 활용하는 활동을 선호한다.

③ 관습형 조합코드로서 'C-R'은 본래 독립적인 투철한 책임감을 토대로 자신에게 주어진 임무를 독자적으로 수행하고자 하며 회계 · 재무 관리자, 통계학자, 사진제판기사, 인쇄기사 등의 직업이 이상적이다. 따라서 A군에게는 이와 같은 직업이 적성에 맞지 않는 것으로 볼 수 있다.

이렇게 외우세요

(1) A군의 성격유형 특성 및 이상적인 직업
집단을 형성하고 사회적인 영향력을 행사하고자 하며, 능숙한 언변으로 다른 사람들을 설득하려고 한다. 상담치료사, 사회사업가 등이 이상적이다.

(2) A군에게 적합하지 않은 직업
회계 · 재무 관리자, 통계학자 등

012 다음 보기의 사례를 읽고 물음에 답하시오. 6점

> 올해 48세인 A씨는 약 20년간 ○○은행에 다니다가 재작년 정리해고로 실직하였다. A씨는 ○○은행에서도 제법 실적이 높은 우수 직원이었던 만큼 자신이 실직하였다는 사실 자체를 인정하기 어려웠다. 그래도 한 집안의 가장으로서 가족의 생계를 책임져야 했으므로, 퇴사하면서 받은 퇴직금을 이용하여 작은 프랜차이즈 사업을 하였다. 그러나 그마저도 경기불황으로 인해 사업자금 대부분을 잃게 되면서 폐업을 하게 되었고, 현재는 고용센터에서 폐업한 자영업자를 위한 실업급여를 받으면서 재취업을 준비하고 있다.

위의 사례에서 A씨에게 적합한 직업상담 프로그램의 유형을 3가지 쓰고, 그에 대해 간략히 설명하시오.

① 실업충격 완화 프로그램
- 실업은 여러 가지 요인에 의해 결정될 수 있다. 특히 A씨와 같이 구조조정에 따른 정리해고나 경기불황에 따른 사업실패 등은 실업의 주요 요인으로 볼 수 있다.
- 실업충격 완화 프로그램은 실업의 원인에 대한 이해와 실업에서 오는 충격을 확인하고 이를 완화시키는 기술을 제공한다. 또한 실업의 대처능력을 함양시키고 실업에 대해 긍정적인 태도를 가질 수 있도록 돕는다.

② 직업복귀훈련 프로그램
- A씨가 정리해고를 당한 이후 새로운 사업에서 실패를 경험하기까지 대략 2년의 시간이 경과되었다. A씨와 같이 실직 후 자영업을 하다가 재취업을 시도할 경우 직업복귀에 더욱 많은 어려움이 따를 수 있다.
- 직업복귀훈련 프로그램은 특히 장기간의 실업기간을 가진 실업자에 대해 직업복귀를 위한 준비사항을 제공하며, 필요시 직업훈련 프로그램을 안내함으로써 직업관을 정립시킬 수 있도록 돕는다.

③ 취업알선 프로그램
- A씨는 현재 자영업자를 위한 실업급여를 수급하면서 새로운 직업을 찾고 있는 구직자이다. 따라서 A씨에게는 취업을 위한 준비 과정이 필요하다.
- 취업알선 프로그램은 구직자에게 취업처에 대한 정보를 제공하고 취업을 알선하며, 취업에 필요한 기술을 갖추도록 취업처의 조직문화와 노동시장의 정보 등을 제공한다.

이렇게 외우세요

① **실업충격 완화 프로그램** : 실업에서 오는 충격을 확인하고 이를 완화시키는 기술을 제공함
② **직업복귀훈련 프로그램** : 장기간의 실업기간을 가진 실업자에 대해 직업복귀를 위한 준비사항을 제공함
③ **취업알선 프로그램** : 취업처에 대한 정보를 제공하고 취업을 알선함

013 다음 보기의 사례를 읽고 물음에 답하시오. 6점

> ㅇㅇ물산 생산 1팀에 근무하는 A팀장에게는 요새 한 가지 고민이 생겼다. 회사의 다소 엄격한 분위기에도 불구하고 최근 매출 하락에 따라 팀 생산성을 높이도록 부하직원들을 더욱 철저히 감독하라는 사장의 지시가 있었다. 하지만 부하직원들은 평소 회사의 엄격한 근무환경에 대해 불만을 가지고 있었고, 이에 A팀장에게도 일을 자발적으로 할 수 있는 분위기를 만들어 달라고 요청한 바 있다.

위의 사례에서 A팀장은 역할갈등을 경험하고 있다. 역할갈등의 의미와 함께 A팀장이 경험하고 있는 역할갈등의 유형을 쓰시오.

(1) 역할갈등의 의미
　역할담당자가 자신의 지위(직위)와 역할전달자의 역할기대가 상충되는 상황에서 지각하는 심리적 상태이다.
(2) A팀장이 경험하고 있는 역할갈등의 유형
　송신자 간 갈등(Intersender Conflict)

알아두기

역할갈등(Role Conflict)

- 역할담당자가 자신의 지위(직위)와 역할전달자의 역할기대가 상충되는 상황에서 지각하는 심리적 상태이다.
- 둘 또는 그 이상의 사회적 지위를 가지고 있는 사람이 상반된 기대 역할을 요구받을 때 경험하게 된다.
- 어떤 직무의 역할수행이 개인의 다른 역할과 갈등을 일으킬 때 역할갈등이 발생한다. 즉, 한 가지 역할을 수행하게 되면 다른 역할의 수행이 힘들게 되거나 반대가 되는 갈등장면에 처하게 된다.
- 공식적이고 구조적인 조직에서는 주로 구조적 변수(의사결정의 참여, 부하의 폭 등) 때문에 역할갈등이 발생하는 반면, 비공식적이고 비구조적인 조직에서는 인간관계 변수(동료와의 관계 등) 때문에 역할갈등이 발생한다.
- 이와 같은 역할갈등은 다음의 4가지 유형으로 구분된다.

> - **개인 간 역할갈등(Inter-role Conflict)** : 직업에서의 요구와 직업 이외의 요구 간의 갈등에서 발생한다.
> - **개인 내 역할갈등(Person-role Conflict)** : 개인의 복잡한 과제, 개인이 수행하는 직무의 요구와 개인의 가치관이 다를 때 발생한다.
> - **송신자 간 갈등(Intersender Conflict)** : 두 명 이상의 요구가 갈등을 일으킬 때 발생한다.
> - **송신자 내 갈등(Intrasender Conflict)** : 업무 지시자가 서로 배타적이고 양립할 수 없는 요구를 요청할 때 발생한다.

이렇게 외우세요

(1) 역할갈등의 의미
　자신의 지위(직위)와 역할기대 간의 상충에서 비롯되는 심리적 상태

(2) A팀장이 경험하고 있는 역할갈등의 유형
　송신자 간 갈등 : 두 명 이상의 요구가 갈등을 일으킬 때 발생

014

갈등은 크게 접근 경향과 회피 경향으로 대별할 수 있으며, 이를 통해 갈등의 4가지 유형을 구분할 수 있다. 다음 보기의 4가지 예문이 나타내고 있는 갈등의 유형을 순서대로 쓰시오.

4점

① 승진을 하려면 지방근무를 해야만 하고, 서울근무를 계속하려면 승진기회를 잃을 수 있다.
② 학교에 가기 싫어하는 학생이 부모에게 꾸중을 들을까 봐 집에 있을 수도 없다.
③ 여름휴가를 산으로 갈 것인지 바다로 갈 것인지 그것이 문제로다.
④ 친구는 같이 술을 마시자고 하고 아내는 집에 빨리 들어오라고 하는데, 친구의 말을 듣자니 아내가 싫어할 테고, 아내의 뜻에 따르자니 친구가 싫어할 테지.

① 접근-회피 갈등
② 회피-회피 갈등
③ 접근-접근 갈등
④ 이중 접근-회피 갈등

알아두기

갈등의 유형

- 접근-회피 갈등 : 동일한 행동목표가 정적 유의성과 부적 유의성을 동시에 나타내 보이는 경우 발생한다.
- 회피-회피 갈등 : 두 개의 부적 유의성을 띠고 있는 상호배타적인 행동목표가 동시에 나타나는 경우 발생한다.
- 접근-접근 갈등 : 두 개의 정적 유의성을 띠고 있는 바람직하면서도 상호배타적인 행동목표가 동시에 나타나는 경우 발생한다.
- 이중 접근-회피 갈등 : 접근-회피 갈등을 보이는 두 개의 행동목표 중 어느 하나만을 선택할 수밖에 없는 경우 발생한다.

※ 참고 : 유의성(Valence)은 본래 레빈(Lewin)이 처음 사용한 개념으로, 심리적 상황에서 개체의 요구에 응해 그 요구 목표가 되는 대상에 끌려가거나 반발하는 성질을 말합니다. 예를 들어, 공복 상태는 개체로 하여금 음식물 섭취에 대한 요구를 유발하는데, 개체는 그 요구에 응해 구체적인 음식섭취의 행동을 하게 됩니다. 유의성은 그것에 의해 일어나는 행동의 방향에 따라 두 종류로 구분되는데, 그 하나는 대상에 심리적으로 접근하려는 '정적 유의성', 다른 하나는 대상에 심리적으로 멀어지려는 '부적 유의성'입니다.

이렇게 외우세요

① **접근-회피 갈등 :** 동일한 행동목표가 정적 유의성과 부적 유의성을 보임
② **회피-회피 갈등 :** 상호배타적인 행동목표가 두 개의 부적 유의성을 보임
③ **접근-접근 갈등 :** 상호배타적인 행동목표가 두 개의 정적 유의성을 보임
④ **이중 접근-회피 갈등 :** 두 개의 행동목표가 접근-회피 갈등을 보임

015

다음 보기는 우리나라의 최근 연간 고용동향이다. 주어진 조건을 보고 다음을 계산하시오(단, 소수점 둘째자리에서 반올림하고, 계산 과정을 제시하시오). 6점

(단위 : 천명, %, %p, 전년대비)

구 분	2015년	2016년	증 감	증감률
⊙ 15세 이상 인구	43,017	43,416	398	0.9
▣ 경제활동인구	26,913	(B)	335	1.2
(참가율)	(62.6)	(62.8)	(0.2p)	
o 취업자	25,936	26,235	299	1.2
고용률	60.3	(C)	0.1p	
o 실업자	976	1,012	36	3.6
실업률	(A)	3.7	0.1p	
▣ 비경제활동인구	16,105	16,169	64	0.4

* 주) 통계표에 수록된 자료는 반올림되었으므로 전체 수치와 표내의 합계가 일치되지 않는 경우도 있을 수 있음

(1) A에 들어갈 2015년도 실업률은?

(2) B에 들어갈 2016년도 경제활동인구 수는?

(3) C에 들어갈 2016년도 고용률은?

(1) A에 들어갈 2015년도 실업률은?

실업률을 산출하기 위한 공식은 다음과 같다.

$$\text{실업률(\%)} = \frac{\text{실업자 수}}{\text{경제활동인구 수}} \times 100$$

$$\text{실업률(\%)} = \frac{976}{26,913} \times 100 \fallingdotseq 3.62650 \qquad \therefore 3.6\%$$

(2) B에 들어갈 2016년도 경제활동인구 수는?

경제활동인구 수를 산출하기 위한 공식은 다음과 같다.

경제활동인구 수 = 15세 이상 인구 수 − 비경제활동인구 수

경제활동인구 수 = 43,416 − 16,169 = 27,247 ∴ 27,247(천명)

(3) C에 들어갈 2016년도 고용률은?

고용률을 산출하기 위한 공식은 다음과 같다.

$$\text{고용률(\%)} = \frac{\text{취업자 수}}{\text{15세 이상 인구 수}} \times 100$$

$$\text{고용률(\%)} = \frac{26,235}{43,416} \times 100 \fallingdotseq 60.42703 \qquad \therefore 60.4\%$$

이렇게 외우세요

- 실업률(%) = $\frac{\text{실업자 수}}{\text{경제활동인구 수}} \times 100$
- 경제활동인구 수 = 15세 이상 인구 수 − 비경제활동인구 수
- 고용률(%) = $\frac{\text{취업자 수}}{\text{15세 이상 인구 수}} \times 100$

016 다음 보기의 사례를 읽고 물음에 답하시오. 6점

A씨는 대학을 졸업한지 올해로 만 3년이 지났으나 아직 취업을 하지 못한 상태이다. 대학교 3학년 때부터 대기업 및 공사 · 공단 입사시험을 준비하였으나 번번이 낙방하였다. 우리나라에서는 A씨와 같이 취업준비를 전업으로 하는 이른바 '취업준비자'들을 곳곳에서 살펴볼 수 있다. 통계청 추산에 따르면, 우리나라의 취업준비자 수는 2016년 12월 기준 65만 8천명으로, 이는 전년 동월대비 3만명 증가한 것으로 나타났다.

(1) A씨와 같은 취업준비자는 원칙적으로 경제활동인구 혹은 비경제활동인구 중 어느 범주로 분류되는지를 쓰고, 그 이유를 간략히 설명하시오.

(2) '취업준비자'는 실업의 유형 중 잠재실업으로 분류된다. 만약 잠재실업자들을 모두 취업시키도록 경기부양대책을 쓸 경우 나타날 수 있는 문제점을 설명하시오.

(1) A씨와 같은 취업준비자는 원칙적으로 경제활동인구 혹은 비경제활동인구 중 어느 범주로 분류되는지를 쓰고, 그 이유를 간략히 설명하시오.

'취업준비자'는 원칙적으로 비경제활동인구로 분류된다. 그 이유는 취업의 의사가 있더라도 취업준비만 하고 구체적인 구직활동을 하지 않는 경우 비경제활동인구로 분류되기 때문이다.

(2) '취업준비자'는 실업의 유형 중 잠재실업으로 분류된다. 만약 잠재실업자들을 모두 취업시키도록 경기부양대책을 쓸 경우 나타날 수 있는 문제점을 설명하시오.

잠재실업자들을 모두 취업시키기 위해서는 상당한 인플레이션의 위험이 따른다. 이와 관련하여 기틀로우(Gitlow)도 미국의 경우를 예로 들면서, 잠재실업자의 구제를 목적으로 경기부양의 팽창정책을 쓸 경우 과도한 인플레이션이 초래될 것이라 주장하였다. 기틀로우에 따르면, 잠재실업자들은 두 개의 집단으로 구성된다. 하나는 미숙련 · 미경험 근로자 내지 기업의 입장에서 기피 대상이 되는 근로자들이며, 다른 하나는 가정주부, 학생, 은퇴자 등 요구임금률이 상대적으로 높은 집단이다. 기틀로우는 이와 같은 조건하에서 전자의 집단(미숙련 · 미경험 근로자 등)의 경우 경기부양보다는 교육훈련 등의 방법을 효과적인 대처방법으로 보았으며, 후자의 집단(가정주부, 학생, 은퇴자 등)의 경우 그들을 모두 취업시키기 위해 지나치게 적극적인 고용대책 내지 경기부양대책을 쓸 경우 결과적으로 인플레이션을 초래할 것이라 주장하였다.

이렇게 외우세요

(1) 취업준비자의 범주 분류
취업의 의사가 있더라도 취업준비만 하고 구체적인 구직활동이 없으므로 비경제활동인구로 분류된다.

(2) 잠재실업자들을 모두 취업시키도록 경기부양대책을 쓸 경우 나타날 수 있는 문제점
잠재실업자의 구제를 목적으로 경기부양의 팽창정책을 쓸 경우 과도한 인플레이션이 초래될 수 있다.

017 탤런트 A양은 대기업 회장의 외아들 B씨와 결혼을 하게 된다. 결혼이 A양의 경제활동참가에 어떠한 영향을 미치는지 여가와 소득의 모형을 이용하여 설명하시오(단, 여가는 정상재이다).

5점

(2010년 1회 8번, 2010년 2회 13번)

① 탤런트 A양은 고소득자로 예상할 수 있는 대기업 회장의 외아들 B씨와 결혼을 하게 된다. 이때 탤런트 A양이 결혼 후 남편인 B씨의 소득과 관계없이 보다 더 적극적으로 경제활동에 참여함으로써 근로소득을 증가시킬 수도 있겠으나, 고소득자인 남편의 영향으로 인해 경제활동에 소극적인 채 자신의 근로와 관계없이 발생하는 비노동소득(비근로소득)에 영향을 받을 확률이 높다.

② 이는 여가-소득의 선택모형에서 남편의 임금률에 따른 기혼여성의 경제활동참가율의 문제와도 밀접하게 연관된다. 즉, 고소득자인 남성과의 결혼을 남편의 임금률 상승과 유사한 것으로 간주할 수 있는 것이다.

③ 소득의 증가에 따른 노동시간의 효과는 대체효과와 소득효과로 설명할 수 있다. 여기서 대체효과는 임금이 상승하게 되는 경우 여가에 활용하는 시간이 상대적으로 비싸지게 됨으로써 노동자가 여가시간을 줄이는 동시에 노동시간을 늘리는 것이다. 반면, 소득효과는 임금 상승에 따라 소득이 증가하여 노동자가 노동시간을 줄이는 동시에 여가시간과 소비재 구입을 늘리는 것이다.

④ 일반적으로 노동자는 임금이 인상되는 경우 대체효과에 의해 노동시간을 늘림으로써 노동공급을 증가시키지만, 임금 상승이 매우 높은 수준을 보이는 경우 소득효과에 의해 노동시간을 줄임으로써 노동공급을 감소시키기도 한다. 특히 여가와 소비재 구입에는 현금 소비는 물론 시간 소비 또한 요구되므로, 소비가 늘어나는 만큼 경제활동참가율이 감소하게 된다.

⑤ 또한 비노동소득이 증가할수록 개인의 보상요구임금 수준이 높아지게 되며, 보상요구임금 수준이 높아질수록 경제활동참가율은 감소하게 된다. 즉, 탤런트 A양은 대기업 회장의 외아들 B씨와의 결혼으로 인해 비노동소득이 증가하게 됨으로써, 자신의 출연료나 광고료 수입 등에 있어서 보다 높은 희망임금을 기대하게 되어 자신의 보상요구임금 수준을 높이게 된다. 그로 인해 탤런트 A양은 경제활동참가에 있어서 소극적인 양상을 보일 수 있는 것이다.

이렇게 외우세요

① '대체효과'는 임금 상승에 따라 근로자가 여가시간을 줄이는 동시에 노동시간을 늘리는 것이다.
② '소득효과'는 임금 상승에 따라 근로자가 노동시간을 줄이는 동시에 여가시간을 늘리는 것이다.
③ 일반적으로 임금 상승시 대체효과가 우세하지만, 임금 상승폭이 큰 경우 소득효과가 우세해진다.
④ 탤런트 A양의 고소득자와의 결혼에 의한 비노동소득의 증가는 소득효과만 발생시키므로 경제활동참가에의 소극적인 태도를 유발할 수 있다.

018

다음은 A기업에서의 노동공급, 시간당 임금수준 및 노동의 한계수입생산을 가치로 나타낸 것이다. 다음의 물음에 답하시오. 6점

노동공급(단위)	시간당 임금(원)	한계수입생산(원)
3	4,000	20,000
4	5,000	18,000
5	6,000	17,000
6	7,000	15,000
7	8,000	14,000
8	9,000	12,000
9	10,000	11,000

(1) A기업이 노동공급을 5단위에서 6단위로 증가시킬 때 한계노동비용을 구하시오(단, 계산 과정을 제시하시오).

(2) 이윤극대화가 이루어지는 노동공급과 시간당 임금을 구하시오(단, 계산 과정을 제시하시오).

(1) A기업이 노동공급을 5단위에서 6단위로 증가시킬 때 한계노동비용을 구하시오.

한계노동비용(MC_L ; Marginal Cost of Labour)은 노동을 한 단위 추가할 때 드는 총 노동비용의 변화분(증가분)을 나타내는 것으로 단위노동당 임금과 같다. 이러한 한계노동비용(MC_L)을 공식으로 나타내면 다음과 같다.

$$MC_L = \frac{(\triangle C)}{(\triangle L)}$$

단, $\triangle C$는 총 노동비용의 증가분, $\triangle L$는 노동투입량의 증가분

$$MC_L = \frac{(\triangle C)}{(\triangle L)} = \frac{(6\times7{,}000)-(5\times6{,}000)}{6-5}$$

$$= \frac{42{,}000-30{,}000}{1} = 12{,}000(\text{원})$$

∴ 12,000원

(2) 이윤극대화가 이루어지는 노동공급과 시간당 임금을 구하시오.

노동의 한계수입생산 또는 노동의 한계수입생산물(MRP_L ; Marginal Revenue Product of Labor)은 기업이 부가적 생산물을 판매하여 얻는 총수입의 변화, 즉 생산요소 한 단위를 더 투입함으로써 발생하는 한계수입의 변화분을 말한다. 요컨대, 기업의 이윤극대화의 이해타산은 다음과 같이 나타낼 수 있다.

$MRP_L > MC_L$일 때 노동을 한 단위 추가로 고용하면 이윤 증가
$MRP_L < MC_L$일 때 노동을 한 단위 추가로 고용하면 이윤 감소
$MRP_L = MC_L$일 때 이윤극대화

이와 같이 노동의 한계수입생산(MRP_L)이 한계노동비용(MC_L)과 같은 지점에서 이윤극대화가 이루어지므로, 노동공급 단위당 한계노동비용을 구함으로써 이윤극대화 노동공급을 알 수 있다.

노동공급	시간당 임금		한계노동비용	한계수입생산
3	4,000		−	20,000
4	5,000	→ $\frac{(4\times5,000)-(3\times4,000)}{4-3}$	8,000	18,000
5	6,000	→ $\frac{(5\times6,000)-(4\times5,000)}{5-4}$	10,000	17,000
6	7,000	→ $\frac{(6\times7,000)-(5\times6,000)}{6-5}$	12,000	15,000
7	**8,000**	→ $\frac{(7\times8,000)-(6\times7,000)}{7-6}$	**14,000**	**14,000**
8	9,000	→ $\frac{(8\times9,000)-(7\times8,000)}{8-7}$	16,000	12,000
9	10,000	→ $\frac{(9\times10,000)-(8\times9,000)}{9-8}$	18,000	11,000

위의 도표에서 한계노동비용(MC_L)과 한계수입생산(MRP_L)이 일치하는 지점은 노동공급이 7단위, 시간당 임금이 8,000원일 때이다.

∴ 이윤극대화가 이루어지는 지점은 노동공급 7단위, 시간당 임금 8,000원이다.

이렇게 외우세요

- 한계노동비용(MC_L)의 공식

$$한계노동비용(MC_L) = \frac{총\ 노동비용의\ 증가분(\triangle C)}{노동투입량의\ 증가분(\triangle L)}$$

- 기업의 이윤극대화 조건

노동의 한계수입생산(MRP_L) = 한계노동비용(MC_L)

019 다음 보기의 사례를 읽고 물음에 답하시오.

7점

A기업은 시간당 임금이 4,000원일 때 20,000시간의 노동을 사용했고, 시간당 임금이 5,000원일 때 10,000시간의 노동을 사용했다. 반면, B기업은 시간당 임금이 6,000원일 때 30,000시간의 노동을 사용했고, 시간당 임금이 5,000원일 때 33,000시간의 노동을 사용했다.

(1) A기업과 B기업의 노동수요의 임금탄력성을 각각 구하시오(단, 소수점 발생시 반올림하여 소수 둘째 자리로 표현하시오).

(2) A기업의 노동조합과 B기업의 노동조합 중 임금교섭력이 높은 노동조합을 쓰시오.

(3) (2)의 노동조합에서 보다 성공적인 임금협상이 이루어질 수 있는 이유를 설명하시오.

(2021년 3회 18번, 2018년 3회 15번)

(1) A기업과 B기업의 노동수요의 임금탄력성을 각각 구하시오(단, 소수점 발생시 반올림하여 소수 둘째 자리로 표현하시오).

노동수요의 (임금)탄력성을 산출하기 위한 공식은 다음과 같다.

$$\text{노동수요의 (임금)탄력성} = \frac{\text{노동수요량의 변화율(\%)}}{\text{임금의 변화율(\%)}}$$

① A기업의 노동수요의 임금탄력성

[계산식 1]

- 노동수요량의 변화율 $= \dfrac{10{,}000 - 20{,}000}{20{,}000} \times 100 = -50(\%)$
- 임금의 변화율(%) $= \dfrac{5{,}000 - 4{,}000}{4{,}000} \times 100 = 25(\%)$
- 노동수요의 임금탄력성 $= \left| \dfrac{-50(\%)}{25(\%)} \right| = 2.0$ ∴ 2.0(단, 절댓값 적용)

[계산식 2]

$$\left| \frac{\dfrac{10{,}000 - 20{,}000}{20{,}000} \times 100}{\dfrac{5{,}000 - 4{,}000}{4{,}000} \times 100} \right| = \left| \frac{\dfrac{-10}{20}}{\dfrac{1}{4}} \right| = \left| \frac{-40}{20} \right| = 2.0$$

∴ 2.0(단, 절댓값 적용)

② B기업의 노동수요의 임금탄력성

[계산식 1]

- 노동수요량의 변화율 = $\frac{33,000-30,000}{30,000} \times 100 = 10(\%)$
- 임금의 변화율(%)= $\frac{5,000-6,000}{6,000} \times 100 \fallingdotseq -16.67(\%)$
- 노동수요의 임금탄력성 = $\left|\frac{10(\%)}{-16.67(\%)}\right| \fallingdotseq 0.60$ ∴ 0.60(단, 절댓값 적용)

[계산식 2]

$$\left|\frac{\frac{33,000-30,000}{30,000} \times 100}{\frac{5,000-6,000}{4,000} \times 100}\right| = \left|\frac{\frac{3}{30}}{\frac{-1}{6}}\right| = \left|\frac{18}{-30}\right| = 0.60$$

∴ 0.60(단, 절댓값 적용)

(2) A기업의 노동조합과 B기업의 노동조합 중 임금교섭력이 높은 노동조합을 쓰시오.

B기업의 노동조합

(3) (2)의 노동조합에서 보다 성공적인 임금협상이 이루어질 수 있는 이유를 설명하시오.

탄력적인 노동수요곡선을 가진 노동조합(☞ A기업의 노동조합)은 어떤 수준의 임금인상률의 경우에도 상대적으로 더 큰 고용손실률에 직면해야 할 것이며, 이는 더 큰 임금인상을 추구하는 노동조합에게 불리하게 작용하게 된다. 따라서 상대적으로 덜 탄력적인 노동수요곡선을 가진 노동조합(☞ B기업의 노동조합)이 그 조합원들의 임금을 인상시키는 데 유리하며, 그에 따라 임금협상을 성공적으로 이끌 수 있다.

이렇게 외우세요

(1) 노동수요의 (임금)탄력성

노동수요의 (임금)탄력성 = $\frac{\text{노동수요량의 변화율(\%)}}{\text{임금의 변화율(\%)}}$

(2) · (3) 노동조합의 임금교섭력과 임금협상의 양상

노동수요의 임금탄력성이 낮은 기업의 노동조합이 상대적으로 임금교섭력이 높으며, 임금인상 대비 낮은 고용손실로 임금협상을 성공적으로 이끌 수 있다.

유사문제유형

다음 아래의 주어진 표를 보고 물음에 답하시오.

구 분	시간당 임금				
	5,000원	6,000원	7,000원	8,000원	9,000원
A기업 노동수요량	22	21	20	19	18
B기업 노동수요량	24	22	20	18	17

(1) 시간당 임금이 7,000원에서 8,000원으로 인상될 때 각 기업의 임금탄력성을 구하시오(단, 계산 과정을 함께 제시하시오).

(2) A, B 각 기업의 노동조합이 임금인상 협상을 시도할 때 임금인상을 타결할 가능성이 높은 기업은 어디인가?

(3) 그 이유는 무엇인지 설명하시오.

020 아래의 주어진 표를 보고 물음에 답하시오. 5점

[단위 : 천명]

구 분	15~19세	20~24세	25~29세	30~50세
생산가능인구	3,285	2,651	3,846	22,983
경제활동인구	203	1,305	2,797	17,356
취업자	178	1,181	2,598	16,859
실업자	25	124	199	497
비경제활동인구	3,082	1,346	1,049	5,627

(1) 30~50세 고용률(%)을 계산하시오(단, 소수점 둘째자리에서 반올림하시오).

(2) 30~50세 고용률을 29세 이하의 고용률과 비교하여 분석하시오.

(2022년 2회 17번, 2019년 2회 17번, 2017년 1회 15번, 2011년 2회 9번)

(1) 30~50세 고용률(%)을 계산하시오(단, 소수점 둘째자리에서 반올림하시오).

고용률을 산출하기 위한 공식은 다음과 같다.

$$\text{고용률(\%)} = \frac{\text{취업자 수}}{\text{15세 이상 인구 수(생산가능인구 수)}} \times 100$$

$$\therefore \text{30~50세 고용률(\%)} = \frac{16{,}859(\text{천명})}{22{,}983(\text{천명})} \times 100 ≒ 73.4\%$$

(2) 30~50세 고용률을 29세 이하의 고용률과 비교하여 분석하시오.

고용률은 근로기준법상 최저 근로연령에 해당하는 만 15세 이상 생산가능인구 중 취업자가 차지하는 비율을 말한다. 한 국가의 노동력 활용 정도를 나타내는 대표적인 고용지표로서, 실업률이나 경제활동참가율에 비해 경기변동의 영향을 적게 받으므로 사회지표로 널리 활용되고 있다.

위의 보기에서 30~50대의 고용률은 약 73.4%로서 아래의 결과와 비교하여 25~29세 고용률에 비해 5.8%, 20~24세에 비해 28.9%, 15~19세에 비해 68.0% 높게 나타나고 있다. 따라서 30~50세가 다른 연령대에 비해 상대적으로 고용창출 능력이 높으며, 가장 활발한 경제활동을 수행하고 있는 것으로 볼 수 있다.

- $\text{25~29세 고용률(\%)} = \frac{2{,}598(\text{천명})}{3{,}846(\text{천명})} \times 100 ≒ 67.6\%$
- $\text{20~24세 고용률(\%)} = \frac{1{,}181(\text{천명})}{2{,}651(\text{천명})} \times 100 ≒ 44.5\%$
- $\text{15~19세 고용률(\%)} = \frac{178(\text{천명})}{3{,}285(\text{천명})} \times 100 ≒ 5.4\%$

작은 기회로부터 종종 위대한 업적이 시작된다.

– 데모스테네스 –

모든 전사 중 가장 강한 전사는
이 두 가지, 시간과 인내다.

– 레프 톨스토이 –

과락을 피하는 법 직업상담사 2급 직업상담실무 2차 실기

개정8판1쇄 발행	2024년 03월 15일 (인쇄 2024년 01월 12일)
초 판 발 행	2015년 10월 06일 (인쇄 2016년 10월 06일)
발 행 인	박영일
책 임 편 집	이해욱
저 자	직업상담연구소 · 이용석
편 집 진 행	박종옥 · 유형곤
표지디자인	조혜령
편집디자인	곽은슬 · 채경신
발 행 처	(주)시대고시기획
출 판 등 록	제 10-1521호
주 소	서울시 마포구 큰우물로 75 [도화동 538 성지 B/D] 9F
전 화	1600-3600
팩 스	02-701-8823
홈 페 이 지	www.sdedu.co.kr

I S B N	979-11-383-6587-1 (13320)
정 가	20,000원

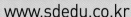

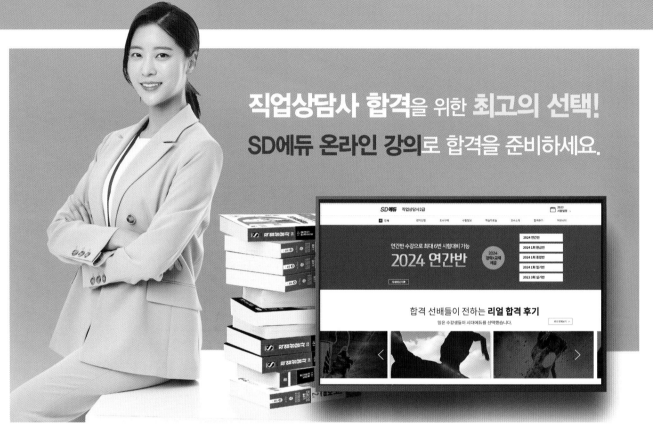

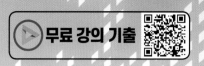

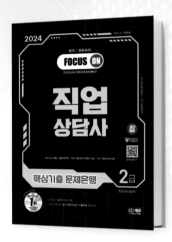

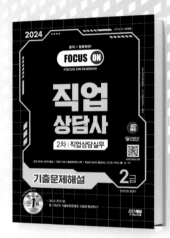

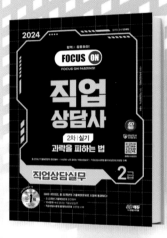

2과목 직업심리학(38～77)

이 책의 목차

CONTENTS

직업상담사 2급 2차 직업상담실무

PART 1 문제편

PART 2 해설편

1과목 직업상담학(1～37)

자격시험안내(2급)

INFORMATION

응시자격 : 제한 없음

실시기관 및 원서접수 : 한국산업인력공단(www.q-net.or.kr)

시험일정

구 분	필기시험접수	필기시험	합격(예정)자 발표	실기시험접수	실기시험	최종 합격자 발표
제1회	1.23 ~ 1.26	2.15 ~ 3.7	3.13	3.26 ~ 3.29	4.27 ~ 5.12	5.29
제2회	4.16 ~ 4.19	5.9 ~ 5.28	6.5	6.25 ~ 6.28	7.28 ~ 8.14	8.28
제3회	6.18 ~ 6.21	7.5 ~ 7.27	8.7	9.10 ~ 9.13	10.19 ~ 11.8	11.20

※ 2024년 시험일정으로, 정확한 시험일정은 시행처인 한국산업인력공단의 확정공고를 필히 확인하시기 바랍니다.

시험방법 및 과목

구 분	1차	2차
시험형식	객관식 4지 택일형	필답형(서술형)+사례형
출제범위	• 직업상담학 • 직업심리학 • 직업정보론 • 노동시장론 • 노동관계법규	• 직업상담학 • 직업심리학 • 직업정보론 • 노동시장론 – 4과목 출제(노동관계법규 제외)
문항 수	• 총 5과목 100문제 • 1 ~ 5과목 각각 20문제씩 출제	• 약 18문제 내외 • 1 ~ 2과목에서 약 70% 출제
필기도구	CBT시험으로 필기도구는 필요 없어요.	검정색 필기구만 사용가능 • 답안 정정 시 수정테이프는 사용가능해요! • 지워지는 볼펜류는 사용할 수 없어요!
시험 시간	150분 • 2차 시험은 시간이 부족해서 답안을 작성하지 못하는 경우는 거의 없어요!	
참 고	4과목 노동시장론에서 계산문제가 등장하기도 하는데요. 시험장에 계산기를 지참해 가시면 수월하게 문제를 풀 수 있어요. 다만 부정행위 방지를 위해 계산기는 리셋된 상태거나, 메모리 칩이 없는 상태여야 합니다.	

합격점수

❶ 1차 시험(필기)

한 과목당 100점 만점(한 문제당 5점)으로 매 과목 40점 이상, 전 과목 평균 60점 이상을 맞아야 합격입니다.

❷ 2차 시험(실무)

- 100점 만점으로 하여 60점 이상을 획득해야 합격입니다.
- 2차 시험은 서술형으로 작성하는 것이기 때문에 부분점수를 얻을 수도 있어 모르는 문제라고 포기하는 것보다는 아는 범위에서 적는 것이 중요합니다.

머리말

PREFACE

2차 시험까지 합격해야 직업상담사가 될 수 있습니다.
직업상담사, 적은 시간을 들여 빨리 취득하고 싶으시죠?
어떻게 하면 보다 빨리, 쉽게 딸 수 있을까를 생각하면서 이 책을 출간합니다.

첫째 시험에 가장 많이 출제된 문제만을 뽑았습니다.

SD에듀의 노하우를 담아 시험에서 가장 많이 출제된 문제만을 뽑아서 구성했습니다. 2002～2023년 기출복원문제의 분석을 통해 기출 데이터를 축적하였으며, 이를 바탕으로 반드시 학습하고 시험장에 들어가야 할 문제들만 모았으므로 단기간에 효율적으로 학습할 수 있습니다.

둘째 기출문제 중에서 유사한 문제들은 추가로 표시하였습니다.

합격의 열쇠가 기출문제라는 것은 모든 수험생들이 알고 있는 사실입니다. 효율적인 학습을 위해 유사한 유형의 기출문제들을 한데 모아 보여드리고, 함께 학습하면서 학습시간을 줄일 수 있도록 하였습니다.

셋째 문제해결 키워드 및 배점 관련 팁을 수록하였습니다.

단순히 문제와 해설만을 제시하는 것에서 한걸음 더 나아가 문제를 해결할 수 있는 키워드와 배점 관련 팁을 친절하게 설명하였습니다. 문제에서 요구하는 것이 무엇인지, 부분점수를 딸 수 있는 방법은 무엇인지 등을 찬찬히 보면서, 합격의 노하우를 다져갈 수 있습니다.

넷째 새롭게 추가된 직업상담사례형 출제예상문제를 수록하였습니다.

2017년 제1회 시험부터 새롭게 도입된 직업상담사례형 출제예상문제 20문항을 부록으로 추가하여 새로운 유형에 대비할 수 있도록 하였습니다.

2차 합격률은 매우 낮습니다. 그만큼 어려운 시험입니다. 어려운 시험이니만큼 합격한 후에는 보람도 더 큽니다. 열심히 공부한 분들에게 행운이 함께 하기를 바랍니다.

편저자 씀

10일 만에 끝내는 학습계획표

STUDY PLAN

D-10	D-9	D-8	D-7	D-6
달 성☐	달 성☐	달 성☐	달 성☐	달 성☐
1과목 직업상담학(1～16번)	**1과목** 직업상담학(17～30번)	**1과목** 직업상담학(31～37번) **2과목** 직업심리학(38～43번)	**2과목** 직업심리학(44～57번)	틀린 문제 및 개념 복습
1 정신분석적 상담 Ⅰ 2 정신분석적 상담 Ⅱ 3 특성-요인 상담 Ⅰ 4 특성-요인 상담 Ⅱ 5 특성-요인 상담 Ⅲ 6 특성-요인 상담 Ⅳ 7 내담자중심 상담 Ⅰ 8 내담자중심 상담 Ⅱ 9 내담자중심 상담 Ⅲ 10 내담자중심 직업상담과 특성-요인 직업상담의 차이점 11 정신역동 상담 Ⅰ 12 정신역동 상담 Ⅱ 13 발달적 직업상담 Ⅰ 14 발달적 직업상담 Ⅱ 15 행동주의 상담이론 16 행동주의 상담기법	17 행동주의 상담의 구체적인 기술 18 인지 · 정서 · 행동적 상담 Ⅰ 19 인지 · 정서 · 행동적 상담 Ⅱ 20 인지치료 21 포괄적 직업상담 22 개인주의 상담 23 실존주의 상담 24 형태주의(게슈탈트) 상담 25 교류분석 상담 Ⅰ 26 교류분석 상담 Ⅱ 27 내담자의 정보 및 행동에 대한 이해와 해석 28 집단직업상담 Ⅰ 29 집단직업상담 Ⅱ 30 집단직업상담 Ⅲ	31 생애진로사정(LCA) Ⅰ 32 생애진로사정(LCA) Ⅱ 33 가치사정 34 흥미사정 35 침묵 36 상담의 주요 기법 37 실업(직)과 관련된 고용상태의 잠재효과(Jahoda) 38 홀랜드(Holland)의 직업발달이론 Ⅰ 39 홀랜드(Holland)의 직업발달이론 Ⅱ 40 데이비스와 롭퀴스트(Dawis&Lofquist)의 직업적응이론 41 긴즈버그(Ginzberg)의 직업발달이론 42 고트프레드슨(Gottfredson)의 직업발달이론 43 크롬볼츠(Krumboltz)의 사회학습이론	44 심리검사의 이해 Ⅰ 45 심리검사의 이해 Ⅱ 46 심리검사의 일반적 분류 47 객관적 검사 48 투사적 검사 49 심리검사 결과의 해석 50 심리검사 사용의 윤리적 문제 51 검사의 표준화 Ⅰ 52 검사의 표준화 Ⅱ 53 검사의 표준화 Ⅲ 54 척 도 55 검사 관련 주요 개념 56 측정의 표준오차(SEM) 57 표본추출(표집)	-

D-5	D-4	D-3	D-2	D-1
달 성☐	달 성☐	달 성☐	달 성☐	달 성☐
2과목 직업심리학(58～73번)	**2과목** 직업심리학(74～77번) **3과목** 직업정보론(78～85번)	**3과목** 직업정보론(86～100번)	**4과목** 노동시장론(101～114번)	틀린 문제 및 개념 복습
58 신뢰도 Ⅰ 59 신뢰도 Ⅱ 60 신뢰도 Ⅲ 61 신뢰도 Ⅳ 62 타당도 Ⅰ 63 타당도 Ⅱ 64 타당도 Ⅲ 65 타당도 Ⅳ 66 타당도 Ⅴ 67 심리검사 결과 68 미네소타 다면적 인성검사(MMPI) 69 마이어스-브릭스 성격유형검사(MBTI) 70 일반 직업적성검사(GATB) 71 직업흥미검사 72 직업성숙검사 73 진로시간전망검사	74 직무분석과 직무평가 Ⅰ 75 직무분석과 직무평가 Ⅱ 76 직무분석과 직무평가 Ⅲ 77 직무분석과 직무평가 Ⅳ 78 직업정보의 이해 79 민간직업정보와 공공직업정보 80 한국직업사전 81 한국표준직업분류 Ⅰ 82 한국표준직업분류 Ⅱ 83 한국표준직업분류 Ⅲ 84 한국표준직업분류 Ⅳ 85 한국표준직업분류 Ⅴ	86 한국표준산업분류 Ⅰ 87 한국표준산업분류 Ⅱ 88 한국표준산업분류 Ⅲ 89 한국표준산업분류 Ⅳ 90 경제활동참가율 91 실업률 92 고용률 93 구인배수와 취업률 94 입직률 95 노동의 수요 96 기업의 이윤극대화 노동수요 97 노동의 한계생산량 98 노동수요의 탄력성 및 노동공급의 탄력성 99 노동수요의 탄력성 Ⅰ 100 노동수요의 탄력성 Ⅱ	101 노동공급의 결정요인 102 기혼여성의 경제활동참가율을 결정하는 요인 103 대체효과와 소득효과 104 내부노동시장의 형성요인 105 노동시장의 분석이론 106 교육의 사적 수익률과 사회적 수익률 107 최저임금제 108 임금의 하방경직성 109 부가급여 110 보상적 임금격차 111 생산성 임금제 112 실업의 유형 113 노동조합 114 단체교섭이론	-

2주 만에 끝내는 학습계획표

STUDY PLAN

D-14	D-13	D-12	D-11	D-10	D-9	D-8
달 성□	달 성□	달 성□	달 성□	달 성□	달 성□	달 성□
1과목 직업상담학 (1~9번)	**1과목** 직업상담학 (10~18번)	**1과목** 직업상담학 (19~27번)	**1과목** 직업상담학 (28~37번)	**2과목** 직업심리학 (38~46번)	**2과목** 직업심리학 (47~55번)	틀린 문제 및 개념 복습
1 정신분석적 상담 Ⅰ 2 정신분석적 상담 Ⅱ 3 특성–요인 상담 Ⅰ 4 특성–요인 상담 Ⅱ 5 특성–요인 상담 Ⅲ 6 특성–요인 상담 Ⅳ 7 내담자중심 상담 Ⅰ 8 내담자중심 상담 Ⅱ 9 내담자중심 상담 Ⅲ	10 내담자중심 직업상담과 특성–요인 직업상담의 차이점 11 정신역동 상담 Ⅰ 12 정신역동 상담 Ⅱ 13 발달적 직업상담 Ⅰ 14 발달적 직업상담 Ⅱ 15 행동주의 상담이론 16 행동주의 상담기법 17 행동주의 상담의 구체적인 기술 18 인지 · 정서 · 행동적 상담 Ⅰ	19 인지 · 정서 · 행동적 상담 Ⅱ 20 인지치료 21 포괄적 직업상담 22 개인주의 상담 23 실존주의 상담 24 형태주의(게슈탈트) 상담 25 교류분석 상담 Ⅰ 26 교류분석 상담 Ⅱ 27 내담자의 정보 및 행동에 대한 이해와 해석	28 집단직업상담 Ⅰ 29 집단직업상담 Ⅱ 30 집단직업상담 Ⅲ 31 생애진로사정(LCA) Ⅰ 32 생애진로사정(LCA) Ⅱ 33 가치사정 34 흥미사정 35 침묵 36 상담의 주요 기법 37 실업(직)과 관련된 고용상태의 잠재효과(Jahoda)	38 홀랜드(Holland)의 직업발달이론 Ⅰ 39 홀랜드(Holland)의 직업발달이론 Ⅱ 40 데이비스와 롭퀴스트(Dawis&Lofquist)의 직업적응이론 41 긴즈버그(Ginzberg)의 직업발달이론 42 고트프레드슨(Gottfredson)의 직업발달이론 43 크롬볼츠(Krumboltz)의 사회학습이론 44 심리검사의 이해 Ⅰ 45 심리검사의 이해 Ⅱ 46 심리검사의 일반적 분류	47 객관적 검사 48 투사적 검사 49 심리검사 결과의 해석 50 심리검사 사용의 윤리적 문제 51 검사의 표준화 Ⅰ 52 검사의 표준화 Ⅱ 53 검사의 표준화 Ⅲ 54 척 도 55 검사 관련 주요 개념	–

D-7	D-6	D-5	D-4	D-3	D-2	D-1
달 성□	달 성□	달 성□	달 성□	달 성□	달 성□	달 성□
2과목 직업심리학 (56~66번)	**2과목** 직업심리학 (67~77번)	**3과목** 직업정보론 (78~85번)	**3과목** 직업정보론 (86~94번)	**4과목** 노동시장론 (95~104번)	**4과목** 노동시장론 (105~114번)	틀린 문제 및 개념 복습
56 측정의 표준오차(SEM) 57 표본추출(표집) 58 신뢰도 Ⅰ 59 신뢰도 Ⅱ 60 신뢰도 Ⅲ 61 신뢰도 Ⅳ 62 타당도 Ⅰ 63 타당도 Ⅱ 64 타당도 Ⅲ 65 타당도 Ⅳ 66 타당도 Ⅴ	67 심리검사 결과 68 미네소타 다면적 인성검사(MMPI) 69 마이어스–브릭스 성격유형검사(MBTI) 70 일반 직업적성검사(GATB) 71 직업흥미검사 72 직업성숙검사 73 진로시간전망검사 74 직무분석과 직무평가 Ⅰ 75 직무분석과 직무평가 Ⅱ 76 직무분석과 직무평가 Ⅲ 77 직무분석과 직무평가 Ⅳ	78 직업정보의 이해 79 민간직업정보와 공공직업정보 80 한국직업사전 81 한국표준직업분류 Ⅰ 82 한국표준직업분류 Ⅱ 83 한국표준직업분류 Ⅲ 84 한국표준직업분류 Ⅳ 85 한국표준직업분류 Ⅴ	86 한국표준산업분류 Ⅰ 87 한국표준산업분류 Ⅱ 88 한국표준산업분류 Ⅲ 89 한국표준산업분류 Ⅳ 90 경제활동참가율 91 실업률 92 고용률 93 구인배수와 취업률 94 입직률	95 노동의 수요 96 기업의 이윤극대화 노동수요 97 노동의 한계생산량 98 노동수요의 탄력성 및 노동공급의 탄력성 99 노동수요의 탄력성 Ⅰ 100 노동수요의 탄력성 Ⅱ 101 노동공급의 결정요인 102 기혼여성의 경제활동참가율을 결정하는 요인 103 대체효과와 소득효과 104 내부노동시장의 형성요인	105 노동시장의 분석이론 106 교육의 사적 수익률과 사회적 수익률 107 최저임금제 108 임금의 하방경직성 109 부가급여 110 보상적 임금격차 111 생산성 임금제 112 실업의 유형 113 노동조합 114 단체교섭이론	–

5

1차 교재를 무시하지 말 것

가만히 보면 2차 문제 중에는 1차 시험의 객관식 문항을 주관식 문항으로 바꾼 문제들이 의외로 많습니다. 자신의 손때가 묻은 1차 교재를 참고하면서 같이 공부해 나가는 것이 빠른 시일 내에 기초를 다지는 방법입니다. 그리고 1차 시험에 나온 기출문제를 기본으로 2차 문제를 만드는 경우도 많습니다. 2차를 공부하실 때 자신이 1차 때 공부했던 교재를 반드시 참고하세요!

6

중요하지 않은 문제는 없다

2차는 문제 수가 적고 배점이 크기 때문에 무심코 지나쳐버린 문제가 한두 개만 되어도 불합격할 수 있는 상황이 됩니다. 무심코 지나쳐버린 문제가 나에게 불합격의 부메랑이 돼서 돌아올 수 있다는 것을 염두에 두시고 공부하시기 바랍니다.

7

본인만의 요약본 만들기

2차 시험은 공부의 분량이 1차보다는 적지만 내용의 정확도는 높여야 하기 때문에 반드시 자신이 직접 만든 요약본을 가지고 공부하시는 것이 좋습니다. 처음에는 본교재로 공부하시다가 잘 외워지지 않는 부분은 따로 정리해서 요약노트를 꼭 만들어 두세요. 노트를 만들면서 70%는 자연히 공부하시게 됩니다.

8

나의 또 다른 뇌 냉장고

노트정리하신 거 주머니에 넣고 틈틈이 공부하시고, A4지에 정리하셔서 눈에 잘띄는 냉장고 문에 붙여 놓고 냉장고 열 때 5줄씩이라도 읽으면 시간이 없다는 핑계는 있을 수 없겠지요? 냉장고는 나의 또 다른 뇌입니다. 항상 시험과 관계된 무엇이라도 적어놓으세요.

9

출제자의 의도를 파악할 것

시험문제는 기출됐던 문제와 그렇지 않은 문제로 나눠집니다. 처음 보는 문제를 접하실 때 당황하지 마시고 과연 이 문제를 만든 사람이 우리에게 무엇을 물어보는 것인가, 과연 실무능력을 파악하는 데 이것을 물어보는 의도는 무엇인가를 먼저 파악해야 합니다.

10

자신감 있는 기술

어찌 그리 소심하신지! 오프라인에서 쪽지시험을 보면 무척 쑥스럽게 답을 써내려가는 분들이 대부분입니다. 아는 것이 없으면 다소 허풍이라도 떨며 자신 있게 써 내려가셔야 합니다. 난 이거 안다, 혹은 내가 생각하는 것이 정답이라는 생각으로 자신 있게 작성하세요.

직업상담실무 공략비법

ANALYSIS

2차 직업상담실무 시험의 경우 기출문제 및 채점기준이 비공개일 뿐만 아니라 필답형 시험이기 때문에 답안을 작성하는 것 자체에 대해 어려움과 부담을 느끼는 수험생들이 많습니다. 그러나 단언컨대 직업상담사 자격시험은 합격하지 못할 정도로 어려운 자격시험은 아닙니다. 또한, 기출문제에서 중복하여 출제되는 문제들이 있으므로 꼼꼼하게 계획을 세워 학습한다면 합격의 주인공이 될 수 있습니다.

1 주관식에 주눅 들지 말 것

주관식이라고 해서 대학전공시험처럼 어떤 이론에 대해 전체를 논하거나 혹은 전혀 접해 보지 못했던 부분이 문제로 쏟아져 나오는 것은 아닙니다. 차근차근 이해와 암기를 병행해서 준비하면 막상 객관식보다 더 수월하게 합격하실 수 있는 시험이기도 합니다. 주관식이라는 말에 너무 주눅이 들어 공부하시면 오히려 독이 될 수도 있습니다.

2 기출문제는 직업상담사 시험의 바이블

1차와 마찬가지로 2차도 기출문제부터 공부하시는 게 우선입니다. 제가 기출문제를 강조하는 것은 몇 퍼센트 나오느냐 또는 똑같은 문제가 얼마나 나오느냐 때문이라기보다는 이 시험이 묻는 부분은 어떤 것이며 어떤 형식으로 묻는가를 공부하는 것이 합격에 이르는 가장 빠른 길이고 또 당연히 가야 할 길이기 때문입니다. 물론 1차보다 2차에 중복문제가 많은 것도 사실이구요. 다시 한 번 강조하지만 시험장에 가기 전 최소한 기출되었던 문제는 언제 어느 때라도 일필휘지로 써 내려갈 수 있는 실력을 키우셔야 합니다.

3 인터넷에 떠도는 답에 유의할 것

1차는 어처구니없는 해설이 떠돌아도 답이 공표가 되어서 큰 피해가 없지만 2차 같은 경우에는 정답 공표도 없고 본인이 어느 문제에서 어떻게 틀렸는지도 알 수 없기 때문에 열심히 공부했음에도 불구하고 낙방하는 경우가 허다합니다. 물론 본교재로 공부하시는 경우에는 그렇지 않겠지만 혹여 인터넷에서 검증되지 않은 유령답을 정답으로 오인하지 않도록 조심하셔야 합니다.

4 머리가 아니라 손이 하는 공부

형광펜으로 수많은 별표를 치고 눈으로 10번 읽는 것보다는 어느 정도 내용이 이해되면 본교재 같은 경우에 문제 바로 밑에 흰종이로 답을 가리고 틀리더라도, 혹은 7개 쓰는 답에 1가지만 쓰더라도 직접 써보는 훈련을 하는 것이 중요합니다. 2차 시험은 머리로 생각하기 이전에 자동적으로 손이 알아서 써 내려갈 정도로 연습하셔야 합니다.

직업정보론, 노동시장론

1

공부할 양이 많지 않으며 출제될 문제의 예상이 가능한 과목입니다.

직업정보론과 노동시장론의 배점은 2과목을 합쳐서 30%가량 차지합니다. 직업정보론은 공부할 범위가 넓지는 않습니다. 일단 한국직업사전은 완벽히 마스터하셔야 합니다. 적어도 이곳에서는 출제 예상되는 부분은 확실히 대비할 수가 있습니다. 그만큼 중요하다는 이야기입니다.

2

핵심을 뽑아내서 공략해야 합니다.

직업정보론과 노동시장론은 정답이 명확하고 구체적인 편입니다. 또한 중요 핵심부분만 집중적으로 공략해야 하는 과목입니다. 노동시장론은 과거의 모든 기출문제를 다 모아봤을 때 출제된 문항 수가 타과목에 비해 가장 적고 앞으로 출제될 문항 수도 가장 적습니다. 효율적인 공부를 위하여 시간투자를 가장 적게 하면서도, 출제될 수 있는 부분을 모두 정리해 암기하는 방법이 필요합니다. 이 과목들은 1차 때 많이 출제됐던 부분을 노트정리하셔서 추가 예상문제를 만들어 공부하시는 게 더욱 큰 도움이 되실 겁니다.

직업상담실무 과목별 공략비법

직업상담사 2차 직업상담실무는 총 4과목으로, '직업상담학/직업심리학/직업정보론/노동시장론'이 출제됩니다.
1차 필기시험의 경우 각 과목별로 25문제가 동일하게 출제되지만, 2차 실무에는 직업상담학과 직업심리학 과목에서 약 70%의 문제가 출제되고 나머지 30%가 직업정보론과 노동시장론 과목에서 출제되는 것이 일반적입니다. 출제유형과 패턴을 알고, 효율적으로 학습을 시작해야 합니다.

직업상담학, 직업심리학

1 기초에 충실해야 합니다.

출제문항 수와 총점수에서 이 두 과목의 배점은 전체의 70% 가량을 차지합니다. 그만큼 1차 때부터 다양한 이론들에 대해 폭넓은 기초지식을 차곡차곡 이해하신 분이 유리합니다. 아직도 부족한 분이라면 1차 이론서를 한 번 더 보시는 것도 도움이 되실 겁니다.

2 기출문제의 이웃을 살펴봐야 합니다.

기출문제를 중심으로 기출문제의 이웃 내용들을 잘 살펴보셔야 합니다. 예를 들어 특성요인에 대해 나왔다면, 파슨스의 3요인, 윌리암슨의 상담과정, 윌리암슨의 변별진단, 검사해석시 상담기법, 특성요인이론의 핵심내용 및 한계와 같은 부분을 모두 외우셔야 새로운 문제를 예상하고 대비하실 수 있습니다.

3 버릴 건 과감히 버리고 포기해야 합니다.

새로 출제되는 문항 중에는 변별력을 위해 이전 기출문제에서 전혀 다뤄지지 않은 새로운 분야의 문제도 가끔 나오고는 합니다. 이런 문제는 항상 10～20% 정도 있으니 그냥 넘기시고, 기출문제와 예상문제를 완벽히 마스터하시는 게 필요합니다.

4 문제를 신중히 읽어봐야 합니다.

특히 직업상담 · 심리학에서는 문제를 신중히 잘 보셔야 합니다. 문제가 요구하는 답이 무엇인지 제대로 파악하지 못하고 무작정 답을 쓰는 경우가 허다합니다. 기출문제가 다시 출제된다고 해서 문제형식이나 내용도 똑같지는 않습니다. 수박 겉핥기식으로 공부한 사람들은 문제가 조금만 달라져도 전혀 다른 문제로 착각하는 경우가 많습니다.

❽ 답에 단위가 없으면 오답으로 처리됩니다(단, 문제의 요구사항에 단위가 주어졌을 경우는 생략되어도 무방합니다).

❾ 문제에서 요구한 가지 수(항수) 이상을 답란에 표기한 경우에는 답란기재 순으로 요구한 가지 수(항수)만 채점하여 한 항에 여러 가지를 기재하더라도 한 가지로 보며 그 중 정답과 오답이 함께 기재되어 있을 경우 오답으로 처리됩니다.

❿ 한 문제에서 소문제로 파생되는 문제나, 가지 수를 요구하는 문제는 대부분의 경우 부분배점을 적용합니다.

⓫ 부정 또는 불공정한 방법(시험문제 내용과 관련된 메모지사용 등)으로 시험을 치른 자는 부정행위자로 처리되어 당해 시험을 중지 또는 무효로 하고, 3년간 국가기술자격검정의 응시자격이 정지됩니다.

⓬ 복합형 시험의 경우 시험의 전 과정(필답형, 작업형)을 응시하지 않은 경우 채점대상에서 제외합니다.

⓭ 저장용량이 큰 전자계산기 및 유사 전자제품 사용시에는 반드시 저장된 메모리를 초기화한 후 사용하여야 하며, 시험위원이 초기화 여부를 확인할시 협조하여야 합니다. 초기화되지 않은 전자계산기 및 유사 전자제품을 사용하여 적발시에는 부정행위로 간주합니다.

⓮ 시험위원이 시험 중 신분확인을 위하여 신분증과 수험표를 요구할 경우 반드시 제시하여야 합니다.

⓯ 시험 중에는 통신기기 및 전자기기(휴대용 전화기 등)를 지참하거나 사용할 수 없습니다.

⓰ 문제 및 답안(지), 채점기준은 일체 공개하지 않습니다.

⓱ 국가기술자격 시험문제는 일부 또는 전부가 저작권법상 보호되는 저작물이고, 저작권자는 한국산업인력공단입니다. 문제의 일부 또는 전부를 무단 복제, 배포, 출판, 전자출판 하는 등 저작권을 침해하는 일체의 행위를 금합니다.

※ 수험자 유의사항 미준수로 인한 채점상의 불이익은 수험자 본인에게 책임이 있음

※ 유의사항 중 일부 항목은 종목별 특성에 따라 다를 수 있습니다.

필답형 시험지 답안 작성법

다음은 큐넷에서 공지한 '필답형 [기사(산업기사), 기능사, 기능장] 유의 사항'입니다. 공단에서 시행하는 필답형 시험 답안작성시 유의사항 중 잘못 이해할 수 있거나 오해의 소지가 있는 사항에 대하여 다음과 같이 알려드리니 시험 준비에 참고하시기 바랍니다(※ 참고로 유의사항 중 일부 항목은 종목별 특성에 따라 다를 수 있습니다).

출처 : 한국산업인력공단

❶ 시험 문제지를 받는 즉시 응시하고자 하는 종목의 문제지가 맞는지를 확인하여야 합니다.

❷ 시험문제지 총면수, 문제번호 순서, 인쇄상태 등을 확인하고, 수험번호 및 성명을 답안지에 기재하여야 합니다.

❸ 수험자 인적사항 및 답안작성(계산식 포함)은 검정색 필기구만 사용하되, 흑색을 제외한 유색 필기구 또는 연필류를 사용하거나 2가지 이상의 색을 혼합 사용하였을 경우 그 문항은 0점 처리됩니다.

TIP

연필로 작성된 답안지는 답안내용을 지우개로 지우고 대리 작성을 통한 부정행위 개연성의 사전방지 차원에서 채점제외됩니다.

❹ 답란에는 문제와 관련 없는 불필요한 낙서나 특이한 기록사항 등을 기재하여서는 안 되며 부정의 목적으로 특이한 표식을 하였다고 판단될 경우에는 모든 문항이 0점 처리됩니다.

TIP

답안작성시 연습란 여백 부족의 불편사항이 없도록 충분한 여백공간을 제공토록 문제 편집시 고려하였으며, 만일 부족시 답란부문을 제외한 빈 공간을 활용하여도 무방합니다.

시험 도중 문제부문에 밑줄 표시 등을 하여도 채점에 불이익이 전혀 없습니다. 다만, 답안 작성란에는 문제에서 요구한 답안(계산과정을 요구한 경우 계산과정 포함)만을 작성하여야 합니다.

문제지 연습란 여백 등 부문은 채점을 하지 않으므로 연필자국을 지우개로 지울 필요가 없습니다. 채점은 답란 부문에 대해서만 적용됩니다.

❺ 답안을 정정할 때에는 반드시 정정부분을 두 줄(=)로 그어 표시하여야 하며, 두 줄로 긋지 않은 답안은 정정하지 않은 것으로 간주합니다(수정테이프 사용가능).

❻ 계산문제는 반드시 「계산과정」과 「답」란에 계산과정과 답을 정확히 기재하여야 하며 계산과정이 틀리거나 없는 경우 0점 처리됩니다(단, 계산연습이 필요한 경우는 연습란을 이용하여야 하며, 연습란은 채점대상이 아닙니다).

❼ 계산문제는 최종 결과 값(답)에서 소수 셋째 자리에서 반올림하여 둘째 자리까지 구하여야 하나 개별문제에서 소수 처리에 대한 요구사항이 있을 경우 그 요구사항에 따라야 합니다(단, 문제의 특수한 성격에 따라 정수로 표기하는 문제도 있으며, 반올림한 값이 0이 되는 경우는 첫 유효숫자까지 기재하되 반올림하여 기재하여야 합니다).

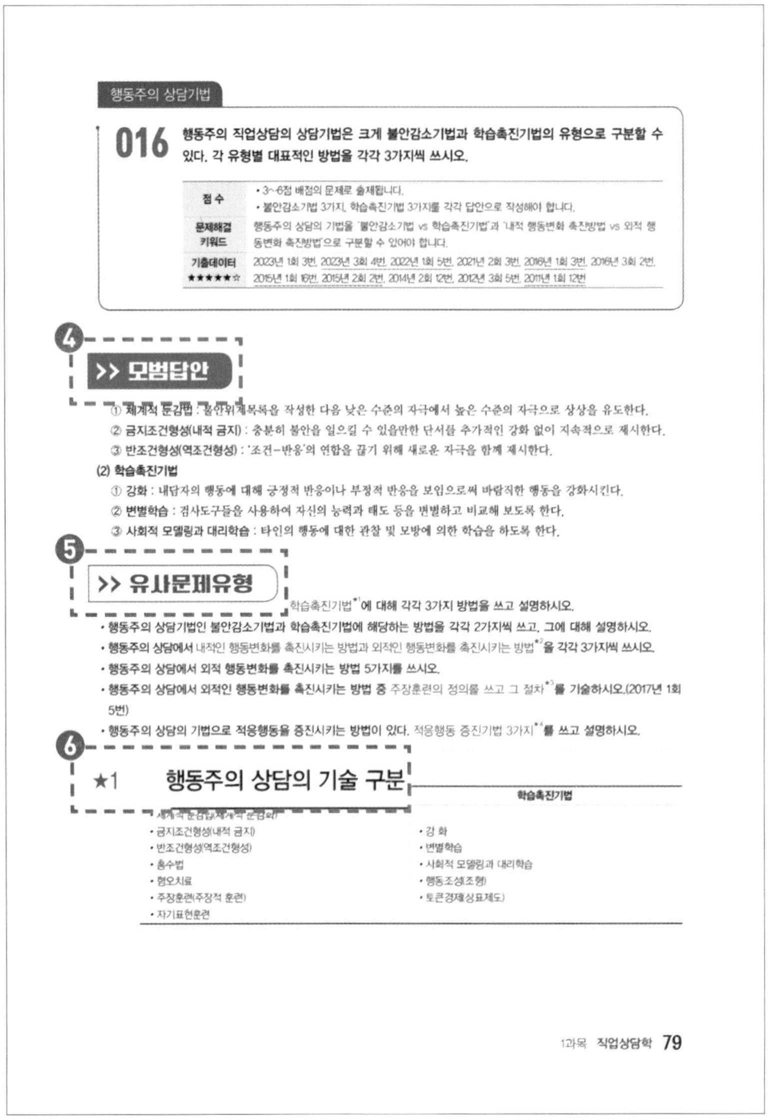

행동주의 상담기법

016 **행동주의 직업상담의 상담기법은 크게 불안감소기법과 학습촉진기법의 유형으로 구분할 수 있다. 각 유형별 대표적인 방법을 각각 3가지씩 쓰시오.**

점 수	• 3~6점 배점의 문제로 출제됩니다. • 불안감소기법 3가지, 학습촉진기법 3가지를 각각 답안으로 작성해야 합니다.
문제해결 키워드	행동주의 상담의 기법을 '불안감소기법 vs 학습촉진기법'과 '내적 행동변화 촉진방법 vs 외적 행동변화 촉진방법'으로 구분할 수 있어야 합니다.
기출데이터 ★★★★★☆	2023년 1회 3번, 2023년 3회 4번, 2022년 1회 5번, 2021년 2회 3번, 2016년 1회 3번, 2016년 3회 2번, 2015년 1회 16번, 2015년 2회 2번, 2014년 2회 12번, 2012년 3회 5번, 2011년 1회 12번

4

>> 모범답안

① **체계적 둔감법** : 불안위계목록을 작성한 다음 낮은 수준의 자극에서 높은 수준의 자극으로 상상을 유도한다.

② **금지조건형성(내적 금지)** : 충분히 불안을 일으킬 수 있을만한 단서를 추가적인 강화 없이 지속적으로 제시한다.

③ **반조건형성(역조건형성)** : '조건-반응'의 연합을 끊기 위해 새로운 자극을 함께 제시한다.

(2) 학습촉진기법

① **강화** : 내담자의 행동에 대해 긍정적 반응이나 부정적 반응을 보임으로써 바람직한 행동을 강화시킨다.

② **변별학습** : 검사도구들을 사용하여 자신의 능력과 태도 등을 변별하고 비교해 보도록 한다.

③ **사회적 모델링과 대리학습** : 타인의 행동에 대한 관찰 및 모방에 의한 학습을 하도록 한다.

5

>> 유사문제유형

학습촉진기법[*1]**에 대해 각각 3가지 방법을 쓰고 설명하시오.**

- **행동주의 상담기법인 불안감소기법과 학습촉진기법에 해당하는 방법을 각각 2가지씩 쓰고, 그에 대해 설명하시오.**
- **행동주의 상담에서** 내적인 행동변화를 촉진시키는 방법과 외적인 행동변화를 촉진시키는 방법[*2]**을 각각 3가지씩 쓰시오.**
- **행동주의 상담에서 외적 행동변화를 촉진시키는 방법 5가지를 쓰시오.**
- **행동주의 상담에서 외적인 행동변화를 촉진시키는 방법 중** 주장훈련의 정의를 쓰고 그 절차[*3]**를 기술하시오.(2017년 1회 5번)**
- **행동주의 상담의 기법으로 적응행동을 증진시키는 방법이 있다.** 적응행동 증진기법 3가지[*4]**를 쓰고 설명하시오.**

6

★1 행동주의 상담의 기술 구분

불안감소기법	학습촉진기법
• 체계적 둔감법(체계적 둔감화) • 금지조건형성(내적 금지) • 반조건형성(역조건형성) • 홍수법 • 혐오치료 • 주장훈련(주장적 훈련) • 자기표현훈련	• 강 화 • 변별학습 • 사회적 모델링과 대리학습 • 행동조성(조형) • 토큰경제(상표제도)

1과목 직업상담학 79

❹ 모범답안

실제 시험장에 가서 답안을 작성하실 때 '모범답안'에 있는 내용을 그대로 답안으로 작성하시면, 무리 없이 합격선에 다가설 수 있습니다.

❺ 유사문제유형

비슷한 유형의 기출문제라도 구체적으로 요구하는 답안이 다를 수 있습니다. 유사문제유형들을 모아서 효율적으로 학습할 수 있도록 구성했습니다.

❻ PLUS

대표유형 문제와 유사 유형 문제를 학습하면서, 함께 학습하면 유리한 이론 및 추가 문제들을 수록하였습니다. 다시 한번 이론을 탄탄히 다지세요.

이 책의 구성과 특징

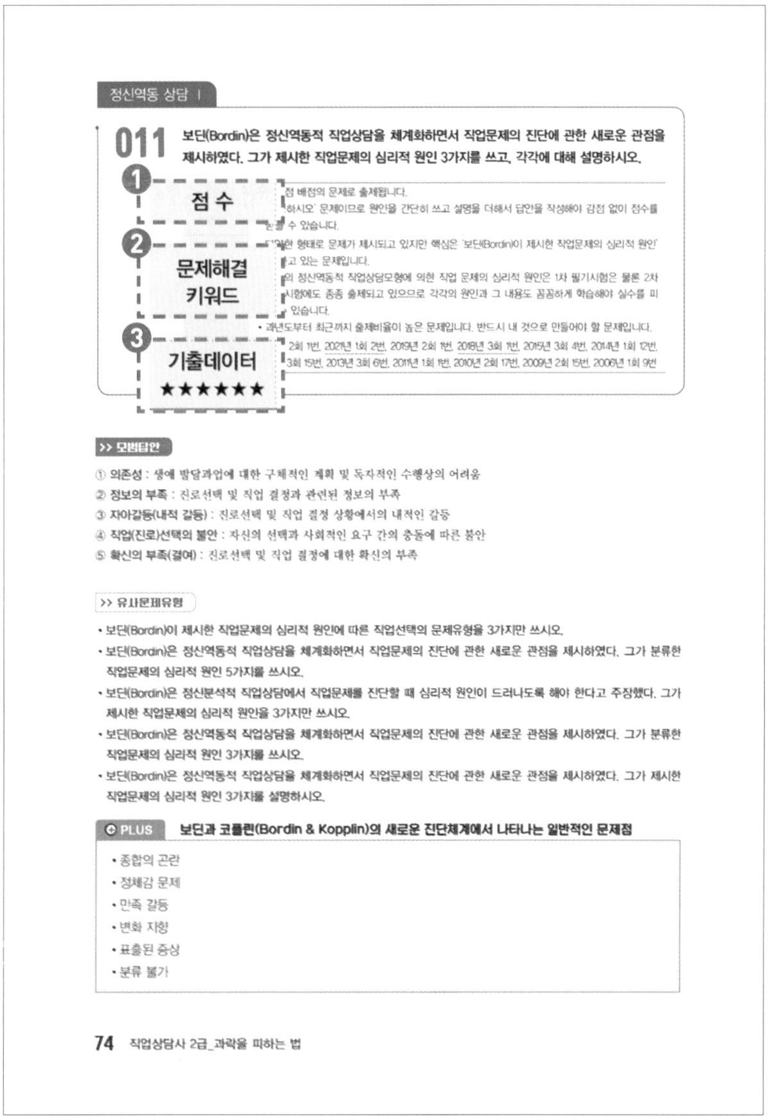
정신역동 상담 I

011 **보딘(Bordin)은 정신역동적 직업상담을 체계화하면서 직업문제의 진단에 관한 새로운 관점을 제시하였다. 그가 제시한 직업문제의 심리적 원인 3가지를 쓰고, 각각에 대해 설명하시오.**

❶ 점 수

점 배점의 문제로 출제됩니다.
하시오' 문제이므로 원인을 간단히 쓰고 설명을 더해서 답안을 작성해야 감점 없이 점수를
수 있습니다.

❷ 문제해결 키워드

한 형태로 문제가 제시되고 있지만 핵심은 '보딘(Bordin)이 제시한 직업문제의 심리적 원인'
고 있는 문제입니다.
의 정신역동적 직업상담모형에 의한 직업 문제의 심리적 원인은 1차 필기시험은 물론 2차
시험에도 종종 출제되고 있으므로 각각의 원인과 그 내용도 꼼꼼하게 학습해야 실수를 피
있습니다.

❸ 기출데이터 ★★★★★★

• 과년도부터 최근까지 출제비율이 높은 문제입니다. 반드시 내 것으로 만들어야 할 문제입니다.
2회 1번, 2021년 1회 2번, 2019년 2회 1번, 2018년 3회 1번, 2015년 3회 4번, 2014년 1회 12번,
3회 15번, 2013년 3회 6번, 2011년 1회 1번, 2010년 2회 17번, 2009년 2회 15번, 2006년 1회 9번

>> 모범답안

① **의존성** : 생애 발달과업에 대한 구체적인 계획 및 독자적인 수행상의 어려움
② **정보의 부족** : 진로선택 및 직업 결정과 관련된 정보의 부족
③ **자아갈등(내적 갈등)** : 진로선택 및 직업 결정 상황에서의 내적인 갈등
④ **직업(진로)선택의 불안** : 자신의 선택과 사회적인 요구 간의 충돌에 따른 불안
⑤ **확신의 부족(결여)** : 진로선택 및 직업 결정에 대한 확신의 부족

>> 유사문제유형

- 보딘(Bordin)이 제시한 직업문제의 심리적 원인에 따른 직업선택의 문제유형을 3가지만 쓰시오.
- 보딘(Bordin)은 정신역동적 직업상담을 체계화하면서 직업문제의 진단에 관한 새로운 관점을 제시하였다. 그가 분류한 직업문제의 심리적 원인 5가지를 쓰시오.
- 보딘(Bordin)은 정신분석적 직업상담에서 직업문제를 진단할 때 심리적 원인이 드러나도록 해야 한다고 주장했다. 그가 제시한 직업문제의 심리적 원인을 3가지만 쓰시오.
- 보딘(Bordin)은 정신역동적 직업상담을 체계화하면서 직업문제의 진단에 관한 새로운 관점을 제시하였다. 그가 분류한 직업문제의 심리적 원인 3가지를 쓰시오.
- 보딘(Bordin)은 정신역동적 직업상담을 체계화하면서 직업문제의 진단에 관한 새로운 관점을 제시하였다. 그가 제시한 직업문제의 심리적 원인 3가지를 설명하시오.

PLUS **보딘과 코플린(Bordin & Kopplin)의 새로운 진단체계에서 나타나는 일반적인 문제점**

- 종합의 곤란
- 정체감 문제
- 만족 갈등
- 변화 지향
- 표출된 증상
- 분류 불가

74 직업상담사 2급_과락을 피하는 법

❶ 점 수

평균 몇 점 배점의 문제로 출제되는지 표시하였습니다. 부분배점이 적용될 수 있는 문제에 대한 팁도 알려드립니다.

❷ 문제해결 키워드

문제를 해결하기 위한 기본적인 이론, 실수할 수 있는 부분에 대한 안내 등 답안을 작성할 때 알아두면 좋을 키워드를 친절하게 알려드립니다.

❸ 기출 데이터

기출 데이터를 기반으로 추출한 문제들을 대표유형으로 수록하였습니다. 1회 기출일 경우에는 ☆, 2회 기출일 경우에는 ★로 표시했습니다. 예를 들어 '★★☆'로 표시된 경우 5회 기출되었던 문제라는 의미로 해석하시면 됩니다. 밑줄은 동일한 기출문제가 출제된 회차를 의미합니다.

SD에듀 카페(https://cafe.naver.com/sdwssd)에서
시험과 관 모든 정보를 아낌없이 제공합니다. 지금 접속하세요!

정보획득

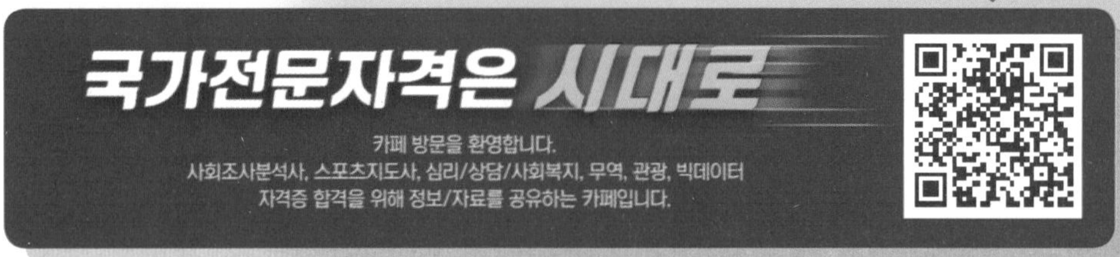

02 혜택

추록 및 피드백

도서가 출간된 후 바뀌는 정책, 시험에서 중요하게 다뤄질 내용 등 항상 최신의 정보로 학습할 수 있도록 지속적인 피드백을 약속드립니다. 합격하는 그날까지!

01 혜택

최신 기출문제 제공

독자님들의 합격을 위해 도서가 출간된 후에 치러진 시험의 기출문제를 항시 제공합니다. 지금 접속해 최신의 기출문제를 확인하세요!

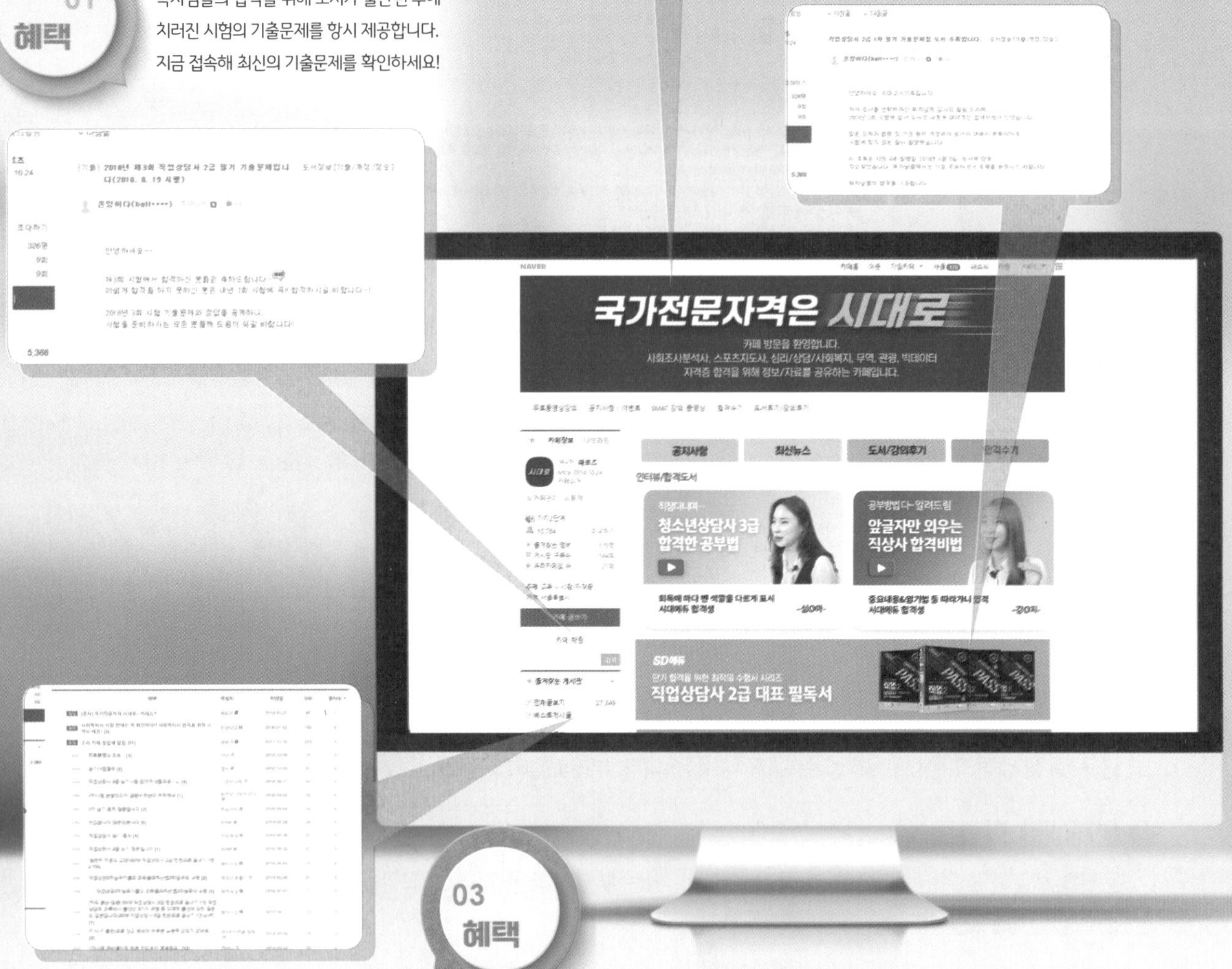

직업상담사의 모든 Q&A

학습하다가 모르는 게 있나요? 묻고 싶어 답답한 내용이 있나요? 언제나 카페에 접속해 글을 남겨주세요.
24년 연속 직업상담사 1등 SD에듀 직업상담연구소가 속 시원하게 답변해드립니다!